世界法学精粹文库

日本刑法各论

[日] 西田典之 著

刘明祥 王昭武 译

全国优秀出版社

武汉大学出版社

图书在版编目(CIP)数据

日本刑法各论/(日)西田典之著;刘明祥,王昭武译.—武汉:武汉大学出版社,2005.5
(世界法学精粹文库)
ISBN 7-307-04570-2

Ⅰ.日…　Ⅱ.①西…　②刘…　③王…　Ⅲ.刑法—研究—日本
Ⅳ.D931.34

中国版本图书馆CIP数据核字(2005)第048675号

著作权合同登记号:图字17-2005-30

责任编辑:江　溯　　责任校对:黄添生　　版式设计:支　笛

出版发行:武汉大学出版社　(430072　武昌　珞珈山)
(电子邮件:wdp4@whu.edu.cn　网址:www.wdp.whu.edu.cn)
印刷:武汉大学出版社印刷总厂
开本:787×980　1/16　印张:23.5　字数:415千字
版次:2005年5月第1版　2005年5月第1次印刷
ISBN 7-307-04570-2/D·630　定价:39.00元

《世界法学精粹文库》总序

我们正处于改革开放的时代，依法治国、实现法治是我们奋斗的目标，亦是国人一百多年来前赴后继，勉力将其推进，但仍有待于完成的大业。

实施法治除了可见的制度性建设一面之外，更为根本且尤难把握的是法治思想和观念的汲收、熏陶、培养、训练、辨识和传播；这种智识方面的建设积累工作是基础性的，它的有效进行将最终使得法治行为在社会生活中蔚然成风，使得法治精神在中国成为一个活的理想，一种感召，一种诉求，一种强大的、指导人们活动的信念。这无疑是一个长期的、需要人们付出不懈的艰苦努力的过程。

本文库的目的是有选择地将国外有较高学术价值的法学著述译介过来，供国内读者研究、借鉴、批判地吸取之用。我们希望也相信读者会以正确的态度阅读这些著述，采集其精华，剔除其糟粕。我们期望通过我们的工作能为国家的法治建设添砖加瓦，略尽绵薄之力。

诚恳欢迎各界朋友对我们的文库提出批评和建议，以利于我们将这项基础性的工作做得更好。

武汉大学出版社编辑部

2002年10月

中文版序

此次，承蒙武汉大学的刘明祥教授和他的学生王昭武将我的《刑法各论》译为中文。听说迄今为止中国主要只是翻译了日本的刑法总论，而很少翻译刑法各论，但我以为，要想理解一国的刑法，还是应该了解该国刑法将何种行为规定为犯罪。从此种意义而言，这次翻译还是有较大意义的。在此，谨向不辞辛苦翻译拙作的两位翻译者表示衷心的谢意。如果该翻译能有益于日中刑法学的交流，则不胜荣幸。

东京大学教授　西田典之

2004 年 2 月

第 2 版前言

自本书初版（1999 年）发行以来，虽然仅仅经过了 3 年时间，便决定发行第 2 版，其最大理由就在于，其间的刑事立法很多。平成 11 年（1999 年）8 月成立了《有关禁止不正当操作的法律》（法第 128 号）；平成 12 年（2000 年）11 月，作为议员立法，制定了《有关处罚公职人员等因斡旋行为而获利的法律》（法第 130 号）；平成 13 年（2001 年）6 月，通过《刑法部分改正法律》（法第 97 号），在刑法典第 163 条之 2 之后新设了《第十八章之二“有关支付用磁卡的电磁性记录之罪”》；同年（2001 年）12 月，又根据《刑法部分改正法律》（法第 138 号），增设了“危险驾驶致人死伤罪”（第 208 条之 2）与“有关部分业务过失致伤罪的刑罚的免除”（第 211 条第 1 项）。深感刑事法正历经转换，由解释的时代转换为立法的时代。

本书第 2 版对前面两部法律的内容仅作了简单说明，而对后面两部法律则作了相当详细的解释，但均限于初步见解，尚有待参照今后判例与学说的发展而加以改进。另外，由于这次新设了“支付用磁卡的电磁性记录的不正作出罪”，迄今为止有关电话卡的最高裁判例以及围绕这些判例的讨论便已失去其意义，因而大幅删减了对该部分的说明。由于正好是一次好机会，因此也尽可能地收入了初版以来的判例与学说的动态。

这次改订，在注解的补订方面得到了法政大学今井猛嘉教授、千叶大学小林宪太郎副教授、东京大学大学院的镇目征树（自本年 4 月起，预定担任筑波大学专任讲师）的帮助，衷心表示感谢！另外，就改订版的编辑，也得到了弘文堂的丸山邦正先生、清水千香先生、高冈俊英先生的帮助，在此一并深表谢意！

西田典之

记于 2002 年 3 月 3 日的女儿节前夜

初版前言

最初，本书是作为大学的刑法各论教科书而撰写的，但最终其内容较当初的设想要详细得多。这是因为，在整理与介绍各种学说的同时，还尽可能多地引用了判例。这是因为，所谓刑法各论，其功能就在于具体探讨以刑法典分则为中心的各种犯罪类型的个别性构成要件，那么，在了解作为"活生生的法律"的判例的同时，也了解现实生活中的问题即具体事例，就尤显重要。为此，窃以为，本书不仅适用于学习刑法各论的各位学生，对具体实务人员也有参考价值。另外，对于受讲课时间的限制而无法涉及的细小论点，本书也力图有所探讨。再者，为了与刑法总论有机地联系在一起，就笔者认为有必要的地方，本书也就总论论点加以了说明。

众所周知，根据平成7年（1995年）的《刑法部分改正法律》（法第91号），刑法实现了平易化，刑法典的所有条文也均使用了现代用语。这次改正原则上只限于用语的修正，而并未对内容作实质性改动，当然也不可否认存在若干变化。就其中的问题点，在解释各个条文时均分别加以了说明。由于本书是采用刑法改正之后所新规定的用语而展开解释，因而有几处使用了新的用语（造语）。例如，就诈骗罪而言，由于不再存在"欺罔"与"骗取"这种用语，而代之以"欺诈"与"诈取"，则欺罔行为与被欺罔者就分别相当于欺诈行为与被诈骗人。另外，就赃物罪而言，也将该罪定名为盗品参与罪，赃物性亦为盗品性。尚不知这些用法能否被固定下来，还希望得到各位读者的批判与指正。

在本书之前，还出版了以刑法各论中的《针对个人法益的犯罪》为对象的《刑法各论Ⅰ》（1996年），剩余部分本打算作为《刑法各论Ⅱ》而出版的，但考虑到阅读上的便利而减少了每页的行数，同时也为了与其后的法律改正与制定（《母体保护法》、《器官移植法》等）以及判例与学说的动态相适应，而作了不少修改。出于上述理由，这次毅然决定出版合订本，在此，还祈望能得到《刑法各论Ⅰ》的诸位读者的海涵。

本书的写作得到了不少人的帮助。在校对阶段，东京大学的佐伯仁志教授通览了原稿，并提供了有益的建议；学习院大学的铃木左斗志副教授补订了前半部分的注解；神户大学的桥爪隆副教授、东京大学大学院的硕士研究生小林宪太郎与镇目征树还就事项索引提供了帮助。在此，谨向以上各位表示深深的谢意！

本书的出版还得到了弘文堂编辑部的丸山邦正先生、清水千香先生、高冈俊英先生的帮助。尤其应指出的是，如果没有丸山邦正先生长期耐心的督促，则难有本书的最终完成。对以上诸位，在此也谨表谢意！

最后，还要将本书献给我已故的双亲。在我就是否选择学者之路而彷徨犹豫之时，是亡父西田匠极力劝导了我；而在我的学者之路可能遭遇挫折之时，则是亡母西田氏不时给我以激励。此刻，满怀感激之情，我欲将终告完成的本书献于亡父母的灵前。

西田典之

记于1999年3月3日的女儿节前夜

凡　例

一、参考文献（以黑体字部分作为所引用论著的简称）

（教科书）

青柳文雄：《刑法通论Ⅱ各论》（泉文堂1963年版）

朝仓京一：《刑法各论》（酒井书店1994年版）

板仓　宏：《刑法》（有斐阁1996年新版）

井上正治、**江藤**孝：《新订刑法学（分则）》（法律文化社1994年版）

植松　正：《再订刑法概论Ⅱ各论》（劲草书房1975年版）

内田文昭：《刑法各论》（青林书院1996年第3版）

大塚　仁：《刑法概说（各论）》（有斐阁1996年第3版）

大谷　实：《刑法讲义各论》（成文堂2000年新版）

冈野光雄：《刑法要说各论》（成文堂1997年全订版）

小野清一郎：《新订刑法讲义各论》（有斐阁1950年增补版）

香川达夫：《刑法讲义（各论）》（成文堂1996年第3版）

柏木千秋：《刑法各论》（有斐阁1965年再版）

川端　博：《刑法各论概要》（成文堂1996年第2版）

吉川经夫：《刑法各论》（法律文化社1982年版）

木村龟二：《刑法各论》（有斐阁1957年重印）

江家义男：《刑法各论》（青林书院1959年增补版）

小暮得雄、内田文昭、阿部纯二、板仓　宏、大谷　实编：《刑法讲义各论》（执笔者）（有斐阁1988年版）

齐藤信治：《刑法各论》（有斐阁2001年版）

齐藤诚二：《刑法讲义各论Ⅰ》（多贺出版1979年新订版）

佐伯千仞：《刑法各论》（有信堂1981年订正版）

佐久间修：《刑法讲义（各论）》（成文堂1990年版）

曾根威彦：《刑法各论》（弘文堂2001年第3版）

泷川幸辰：《刑法各论》（世界思想社1952年版）

团藤重光：《刑法纲要各论》（创文社1990年第3版）

中　义胜：《刑法各论》（有斐阁1975年版）

中谷瑾子：《刑法讲义各论上》（风舍1983年版）

中森喜彦:《刑法各论》(有斐阁 1996 年第 2 版)
中山研一:《刑法各论》(成文堂 1984 年版)
中山研一:《概说刑法Ⅱ》(成文堂 1991 年版)
西原春夫:《犯罪各论》(筑摩书房 1983 年第 2 版)
林　干人:《刑法各论》(东京大学出版会 1999 年版)
平川宗信:《刑法各论》(有斐阁 1995 年版)
平野龙一:《刑法概说》(东京大学出版会 1977 年版)
福田　平:《全订刑法各论》(有斐阁 1996 年第 3 版)
藤木英雄:《刑法各论》(有斐阁 1972 年版)
前田雅英:《刑法各论讲义》(东京大学出版会 1999 年第 3 版)
牧野英一:《刑法各论（上）（下）》(有斐阁 1950 年、1951 年版)
町野　朔:《犯罪各论之现在》(有斐阁 1996 年版)
山口　厚:《刑法各论问题探究》(有斐阁 1999 年版)

(注释书及其他)

大塚仁、河上和雄、佐藤文哉编:《大解说刑法 4～10 卷》(青林书院 1988～1992 年版)

小野清一郎、中野次雄、植松正、伊达秋雄:《注释刑法袖珍本》(有斐阁 1988 年增补第 3 版)

团藤重光编:《注释刑法》(3～6 卷)(有斐阁 1965 年、1966 年版)

伊东研佑:《现代社会与刑法各论》(成文堂 2000 年版)

松尾浩也编:《刑法的平易化》(有斐阁 1995 年版)

米泽庆治编:《刑法等部分改正法之解说》(执笔者)(立花书房 1988 年版)

阿部纯二、板仓　宏、内田文昭、香川达夫、川端　博、曾根威彦编:《刑法基本讲座 5 卷、6 卷》(法学书院 1993 年版)

中山研一、西原春夫、藤木英雄、宫泽浩一编:《现代刑法讲座 4、5 卷》(成文堂 1982 年版)

松尾浩也、芝原邦尔、西田典之编:《刑法判例百选Ⅱ各论（第 4 版）》(有斐阁 1997 年版)

芝原邦尔编:《刑法的基本判例》(有斐阁 1988 年版)

芝原邦尔、堀内捷三、町野朔、西田典之编:《刑法理论的现代的展开各论》(日本评论社 1996 年版)

藤木英雄:《经济交易与犯罪》(有斐阁 1965 年版)

《最高裁判例解说刑事编》(法曹会每年出版)

ジュリスト临时增刊·重要判例解说（有斐阁每年出版）

二、判例·判例集·杂志（以前面部分作为引用的简称）

大判	大审院判决
大连判	大审院连合部判决
最判（决）	最高裁判所判决（决定）
最大判	最高裁判所大法庭判决
高判	高等裁判所判决
地判	地方裁判所判决
支判	支部判决
简判	简易裁判所判决
刑录	大审院刑事判决录
刑集	大审院刑事判例集·最高裁判所刑事判例集
裁集	最高裁判所裁判集　刑事
高刑	高等裁判所刑事判例集
判特	高等裁判所刑事判决特报
裁特	高等裁判所刑事裁判特报
东时	东京高等裁判所判决时报　刑事
裁时	裁判所时报
一审刑集	第一审刑事裁判例集
下刑	下级裁判所刑事裁判例集
刑月	刑事裁判月报
新闻	法律新闻
判时（判评）	判例时报（判例评论）
判タ	判例タイムズ
ジュリ	ジュリスト
法学セミ	法学セミナー
法教	法学教室
法协	法学协会杂志
法时	法律时报
警研	警察研究
曹时	法曹时报
警论	警察学论集

目　录

第一编 序 论

一、刑法各论的内容

刑法总论是以刑法典总则（第 1 条至第 72 条）为基础，对作为各种具体犯罪的共同事项的犯罪成立一般要件（构成要件该当性、违法性、有责性）展开论述，刑法各论则是就刑法典分则（第 77 条至第 264 条）以及其他刑罚法规中各种具体犯罪固有的成立要件予以研究。刑法各论的中心是对刑法分则条文上的概念予以确定，如《刑法》第 199 条中的“人”、第 135 条中的“财物”的含义，就需要从文理上阐明。但是，刑法各论的任务又不仅仅限于此。例如，《刑法》第 235 条规定，窃取“他人的财物”才能构成盗窃罪，甲夺取了乙占有之下的自己的财物时，是否也构成盗窃罪？要回答这一问题，还得要考虑如何解释《刑法》第 242 条，甚至于还要探究盗窃罪的保护法益是所有权及其他本权，还是事实上的占有关系。更有甚者，流浪汉为了进刑务所，盗窃他人财物而向警察报告的，是否构成盗窃罪？这涉及到“非法取得的意图”能否视为没有明文规定的构成要件要素的问题，如此等等，均是刑法各论必须研讨的内容。

由此而论，刑法各论的主要任务是以对各种具体犯罪的文理解释为基础，兼顾保护法益以及与其他条文的内在关系，从主客观两方面阐明各种具体犯罪的构成要件。

二、刑法各论的对象

（一）刑法典分则

刑法各论首先要研究的对象是刑法典分则。明治 13 年（1880 年）制定、明治 15 年施行的旧刑法全文共 430 条，分则从第 116 条至第 430 条共 315 个条文，所规定的具体犯罪相当细。与此相反，明治 40 年（1907 年）制定、明治 41 年施行的现行刑法典的分则，从第 73 条到第 264 条仅有 192 个条文。其结果是所规定的具体犯罪有很强的概括性，法定刑的幅度也很宽。这样一来，通过解释予以补充的必要性就增大了，直到今天，刑法在没有作根本性修改的条件下，能够适应时代的要求，应当归功于可以对刑法作灵活解释。

应当指出，刑法典分则从制定以来做过许多次部分修改，其中重要的修改有如下几次：

1. 昭和16年新增设了第96条之2（妨害强制执行）、第96条之3（妨害拍卖等）、第197条之2（向第三者提供贿赂）、第197条之3（加重受贿和事后受贿）、第197条之5（没收和追征）；2. 昭和22年删除了第73条至第76条（对皇室之罪）、第90条和第91条（对外国元首、使节的暴行、胁迫、侮辱罪）、第131条（侵入皇居罪）、第183条（通奸罪），新增设了第230条之2（有关毁损名誉的事实证明）；3. 昭和33年新增设了第105条之2（威胁证人等）、第197条之4（斡旋受贿）、第198条第2款（斡旋行贿，此后于昭和55年又作了修改，该款内容被归并入第198条）、第208条之2（准备凶器集合和聚集）；4. 昭和35年新增设了第235条之2（侵夺不动产）、第262条之2（损坏境界）；5. 昭和39年新增设了第225条之2（勒索赎金目的的略取等）；6. 昭和62年为了对付计算机犯罪增设了第161条之2（不正当制作和提供电磁记录）、第234条之2（损坏电子计算机等妨害业务）、第246条之2（使用电子计算机诈骗）及其他规定；7. 平成3年提高了罚金刑数额。①

另外，平成7年（1995年），根据《部分修改刑法的法律》（法律第91号），在对刑法典的用语进行平易化的同时，删除了与尊亲属相关的加重规定（第200条、第205条第2款、第218条第2款、第220条第2款）以及聋哑人的责任能力的规定（第40条）。这次修改的目的是要使刑法平易化，使刑法的内容更容易为国民所知晓，因而对刑法并未作实质的内容的变更，但是，由于平易化而带来了若干变化则是毋庸置疑的。关于其中的问题，在各条的解说中将会涉及。此外，平成13年（2001年），新增设了刑法典第十八章之二“有关支付用磁卡的电磁记录的犯罪”（法律第97号），同时还新增设了《刑法》第208条之2（危险驾驶致死伤罪）、第211条第2款（业务上过失致伤中刑罚的免除）。

（二）特别刑法

刑法各论的研究对象又不只是以刑法典分则为限。因为规定犯罪与制裁

① 罚金刑数额的提高：第二次世界大战后，随着物价的上涨，根据昭和23年的《罚金等临时措施法》第3条第1款的规定，除《刑法》第152条外，刑法典的罚金刑最高额提高了50倍，到昭和47年，根据修改后的该法的规定，最高额提高了200倍。

犯罪的刑罚的法律，除了刑法典之外，还有被称之为准刑法、特别刑法的，自然也是刑法各论的研究对象。其中之一是《爆炸物管制罚则》（明治17年)、《关于暴力行为等处罚法》（大正15年)、《关于劫持航空器等处罚法》(昭和45年)、《危害人体健康的公害犯罪处罚法》(昭和45年)、《关于以人质强要等行为处罚法》(昭和53年)，这些法律对刑法典分则所规定的具体犯罪作了进一步的补充与扩张。另外，《道路交通法》、《国家公务员法》、各种租税法、《关于禁止私人垄断及确保公正交易的法律》(《禁止垄断法》)、《证券交易法》等法律之中的罚则还有为保证行政管制规定有效实施而设置的刑罚处罚条款。这与前面所述的狭义的特别刑法有所不同，因而被称之为行政刑法。

本书因为是作为讲义用的教科书，不便将这里所说的特别刑法的内容纳入进来，但是，如果把刑法置于为管理社会的大系统中考虑，各种生活领域、问题领域就都得考虑到，换句话说，鸟瞰作为宏观全景的刑罚法规群，无疑具有重要意义（西原春夫·犯罪各论〔第2版〕〔1983〕、平川宗信·刑法各论〔1995〕)。

三、讨论的顺序

对各种具体犯罪，以保护法益所属的主体不同，可以分为针对个人法益的犯罪、针对社会法益的犯罪、针对国家法益的犯罪。刑法典分则所规定的犯罪，从针对皇室的犯罪（昭和22年修改刑法时删除)、内乱罪等开始，这明显是以天皇制国家为价值中心的价值观念来构建刑法分则体系的。但是，因为《宪法》第13条所规定的个人主义是现行宪法秩序的价值基础，刑法对犯罪的排列顺序应该倒过来。基于这样的考虑，本书采用针对个人法益的犯罪、针对社会法益的犯罪和针对国家法益的犯罪这样的研讨顺序。

第二编　针对个人法益的犯罪

第一章　针对生命的犯罪

第一节　概　　说

一、生命的过程

人的生命即使在宪法的价值秩序中也是一切价值的根源，因此，针对人的生命的犯罪是最严重的犯罪。

人的生命要经过如下几个过程：精子与卵子结合形成受精卵，着床到子宫内膜发育，大约经过 8 周，器官分化终结，成为胚胎（embryo），以后被称之为胎儿（fetus），广义而言，从着床到出生是胎儿，可以成为堕胎罪的客体。胎儿出生成为“人”，死亡导致“人”不复存在。人的始期与终期，无论是在医学领域还是法学领域，都有很多议论。

受精——着床——胚胎——胎儿——出生——死亡
　　　(1)　　　　　　　(2)　　(3)　　(4)

二、刑法的保护

人的生命由受精开始，认为受精卵在子宫着床之后就成为胎儿的见解处于支配地位，因此，在第（1）阶段的行为（如妨碍子宫着床的行为）不可罚。与此相对应，损坏放了受精卵的试管，虽然不仅仅是损坏了试管，而且受精卵也被损坏了，但是仍有人认为构成损坏器物罪。（石原明：“体外受精的法律视点与课题”，ジユリ807号31页。）但是，如果按照这种观点，那么堕胎行为也可能成为损坏器物，这显然与区别两者的现行法律规定有矛盾。应当认为，把生成中的生命体包含在“物”之中，是极不妥当的（山口厚·基本讲座5卷33页、町野110页、平川30页）。第（2）是胎儿阶段的生命，只在《刑法》第212条以下的堕胎罪中才成为受保护的客体，也就是说，过失侵害胎儿甚至故意伤害胎儿的行为，均不能构成犯罪。与此相反，第（3）阶段即出生之后，是作为“人”而受深切保护的，除故意犯（杀人既遂、未遂、预备之外，同意杀人、自杀关联行为均受处罚。参见第199条、第203条、第201条、第202条）、过失犯（第210条、第211条）之外，作为针对生命的危险犯的遗弃行为也受处罚。另外，犯各种罪而致人死亡的，往往作为结果加重犯给予更重的处罚，这也体现了刑法保护生命的宗旨（第205条、第240条等）。第（4）阶段即死亡导致人不复存在，针对死者的侵害行为，只不过是作为遗弃尸体、损坏尸体（第190条、第191条）、毁损死者名誉（第230条第2款）等罪来处罚。不过，由于死者本身并非仍是法益主体，应该认为这些罪是针对死者的亲属乃至社会的犯罪。

第二节 杀 人 罪

一、概述

所谓杀人，顾名思义，是指侵害人生命的行为。在国外的立法例中，设有故杀、谋杀、毒杀、杀婴等多种加重与减轻类型，但在日本刑法典中，只设有适用相同法定刑的概括的普通杀人罪以及作为减轻类型的同意杀人罪。此外，作为加重类型的杀害尊亲属罪（第200条），在平成7年修改刑法时已被删除。

二、普通杀人罪

杀人的，处死刑、无期或者3年以上惩役（第199条）。杀人未遂（第203条）、预备（第201条）也处罚。

杀人罪的客体是人，就人而言，有一个从生到死的存在时期，因此，人的始期与终期就成为应当研究的问题。

（一）人的始期

生命从何时起才变成为“人”，对于杀人与堕胎的区别以及现行刑法对生成中的生命能否给予保护，具有重要意义。

《民法》第1条之3中的“出生”的解释采取的是全部露出说，但是，刑法上对“出生”存在种种不同的解释：一是独立生存可能性说（《母体保护法》第2条第2款规定，在母体之外生命具有存续可能性的胎儿是人。伊东14页）；二是阵痛开始说（以子宫开口阵痛开始时为出生的标志，阵痛周期每10分钟1次或者1小时发生6次阵痛时，就作为分娩的开始。此说是德国过去的通说）；三是部分露出说（团藤372页、柏木329页、前田9页、大谷7～8页、平川37页）；四是全部露出（分娩完毕）说（平野156页、平野·犯罪论的诸问题〔下〕262页〔1982〕、小暮编〔町野〕15页、山口74页）；五是独立呼吸说（由胎盘呼吸转到通过肺呼吸时，为出生的标志。大场茂马·刑法各论上卷45页〔1922〕）。判例（大判大正8·12·13刑录25辑第1367页）作为旁论涉及这一问题，以相对母体而言具有被独立攻击的可能性为由，采取部分露出说，通说也支持这种观点。但是，根据有无被独立攻击的可能性来区别客体的性质是不合理的，应该以值得作为杀人罪保护客体的“人”是否存在来作为区别的标准，因此，全部露出说也是一种有力的见解。

研究上述问题的意义在于，是否有必要把孕妇生产过程中医生等人的行为纳入刑法的调整范围。如果肯定有这种必要性，上述第二说（阵痛开始说）就是妥当的。即便是就客体的价值这一点而言，也可以说阵痛开始后就值得作为人来保护。但是，何时开始阵痛，难以确定的情形比较多，所以，以此作为出生的标准不恰当。况且，日本刑法与德国旧刑法① 不同，也不存在采取上述第二说的必要性。如果不采取第二说，那么，采取第三说就算是比较妥当的，这是因为部分露出母体时值得作为人来保护；另外，通过母体受攻击与独立于母体之外受攻击的界限明确，以此作为杀人罪与堕胎罪相区别的标准也具有合理性。相比而言，第一说把出生的过程划得太宽，将对生命的保护过于广泛地置于刑法的调整范围内，就会使刑法关于堕胎罪的规定在事实上变得毫无意义。而第四说、第五说不仅存在对人的生命保护不力的问题，而且会使确定侵害行为的时间成为非常困难的事。

（二）人的终期

1. 传统的死亡概念

人的终期是死亡，但是与出生一样，关于死亡时期的法律定义并不存在。② 为此，尽管一直以来习惯法上都是采取以心跳停止作为死亡标志的心脏死说，但采取以心脏停跳、呼吸停止和瞳孔反射消失作为死亡标志的三征候说（综合判定说），可能更合理一些。这是因为心脏的血液循环机能、肺

① 杀害婴儿：1998年修改前的德国旧《刑法》第217条第1款规定了作为杀人罪减轻类型的杀婴罪，即“母亲于生产时或生产后，杀死其非婚生子女的，处3年以上自由刑”。这表明德国旧刑法关于人的始期采取的是阵痛开始说。

② 《关于角膜及肾脏的移植法》虽然规定可以从尸体上摘取角膜及肾脏，但并未给尸体下定义。

的呼吸机能、脑干的自律机能（生命维持机能）这三者之间是互相依存的，无论是哪一种机能不可逆性的停止，其他两种机能短时间内（通常是3、4分钟内）也会停止（生命的三角关系）（参见山口厚："针对生命之罪"，现代的展开17页）。

2. 个体死亡观念的变化

随着维持生命技术的发展，即便是脑（大脑—脑干）机能不可逆性停止，通过人工呼吸器（respirator）也还能继续维持心肺的活动状态，因此，在医学界以全脑死作为死亡时期的见解处于通说地位。① 而在刑法学界则存在心脏死说（中山概说Ⅱ16页、前田11、12页、曾根8页、中森6页、平川43页）与脑死说（团藤377页、平野156页、齐藤34页、小暮编〔町野〕21页、伊东42页）的尖锐对立。

脑死说与器官移植特别是心脏、肝脏移植密切相关。在日本，由于所谓札幌医大事件② 在脑死亡判定上出现疑问，导致国民对医生有很强烈的不信任感，因而对缺乏社会认同的脑死说表示反对的主张很有影响力。但是，如果在不通过器官移植就别无生路的人（器官接受者）与自愿在处于脑死状态时提供自己器官的人（器官提供者）都存在的场合，把从器官提供者身上摘取器官的行为按杀人罪、同意杀人罪来追究刑事责任，其合理性是值得怀疑的。如果完全按心脏死的标准来否定从脑死体上摘取器官供移植的行为，这显然是不人道的。另外，虽然有学者一方面以心脏死作为认定死亡的标准，但同时又认为，为了挽救器官接受者的生命而摘取他人的器官，这作为紧急避难已被正当化（中山概说Ⅱ16页、中森7页。详细介绍可参见中山研一·脑死移植立法资料99页以下〔1995〕）。然而，从活着的人体内摘取心脏的行为被正当化，这实际上是在对人的生命的价值进行比较，在这一点上还留有疑问（平野龙一："生命的尊严与刑法"，ジユリ869号40页、町野49页）。

3. "脑死临调"的设置与最终答复

---

① 但是，只是大脑死亡，脑干机能存在的场合，也就是处于所谓植物状态时，并非是脑死亡。

② 札幌医大事件：1968年8月，在札幌医科大学，摘取器官提供者的心脏，移植到重度心脏病患者的体内，同年10月，患者因出现排异反应而死亡。关于这次器官移植，做手术的医生由于其摘取心脏的行为而被以杀人罪起诉，但是，札幌地方检察院以摘取器官提供者的心脏时其呼吸机能是否不可逆性停止难以认定为由，作出不起诉决定。另外，关于脑死亡及器官移植问题的来龙去脉，参见中山研一编·脑死、器官移植问题资料汇编（1992年）、町野朔、秋叶悦子编·脑死与器官移植（第2版）（1996年）。

进入20世纪80年代后，脑死亡再度成为热门话题，1985年厚生省的研究班对是否把脑死作为人死的标准没有形成决议，只是发表了被称之为“竹内基准”① 的脑死亡判断的基准。1988年日本医师协会的生命伦理恳谈会提出的报告更进一步指出，应该在承认脑死亡的基础上开展器官移植。受此影响，1990年3月设置了脑死及器官移植临时调查会（简称“脑死临调”）以作为内阁总理大臣的咨询机构，1992年1月作出了最终答复（参见ジユリ1001号34页以下)。其中多数意见认为，以社会的普遍认同作为前提，有必要承认脑死亡，判定脑死亡应当采取“竹内基准”。另外，对是否采取心脏死与脑死二元的基准，以及死亡时间是以脑死判定之时还是以脑死确定之时（经过6小时后）为准，多数意见中仍然存有疑问。与此相对的少数意见认为，即便是不承认脑死亡，如果有器官提供者生前的同意，也可能摘取其器官进行移植。但是，即使是同意，那也属于《刑法》第202条的同意杀人，仍然有可罚性，如果以有生存可能性的人的利益高于即将死亡的人的利益为理由，认为这属于被害人承诺或紧急避难而阻却违法性，那就正如前文所述，在比较人的生命价值这一点上存有疑问。

4．器官移植法

继“脑死临调”的“答复”之后，平成6年的国会以“答复”中的多数意见为基础，以议员立法的形式提出了“关于器官移植的法律草案”，经过连续审议，到平成8年9月，由于众议院解散而被废弃。平成8年12月，几乎是同一法律草案向第140次国会提出，平成9年4月，众议院通过后送参议院审议，同年6月17日部分修改后通过。该法修正案返送回众议院的当天，法律正式成立。这部《关于器官移植的法律》（法律第140号）于同年10月16日被施行，施行3年后又被修改（附则第2条)。② 根据该法第6条（第1~3款）的规定，大致包含如下几方面的内容：

（1）根据本法，在死者生前作出书面的意思表示同意提供器官供移植使用的场合，如果死者的亲属被告知后对摘取死者的器官不反对，或者死者没有亲属，医生可以从死者尸体（包含脑死者的身体，以下同）上摘取器官供

① 1985年厚生省由“脑死研究班”发表了“脑死的判定指针及判定标准”。由于用了研究班的代表竹内一夫的名字，因而被称为竹内基准。根据该基准，具备下列条件：（1）深度昏迷；（2）自发呼吸停止；（3）瞳孔固定；（4）脑干反射消失；（5）脑波呈平直线，此后经过6小时观察无变化，即可认定为脑死亡。

② 立法经过：本法的内容及立法经过，参见贝谷伸：“关于器官移植法的概要及该法的运用指针”，ジユリ1125号93页、町野朔等编·脑死与器官移植（第2版）增补(1998年)、中山研一等编·器官移植法简介（1998年）。

移植使用。

(2) 前款规定中的“脑死者的身体”，是指为了摘取其器官供移植用，经过判定包含脑干在内的全脑机能已不可逆性停止者的身体。

(3) 与摘取器官相关的前款的判定，只限于第1款规定的死者生前表示同意根据前款来作判定而又有书面的意思表示存在的场合，并且其亲属被告知后也不反对作脑死亡判定或者死者无亲属，才能施行。

根据《器官移植法施行规则》(平成9年厚生省令第78号) 第2条第2款及厚生省的指导原则第7条的规定，作脑死亡判定时，应采用前述竹内基准，但是，作为辅助检查，还必须确认脑干听觉诱发反应消失，并且要在第二次检查结束时，才能确定为脑死亡的时间。厚生省的指导原则第1条还进一步指出，与民法上的遗嘱能力相关，在以书面形式表示提供器官的意思时，只有15岁以上人的意思表示才有效。

关于本条款的解释，从第1款中的“死者”一词来看，也可以理解为是以脑死说作为死亡的概念的，但是，从众议院通过的法案第6条第1款中的“尸体（包含脑死体)”被修改为“尸体（包含脑死者的身体)”来看，似乎应当理解为是以心脏死说为前提，并且只限于器官移植的场合，以器官提供者生前自己决定且其亲属同意为条件，也把脑死亡作为认定死亡的标准。然而，死亡时间的认定标准应当是客观的，采取这种所谓相对的脑死说不得不让人产生疑问（从心脏死说的立场对此提出批判的，参见呗孝一：“脑死之争论结束了吗”，法时69卷10号34页；从脑死说的立场提出批判的，参见平野龙一:“舍二取一的解决方案”，ジユリ1121号30页）。建议将来修改时，以脑死亡作为客观的死亡基准，只是把器官提供者事前同意与其亲属同意作为允许器官移植的条件。

三、杀害尊亲属罪的删除

《刑法》第200条对杀害尊亲属规定给予重处罚，最高裁判所当初认为这并不违反《宪法》第14条（最判昭和25·10·25刑集4卷10号2126页)。但是，后来昭和48年4月4日最高裁判所大法庭的判决（刑集27卷3号265页）却以14比1的评议结果认为，该条文违反《宪法》第14条因而无效。其中，多数派中有6人认为，对杀害尊亲属给予重罚本身是将封建的忠孝伦理观念纳入刑法之中，这是违反《宪法》第14条的，但多数派中的另外8人却认为，对杀害尊亲属给予重一些的处罚，这本身并不违宪，只不过适用该条文时，即便是二次减轻，其处断刑的下限仍然有3年6个月，无法适用缓刑（参见第25条)，规定这种过重的法定刑是违反《宪法》第14条的。事实上，此后最高裁判所对伤害尊亲属致死（第 205 条第 2 款）的案件，却以“没有超出基于合理的根据实行差别对待的范围”为由，认为是合乎宪法的（最判昭和 51·2·6 刑集 30 卷 1 号 1 页）。为此，国会后来也就没有做删除《刑法》第 200 条的修改工作。杀害尊亲属的规定在刑法典中虽然保留着，但在司法实务中，按《刑法》第 200 条被追诉的案件几乎没有，从实质上看该规定处于被废止的状态。经过这段历程后，平成 7 年（1995 年）对刑法进行平易化（通俗化）的修改时，《刑法》第 200 条及其他与亲属相关的加重规定终于被删除（前述第 205 条第 2 款之外，还有第 218 条第 2 款的遗弃尊亲属、第 220 条第 2 款逮捕监禁尊亲属）。删除的理由是要消除《刑法》第 200 条自从昭和 48 年以来所处的违宪状态，至于其他相关规定的删除，只不过是为了维持与《刑法》第 200 条的均衡（参见松尾·刑法的平易化 57 页以下），从全面删除与尊亲属相关的加重规定这一点来看，可以说是以昭和 48 年最高裁判所大法庭判决的多数派中的少数人的意见为基础所作的修改。

四、参与自杀罪、同意杀人罪

教唆或者帮助他人自杀，或者受他人嘱托或者得到他人的承诺而杀之的，处 6 个月以上 7 年以下惩役或者监禁（第 202 条）。犯罪未遂者应当处罚（第 203 条）。

（一）构成要件

《刑法》第 202 条包含教唆自杀、帮助自杀、同意杀人、受嘱托杀人四种构成要件，但法定刑相同。对此，有论者提出，参与自杀与受嘱托杀人属于不同类型的犯罪，其当罚性也有差异，从立法论而言，应当将两者区别开来作规定（中森 10 页）。但是，在有关处分生命的自己决定权问题这一点上，两者有共同性，因此，现行刑法的规定也有其合理性。

（二）自杀行为不可罚的根据

《刑法》第 199 条的“杀人者”中的人，由于不包含行为人自身，所以，在法律上自杀（未遂）不可罚。关于其理论根据，有几种不同见解：(1) 阻却违法说、放任行为说，认为自杀者对自己的生命有处分的自由，因而自杀行为不具有违法性（平野 158 页、齐藤 97 页、小暮编〔町野〕26 页、前田 18页、中森 11 页）；(2) 阻却责任说，认为自杀行为有违法性，但由于无期待可能性而阻却责任（泷川 30 页、井上、江藤 97 页、阿部纯二：“自杀的刑法解释论”，Law School 2 号 95 页〔1978〕）；(3) 阻却可罚的违法说，认为自杀行为有违法性，但缺乏可罚的违法性（中 22 页、中山概说Ⅱ22

页、大谷17页、曾根12页)。应当肯定，人的生命属于人自身，本来应当认为人有处分自己生命的自由，所以，认为自杀行为具有违法性的观点是不妥当的，相反，第(1)种观点基本上是可取的。

(三)同意杀人罪的处罚根据

如果说自杀行为本来就不可罚，那么，《刑法》第202条规定处罚参与自杀行为的根据以及对这类行为减轻处罚的根据，就成为应当探讨的问题。对此，采取上述第(2)、(3)说比较容易说明。首先，如果按照第(2)说(阻却责任说)，由于作为正犯的自杀者的行为是违法的，根据限制从属性的观点，参与自杀的行为当然具有可罚性。在这种场合，《刑法》第202条规定减轻处罚的理由是，行为人由于同情不得不自杀的正犯者所处的状况，才教唆或帮助其自杀，因而使责任非难减少。另外，如果按第(3)说(阻却可罚的违法说)，因为自杀行为本来是违法的，参与这种行为也是违法的，而且在这种场合具有可罚的违法性(但是，此说会使人产生这样的疑问：参与无可罚的违法性的行为，不是也应该理解为没有可罚的违法性吗?)。之所以减轻处罚，是违法性减少了的缘故。

如果按照上述第(1)说(阻却违法说)，因为自杀是合法行为，参与自杀的行为也就不具有可罚性，这可以说是保持了理论的一贯性。但是，事关生命这种重大法益的自己处分，刑法禁止他人介入是具有充分合理性的。况且，自杀的决意通常是违反自杀者本来的意思的，如果考虑到这一点，就更应该禁止参与自杀行为(平野龙一:"生命的尊严与刑法"，立教法学27号191页)。如果是这样的话，那种认为本人有真挚的自杀意思时不适用《刑法》第202条的观点(小暮编〔町野〕26页、秋叶悦子:"关于参与自杀罪之考察"，上智法学32卷2、3号137页)就值得怀疑。即便是这样的场合，也还是应当理解为刑法禁止他人的参与。至于对参与自杀的行为减轻处罚的理由，可以说是由于被害人同意而使法益性减少。

(四)参与自杀罪的未遂

有论者认为，参与自杀罪是一种具有特殊性的犯罪，因此不是共犯而是一种独立的犯罪类型，即便是在甲教唆乙自杀乙没有着手自杀的场合，也应该适用第202条和第203条的规定，认定成立未遂犯(平野159页、大谷20页、前田31页)。但是，如果说《刑法》第202条的立法理由是要保护自杀者的生命，那就还是应当以对生命有具体危险时，才能认定为未遂，所以，在这种场合，采取实行的从属性可能是妥当的(大塚21页、内田22页、齐藤112页、中森12页)。并且，采取这种观点，与同意杀人、嘱托杀人要求以实际的杀害行为作为着手的条件，也可以保持均衡。

五、参与自杀罪与杀人罪的区别

自杀者产生自杀的决意以及同意他人杀死自己，必须是对死的意义有认识并且是基于自由意思所作的选择。这是参与自杀罪、受嘱托杀人罪与杀人罪相区别的基准。

第一，《刑法》第202条所要求的自杀决意与同意他人杀死自己，只有在理解死亡的含义的基础上才是有效的。因此，欺骗不能理解死亡之含义的幼儿（大判昭和9·8·27刑集13卷1086页）、精神障碍者使其自杀的场合（最决昭和27·2·21刑集6卷2号275页），由于这样的人缺乏对自己死亡的认识，即无处分自己生命这种法益的意思，其同意是无效的，不构成《刑法》第202条规定的犯罪，而构成第199条规定的杀人罪。对此，已不存在任何争议。

第二，同意必须是基于自由意思。对采用胁迫、威逼等心理强制手段而使他人产生自杀决意的案件，究竟应当如何处理，确实是一个难题。如果自杀的决意是基于自杀者的自由意思，构成教唆自杀罪；如果施加了达到阻碍自杀者意思决定自由程度的威逼行为，而使之自杀的，应当认为不构成参与自杀罪而成立杀人罪（从这种观点出发，认定构成教唆自杀罪的判例，参见广岛高判昭和29·6·30高刑7卷6号944页；与此相反，认为成立杀人罪的判例，参见福冈高宫崎支判平成1·3·24高刑42卷2号103页）。

第三，采用欺骗手段使人自杀，即自杀者对死亡本身有认识并且同意自杀，但是其自杀的动机有错误时（如假装一同自杀），应该按第202条（参与自杀罪）还是按第199条（杀人罪）定罪，就成为值得研究的问题。曾有这样的判例：被告人假装自己有追随自杀的意思，将准备好的毒物放到丈夫情人的口中，接着又将装有水的杯子给对方，使其吞服下导致其死亡，判决认定构成杀人罪（仙台高判昭和27·9·15高刑5卷11号1820页）。另外有这样的判例：男方向女方提出分手，女方建议一同自杀，男方曾表示同意，尽管其中途打消了一同自杀的念头，但被告人却使女方误以为其会追随自杀，将氰酸苏打交给女方使其吞服死亡，裁判所的判决也认定为构成杀人罪（最判昭和33·11·21刑集12卷15号3519页）。后面这一个判例提出的主要理由是，"被害人受被告人欺骗的结果是误以为被告人会追随自杀，因而产生死的决意，但这并非是其真实意思，而明显是含有重大瑕疵的意思"。自杀意思不仅要求具有任意性，而且要求是出于真意（就动机错误而言，意思决定过程并无瑕疵）。可以说这方面的判例是把《刑法》第202条减轻刑罚的理由理解为责任减轻的。也就是说，行为人是出于对自杀者决意自杀心情的同情才给予其帮助的，这是减轻其刑罚的根据，而采用欺骗手段使别人自杀，则不能使责任减轻，应肯定构成第 199 条规定的杀人罪。支持这类判例的学说（团藤 400 页、大塚 20 页），也可以说是基于同样的考虑。

但是，如前所述，《刑法》第 202 条把参与自杀和同意杀人作为杀人罪的减轻犯的根据，应该理解为是由于自杀者同意，导致法益受保护的程度降低即违法性程度减轻。而所谓同意是就处分自己法益的意思而言的，仅仅有在法益关系错误的场合，同意才是无效的，对其他事情的认识错误，应当认为不影响同意的有效性（法益关系错误的理论）（参见佐伯仁志："关于被害者的错误"，神户法学年报 1 号〔1985〕51 页）。因此，如果自杀者对处分自己生命这样的法益没有认识错误，则对自杀的同意是有效的，即便是采用欺骗手段使之自杀时，也不构成第 199 条的杀人罪（平野 158 页、中山 36 页、小暮编〔町野〕28 页、中森 12 页）。不过，对法益的有无、程度、性质等有错误认识的场合，由于对法益缺乏认识，同意是无效的。例如，医生告诉癌症患者，只不过还可以活 1 年，并且后 3 个月会有剧烈的疼痛发生，采用这种欺骗手段使其自杀的，因病人的同意无效，医生构成杀人罪。

如果将第 202 条理解为是基于违法性减轻所作的规定，那么，对采用欺骗手段使人自杀的情形一律按该条来定罪处罚，则又有过于形式化的问题，因而有论者提出，应当考虑作具体分析。即从欺骗行为的内容、程度，使被害人自杀时准备的工具等，来综合判断行为人参与的程度，如果按一般的经验，这种行为正如行为者所想的那样就有可能使本人死亡（欺骗行为能够作为杀人的实行行为评价的场合），应当认为不构成第 202 条规定的参与自杀或同意杀人罪，而成立第 199 条规定的杀人罪（大谷 19 页、平川 49 页）。的确，是否可以说是利用被害者杀人的间接正犯，并非完全不能考虑，但是，那只限于采用了欺骗之外的胁迫、威逼等手段，加进了强迫自杀这种要素的情形。

第三节　堕　胎　罪

一、概述

（一）处罚堕胎的历史变迁

是否处罚侵害胎儿生命的堕胎行为，与宗教背景、人口政策等有密切的联系。明治以前的日本，至少正式公布的处罚堕胎的法律是不存在的。与此相反，明治 13 年制定的旧《刑法》第 330 条以下，由于受基督教的伦理观的影响，首次设立了处罚堕胎行为的规定。此后，明治40年制定的现行《刑法》第212条以下继承了这一规定。可以说这是与当时的富国强兵政策相一致的。但是，这种堕胎处罚化的政策，随着昭和20年的战败而发生了质的变化。在第二次世界大战后经济混乱、粮食缺乏的背景下，昭和23年制定的《优生保护法》规定，在有一定的适当事由的场合，允许堕胎即人工中止妊娠。不过，该法随着《麻风预防法》的废止，又于平成8年被作了部分修改（法律第28号）。同年，由于作为该法基础的优生思想观念的改变，对堕胎所要求的适当事由等又作了大幅度的修改，名称也改为《母体保护法》（法律第105号）。

（二）根据《母体保护法》阻却违法性

《母体保护法》规定，合法的堕胎必须具备两个要件：其一是在限定的期间内；其二是要有合法的理由（适当事由）。具体地说，符合该法第2条第2款人工中止妊娠定义，即“胎儿在母体外不能维持生命期间，采用人工的方法，将胎儿及其附属物排出母体外”，又符合第14条第1款各项所列举的两种情形之一，即指定医生“在征得本人及其配偶同意时，可以实行人工中止妊娠”。

所谓“在母体外不能维持生命期间”，根据昭和28年厚生省事务次官的通知，是指妊娠未满8个月。此后，由于早产儿医疗技术的发达，这一期间逐渐缩短，因此，平成3年1月以后，又改为受孕后未满22周（平成2年3月20日的厚生省事务次官通知）。另外，《母体保护法》第14条第1款规定，人工中止妊娠的适当事由包含两种情形：（1）由于身体的或经济的原因，继续妊娠或分娩对母体健康明显有害（考虑社会经济状况的医学的适当事由）；（2）由于受暴行、胁迫或不能抗拒被奸淫（伦理的适当事由）而导致妊娠（旧《优生保护法》第14条第1款规定，还包含本人或者配偶患精神病、麻风病等也属于适当事由）。其中，由于前一种情形被扩张适用，导致人工中止妊娠的案件数急剧增加；另外，有无适当事由，完全由可以实施人工中止妊娠行为的指定医生来判断，这样一来，扼制堕胎罪实际上几乎不可能，其结果是，在日本，堕胎罪现在事实上可以说已被非犯罪化。

二、堕胎罪的类型

堕胎罪的保护法益是胎儿的生命，但是，从法律的规定明显可以看出，也附带保护孕妇的生命、身体。作为堕胎行为客体的胎儿，法律上并未下定义，历来争议也不多。但是，现在试管婴儿等出现后就成为一个问题，确定胎儿的概念也就有必要性了。对此，德国刑法（第219条d）规定，受精卵在母体着床后就成为胎儿，这种立场也许是妥当的（团藤 448 页、小暮编〔町野〕59 页、中森 31 页）。因此，损坏人工受精过程中保管在试管里的受精卵，不能说成是堕胎。

在刑法典第二十九章中，规定对以下行为按堕胎罪处罚。这些犯罪都是故意犯，过失堕胎不受处罚。

（一）自己堕胎罪

妊娠中的女子使用药物或者其他方法堕胎的，处 1 年以下惩役（第 212 条）。

本罪是由孕妇自己实施堕胎行为，是堕胎罪中处罚最轻的。关于本罪之刑被减轻的理由，有两种观点：一是因具有自己伤害这一面而使违法性减轻；二是考虑到孕妇的心理状态使责任减轻。应当肯定后者是妥当的。因为如果按照前者，第 213 条的同意堕胎也可以说是孕妇同意自己受伤害，那么，把自己堕胎与同意堕胎区别开来也就毫无意义。并且，孕妇委托他人为自己堕胎时，并非构成同意堕胎与业务上堕胎的共犯，根据第 65 条第 2 款的规定，应当认为构成本罪的共犯。不过，在这种场合，从本条中的“其他方法”也可以清楚地看出，归根结底成立本罪的共犯。

（二）同意堕胎罪

受女子的嘱托或者得其承诺而使其堕胎的，处 2 年以下惩役；因此致女子死伤的，处 3 个月以上 5 年以下惩役（第 213 条）。

本罪处罚的是得到女子同意而实施的堕胎行为；同时，还处罚作为结果加重犯的致死伤罪。

他人参与孕妇自己堕胎的场合，判例认为构成自己堕胎罪的共犯。例如，向孕妇介绍堕胎的手术医生的（大判昭和 10·2·7 刑集 14 卷 76 页）、提供手术费用的（大判昭和 15·10·14 刑集 19 卷 685 页）均被当做第 212 条的帮助犯处罚。但是，不具有孕妇这种减轻违法身份的人，实施第 213 条中的“使其堕胎”这种堕胎的实行行为的，同实施参与形态（教唆和帮助孕妇堕胎）的行为是有区别的。事实上，判例对这种情形并没有适用《刑法》第 65 条第 1 款。只不过在自己堕胎罪中，如果把孕妇这种身份理解为是基于混乱的心理状态而减轻责任的身份，那么，对他人应当根据《刑法》第 65 条第 2 款，按重的同意堕胎罪处罚（植松 284 页、中森 33 页）。

（三）业务上堕胎罪

医师、助产士、药剂师或者医药品贩卖业者，受女子的嘱托或者得其承诺而使其堕胎的，处3个月以上5年以下惩役；因此致女子死伤的，处6个月以上7年以下惩役（第214条）。

业务上堕胎罪是医师等业务人员，基于自己的身份而构成的同意堕胎罪的加重责任类型，因此，甲教唆孕妇乙使其决意堕胎，又教唆医生丙使之为乙施行堕胎手术的，由于无论是第212条的教唆还是第214条的教唆，根据《刑法》第65条第2款的规定，都构成第213条的教唆犯（大判大正9·6·3刑录26辑382页）。

（四）不同意堕胎罪、不同意堕胎致死罪

未受女子的嘱托或者未得其承诺而使其堕胎的，处6个月以上7年以下惩役（第215条第1款）。犯罪未遂应处罚（同条第2款）。

犯前条之罪，因而致女子死伤的，与伤害罪比较，依照较重的刑罚处断（第216条）。

本罪处罚的是未得到孕妇的同意而堕胎的行为。为此，本罪成为堕胎罪中被规定了最重法定刑的罪，并且未遂犯也处罚。不同意堕胎或者不同意堕胎未遂导致孕妇死伤的，应“与伤害罪比较，依照较重的刑罚处断”，这意味着要把《刑法》第二十七章伤害之罪中的伤害罪（第204条）及伤害致死罪（第205条）与第215条的法定刑加以比较，适用上限与下限都重的条文的法定刑。① 即致伤的场合处6个月以上10年以下惩役、致死的场合处2年以上15年以下惩役（参见第12条）。

三、堕胎的概念

（一）堕胎的含义

根据判例和通说，所谓堕胎，一是指杀害母体内的胎儿；二是指在自然分娩期之前人为地使胎儿与母体分离或排出体外（大判明治44·12·8刑录17辑2182页）。第一种情形是对胎儿生命的侵害犯，而第二种情形并不以胎儿死亡为要件，可以理解为是对胎儿生命的抽象危险犯。这样理解的结果

① 法定刑的计算：除此之外，采用同样用语的还有第118条第2款（泄漏煤气等致死伤）、第124条第2款（妨害交通致死伤罪）、第145条（污染净水等致死伤罪）、第196条（特别公务员滥用职权等致死伤罪）、第219条（遗弃等致死伤罪）、第221条（逮捕致死伤罪）、第260条（损坏建筑物等致死伤罪），其法定刑的计算顺序相同。

是，使妊娠9个月的胎儿排出母体外，由于有生命机能而使之窒息死亡的场合，被作为堕胎罪与杀人罪的并合罪（大判大正11·11·28刑集1卷705页）；医生使妊娠26周的胎儿排出母体外之后，尽管胎儿有生长的可能性，但将其放置不管导致死亡的场合，则被作为业务上堕胎罪与保护责任者遗弃致死罪的并合罪（最决昭和63·1·19刑集42卷1号1页）。

采取上述第二种情形的解释，是因为过去早产儿医疗技术不发达，被排出母体外的胎儿几乎必然死亡。但是，现在早产儿医疗技术已很发达，被排出母体外的胎儿的生存可能性提高了，因此，不必要处罚抽象的危险犯，"对胎儿加以攻击，使其在母体内或母体外死亡的行为"，都应该认为是堕胎（平野第161页）。

如果这样解释堕胎，第一，出于堕胎的故意，使胎儿排出母体外，但因胎儿还活着而改变了主意，并采取了救助、保育的措施，由于胎儿没有死亡，属于堕胎未遂，除了《刑法》第215条第2款（不同意堕胎的未遂）以外，应该认为都不可罚。第二，在自然分娩期之前，排出母体外的胎儿有生命机能时，如果是由于作为或不作为而使其死亡的，是构成堕胎罪还是其他的罪，则成为值得研究的问题。以下作详细解说。

（二）堕胎与侵害人身罪的关系

由于非法堕胎使胎儿被排出母体之后，胎儿既可能是有生命机能的，也可能是属于无生长可能性的。首先，在无生长可能性的场合，由不作为而使胎儿死亡的，因为不存在作为义务，不作为犯也就不能成立，只能构成堕胎罪。其次，虽无生长可能性，但采取积极作为的方式杀害的，应当如何处理呢？有论者认为，在这种场合，并非是不作为犯，有无生长可能性不必要考虑，再说，因胎儿已不只是部分露出而是全部露出成为人了，所以构成杀人罪。（大谷实："判批"，判タ670号60页、原田国男："判批"，曹时41卷4号1286页）。但是，笔者认为，在这种场合，应该认为只构成堕胎罪。如前所述，所谓堕胎应该理解为是指在母体内或母体外杀害胎儿，而作为非法堕胎结果被排出母体外的活着的胎儿，由于无生长可能性而必定死亡，因此，对之实施的杀害行为，是杀害胎儿的概念所能包容的。况且，不作为的场合要考虑有无生长可能性，但在作为的场合完全不予考虑，一律视为杀人，这存在过于重视行为无价值的问题。

与此相反，在有生长可能性的场合，若采取作为或不作为的方式杀害胎儿，则不能仍然评价为堕胎。的确，如果把堕胎理解为杀害胎儿，这种场合也可以说是堕胎（小暮编〔町野〕16页、关于不作为的情形，可参见松宫孝明："判批"，甲南法学14卷2号192页）。但是，所谓杀害胎儿，应当限定为使胎儿排出母体外的行为之当然结果的死亡。有生长可能性的胎儿，由排出母体外的其他原因导致死亡的，因为不能说是作为堕胎结果的死亡，应当认为构成其他的罪（在此意义上说，前面两个判例认为针对“人”的犯罪成立是妥当的，但在那种场合应该认为构成堕胎罪未遂）。对于这种见解，也有论者提出批判说，有无生长可能性往往难以证明，按照上述见解处理案件，会妨害法律的稳定性（小暮编〔町野〕16页）。但是，如果难以证明时就作为无生长可能性，按堕胎罪处理，那就不成其为问题了。

（三）人工中止妊娠与侵害人身罪的关系

接下来的问题是，合法的人工中止妊娠，但被排出母体外的胎儿有生命机能，对此应当如何处理？这也可以分为有生长可能性与无生长可能性两种情形。首先，如果无生长可能性，由不作为而使胎儿死亡，在这种情况下，因为无作为义务，也就不存在构成遗弃致死罪或不作为杀人罪的问题。其次，如果无生长可能性，而采取积极作为的方式杀死胎儿的，应如何处理？对此，也有论者认为，这并非是不作为犯，因而不必要考虑有无生长的可能性，应当认为构成杀人罪（大谷·前书61页、原田·前书1285页），但正如前文所述，这种观点并不妥当（平野龙一·犯罪论的诸问题下265页〔1982〕）。另外，还有论者认为，“胎儿是在母体外不能维持生命的时期”（《母体保护法》第2条第2款），在此之前被排出母体外的胎儿，即便有生长可能性，也一律不能作为“人”看待（小暮编〔町野〕15页、前田12页）。根据这种见解，不论有无生长可能性，也不管是作为还是不作为使其死亡，按照《母体保护法》，完全不具有可罚性。这种见解不外乎是从实质上认为，根据《母体保护法》中止妊娠，即便是杀害被排出母体的出生儿，也扩张解释为阻却违法性。但是，如果被排出母体外的胎儿有生长可能性，如前所述，也是值得作为“人”来保护的；况且，当父母双亲改变主意，决定保护并养育胎儿时，那就会得出因其本来不是“人”而不能作为“人”来受刑法保护这样奇怪的结论，由此可见，上述见解是不妥当的。基于以上考虑，在人工中止妊娠导致从母体排出有生长可能性的出生儿的场合，对其也应当作为人来给予保护（参见东京高判昭和28·5·25东时3卷5号216页）。

四、胎儿性致死伤

与堕胎相关而有必要提到的问题是胎儿性致死伤。

所谓胎儿性致死伤问题，是指由于过失而使之在胎儿阶段受伤害，并且这种伤害也影响到出生之后的场合下，行为人是否因而构成某种罪的问题。在现行法律上，堕胎只处罚故意犯，过失堕胎不可罚。另外，过失致死伤罪的客体被限定为人，因此，胎儿性致死伤能否构成某种犯罪就成为一个难题。

关于这一问题，熊本水俣病事件是有名的实例。案情是：孕妇因为吃了受有机水银污染的鱼，导致胎儿患上胎儿性水俣病，出生之后死亡。由于是工厂排放有机水银，通过鱼使孕妇摄取的，所以，工厂的厂长与公司的社长被定为业务上过失致死罪。第一审判决认为，胎儿是"人"的萌芽，胎儿与人在价值上不应当有差异，只要致死的结果发生时作为客体的"人"存在即可，并不以过失行为时"人"存在为必要，这就是认定为有罪的理由（熊本地判昭和54·3·22判时931号6页）。第二审则以被害者直到从母体部分露出时，继续通过母体作为中介而受有机水银侵害为由，维持了有罪的结论（福冈高判昭和57·9·6高刑35卷2号85页）。对于此案，最高裁判所的判决认为（最决昭和63·2·29刑集42卷2号314页）：第一，胎儿是母体的一部分，所以，使胎儿受伤害实质上是使母体的一部分受到了伤害，即不外乎是使"人"受了伤害（伤害母体说）；第二，如果胎儿是出生成为人之后才死亡的，"因为可以归结为使人发生病变并导致人死亡结果的发生，所以无论是否采取病变发生时要求客体是人的主张"，结论都是构成业务上过失致死罪。

在学说上，肯定业务上过失致死罪成立的主张也很有影响（藤木189页、板仓21页、板仓·现代社会与新刑法理论265页以下〔1980〕、中谷11页、平良木·重判昭和63年度145页）。但是，基于如下理由，不能支持肯定说（作为消极说，参见平野·前书266页、齐藤472页、小暮编〔町野〕17页、大谷29页、前田31页、中森35页）。第一，肯定说与现行法的体系有矛盾。在现行法上，因过失堕胎罪（过失杀死胎儿）不可罚，所以，应当认为过失伤害胎儿当然也不可罚。尽管如此，如果把实际上只是相当于过失致胎儿死伤的行为，以对活着的"人"留下了伤害的后果为由而按业务上过失致死罪处罚，就等于是在"人"的概念中包含了胎儿，不得不说这是一种类推解释，是违反罪刑法定主义的。第二，业务上过失致死罪中，如果被害者是受伤后导致死亡结果发生的，当然在受伤害的阶段"人"必须存在，而在水俣病案件中，伤害行为终了与伤害结果的发生，都是在胎儿阶段。的确，实行行为时不一定要求客体存在，但是，至少行为发生侵害作用时，客体必须存在，而在水俣病案件中，行为发生侵害作用时只有胎儿存在，因此，不能认为构成业务上过失伤害、业务上过失致死罪。

最高裁判所上述第一条理由采用伤害母体说，或许是考虑到了这一点。但是，伤害母体说也与现行法的前提有矛盾，不能支持。因为如果说伤害胎儿就是伤害母体，那么，孕妇自己堕胎就是伤害自己身体一部分的自伤行为，应当不具有可罚性。但是，《刑法》第212条规定对这种行为也要处罚，因此，不得不说现行法律赋予了胎儿相对于母体独立存在的地位。再说，即便承认母体伤害说，最高裁判所提出的类似于法定符合说的第二条理由也不能支持。因为如果根据法定符合说，对A实施伤害行为，结果使B也受到伤害并致其死亡时，对行为人也可以追究伤害致死罪的责任。但是，这是以对A加以伤害时作为受害对象之“人”的B已经存在为条件的。然而，既然在伤害母体时只有胎儿存在，那么即便是按法定符合说的逻辑，受到伤害的胎儿出生后死亡的场合，认为实施伤害行为的人构成伤害致死罪也显然是无理的。

第四节 遗 弃 罪

一、概说

遗弃罪是使应当要扶助的人的生命处于危险境地的行为。《刑法》第217条处罚的是单纯遗弃、第218条处罚的是保护责任者遗弃及不保护行为、第219条处罚的则是作为两罪结果加重犯的遗弃致死伤。① 另外，对尊亲属的保护责任者遗弃罪（第218条第2款），已于平成7年修改刑法时被删除了。

通说和判例认为，遗弃罪是对生命、身体的危险犯。的确，从《刑法》第219条把遗弃致死伤作为结果加重犯予以规定来看，或许应该理解为是对生命、身体的危险犯。但另一方面，《刑法》第218条中有“对其生存不给予必要保护时”的规定，如果认为这也包含对身体的危险，那么本罪的成立范围就极无限定性了，基于这样的考虑，应当认为遗弃罪只是对生命的危险犯（平野163页、小暮编〔町野〕65页、大谷66页）。根据判例和通说，遗弃罪是抽象的危险犯（大判大正4·5·21刑录21集670页），认为遗弃罪是具体危险犯的主张也很有影响（泷川59页、团藤452页、中山85页）。但是，后一种观点也认为，只是预想到他人可能救助的场合，构成遗弃罪。

① 特别规定：作为特别规定的还有：《灾害救助法》第24条第1、2款（违反从事救助业务的命令）、《道路交通法》第72条第1款（违反交通事故时驾驶员等的救护义务）、《轻犯罪法》第1条第18项（有必要给予扶助者尽管是在自己占有的场所而不向公务员等报告）、《航空法》第75条（机长不尽力救护），等等。

而按照前一种观点，将需要扶助的人放到妇产医院或警察局，预想到确实会有人救助时，不能说是遗弃。由此可见，两说几乎没有差异。另外，作为具体的危险犯，以对生命的具体危险性有认识为必要，那么，遗弃的故意与杀人的故意就无法区别了，如果考虑到这一点，就应该认为遗弃罪是抽象的危险犯。

二、客体

根据《刑法》第217条的规定，遗弃罪的客体是“因年老、年幼、身体障碍或者疾病而需要扶助的人”。与此相反，第218条只是规定“老年人、幼年人、身体障碍者或者病人”，没有规定“需要扶助”这样的要件，但因为都是遗弃罪，应当与第217条作同样的理解。所谓需要扶助，不能理解为不具备日常生活的自理能力，而应该理解为对生命有危险。由于刑法是采取限定列举的方式来作规定的，因此，如果不在列举范围内，如迷路者、手足被捆绑不能行动者等，就不能纳入本罪客体范围内。不过，有判例把泥醉者纳入病人的范围（最决昭和43·11·7判时541号83页、横滨地判昭和36·11·27下刑3卷11、12号1111页），但也有判例认为，即便是泥醉者，只有在不予护理就会有生命、身体方面的紧迫危险的客观状态下，才能视为病人（东京高判昭和60·12·10判时1201号148页）。至于幼年人，旧《刑法》第336条第1款规定为未满8岁者，但现行刑法并未作这样的限定，因而只能根据具体情况，看是否有必要予以扶助，来作实质性的判断。在下级审的判例中，对母亲把2～14岁的4个孩子丢在住宅楼中离去的案件（东京地判昭和63·10·26判夕690号245页）以及将因患缄默症而衰弱的13岁孩子放置不管导致其死亡的案件（大分地判平成2·12·6判时1389号161页），认为构成保护责任者遗弃罪。

三、遗弃的概念

1. 根据通说和判例的解释，《刑法》第217条、第218条中的“遗弃”，是指将需要扶助者移置于一定的场所，使之产生新的危险（移置＝作为犯），或者将不给予保护就会产生生命危险的需要扶助者放置不管而离去（扔下＝不真正不作为犯），但无论是哪一种情形，行为者与需要扶助者之间都必须伴有场所隔离的状态。与此相反，《刑法》第218条中的“不保护”，并不要求存在这种场所隔离的状态，只要不给予需要扶助者以生存所必要的保护，就能构成这种真正不作为犯。但是，通说认为，并非对这样的行为都应该给予处罚。对于不作为的遗弃，只有《刑法》第218条中的保护责任者遗弃，才存在受处罚的可能性。其理由是，“认为放置离去这种不作为犯的形态构成遗弃罪，归根结底是因为行为人有保护义务”，所以，要求第218条中的保护责任与不作为犯中的作为义务具有同一性（团藤453页、大塚59页）。判例也认为，第218条中的遗弃包含扔下不管的情形（最判昭和34·7·24刑集13卷8号1163页），但另一方面，由于不存在由不作为构成的单纯遗弃的判例，可以说判例与通说持相同的立场。

通说认为不存在不作为的单纯遗弃，是为了避免处罚所谓一般的不救助行为。即对被放置在自己庭院内的病人不给予救助的行为，充其量只不过构成《轻犯罪法》第1条第18项所规定的罪，并不构成不作为的单纯遗弃罪。

但是，另一方面，判例、通说认为，保护义务的来源与一般的不作为犯的作为义务相同，也就是从法律、契约、事务管理、习惯、常理、先行行为等多方面寻求义务的来源，这就导致保护义务的范围相当广泛。

2. 对判例、通说的主张，可能会提出这样的疑问：(1) 对《刑法》第217条与第218条使用的同样的“遗弃”一词，却解释为只有第217条包含不作为的情形，这难道合理吗？(2) 对《刑法》第218条的保护义务，为何要与不作为遗弃的作为义务作相同的理解呢？

最近，一种很有影响的观点认为，不只是第218条、第217条中的“遗弃”除了采用作为的形式移置之外，也还包含采用不作为形式扔下不管的情形（内田88页、曾根41页、堀内捷三·不作为犯论262页〔1978〕、冈本胜：“有关不作为遗弃的纪要”，法学54卷3号8页。平野龙一：“单纯遗弃与保护责任者遗弃”，警研57卷5号9页认为，第217条有可能包含不作为但不可罚）。并且，即便是第217条的遗弃，理解为包含不作为遗弃（扔下不管）的情形，就不作为遗弃中的作为义务而言，第217条与第218条是共同的，由于要以与作为形式遗弃同样的危险性作为基础，因而是违法要素；相对而言，第218条中的保护义务则是作为、不作为遗弃加重刑罚的根据，是责任的要素，同时也是不保护的行为具有可罚性的基础，所以，应该认为是一种构成的责任要素（平野·前列书10页、曾根40页。内田93页认为是违法要素）。

3. 如果考虑到通说、判例存在上述两点疑问，自然也不能否定以上解释具有相当的说服力。但是，上述解释仍然留给我们如下几方面的疑问：(1) 不知为何将第217条、第218条共同的作为义务区别开来，作为第218条中特有的保护义务的内容；(2) 如果认为第217条不处罚不保护行为，那么，对解雇患重病的雇员不给其治疗而导致其死亡的案件（大判大正15·9·28刑集5卷387页）、实施业务上堕胎行为的医生将排出母体外的、有养育可能性的婴儿放置不管导致其死亡的案件（最决昭和63·1·19刑集42卷1号1页），尽管行为人对需要扶助者有保护责任，并且需要扶助者是在行为人的支配之下，但他却不给予维持其生存所必要的保护，对这种不保护类型的案件，按上述解释，就只能作为单纯遗弃看待，从而认为不具有可罚性（有关肯定这种结论的见解，可参见山口28页）。避免得出这种结论的一个途径是，将第217条中的不作为形式的遗弃解释为包含不保护，但由于在第218条中遗弃与不保护是被区别开来规定的，因此作这样的解释在文理上行不通。另一个途径是，将这种情形解释为行为人有第218条的保护义务，但这样一来，作为义务与保护义务就几乎重叠在一起了，区别两者也就成了一个难题（前田65页、中森40页）。由此可见，包含不保护在内的不作为形式的遗弃，仍然只在保护责任者遗弃罪中具有可罚性，这才是合理的解释（关于这一点，有必要改变笔者在研修461号3页以下发表的“肇事后逃逸与遗弃罪的成立与否”一文的见解）。

4. 基于以上考虑，应当认为“遗弃”一词，无论是在第217条还是在第218条中，都只含有采用作为形式遗弃的意思，不作为形式的遗弃（扔下不管、不保护）是第218条“不保护”的应有之义（日高义博：“遗弃罪的问题点”，现代讲座4卷167页以下、小暮编〔町野〕68页、大谷68、69页）。由于第217条不处罚不作为形式的遗弃，那么，从文理而言，第218条中的“遗弃”也不应当包含不作为形式的遗弃。这样解释，可以使不作为形式遗弃的处罚范围明确化，但其前提条件是，对保护义务（作为义务）的范围要作限定性的解释。

四、单纯遗弃罪

遗弃因年老、年幼、身体障碍或者疾病而需要扶助的人的，处1年以下惩役（第217条）。

关于本罪的客体，前面已有论述，在此不赘述。

本罪的行为是遗弃。如前所述，这里的遗弃是指采用作为的形式将需要扶助者移置到对其生命有危险的场所。例如，将老人或孩子移置于深山之中是典型的例子。也包含从已对生命有危险的状态移置到更危险场所的情形。例如，将患肺结核的从业者解雇后，被告人因发现其还在自己的住宅里睡觉，便将其撵到马路上去的案件（大判明治45·7·16刑录18辑1083页）；使无行走能力的老人坐在货车上并将其放在路旁不管的案件（大判大正4·5·21刑录21集670页）；严寒之夜将下半身裸露的泥醉者从餐馆内拖到屋外放置的案件（名古屋地判昭和36·5·29裁时332号5页），如此等等，均有判例认定为构成单纯遗弃罪。

五、保护责任者遗弃罪

对于老年人、幼年人、身体障碍者或者病人负有保护责任而将其遗弃，或者对其生存不给予必要保护的，处3个月以上5年以下惩役（第218条）。

1. 关于本罪的客体，前面已有论述，在此不赘述。

2. 本罪的行为是遗弃或不保护。

所谓遗弃，如前所述，是指采用作为的方式移置。不保护则是指对需要扶助者的生存不给予必要保护这种不作为的情形。它包含行为人与需要扶助者在场所上存在相隔离的状态和不存在相隔离状态两种类型，前者如将受重伤的人放置在现场而离去，或者父母亲将婴儿放在家里而外出；后者如父母亲不将生病的孩子送到医院去诊治。由于对生存不给予必要保护是行为的要件，所以，客观上必须存在如果置之不顾就会对需要扶助者的生命有危险的状态（认为对需要扶助者的疾病的状态、程度的认定是必要的判例，参见大判大正3·1·26新闻922号28页），主观上必须对这种危险有认识（认为对洗冷水浴的泥醉者置之不顾的案件中，行为人无本罪的故意，参见东京高判昭和60·12·10判时1201号148页）。

3. 本罪的主体是"负有保护责任者"，即被限定为保护责任者。因此，本罪是身份犯。

通说、判例是从法令、契约、事务管理、习惯、常理、先行行为等方面来寻求保护责任的根据的。以法令作为保护责任根据的判例有：(1) 尽管有民法上的前一顺序的扶养义务人，但后一顺序者对老年人处于应当看护的状态时，成为保护责任者的案件（大判大正7·3·23刑录24辑235页、民法877条以下）；(2) 为救助自己的交通事故的被害者，用车将其搭载至别的场所而弃之不顾的案件（最判昭和34·7·24刑集13卷8号1163页、旧《道路交通管制法》第24条、现行《道路交通法》第72条）。以契约作为保护责任根据的判例有：(3) 根据收养契约收养幼儿者，虽然收养关系不成立，但也成为保护责任者的案件（大判大正5·2·12刑录22辑134页）。以事务管理作为保护责任根据的判例有：(4) 义务丧失后把病人领回与自己同居而成为保护责任者的案件（大判大正15·9·28刑集5卷387页）。以习惯作为保护责任根据的判例有：(5) 与自己住在一起的受雇的业务人员生病的场合，雇主产生保护责任的案件（大判大正8·8·30刑录25辑963页）。以常理或社会的通常观念作为保护责任根据的判例有：(6) 尽管相伴出行的同事打架受了重伤，但将其置之不顾而离去的案件（冈山地判昭和 43·10·8 判タ 232 号 230 页）；(7) 与一女子同居 3 天的男子与该女子同谋，将女子身边的 3 岁幼子放在东名高速公路上而离去的案件（东京地判昭和 48·3·9 判タ 298 号 349 页）。最后是以先行行为作为保护责任根据的判例：(8) 实行业务上堕胎的医生将排出母体外的有养育可能性的婴儿放置不管而导致其死亡的案件（上述最决昭和 63·1·19）；(9) 在旅馆房间给一女子注射兴奋剂后，尽管该女子处于精神错乱状态，但却置之不顾而离去的案件（最决平成 1·12·15刑集 43 卷 13 号 879 页）；等等。

但是，保护责任一方面不以形式上存在法令和契约的规定为限，而另一方面也应当与常理或通常的道德义务区别开来。如果认为遗弃是积极地制造对需要扶助者的生命有危险的行为，那么，作为不保护的主体的保护责任者，也就应当限定为对已经存在的需要扶助者的生命之危险处于可能支配地位的人（大谷 71 页）。这种支配地位如果是基于行为人的意思而取得的场合，认定其有保护责任自然不成其为问题，但如果支配地位不是基于行为人的意思取得的场合，则行为人与需要扶助者之间必须存在由一定的生活共同体而产生的社会生活上之继续的保护关系（西田：“不作为犯论”，芝原等编·刑法理论的现代的展开总论Ⅰ 90 页以下〔1988〕）。

从这种观点来看，上述判例的结论除判例 (6) 之外，可以说大体上是妥当的。与此相对应的观点是，保护责任只存在于保护的承担具有排他性的场合，因此，认为上述判例 (8) 的结论也不妥当（小暮编〔町野〕72 页、中森 41 页）。但是，在这一案件中，由于医生基于自己的意思对需要扶助者取得了排他性的支配，自然是应该认为有保护责任。保护的承担作为保护责任的必备要件的场合，例如，母亲当初就无保护的意思，分娩后将婴儿放置不管导致其死亡，认为不成立本罪显然是不妥当的（町野朔·刑法总论讲义案Ⅰ〔第 2 版〕135 页〔1995〕，也肯定在这种场合有保护法益的义务）。另一方面，对分娩后的母亲将婴儿放在医院而离去，医生也未采取保护措施的案件，有判例认为医生不构成本罪（熊本地判昭 35·7·1 下刑 2 卷 7、8 号 1031 页），这是因为支配地位的取得是出于偶然，不是基于行为人的意思，考虑到无社会生活上之继续的保护关系，因而不要求其采取保护措施。另外，汽车撞人后逃逸这种由自己的过失行为致人重伤的场合，也有论者认为，行为人基于先行行为（团藤 454 页、大塚 63 页）或《道路交通法》第 72 条的救护义务（上述最判昭和 34·7·24）而产生保护责任。但是，单纯的汽车撞人后逃逸，认为超出了违反救护义务罪（《道路交通法》第 117 条规定，处3年以下的惩役或20万日元以下的罚金）的范围，通常构成本罪，在被害人死亡的场合，则构成遗弃致死罪，这种观点是不妥当的。引起交通事故者让被害人搭便车的场合（不过，不一定限于承担保护的场合），行为人取得排他性支配时，就应当认为开始产生保护责任（上述判例（2）的案件也属于这种情形），而单纯的汽车撞人后逃逸则不必以本罪论处。

4. 保护责任者这种身份，在行为是遗弃（移置）的场合，是加重第217条之刑的加重身份；在行为是不保护（扔下、狭义的不保护）的场合，则是奠定可罚性基础的构成身份，但应该认为其实质是违法身份（内田92页、小暮编〔町野〕76页）。因为对需要扶助者的生命之危险处于支配地位的保护责任者这种身份，可以说是由第三者难以救助这种意义上来奠定不保护的违法性之基础的，也可以说是加重遗弃之违法性的。而且，如果认为第65条第1款是关于违法身份的连带作用的规定、同条第2款是关于责任身份的个别作用的规定（西田："共犯与身份"，现代讲座3卷257页以下〔1979〕），那么，保护责任者的身份就对遗弃与不保护两者起连带作用。即（1）甲教唆乙将乙之子丙丢在山上（遗弃）的场合，乙是第218条的正犯，根据第65条第1款的规定，甲应当作为第218条的教唆犯受重的处罚；（2）甲教唆乙不给丙食物（不保护）的场合，根据第65条第1款的规定，对甲也同样应当作为第218条的教唆犯来处罚。

与此相反，通说是以上述遗弃、不保护的概念作为前提，并且认为第65条第1款是关于构成身份、真正身份的连带作用的规定、同条第2款是关于加减身份、不真正身份的个别作用之规定，所以，第218条所说的保护责任者的身份，对遗弃而言是加重身份（第65条第2款），对不保护来说是构成身份（第65条第1款）。为此，上述（1）甲教唆乙将乙之子丙扔在山上的场合，乙是第218条的正犯，对甲应根据第65条第2款，认定为成立第217条的教唆犯。但是，（2）甲教唆乙不给丙食物的场合，根据第65条第1款之规定，甲也还是要作为第218条的教唆犯受重的处罚，不得不说这是一种不合理的结论。另一方面，如果认为保护责任者就（作为、不作为）遗弃而言是加重的责任身份，对不保护来说是构成的责任身份，则上述（1）案例中的甲根据第65条第2款之规定，构成第217条的教唆犯，但（2）案例中的甲就只能是不可罚的了。

六、遗弃致死伤罪

犯前两条（第217条、第218条）之罪，因而致人死伤的，与伤害罪比较，依照较重的刑罚处断（第219条）。

遗弃致死伤罪（第219条）是第217条、第218条的结果加重犯。如前所述，将遗弃罪理解为是对生命的危险犯时，即便是产生了致伤的结果，也以原本就存在对生命的危险为必要。

一种有力的见解认为，遗弃致死罪与不作为形式的杀人罪的区别在于，作为义务本身在轻重程度上有差别（平野·刑法总论Ⅰ158页以下、大谷第75页、小暮编〔町野〕74页）。的确，即便是父母亲把婴儿放在家里而外出，如果没有产生死亡的具体危险，并不构成杀人未遂罪，充其量只成立作为抽象危险犯的遗弃罪。但是，如果危险更进一步具体化并导致死亡结果发生，当父母亲存有杀意时，就没有理由否定其是不作为形式的杀人。对保护责任（作为义务）的范围作限定解释时，就难以根据作为义务的轻重来区别两罪了。由于我们认为遗弃罪是对生命的危险犯，所以，遗弃致死罪与不作为形式杀人罪的区别在于杀意的有无与具体的危险发生与否。

至于“与伤害罪比较，依照较重的刑罚处断”的含义，参照前述堕胎罪中所作的相关解释。

第二章　针对身体的犯罪

第一节　概　说

身体是与生命相关的重要的个人法益。为保护身体，刑法典规定了暴行罪（第208条）、伤害罪（第204条）、伤害致死罪（第205条），同时还规定了过失伤害罪（第209条）、过失致死罪（第210条）、业务上过失致死伤罪（第211条）。此外，在伤害案件中，涉及多人的场合，刑法还有特别规定，设置了现场助势罪（第206条）与同时伤害的特例（第207条）。再者，准备凶器集合罪是为事先抑制持凶器的集团殴斗而于昭和33年新增设的，本来是作为包含伤害罪在内的针对个人法益的预备罪放在暴行罪之后的，但现在也被认为是一种公共危险罪。此外，危险驾驶致死伤罪（第208条之2）是对类似于暴行那样的危险的驾驶汽车致人死伤的情形，为了保证其处罚的适当性而于平成13年新增设的。

第二节　暴　行　罪

施暴行而没有伤害他人的，处2年以下的惩役、30万日元以下的罚金、拘留或者科料（第208条）。

一、概说

暴行罪的保护法益是身体之安全。对身体没有产生伤害之结果的不法攻击行为进行处罚，从比较法的角度而论，是一种非常特殊的犯罪类型。刑法制定时本罪的法定刑是“1年以下的惩役、50日元以下的罚金、拘留或者科料”，并且是亲告罪（第2款），但昭和22年刑法部分修改时（法律第124号），将本罪的法定刑提高到2年以下惩役，同时改为非亲告罪。还有作为特别法的《关于暴力行为等处罚的法律》（大正15年法律第60号）。

二、暴行的含义

（一）含义

所谓暴行，是指对他人的身体施行物理力。最典型的实例是对他人身体实施拳打、脚踢、推拉等行为，也包含利用噪音、放射线、电流、强光等施加影响。在被害人耳边不断敲打乐队用的大锣鼓的行为（最判昭和29·8·20刑集8卷8号1277页)、用随身携带的扩音器发出大的声音的行为（大阪地判昭和42·5·3下刑9卷5号681页）就属于这种类型的暴行。由于不要求暴行在性质上有产生伤害的可能性（大判昭和8·4·15刑集12卷427页），所以，对他人吐痰或唾液的行为也是施行物理力，也可能成为暴行，但是，实施这种轻微的物理力的行为即便是被认为构成侮辱罪（第231条），也不必认定为属于第208条中的“暴行”（内田38页、小暮编〔町野〕38页）。在下级审的判例中，有的把声称去污而撒盐的行为认定为暴行，其理由是“只要使对方产生不快厌恶的情绪就足以构成暴行”（福冈高判昭和46·10·11刑月3卷10号1311页)，但这不免使人产生疑问。

由于暴行是施加物理力，因此，吓唬的行为、侮辱的言辞、催眠术等产生心理作用的情形，即便是使对方身体的生理机能出现了障碍，也不能构成暴行罪，只不过会出现成立伤害罪的问题。下级审的判例中，有的把打骚扰电话使被害人患神经病的案件按伤害罪来处断（东京地判昭和54·8·10判时943号122页)，但应该认为这不是由暴行而造成伤害的事例。

（二）暴行概念的相对性

暴行这一词语在许多种犯罪类型中被使用，理论学说认为有四种含义：(1) 最广义的暴行，包含对物施加物理力（对物暴行）的情形，骚乱罪（第106条）中的暴行就是适例；(2) 广义的暴行，包含对人施加物理力（间接暴行）的情形，妨害执行公务罪（第95条）中的暴行就是如此；(3) 狭义的暴行，是暴行罪中所说的暴行；(4) 最狭义的暴行，要求达到抑制人的反抗或者使其反抗明显困难的程度，强盗罪（第236条)、强奸罪（第177条）中的暴行就属于这种类型。

（三）是否要有身体的接触

暴行是对人的身体施行物理力，这种物理力在没有与身体相接触时，是否也可以构成暴行罪，这是有争议的问题。多数学者认为，不要求与身体相接触（大塚35页、大谷41页、前田40页、曾根25、26页、中森16页），如下判例也持这种主张：(1) 出于吓唬的目的把石头扔在被害人眼前的行为（东京高判昭和25·6·10高刑3卷2号222页）；(2) 朝被害人扔椅子没有击中的情形（仙台高判昭和30·12·8裁特2卷24号1267页）；(3) 为阻止被害人的行动，基于威胁的目的挥舞日本刀的行为（最决昭和39·1·28刑集18卷1号31页）；(4) 为惹人生气用自己的汽车将他人并行的汽车往路边挤的行为（东京高判昭和50·4·15刑月7卷4号480页）等被认定为暴行。

与此相反，少数学者认为，暴行也是结果犯，侵入被害人身体周围空间的行为是暴行未遂，不宜作为暴行来看待（平野 167 页、小暮编〔町野〕37 页、山口 42 页）。这也是一种很有影响的见解。

的确，按照接触不要说，不仅对已经“危害”身体安全的行为，而且对“可能危害”的行为也要予以处罚，可以说这是主张处罚现行法上不可罚的暴行未遂。如果把这种情形也纳入暴行罪中，那么，本罪就并非是对身体安全之罪，实际上身体安全感就变成了本罪的保护法益。由此而论，接触必要说是妥当的。但是，把没有身体接触的各种情形都排除在暴行的范围之外，也不一定妥当。因为从第 208 条的文字表述来看，暴行罪带有伤害未遂罪的特性，在此限度内，可以肯定其具有危险犯的性质。不言而喻，也可以把第 208 条解释为以身体接触为必要，在此限度内，伤害未遂也可能受处罚。但是，朝某人扔石头未击中时，这种施行物理力的行为本来是有产生伤害之危险动机的，只是出于偶然才没有产生伤害的结果，认为这不可罚是不妥当的。因此，客观上接触身体就有产生伤害结果的可能性，并且行为人主观上有接触身体之目的的，也就是有伤害之故意的（如前述判例（2）），可以认为构成作为伤害未遂的暴行罪。相反，如果主观上无接触身体的目的（如前述判例（1）、（3）、（4）），则只有可能构成胁迫罪，即便是造成了伤害或死亡的结果，也只不过构成过失犯。判例在这种场合实际上是对暴行概念作了扩张解释，认为是胁迫罪与过失致死伤罪的观念竞合，但这是违反处罚观念的，仍然不具有妥当性。如果有必要，应该考虑通过立法使伤害罪与伤害致死罪具有作为胁迫罪的结果加重犯的性质。关于这一点，认定采用强盗的手段相胁迫产生伤害的结果时也构成强盗致伤罪的下级审判例（大阪高判昭和 60·2·6 判时 1149 号 165 页）可以作为参考。

第三节　伤　害　罪

伤害他人身体的，处 10 年以下惩役或者 30 万日元以下的罚金或者科料（第 204 条）。

一、伤害的含义

1. 关于伤害的含义，存在两种不同的解释：一种观点认为，伤害是使身体的生理机能出现障碍或者使健康状态发生不良的变更；另一种观点认为，伤害是比这更广泛的对身体完整性的侵害。两种观点的差异在于，剪掉头发或剃去眉毛这种使人的外貌发生重大改变的行为是否也包含在伤害的范围内。如果按后一种观点，理发师不注意剃去了顾客的眉毛，这属于过失伤害（第209条），具有可罚性；而按前一种观点，这应作为过失暴行看待，不具有可罚性。但是，进行这样的议论似乎并无实益。所谓“伤害”，从字面含义和常识上理解，应当认为生理机能障碍说较为妥当。判例也基本上持这种立场（关于剪掉妇女头发的案件，参见大判明治45·6·20刑录18辑896页。但是，东京地判昭和38·3·23判タ147号92页认为，伤害是使人的生活机能发生障碍，将妇女的头发剃光属于伤害）。

2. 作为伤害的具体实例，不只是限于创伤、擦伤、碰撞伤等外伤，还包括疲劳倦怠、胸部疼痛、腰部压痛、头晕、呕吐、失神、中毒、感染疾病、外伤后功能障碍（PTSD—Post-traumatic Stress Disorder），等等。由于第204条法定刑的下限是科料，因此不得不认为相当轻微的伤害也可以适用本条，但是，日常生活中被忽视了的那种程度的伤害应当排除在外（团藤407页）。对此，可以参照昭和40年10月14日名古屋高金泽支判的判决所提出的如下三个条件来认定：(1) 对日常生活无妨碍；(2) 没有受伤害的意识，或者说属于日常生活上被忽视的那种程度的伤害；(3) 不需要采取特别的医疗措施。

二、伤害概念的相对性

司法实务的现状是对相当轻微的伤害也按第204条处罚，但是对其他犯罪类型特别是强盗致伤罪（第240条前段）中的伤害能否同样理解就显得十分重要。因为强盗致伤罪的法定刑的下限是7年，即便是酌情减轻也不能适用缓刑（参见第25条、第66条、第68条）。为了避免这种不合理的现象，下级审的判例中有的认为，第204条与第240条的伤害概念具有相对性，不必把轻微的伤害包括在第240条的伤害之中（例如，大阪地判昭和54·6·21判时948号28页）。相反，最高裁判所否定伤害概念具有相对性（最决昭和41·9·14裁集160号733页、另外，东京高判昭62·12·21判时1270号159页持同样的立场）。但是，从刑事政策的角度考虑，应当肯定存在这种相对性。另外，从立法论的角度而言，应该考虑将第240条前段的法定刑降低（《改正刑法草案》第327条前段规定，强盗犯伤害他人的，处无期或6年以上惩役）。

三、暴行与伤害的关系

1. 刑法无处罚伤害罪的未遂的规定。但是，《暴力行为等处罚法》第1条之2第2款，对用枪炮或刀剑类伤害人身体的未遂行为设有处罚规定。在此之外的场合，定暴行罪实际上就起到了作为伤害未遂罪处罚的作用，因此，不是基于暴行的伤害未遂不受处罚。

2. 伤害罪是故意犯，与暴行罪有密切关系，可以说是暴行罪的结果加重犯。由于伤害致死罪（第205条）是伤害罪的结果加重犯，所以，暴行罪与伤害致死罪之间可以说存在二重的结果加重犯的关系。

与此相反，也有论者认为，从责任主义的立场而言，伤害罪应该限定为故意犯，基于暴行的故意而产生了伤害的结果时，属于暴行罪与过失伤害罪的观念竞合（木村23页、朝仓35页），但现在已无人支持这种观点了。如果反过来解释《刑法》第208条中的“施暴行而没有伤害他人的”，则结果加重犯说具有妥当性，可以说该条是《刑法》第38条第1款但书所指的“特别规定”。

3. 非基于暴行的伤害。伤害大多是由暴行引起的，但不是由暴行引起的伤害也可能发生。例如，不给受伤者治疗、不给病人用药的行为，也可能成为不作为的伤害，但不可能构成暴行罪。另外，用吓唬、侮辱的言辞而使他人产生精神障碍，通过打骚扰电话使他人患神经衰弱症的（东京地判昭和54·8·10判时943号122页），实施骚扰行为使他人心神不安或陷入精神压抑状态（名古屋地判平成6·1·18判タ858号272页）等也属于非基于暴行的伤害之实例。在这种场合，因为是故意犯，所以必须有伤害的故意。据此，受胁迫的被害人逃跑时跌倒受伤的，在行为人无伤害故意的限度内，充其量只能构成胁迫罪与过失致伤罪（关于这一点，参照前述有关暴行罪中是否要求有身体之接触的部分）。

成为问题的是，如何认定隐瞒自己患有性病的事实而与他人性交或者欺骗对方，使之喝下放了病菌的饮料的行为。在对方发了病的情况下，认定行为人构成伤害罪不成问题。但是，这是否属于非基于暴行的伤害呢？如果对方没有发病，是否还能认定为构成暴行罪？这是与采用可能使对方受伤害的手段夺取财物能否构成强盗罪相关联的问题。关于这一点，有以下几种学说：(1) 使他人感染病菌或病毒的行为，当然是施加物理力（有形力），应当认为是暴行（大谷27页、曾根18页）；(2) 影响对方心理的行为不能认为有物理的作用力，并非是暴行（内田38页、中森15页）；(3) 虽然是施加物理力的行为但因为对方同意，不能视为暴行（小暮编〔町野〕37页、平野168页）。判例持第(2)种或第(3)种立场，认为隐瞒患有性病的事实与他人性交使之感染病毒的，属于不是由暴行引起的伤害（最判昭和27·6·6刑集6卷6号795页）。但是，首先，第(3)说有缺陷，如前所述，在法益关系错误的场合同意是无效的，以这种同意作为根据来否定暴行的成立是困难的；其次，第（2）说也有弊病，该说似乎是将暴行理解为暴力的行为，但作这种限定是否必要、有无明确的根据呢？更进一步来说，假如让被害人喝下放了病菌的饮料，可能使其腹痛并夺取了财物，如果不认为有暴行，那么就难以认定为构成强盗罪、强盗致伤罪，这自然是不妥当的。在这种场合，不能否认行为人也施加了物理力，因而第（1）说可取。由此可见，使对方喝下放了病菌的饮料，即便是对方偶然没有发病，也应当认为暴行罪成立。

四、伤害致死罪

伤害身体因而致人死亡的，处 2 年以上有期惩役（第 205 条）。

本罪是暴行以及伤害的结果加重犯。由于伤害罪是暴行罪的结果加重犯，因而本罪成为暴行罪的二重的结果加重犯。加重结果与暴行或伤害行为之间必须有相当的因果关系，并且应当认为对加重结果必须有预见可能性(过失)。但是，判例认为不必要有预见可能性（最判昭和 46·6·17 刑集 25 卷 4 号 567 页）。

另外，平成 7 年修改刑法时，删除了伤害尊亲属致死罪（第 205 条第 2 款)。

五、现场助势罪

当发生前两条（第 204 条、第 205 条）的犯罪时，在现场助势的，虽然没有亲手伤害他人，也应处 1 年以下惩役、10 万日元以下罚金或者科料（第 206 条）。

《刑法》第 206 条规定，在伤害的现场“助势的”，处 1 年以下惩役、10 万日元以下罚金或者科料。这一法定刑比伤害罪的帮助犯的处断刑（参见第 204 条、第 63 条）还轻，显然立法宗旨存在问题。根据判例的解释，本条处罚的是单纯的助势行为，应当与帮助特定正犯的从犯区别开来（大判昭和 2·3·28 刑集 6 卷 118 页)。其立法宗旨不一定清楚，但是，在伤害的现场，对争斗的双方煽动打架的行为适用本条，这是否意味着要以精神上帮助的对象特定与否作为基准呢？对此，一种观点认为，本罪是伤害行为现场中的一种帮助行为，由于是基于人多起哄的心理而采取的行动，所以，将其作为特别减轻类型予以规定（团藤 417 页、福田 153 页、小暮编〔町野〕45 页）；另一种观点认为，如果是伤害的帮助行为，就应当作为伤害罪的从犯来处罚，没有理由特别予以减轻，因此，只有不是基于伤害的帮助的行为，而只是在现场煽动打架斗殴的，才能按本罪处罚。这是支持判例的立场的主张（大塚31页、吉川29页、平野169页）。但是，在伤害的现场对争斗的双方予以煽动的行为，也仍然是精神上的帮助行为，因此，应当说前一种观点是妥当的。

六、同时伤害的特例

2人以上实施暴行伤害他人的，在不能辨别各人暴行所造成的伤害的轻重或者不能辨认何人造成了伤害时，即使不是共同实行的，也依照共犯的规定处断（第207条）。

（一）立法宗旨

A、B共谋对C实施暴行，使C的身体一处或几处受伤时，因为是共犯，C的伤无论是A还是B造成的，甚至不能辨别是其中某人造成的，A、B均应对整体的伤害后果承担罪责。与此相反，在同时犯的场合，即A、B无意思上的联络，同时对C实施暴行，使C受伤，但不知是由A还是由B的暴行所造成的，根据“疑罪作有利于被告人的处理（in dubio pro reo）”的原则，A、B都只能构成暴行罪。为了避免出现这种不合理现象，第207条设立了同时伤害的特例。有学者认为，这一条文有违反宪法之嫌疑（平野170页），但是，行为人是实施有伤害之危险的暴行者，只要他能提出反证，也可能证明自己只是实施了暴行的行为人。反过来，要检察官证明其中某人是造成伤害的行为人则是十分困难的，如果考虑到这一点，就应当肯定第207条具有合理性（松尾浩也·刑事诉讼法下〔新版补正第2版〕24页〔1999〕）。

（二）“依照共犯的规定处断”的含义

所谓“依照共犯的规定处断”，是指推定各个暴行与伤害结果之间存在因果关系，通过这种推定将举证责任转换到被告人。因此，行为人不能证明此种伤害不是由自己的暴行所引起时，就要负伤害罪的责任。

与此相反，也有见解认为，本条并非是对因果关系的推定，而是对共同正犯关系、意思联络的推定（西原17页、大谷37页）。如果将本条的适用范围限定为类似于共犯的案件，这种见解具有一定的合理性。但是，不存在意思联络往往比较容易证明，所以，很难说立法宗旨就是要推定行为人之间存在意思联络。另外，由于“即使不是共同实行的，也依照共犯的规定处断”，因此，应当认为本条是以不存在共犯关系也仍然适用为前提的。

（三）适用的条件

本条相对于“疑罪作有利于被告人的处理”的原则显然是一种例外，因此，对其适用条件应当作严格解释。

第一，行为人的暴行足以造成此种具体的伤害后果，这必须由检察官来证明。例如，在出现刀伤的情况下，检察官应当证明行为人持有刀具。第二，客观上要有与共犯相类似的现象，即在不具有同时犯之暴行的时间、场所上的相同性或紧密联系性时，不能适用本条（札幌高判昭和45·7·14判时625号114页）。

（四）适用范围

关于本条的适用范围，判例涉及伤害致死罪（最判昭和26·9·20刑集5卷10号1937页）。支持判例的主张也很有影响（团藤419页、藤木202页、香川383页），还有论者主张更进一步扩大到强盗致伤、强奸致伤（小暮编〔町野〕44页）。但是，如前所述，本条属于例外规定，同时考虑到其中有“伤害他人的”语句，似乎应当理解为只适用于伤害罪（通说）。

另外，本条是否也可能适用于承继的共犯的场合，同样是一个值得研究的问题。例如，A对C实施暴行时，中途B参与进来共同实施暴行，结果使C受伤，C的伤害结果不知是否由B参与进来后的暴行所引起时，如果认为B承继了A的行为及结果，那就不会有问题，但如果否定这一点，则B只可能承担暴行罪的罪责。在下级审的判例中，虽然否定承继的共犯，但有的却暗示有适用本条的可能性（大阪高判昭和62·7·10判时1261号132页），也有的肯定本条的适用（大阪地判平成9·8·20判夕995号286页）。的确，有人认为，由于第207条是为了处理类似共犯的现象而规定的，况且又有共犯关系，当然可以适用。如果更进一步认为第207条的适用范围可以扩展到强盗致伤、强奸致伤，则承继的共犯问题就几乎可以解决了。但是，这样解释也仍然留有疑问。因为第207条是对有关伤害结果谁也不负责任的情形所作的例外规定，而在承继的共犯的场合，至少先行为人要负伤害的罪责。如果考虑到这一条文的例外规定性，对其适用范围的扩张应当慎之又慎。

第四节　危险驾驶致死伤罪

受酒精或药物的影响，处于难以正常驾驶的状态，驾驶四轮以上的汽车，因而致人伤害的，处10年以下惩役；致人死亡的，处1年以上的有期惩役。以难以控制的高速度行驶，或者无驾驶技能而驾驶四轮以上汽车，因而致人死伤的，亦同（第208条之2第1款）。以妨害人或车的通行为目的，进入行驶中的汽车的跟前，明显接近其他通行中的人或车，并且以可能产生重大交通危险的速度驾驶四轮以上汽车，因而致人死伤的，也与前款同。故意无视红色信号或者与之相当的信号，且以可能产生重大交通危险的速度驾驶四轮以上汽车，因而致人死伤者，亦同（同条第2款）。

一、概说

本条是平成13年11月刑法部分修改时（法律第138号）增设的，同年12月25日施行。在此之前，平成13年6月《道路交通法》作了部分修改(法律第51号)，对酒醉驾驶罪、疲劳驾驶罪、无执照驾驶罪、共同危险行为等加重了法定刑。根据判例的解释，业务上过失致死罪与违反道路交通法罪是并合罪关系（最大判昭和49·5·29刑集28卷4号114页），但即使是按并合罪处理，也难以应对由酒后驾驶、鲁莽的高速行驶等造成的恶性、重大交通犯罪频发的现状，如果注意到故意实施危险驾驶行为的性质比过失犯严重，它实际上是一种与由暴行所引起的伤害、伤害致死罪相当的犯罪，同时考虑到被害人的感情与一般预防的观点，应当认为具有对这类犯罪在一定程度上重罚的立法基础，这也是此次立法的主要理由。为此，本条的位置也并非是作为业务上过失致死罪的一种类型，而是作为第208条之2规定在伤害罪一章中。另外，考虑到危险驾驶行为造成一次事故，往往有可能引起多人死伤，因此本条没有设罚金刑。

然而，危险驾驶行为归根结底只是相当于暴行，并非就等于是暴行。因此，危险驾驶致死罪的法定刑也并非是第205条的2年以上，而是1年以上有期懲役。此外，本条第2款前段的妨害驾驶的典型例子是往路边挤行驶中的汽车的行为、左右摇摆行驶的行为等，在行为人没有物理接触的目的之限度内，即便说是相当于胁迫也不必说是暴行，这是本书的观点，由此而论，本条有一部分应当理解为规定了胁迫致死伤罪。

二、结果加重犯

本条实际上是将如下几种故意的危险驾驶行为予以类型化：(1) 酩酊驾驶；(2) 超速行驶；(3) 无技能驾驶；(4) 妨害行驶；(5) 无视信号驾驶。与此相对应的作为《道路交通法》上能列举的犯罪有：(1) 酒后驾驶（第65条第1款、第117条之2第1项）、疲劳驾驶等（第66条、第117条之2第1款之2)；(2) 违反最高限速（第22条、第118条第1款第1项）、违反安全驾驶义务（第70条、第119条第1款第9项）；(3) 无执照驾驶（第64条、第117条之4第1款）、违反安全驾驶义务（第70条、第119条第1款第9项）；(4) 在禁止超车处超车（第32条、第120条第1款第3项）、实施共同危险行为（第 68 条、第 117 条之 3）、违反安全驾驶义务（第 70 条、第 119 条第 1 款第 9 项）；（5）无视信号（第 7 条、第 119 条第 1 款第 1 项之 2）。因此，本条之罪可以说大体上是违反《道路交通法》之犯罪的结果加重犯。但应当注意的是，作为本条之罪前提的基本犯，即使是在这些违反《道路交通法》的行为中，也是具有高度危险的故意的违反行为。

此外，判例认为，结果加重犯的成立只要求加重结果与行为之间有因果关系，不要求行为人主观上对加重结果有过失（最判昭和 26·9·20 刑集 5 卷 10 号 1937 页）。立法机关也持同样的立场。为此，由于步行者突然跑出来等与危险驾驶无关的原因而引起事故发生时，一般被认为是缺乏因果关系的（井上宏："针对汽车驾驶致死伤犯罪的罚则的扩充"，ジュリ1216 号 39 页），理论上也可以解释为不存在过失。

三、行为

本条第 1 款是对三种类型的危险驾驶行为致死伤罪的规定，这类行为是基于驾驶者的意思在其确实难以控制四轮以上汽车运行的状态下实施的。

（一）酩酊驾驶致死伤罪

这是指受酒精或药物的影响，处于难以正常驾驶的状态，而驾驶四轮以上的汽车，因而致人死伤的犯罪。所谓药物，不以麻药、兴奋剂等管制药物为限，还包括稀释剂或睡眠药等具有使人产生"难以正常驾驶的状态"的药理作用的物品。对《道路交通法》上的酒醉驾驶罪而言，只是在"不能正常驾驶的状态"驾驶是不够的，还必须是受酩酊状态的影响，处于实际上难以注视前方、把握方向盘或控制刹车器的身心状态。即便摄取酒精等是与疾病或疲劳相结合导致出现难以正常驾驶的状态，也可以说是受酒精等的"影响"。但是，由于要求完全处于难以正常驾驶的状态，所以，不包含由于酒精等的影响，一瞬间踩急刹车迟了一点而引发事故的情形。

本罪的基本犯是故意犯，所以，行为人对自己处于"难以正常驾驶的状态"必须有认识。但是，不能以行为人说了"我没关系"这类对自己的能力作过高评价的话，来否定其对自己处于"难以正常驾驶的状态"有认识。一般来说，如出现意识朦胧、步行困难、被他人注意到应停止驾驶等作为难以正常驾驶之基础的事实，而行为人对这样的事实有认识即可。另外，判例认为，喝酒时有驾驶意思的，即便是驾驶时责任能力低下，根据原因自由行为的法理，也不适用《刑法》第 39 条（最判昭和 43·2·27 刑集 22 卷 2 号 67 页）。

（二）超速行驶致死伤罪

这是指以难以控制行驶的高速度驾驶四轮以上的汽车，因而致人死伤的犯罪。所谓“难以控制行驶的高速度”，是指因速度过快，与道路状况相对应行驶困难的情形。具体而言，是指道路处于冰雪冻结、急转弯、路面狭窄等状态，车处于性能欠佳、超载等状态，以稍有操作失误就有可能翻车发生事故的速度行驶。例如，在处于冰雪冻结状态的道路上高速行驶，因不可能刹车而引起死伤事故；尽管是急转弯但由于未减速而冲上人行道引发事故；等等。相反，在住宅街道因超过限制速度不能避开行人而引发事故的场合，由于不能说是难以控制的高速度，所以不构成本罪。

本罪的基本犯也是故意犯，所以，必须对作为难以控制行驶之基础的事实有认识。例如，必须对车体的摇摆或方向盘难以控制、就道路状况而言车速过快等事实有认识。

（三）无技能驾驶致死伤罪

这是指无驾驶技能但驾驶四轮以上的汽车，因而致人死伤的犯罪。所谓“无驾驶技能”，是指没有基本的汽车操作的技能。行为人一般无驾驶执照，但也包含有执照而长期无驾驶机会的情形。有驾驶经验、技能但无执照或执照被停止使用的情形不包含在内。本罪的基本犯也是故意犯。

其次，本条第2款是对两种类型的危险驾驶行为致死伤罪的规定，这类行为的特点是驾驶者控制四轮以上汽车本身没有问题，但与特定的对方或特定的场所、状况相关联，属于危险性高的危险驾驶行为。

（四）妨害驾驶致死罪

这是指以妨害人或车的通行为目的，明显接近通行中的人或者车，并且以可能产生重大交通危险的速度驾驶四轮以上汽车，因而致人死伤的犯罪。“进入行驶中的汽车的跟前”就是适例。具体地说，一般是由行为人越位超车、往路边挤行驶中的车、左右摇摆行驶、超出对向车线行驶等行为，使其他车的驾驶者出现操作失误而引发死伤事故。对方的“车”除汽车之外，还包含附加发动机的自行车、自行车等轻型车辆。所谓“妨害的目的”，是指动机，也就是使对方为了避免与车冲撞而采取紧急的回避措施等，可以说是具有妨害对方自由且安全通行的积极的意图。因此，基于某种事由不得已越位超车时，即便行为人认识到会妨害对方通行，也不能构成本罪。所谓“产生重大交通危险的速度”，是指如果妨害行为产生结果，也就是与对方相接触就会产生大的事故这样的速度（根据井上·上述书41页，要满足以时速20～30公里行驶这样的速度要件）。由于低速行驶的场合不能说会使发生事故的危险性高，所以，对本罪的行为也应附加上速度的要件。

（五）无视信号致死伤罪

这是指故意无视红色信号或者与之相当的信号（参照《道路交通法》第6条第1款、同法施行令第4条、第5条），且以可能产生重大交通危险的速度驾驶四轮以上汽车，因而致人死伤的犯罪。所谓“故意无视”，是指没有按红色信号行事的意思，包含不关心信号是何种颜色而穿过十字路口的情形。相反，未看到红色信号或者信号变换时对红色信号的存在只有未必的认识等场合，则不构成本罪。至于“可能产生重大交通危险的速度”的要件，与前述解释相同。

四、与其他罪的关系

（一）与违反《道路交通法》之行为的关系

即使作为本罪基本犯的危险驾驶行为违反了《道路交通法》的规定（例如，酒醉驾驶），也由于违反《道路交通法》的行为部分已被完全纳入本罪，应视为由吸收关系而导致的法条竞合关系，只能成立本罪。

（二）本罪内部的关系

本条第1款前段的酩酊驾驶的结果，往往是打瞌睡驾驶、不注视前方，应当认为这与本条第2款后段的无视红色信号引起死伤事故是概括的一罪。与此同时，在无执照驾驶的场合，这是违反《道路交通法》的罪，它与本条之罪构成并合罪的关系。

（三）与暴行、伤害罪的关系

即便危险驾驶行为构成暴行罪时，也因为可以将本条理解为第204条、第205条的特别类型，所以应该认为本罪成立。当危险驾驶行为构成伤害罪时，也应当作同样的理解（井上·前书42页认为，有伤害之故意的场合，不构成本条之罪，而构成第204条、第205条之罪）。

第五节　准备凶器集合罪、聚集罪

在2人以上以共同加害他人的生命、身体或者财产为目的而集合时，准备凶器或者知道有此准备而集合的，处2年以下惩役或者30万日元以下罚金（第208条之2第1款）。在前款情况下，准备凶器或者知道有此准备而聚集他人的，处3年以下惩役（同条第2款）。

一、概说

昭和31年左右，暴力团的抗争经常发生，一些流氓在发生摩擦时，为打架斗殴，往往有相当数量的集团要先准备凶器并集结起来，导致人心不安的事态发生，但却没有为事先抑制或拘捕这类犯罪所适用的适当法律规定。本条就是为处理这种事态，于昭和33年与第105条之2（威迫证人等罪）一起新增设的。此后，到昭和40年代，本条也被广泛适用于因学生运动激化而形成的过激派集团与机动队、过激派集团相互之间的抗争，以致产生了一些复杂的解释问题。

二、保护法益、罪质

从文言及条文的位置来看，本罪是持凶器的集团针对他人的生命、身体、财产实施共同加害行为的预备罪。因此，可以说是新增设的针对身体、财产的犯罪的特别预备罪。但是，立法的经过表明，本罪由于是持凶器的集团之间抗争，同时会使不特定多数人的生命、身体、财产的法益连带产生受侵害的危险，因而也具有公共危险罪的性质（有论著将本罪纯粹作为公共危险罪看待，参见藤木83页以下、中193页以下）。在学说上，认为应当突出本罪的预备罪性质的见解是有力的，但判例认为，本罪“不仅将个人的生命、身体或财产，而且也把公共社会生活的安定作为保护法益”（最判昭和58·6·23刑集37卷5号555页），可以说这确立了重视公共危险罪一面的立场。

三、保护法益的归结

保护法益论的对立，导致以下几点具体结论的差异：

（一）犯罪的终了时期

本罪是一种以集合状态继续为犯罪成立标志的继续犯，这没有争议，但作为目的的加害行为着手实行后是否也仍然还继续，即本罪的终了时期则成为值得研究的问题。弄清这一点，对抗争或斗殴开始后是否还可以按本罪逮捕、抗争开始后参加集团者（包含不能证明是抗争开始前到集团来的）是否也可能构成本罪，这无疑是有意义的。按预备罪说，由于行为已发展到实行阶段，从而也就没有成立作为预备罪的本罪之余地（平野171页、大塚41页、吉川33页、齐藤414页、大谷48页、中森25页）。相反，按公共危险说，集团的存在是公共危险存续的标志，发展到斗殴阶段后，由于公共危险更进一步增大，当然应当肯定本罪成立（藤木86页）。清水谷公园事件的第一审判决采取的是预备罪说，但最高裁判所采取的是公共危险说（最决昭和45·12·3刑集24卷13号1707页）。

（二）罪数关系

按预备罪说，作为目的的加害行为如果构成伤害罪，那么，以预备为特色的本罪与伤害罪的关系，就是一种被伤害罪所吸收的关系，至少可以说是有牵连关系的（持这种立场的判例，见大阪高判昭和47·1·24高刑25卷1号11页）。但是，按公共危险说，由于两者的法益不同，因而是并合罪的关系。最高裁判所采取的是后一种立场（最决昭和48·2·8刑集27卷1号1页）。

（三）是抽象危险犯还是具体危险犯

以对方一旦来袭击则予以反击这种目的集合的场合下也能构成本罪，这不成其为问题，但按预备罪说，如果完全没有来袭击的客观可能性，则不构成本罪（小暮编〔町野〕49页、曾根27页）。相反，最高裁判所从公共危险说的立场出发，认为本罪作为抽象危险犯，“不以对方袭击的盖然性乃至紧迫性作为客观的状况存在为必要，只要准备凶器集合的状况有可能危害社会生活的安定即可”（最判昭和58·6·23刑集37卷5号555页）。

这样一来，大致可以确定在判例上是将本罪作为公共危险罪来理解的。从本罪条文的位置来看，不能无视其有预备罪的性质，如果考虑到立法沿革的情况，应当认为判例的理解也有一定的合理性。但是，如果肯定本罪的公共危险罪之性质，只是形式上充足本条文言表述的条件，就不应当直接肯定犯罪成立，正如在阿托生泰案件中团藤重光裁判官的补充意见所说的那样，“凶器的种类、数量，集合的人数，周围的状况等，行为当时的具体的情况，都要综合起来考察判断，还有行为的规模、形态等，从行为的定型来看，要使人感觉到有危害个人的生命、身体、财产及公共社会生活之安定的抽象的危险”，这也就增加了构成要件的内容。

四、集合罪（第1款）的成立要件

（一）准备的含义

准备凶器集合罪，在有相当数量的人准备凶器或者知道有此准备而集合的情况下成立。如果对条文作形式上的解释，两个人准备凶器而集合的，也可能构成本罪，但如果考虑到本罪有公共危险罪的性质，即便不要求人数达到骚乱罪（第106条）那样的“多众”，至少也应该认为，集合在外观上必须有达到危害公共安定之程度的人数。所谓准备，是指将必要的凶器置于能够使用的状态（东京高判昭和39·1·27判时373号47页）。因此，如果集合的场所与准备的场所相分离，实施加害行为时使用凶器明显困难的，不能说是准备。

（二）凶器的含义

所谓凶器，除了枪、炮、刀、剑那种性质的凶器之外，也包含可能用作凶器的所谓用法上的凶器。如果将这种观点更进一步，那么，手帕、纽扣、针也能包含在凶器之中，但是，由于本罪具有公共危险罪的性质，所以，集团准备这种东西必须在外观上足以使人产生危险感、不安感。判例也持同样的观点，认为长1米左右的木棒（最决昭和45·12·3刑集24卷13号1707页）、拳头大的石块（东京高判昭和50·2·28东时26卷2号48页）、长3.8米的竹竿（京都地判昭和47·7·14刑月4卷7号1312页）具有凶器性；相反，长1.5米的旗杆、为使人看到火焰瓶而装进了杀虫剂的啤酒瓶（东京地判昭和45·7·11判タ261号278页）、为使车相撞并达到杀伤的目的让发动机处于待机状态中的货车（最判昭和47·3·14刑集26卷2号187页），则被否定具有凶器性。

此外，在下级审判例中，也有的认为，以方木作把柄的标语牌实际上被作为凶器使用的阶段，能认定为具有凶器性，从而肯定本罪成立（东京地判昭和46·3·19判タ261号178页）。由于实际的案情是为了伪装，所以，结论是妥当的。但是，如果认为本来不是凶器，只要被当做凶器使用，在使用阶段就具有凶器性，那么，如果手帕、毛巾被作为凶器使用时，也构成本罪，这样的结论显然是不妥当的。这种根据阶段来认定的作法，一方面对凶器的认定有一定制约，另一方面又会扩大凶器概念的范围。实际上，应当将凶器性限定在集合的阶段本来就会使人产生危险感的情况。

（三）共同加害目的

本罪的成立以2人以上有共同加害的目的为必要。由于加害的对象是他人的生命、身体、财产，所以，除杀人、伤害、损坏器物之外，也包含妨害执行公务、放火等。并且，不限于积极的加害，也包含前面所述的反击目的。

知道准备了凶器而集合，但不打算自己实施加害行为的人能否构成本罪？有人认为，由于本条规定“2人以上……集合的”，这就是构成要件的状况，所以，行为人只要认识到这一点，即使自己无加害目的，也能构成本罪（团藤422页）。应当肯定，从文理上也可以作这样的解释，但如果考虑到本罪有预备罪的性质，作为共犯另当别论，至少实行正犯必须有共同加害的目的。不过，并不是要有现实的实施加害行为的目的，而是只要有到抗争的现场助势的目的即可。因此，没有去抗争现场的意思的，即使去现场也不打算参与抗争本身的活动的，应当认为不构成本罪的正犯，只是可以作为共犯来处罚。

（四）集合的概念

所谓集合，通常是指有共同加害目的的者，准备凶器或者知道有此准备，在一定场所聚集，但集合之后才有共同加害目的，并准备凶器或者知道有此准备而没有脱离集团的，也属于集合（最决昭和45·12·3刑集24卷13号1707页：清水谷公园事件）。按照这样的解释，和平的集会中的一部分人开始抗争后，滞留在现场者，也就不排除有按本罪的正犯或帮助犯处罚的危险性。

（五）共犯

本罪也可能存在教唆犯、帮助犯，这是无可争议的。但是，关于所谓实行共同正犯，由于本罪是必要的共犯（集团犯），可以说不必要适用《刑法》第60条。至于共谋共同正犯，判例持肯定态度（东京地判昭和63·3·17判时1284号149页）。在学说中，否定说也很有力（藤木86页、内田51页、大谷50页、中森24页），但如果否定共谋共同正犯本身，而只是特别地肯定本罪有共谋共同正犯的情形，则提不出不同对待的理由。

五、聚集罪（第2款）的成立要件

在构成集合罪的情况下，准备凶器或者知道有此准备而聚集他人的，按聚集罪给予重的处罚。因此，应当认为不包含纯粹的集合罪的教唆犯。所谓“聚集”，是指在集合状态的形成中起主导作用的情形。由于不要求有自己使他人集合的行为，所以，也包含共谋共同正犯的类型。

第六节　过失伤害罪、过失致死罪

过失伤害他人的，处30万日元以下的罚金或者科料（第209条第1款）。本罪为亲告罪（同条第2款）。

过失致他人死亡的，处50万日元以下罚金（第210条）。

懈怠业务上必要的注意，因而致人死伤的，处5年以下惩役、监禁或者50万日元以下罚金；因重大过失致人死伤的，亦同（第211条第1款）。驾驶汽车犯前款前段之罪的，伤害较轻时，可酌情免除刑罚（同条第2款）。

一、概说

刑法典第二十八章规定的“过失伤害之罪”有过失伤害罪（第209条）、过失致死罪（第210条）、业务上过失致死伤罪（第211条前段）、重过失致死伤罪（第211条后段）四种。重过失致死伤罪是昭和22年刑法部分修改时新增设的，主要是为了强化对人身的保护，并与昭和16年由有关失火罪的第117条之2设立的业务上过失、重过失之加重类型相均衡。到昭和43

年，随着交通运输的自动化，交通事故也激剧增加，为应对这种状况，将业务上过失、重过失致死伤罪的法定刑，从“3年以下的监禁或1 000日元以下的罚金”加重为“5年以下惩役、监禁或者1 000日元以下的罚金”（参照平成3年刑法修改前的《罚金等临时措施法》第3条）。平成3年又将罚金刑的罚金数额全部改为50万日元以下。另外，平成13年部分修改刑法时又新增设了第211条第2款。

有关过失的含义，由总论来解释，这里只就业务上的过失、重过失的概念作些论述。

二、重过失致死罪

所谓“重大过失”，是指违反注意义务的程度很显著。除了预见结果极容易的情形外，也包含只不过有预见结果的可能性，但由于醉酒等明显违反注意义务的原因而没有预见的情形（平野89页）。

如后所述，本罪是昭和22年新增设的，主要是为了扩大业务上过失的范围，但实际现状是按本罪处理的案件并不多。作为重过失的具体判例主要有：在住宅区的路上挥舞打球棒，击中骑自行车通行的妇女致死的案件（大阪地判昭和61·10·3判夕630号228页）；单腿骑自行车，不注意红色信号，将人行横道上的步行者撞伤的案件（东京高判昭和57·8·10刑月14卷7、8号603页）；知道自己有饮酒、醉酒后陷入心神丧失或心神耗弱状态而犯罪的习惯者，饮酒、醉酒后伤人的案件（原因自由行为，福冈高判昭和28·2·9高刑6卷1号108页）；为饲养而把斗狗用的狗放开，狗将两名幼女咬伤及导致死亡结果发生的案件（那霸地冲绳支判平成7·10·31判时157号153页）；等等。

三、业务上过失致死伤罪

（一）加重的根据

关于业务上过失加重刑罚的根据，存在以下两种观点的对立：一种观点认为，这是因为从事一定危险业务的业务人员比普通人负有更重的注意义务（最判昭和26·6·7刑集5卷7号1236页、团藤432页、大谷53页）；另一种观点认为，这是由于业务人员反复继续实施危险行为，从其知识、经验来看，比普通人更容易预见、回避结果的发生，因而其责任乃至违法性程度更高（平野89页、大塚45页、内田61页、内藤·刑法讲义总论〔下〕Ⅰ1166页〔1991〕、小暮编〔町野〕54页）。依照后一种观点，所谓业务上的过失，只不过是重过失的一种类型，业务上的轻过失就成为一种单纯的过失。但是，如果是这样的话，那么，在第211条重过失之外规定业务上的过失就失去了意义。并且，也不能说如果是从事业务的人员，通常对结果的预见可能性就高。如果这样来思考，姑且不论观点的妥当性，至少作为对现行法的解释，还是应当采取前一种观点。

（二）业务的含义

所谓业务，是指原本就作为职业反复继续实行的危险行为。事实上，在早期的判例中，就存在把为娱乐而狩猎不作为业务看待的实例（大判大正8·11·13刑录25辑1081页）。但是，以驾驶汽车作为典型例子，随着非职业的危险行为的增加，判例扩张了业务的范围，其结果是导致现在的业务概念很难理解。

根据最高裁判所的判例，所谓业务，是指“本人基于社会生活上的地位反复继续实行的行为，且这种行为必须对他人的身体生命等有施加危害之忧虑”（最判昭和33·4·18刑集12卷6号1090页）。另外，“也包含以防止人的生命、身体的危险作为义务内容的业务”（最决昭和60·10·21刑集39卷6号362页）。因此，可以说业务包含三个要件：（1）基于社会生活上的地位；（2）有反复继续性；（3）对身体、生命有危险的行为。

但是，关于要件（1），判例认为，为娱乐而驾驶汽车（大判昭和13·12·6刑集17卷901页）、实施狩猎行为（上述最判昭和33·4·18）也具有业务性。另外，由于业务合法与否也在所不问（关于无执照驾驶，见大判大正13·3·31刑集3卷259页、关于无执照行医，见福冈高判昭和25·12·21高刑3卷4号672页），所以，主张不要这一要件的见解也很有力（植松272页、团藤434页）。实际上，这一要件几乎可以说已失去了限定的作用，只不过将家庭生活中的炊事和育儿等活动排除在本罪的业务之外，还仍然有点意义。至于要件（2），从把本罪视为重过失的一种类型的观点来看，自然要求在过去存在实际上反复继续的事实（小暮编〔町野〕55页、内藤·上述书1169页）。的确，既然是业务，就应当将那种只实施一次的行为排除在外（仅一次驾驶汽车不作为业务看待的判例，见东京高判昭和35·3·22东时11卷3号73页），只有以反复继续的意思而实施的行为，才能视为业务（福冈高宫崎支判昭和38·3·29判タ145号199页、大谷54页、中森28页）。另外，关于要件（3），从本罪刑罚的加重根据来看是实质的要件，应当将业务限定为对人的身体、生命有同样类型的危险性的行为。因此，骑自行车等行为应排除在业务的范围之外。

（三）致伤的场合免除刑罚

平成13年刑法修改时，新增设了第211条第2款：对驾驶汽车构成业务上过失致伤罪的，规定“伤害较轻时，可酌情免除刑罚”。这是由于汽车的普及，多数国民在日常生活中都有可能触犯因汽车肇事而构成的业务上过失致伤罪，根据这种状况，轻伤的场合可以免除刑罚。但是，这类轻伤案件是由检察官来追诉裁量，由于被作为起诉犹豫处理的占大多数，本款被实际适用的情况不难想象。因此，可以说本款有给起诉犹豫处分提供实体法上之根据的作用。

第三章　针对自由的犯罪

第一节　概　说

从宪法保障的多种自由权利来看，自由显然是仅次于生命、身体的重要法益。但是，刑法并非对所有的自由都给予保护，而只是对社会生活中一部分基本而重要的自由才予以保护。自由无疑是个人的法益，但应当注意的是，现在对这类犯罪按分类在刑法典中所应处的位置有相当大的差异。

刑法典所保护的自由包括：（1）意思决定自由（第222条、第223条：胁迫、强要）；（2）身体移动的自由（第220条：逮捕、监禁）；（3）身体移动的自由与身体的安全（第224～229条：略取、诱拐）；（4）性的自己决定之自由（第176～181条：强制猥亵、强奸）；（5）住宅、建筑物是否允许进入的自由（第130条：侵入住宅）。其中，第（4）种与刑法典第二十二章贩卖淫秽物等针对性风俗的犯罪规定在一起，但现在的通说是将其分为两部分，认为强制猥亵、强奸是针对个人法益的犯罪，贩卖淫秽物等罪（第174条、第175条、第182条、第184条）则是针对社会法益的犯罪。第（5）种在刑法典中的位置也是被作为公共危险罪。这是因为考虑到侵入住宅、建筑物可能会使社会产生混乱（另外，昭和22年刑法修改前，第131条规定了侵入皇宫等罪，也是一个因素）。但是，现在的通说将其放在针对个人法益的犯罪的位置上。不过，认为其法益是对私生活安宁之保护的见解也很有力。关于这一点留待后面阐述。

第二节　胁迫罪、强要罪

一、概说

胁迫罪，是指以加害他人的生命、身体、自由、名誉或财产相通告的行为。其保护法益不太明确，有见解认为是生命、身体的安全感与私生活的安宁（大谷82页、中森45页）。的确，胁迫对方只是为了取乐的所谓愉快犯有可能存在。但是，实际上，胁迫通常总有某种目的。目的部分明确的场合，往往成立强要、强奸、强盗、恐吓等罪。而在实际案件中，暗示提出某种要求而不明示的情形比较多。有鉴于此，胁迫罪只要求具有行为的手段就独立成罪，显然具有减轻证明责任的立法意图。如果说只是把安全感或私生活的安宁作为本罪的保护法益，那么，告知吉凶祸福，如告诉对方“安放了炸弹”，也就可能成为胁迫。但这与“以加害相通告”的法律规定不符。总之，胁迫罪基本上可以说是针对意思决定自由的危险犯，与此相对应，强要罪则是侵害意思决定自由、意思活动自由的实害犯。

二、胁迫罪

以加害生命、身体、自由、名誉或者财产相通告胁迫他人的，处2年以下惩役或者30万日元以下罚金（第222条第1款）。以加害亲属的生命、身体、自由、名誉或者财产相通告胁迫他人的，与前款同（第222条第2款）。

（一）危险犯

所谓胁迫，是指以足以使一般人恐惧的危害相通告，对方要认识到有这种通告存在，但不以其实际上产生恐惧为必要（大判明治43·11·15刑录16辑1937页）。判断是胁迫还是未达到胁迫程度而只不过是使人讨厌的行为，应当考虑通告的内容、对方的性别、年龄、周围的状况等因素。根据判例的解释，尖锐对立的双方中的一方给另一方邮寄明信片，尽管对方没有遭受火灾却写上“对您遭遇火灾深表同情”，这就属于足以使一般人产生恐惧的胁迫行为（最判昭35·3·18刑集14卷4号416页）。

（二）加害的对象

加害的对象是被通告方的生命、身体、自由、名誉、财产，贞操当然也包含在自由之中。通说和判例认为，告诉对方大家都将与其断绝来往（集团的共同绝交），这也属于以加害交际自由和名誉相通告的胁迫行为（大判明治44·9·5刑录17辑1502页、大阪高判昭和32·9·13高刑10卷7号602页），但现实的社会生活状况是告知者也有不交际的自由，如果考虑到这一点，通说和判例的解释是值得怀疑的。

本条第2款将加害对象扩大到被通告方的亲属的法益。因为这可以与以加害自己相通告同等看待。但是，将这种立法意图扩展到包含姻亲即妻子的“亲属”（大谷84页、平川162页）是不妥当的（作为立法论，《改正刑法草案》第303条扩张到“有密切关系者”）。另外，以加害第三者的法益相通告也不能说是胁迫。例如，以夺取银行的金钱为目的，在银行内用顾客作为人质，以“不给钱就杀死他”相威胁的行为，即便构成其他罪，也不成立胁迫罪。

关于威胁法人能否构成胁迫罪的问题，有持肯定态度的见解（所·注释刑法〔5〕248页、野村稔："胁迫罪"，西原等编·刑法学〔4〕107页〔1977〕），但通说对此持否定主张。判例也认为，法人虽然也可以成为名誉毁损或侮辱的被害人（最决昭和58·11·1刑集37卷9号1341页），但由于胁迫罪是以人的意思活动的平静乃至意思决定的自由作为保护法益的，因而针对法人的胁迫罪不可能成立（东京高判昭和50·7·1刑月7卷7、8号765页、大阪高判昭和61·12·16判时1232号160页、高松高判平成8·1·25判时1571号148页）。的确，如果说本罪的保护法益是私生活的安宁与安全感，就应当将被害人限定为自然人。不过，如果认为本罪是侵害意思决定自由的危险犯，那么法人也能以其机关作为中介作出意思决定。而且，作为对两罚规定的解释，既然肯定法人有犯罪能力，认为法人机关的过失可能成为法人的过失，那么，基于同样的理由，即便是胁迫罪也有存在胁迫法人的余地。

（三）通告的内容

通告的内容是对所规定的法益有"加害意图"。① 这意味着告知者对将来的危害必须有支配的可能性。因此，预告天灾、祸害（如将受天罚）则不成其为胁迫。另外，原则上也不包含通告对方已安放了炸弹的情形（离爆炸还有一段时间的，并且也能理解为告知者可以左右灾害之发生的，应当认为构成以威力或诡计妨害业务罪）。预告第三者可能对其实施加害，也不构成胁迫（广岛高松江支判昭和25·7·3高刑3卷2号247页）。但通告者告诉对方自己能够对加害的有无施加影响的情形，则另当别论（最判昭和27·7·25刑集6卷7号941页）。

值得研究的是，通告的危害本身是否要求违法？例如，通告对方自己要行使控告权或告发其违法行为，这是否属于胁迫仍有争议。一种有力的见解认为，通告合法事实的行为不能说是违法的，因而不属于胁迫（平野龙一："刑法各论的诸问题"，法セミ201号65页、曾根53页、中森47页），但判例和通说认为，无行使真实权利的意思，以使对方恐惧为目的时，可以视为胁迫（大判大正3·12·1刑录20辑2303页）。如对偷窃了商店物品的妇女以

① "加害意图"的含义：所谓"加害意图"，是指将来可能予以加害，这意味着加害是告知者可能左右的。因此，根据胁迫者的意思，加害是以有可回避性为前提的。由于旧刑法规定"以可能给予加害胁迫他人"，因此这一点很清楚。据此，可以认为胁迫罪是针对意思决定自由的危险犯。

不与之性交就要去告发相威胁的，若不作为胁迫看待，显然不合理，所以，对这种滥用权利的情形应当认为是胁迫。

(四) 通告的方法

通告危害的方法没有限制。无论是通过文书、口头还是举止，也不管是明示还是暗示均可以，当然也包含通过第三者转告的情形。出示凶器使对方给钱的，是通过举止胁迫。对犯人亮出日本刀时，被害人为抓住刀而负伤的案件，判例认为，“本案并非如所说那样没有施加暴行而仅有胁迫的举止，而是通过暴行对被害人造成伤害的强盗案件”，因而构成强盗致伤罪（最决昭和28·2·19刑集7卷2号280页），这显然是对暴行概念作了不适当的扩张。事实上，胁迫也是强盗的手段，由于第240条的伤害只要是强盗的手段所产生的即可（大阪高判昭和60·2·6判时1149号165页），所以，结论本身是正确的。但是，如果把日本刀拿出来威胁要杀被害人时，被害人逃跑并跌倒负伤的，在行为人只有胁迫的故意的限度内，应当认为作为暴行的结果加重犯的伤害罪不成立。

三、强要罪

> 以加害生命、身体、自由、名誉或者财产相通告进行胁迫，或者使用暴行，使他人实施并无义务实施的事项，或者妨害他人行使权利的，处3年以下惩役（第223条第1款）。以加害亲属的生命、身体、自由、名誉或者财产相通告进行胁迫，使他人实施并无义务实施的事项，或者妨害他人行使权利的，与前款同（同条第2款）。前两款犯罪的未遂，应当处罚（同条第3款）。

(一) 手段

强要罪，是指以加害对方或者其亲属的生命、身体、自由、名誉、财产相通告进行胁迫，或者使用暴行，使对方实施并无义务实施的事项，或者妨害其行使权利的行为。本罪的保护法益是意思决定的自由、意思活动的自由。根据无义务的行为内容的不同而构成恐吓、强盗、强奸等罪时，与本罪形成法条竞合关系，本罪不成立。

本罪的手段包括胁迫与暴行。所谓胁迫，与胁迫罪中所说的胁迫的含义相同，但由于暴行也可能成为强要的手段，所以，不仅对对方的身体，而且对其物也可以施加暴行。另外，第2款并未把对亲属的暴行规定为强制手段，如果对处在对方眼前位置的孩子施加暴行，即便对方没有听到行为人的具体要求，而行为人对其孩子继续予以加害，也仍然应当理解为第2款中的胁迫（中95页）。

一种有力的见解认为，被胁迫或者被施加暴行的对方与被强要作为、不作为者不必相同（大塚73页、内田103页、大谷89页）。按照这种见解，甲以加害与乙无亲属关系的丙相通告，强要乙作为、不作为时，也构成强要罪。但是，以加害第三者相通告侵害意思决定自由的程度低，并且第223条第2款只将加害对象扩大到亲属范围内，由此可见，这种见解有失妥当性（中森49页）。

（二）客体

同胁迫罪一样，认为法人不能成为强要罪的被害人的观点是通说。但是，与胁迫罪不同的是，强要罪的保护法益是明确的，即意思决定自由。法人在社会生活中也被认为能成为财产权与社会名誉的主体。并且，胁迫法人的董事长勒索法人金钱时，被认为构成以法人作为被害人的恐吓罪（大判大正6·4·12刑录23辑339页）。另外，判例还认为，对法人的侮辱罪、毁损名誉罪可能成立（关于侮辱法人，见最决昭和58·11·1刑集37卷9号1341页）。况且，通过法人的机关与代表人，也可以影响法人的意思决定从而支配法人的行动，因此，应当认为法人也可以成为强要罪的被害人。具体而言，以加害法人的营业相通告使之做道歉广告等就是适例。而且，下文所述的《人质强要行为处罚法》规定，所有的法人都可能成为被害人。

（三）结果

所谓“实施无义务实施的事项”，是指自己并无某种权利或权能，尽管对方也无那种义务，却强制其作为、不作为或忍受痛苦。例如，令雇员将马桶顶在头上站几小时的行为（大判大正8·6·30刑录25辑820页）、无任何理由却迫使对方写道歉文章的行为（大判大正15·3·24刑集5卷123页、大阪地判昭和45·1·29刑月2卷1号70页）、令他人写检讨书的行为（大阪高判昭和63·3·29判时1309号43页），等等。“妨害他人行使权利”的实例有：迫使他人中止控告的行为（大判昭和7·7·20刑集11卷1104页）、令他人放弃体育比赛的行为（冈山地判昭和43·4·30下刑10卷4号416页），等等。

本罪是实害犯，处罚犯罪的未遂行为（第3款）。因此，实施胁迫、暴行行为，对方未满足其要求的，或者虽满足其要求但与胁迫、暴行之间无因果关系，而是出于其他动机，如因怜悯而满足其要求的，则属于犯罪未遂。

四、以人质强要罪

（一）含义

如前所述，甲以加害并非是乙的亲属的丙通告于乙，强要乙作为或不作为时（以第三者强要），按现行刑法不能处罚，这就留下了处罚的空隙。为此，立法机关制定了《关于处罚以人质强要等行为的法律》（昭和53年法律第48号），该法由来于《改正刑法草案》第307条。昭和52年（1977年）9月发生达卡事件① 后，为了应对这种事件而制定了该法，昭和62年为与《关于绑架人质行为的国际条约》（昭和62年条约第4号）相适应又作了修改（法52号）。

（二）以人质强要罪

根据本法第1条的规定，逮捕、监禁他人，将其作为人质，要求第三者实施无义务的行为或者不行使权利的（第1款），为要求第三者实施无义务的行为或者不行使权利，以作人质为目的，逮捕、监禁他人的（第2款），处6个月以上10年以下的惩役。第2款之罪的未遂犯，应当处罚（第3款）。

本条（第2条、第3条亦同）所说的第三者，根据前述条约第1条第1款的规定，是指国家、政府间国际组织、自然人、法人、社会团体（团藤467页。另外，昭和53年的旧法也采取同样的解释。参见池田耕平：“关于以人质强要行为等的处罚法（下）”，曹时30卷7号41页）。与此相反，《改正刑法草案》第307条“以人质强要”中的“第三者”是否包含法人，理由书则避而不谈（参见法务省刑事局编·《改正刑法草案》之解说〔1975〕304页以下）。另外，《改正刑法草案》第307条中作人质的手段不限于逮捕、监禁，还扩大到了略取、诱拐。正如下文所述，从保护法益的角度理解，由于婴儿不可能成为逮捕、监禁的对象，而以婴儿等作为人质强要的案件有可能发生，所以，《改正刑法草案》第307条的规定更为合理。

（三）以人质强要罪的加重犯

根据本法第2条的规定，2人以上共同作案，且出示凶器，逮捕、监禁他人，以作为人质，要求第三者实施无义务的行为或者不行使权利的，处无期或者5年以上惩役（第2条）。另外，犯《关于劫持航空器等处罚法》第

① 所谓达卡事件，是指昭和52年（1977年）9月，激进派团体之一的日本红军在巴基斯坦的达卡机场登上日本班机后，以乘客、机组人员为人质，要求日本政府提供500万美元的赎金，才释放被拘禁者（飞机上的人员）的事件。日本政府采取超法规的处置措施，满足了这些犯罪人的要求。此后，昭和62年（1987年），其中一名犯罪人在日本国内被捕，只是以违反《关于劫持航空器等处罚法》规定（昭和45年法68号）的罪名被起诉，至于强盗罪、勒索赎金目的的拐取罪、强要罪则未被起诉。另外，为应对达卡事件，立法机关对《关于劫持航空器等处罚法》作了部分修改（昭和52年法82号），修改部分已被本法第3条所吸收。

1 条第 1 款之罪（劫持航空器等），以该航空器内的人员作人质，要求第三者实施无义务的行为或者不行使权利的，处无期或者 10 年以上的惩役（第 3 条）。

（四）杀害人质

犯前述第 2 条、第 3 条之罪，杀害人质的，处死刑或者无期惩役（第 4 条第 1 款）。未遂犯应当处罚（同条第 2 款）。

第三节　逮捕、监禁罪

一、保护法益

逮捕、监禁罪是针对他人身体移动场所之自由的犯罪。因此，作为其客体的"人"，只限于有移动场所之能力的自然人，婴儿与泥醉者、使用麻醉药身体不能动的人等应排除在外。借助机械等能够移动的残疾人、自己可能移动的婴儿（京都地判昭和 45·10·12 刑月 2 卷 10 号 1104 页）也可能成为本罪的客体。

判例和多数说认为，移动的自由是可能的自由，即如果想移动就能移动的自由，所以，即便是睡眠中的人，也可能成为监禁罪的客体（植松 297 页、大塚 76 页、大谷 77 页、曾根 46 页、佐伯："关于被害人的错误"，神户法学年报 1 号 74 页以下）。与此相反，另一种有力的见解认为，本罪是实际上想要移动时能移动的自由，也就是说法律要保护的是现实的自由，就睡眠的人而言，只有在其对自己被监禁有认识时，才能构成监禁罪（平野·上述法セミ201 号 67 页、平野："潜在的意思与假定的意思"，判时 1569 号 3 页、中山 107 页、冈野 35 页、川端 67 页、前田 75 页）。两说的差异在采用诡计监禁的场合特别明显。例如，关掉电梯的开关，谎称"现在停电了"，将人关在电梯中时，按"现实的自由说"也构成监禁罪。因为被关在电梯中的人，对被监禁的事实虽有认识，但并非是同意被监禁，只不过是迫于无奈。相反，隐瞒强奸意图，欺骗妇女说是送其回家，使其乘车将其载走的行为，根据"可能的自由说"，构成监禁罪（最判昭和 33·3·19 刑集 12 卷 4 号 636 页、广岛高判昭和 51·9·21 判时 847 号 106 页。最决昭和 38·4·18 刑集 17 卷 3 号 248 页），但按"现实的自由说"，因被害人对自己被监禁的事实无认识，而不成其为监禁。所谓移动场所的自由，是指移动这种意思的自由，因此，实际上想要移动时给予保护就足够了，由此可见，"现实的自由说"是妥当的。

二、逮捕、监禁罪

非法逮捕或者监禁他人的，处3个月以上5年以下惩役（第220条）。

（一）逮捕的含义

所谓逮捕，是指将他人倒剪两臂用绳子捆绑起来等通过直接的强制手段剥夺其移动自由的行为。逮捕至少要继续一段时间（大判昭和7·2·29刑集11卷141页），如果只是瞬间的剥夺移动自由，则属于暴行。另外，给他人戴上手铐，用绳子把他人的手绑起来，这是剥夺他人行动自由的行为，由于未剥夺他人移动的自由，应该认为属于暴行。所谓监禁，是指使他人不能逃出一定场所，从而剥夺其移动自由的行为。然而，由于两者被规定在同一法条中，法定刑也相同，所以，区分两者并无实益。逮捕之后又继续监禁的，应作为整体看待，认定为构成第220条之罪即可（最大判昭和28·6·17刑集7卷6号1289页）。另外，被作为逮捕、监禁手段的暴行、胁迫应被逮捕、监禁罪所吸收，不另构成其他罪（大判昭和11·5·30刑集15卷705页）。但是，逮捕、监禁终于未遂（不可罚）时，成立暴行罪、胁迫罪（大塚80页）。

（二）监禁的含义

将他人关闭在屋里面使之不能逃出的行为等是典型的监禁手段，但不是完全不可能逃出而是明显困难的情形也包含在内。因此，将他人关闭在停泊于海上的船舶中的行为（最判昭和24·12·20刑集3卷12号2036页）、使他人乘坐汽车或摩托车高速行驶的行为（最决昭和30·9·29刑集9卷10号2098页、最决昭和38·4·18刑集17卷3号248页）也是监禁。监禁不只是限于物理的方法，也包含通过胁迫等使他人心理上感到难以逃出的情形（东京高判昭和40·6·25高刑18卷3号238页），但心理约束必须达到相当高的程度。为此，将正在洗澡的妇女的衣服拿走，使之因害羞不能离去的，则不能认为是监禁。

（三）罪质

逮捕、监禁罪是继续犯，因此，公诉时效的起点是行为终了时（刑诉法第253条）。另外，在犯罪中途参与者，也能因参与后的行为而成立犯罪。但是，致死伤的结果发生的场合，如果弄不清是否后行行为者参与后所发生的，则属于承继的共犯的问题，应当否定其承继性。

（四）逮捕、监禁尊亲属罪（第220条第2款）

该罪已于平成7年修改刑法时删除。

三、逮捕、监禁致死伤罪

犯前条（第220条）之罪，因而致人死伤的，与伤害罪比较，依照较重的刑罚处断（第221条）。

本罪是逮捕、监禁罪的结果加重犯。除了作为逮捕、监禁手段的暴行、胁迫行为导致死伤结果外，还包含被害人从监禁场所逃亡产生死伤结果的情形（东京高判昭和55·10·7刑月12卷10号1101页）。此外，即便是监禁中施加暴行造成的伤害，且这种暴行并非是维持监禁的手段，只要是在监禁的过程中实施的，就构成监禁罪与伤害罪的并合罪（最决昭和42·12·21判时506号59页）。

至于“与伤害罪比较，依照较重的刑罚处断”的含义，请参照前述堕胎罪中的相关解释。

第四节　略取、诱拐罪

一、概说

1. 略取、诱拐罪，是使他人脱离现在的生活状态，移置于自己或者第三者的实力支配下，剥夺其行动自由的犯罪。由于诱拐明显是被作为手段使用的，所以，本罪对被害人自由的拘束不必达到逮捕、监禁罪那样的强度。此外，如果考虑到刚出生几天的婴儿即使没有行动自由也可能成为本罪的客体，则应当认为被拐取者的身体安全也是本罪的保护法益（平野第176页）。通说认为本罪是继续犯（大判大正13·12·12刑集3卷871页、大阪高判昭和53·7·28高刑31卷2号118页），但最高裁判所认为，以营利为目的略取他人后勒索赎金的（最决昭和57·11·29刑集36卷11号988页），以勒索赎金为目的诱拐后监禁被拐取者的（最决昭和58·9·27刑集37卷7号1078页），应作并合罪处理。这显然采取的是状态犯说。如果将被拐取者的身体安全置于重要地位，那么，将被拐取者置于自己支配之下时，犯罪即告终了，此后是违法状态的继续，也可能认为是状态犯。刑法规定对事后的参与行为按收受（被拐取者）罪（第227条）独立处罚，可以说是一种调和。

2. 略取是以暴行或者胁迫作为手段的情形，诱拐是采用欺骗或者诱惑手段的情形，两者合在一起被称之为拐取。另外，欺骗是告知虚假的事实，诱惑是采用甜言蜜语使对方作出错误判断（大判大正12·12·3刑集2卷915页）。由于是为了把他人置于自己支配之下的手段，所以，不要求直接对被拐取者采用，也可以是对保护人、监护人施用这些手段（大判大正 13·6·19 刑集 3 卷 502 页）。

3. 本罪自古以来被称为拐骗、贩卖人口、人身买卖，着眼于处罚以使人卖淫、强迫劳动为目的的拐取或买卖行为，但现在这种直接的犯罪现象已消逝，由于演变为比较巧妙的形态而由《卖淫防止法》（第 7 条、第 12 条）、《儿童福利法》（第 34 条）、《职业安定法》（第 63 条）等特别法来调整。另外，在昭和 30 年代，由于以勒索赎金为目的的拐取案件频繁发生，对被拐取者的生命的危险性也很大，于是昭和 39 年（1964 年）（法律第 124 号）新增设了《刑法》第 225 条之 2（同时，还增设了第 227 条第 2 款、第 4 款，第 228 条之 2、第 228 条之 3）。

二、拐取未成年人罪

略取或者诱拐未成年人的，处 3 个月以上 5 年以下惩役（第 224 条）。本罪之未遂应当处罚（第 228 条）。

（一）保护法益

关于拐取未成年人的保护法益，存在如下几种学说的对立：（1）认为只是被拐取者的自由（木村 65 页、内田 128 页）；（2）认为要保护的是人的保护关系，即亲权者等人的保护、监护权（井上、江藤 54 页）；（3）认为包含被拐取者的自由与保护、监护权两方面（通说）。判例采取的是第（3）说（大判明治 43·9·30 刑录 16 辑 1569 页），因而认为监护人作为被害人有独立的告诉权（并非是根据刑诉法第 231 条，而是根据第 230 条）（福冈高判昭和 31·4·14 裁特 3 卷 8 号 409 页）。第（2）说指出，如果按第（1）说只是把被拐取者的自由作为保护法益，由于刚出生几天的婴儿也是无行动自由的人，那就不能成为本罪的客体（即不可能成立本罪）。的确，按第（1）说难免受到这样的指责。但是，如前所述，按照第（4）说将被拐取者的自由与安全作为保护法益，就可能认定本罪成立。

以上学说的对立，首先是与监护人能否成为本罪主体相关联的问题。按第(1)、(4)说，监护人也当然可能成为本罪的共犯。与此相反，按(2)、(3)说，在有监护人承诺的条件下，本罪不成立。但是，这样的结论与把监护权作为保护法益的宗旨相反，应当说对未成年人没有给予充分的保护。其次是被拐取者同意的效力问题。按(2)、(3)说，由于监护权受到了侵害，自然应当认为本罪成立。不过，因没有父母的许可，为了与 18 岁的女子结婚而一起私奔的行为，那也就有可能构成本罪(或第 225 条之罪)，这样的结论显然是不妥当的。

毫无疑问,从本罪也以诱拐作为手段来看,只有形式上的同意是不够的(东京高判昭和32·8·24裁特4卷17号435页),由有充分判断能力的未成年人同意且无法益关系错误的情形,无论是按第(1)说(中74页)还是按第(4)说,都应该认为本罪不成立(曾根59页、平川179页)。

(二) 未成年人

一般说来,考虑到未成年人身心发育尚未成熟,本罪所要保护的是未成年人的行动自由与安全。由于刑法没有给未成年人下定义,根据《民法》第3条的规定,应认为是未满20岁的人。但是,因为《民法》第753条规定未成年人已婚的视为已达成年,所以,有见解认为,在这种场合不能适用本条(藤木228页)。的确,从把监护权也作为本罪保护法益的立场而言,因结婚而独立时,即便就本条而言,也应当认为已成年,但按第(4)说,则认为仍然应当适用本条。

三、营利目的等拐取罪

以营利、猥亵或者结婚为目的,略取或者诱拐他人的,处1年以上10年以下惩役(第225条)。本罪之未遂应当处罚(第228条)。

(一) 客体

由于"人"包含成年人与未成年人两类,所以,当被拐取者为成年人时,本条所限定的目的是具有可罚性基础的要素;当被拐取者为未成年人时,则是相对于第224条加重刑罚的要素。无论哪一种目的,都是以拐取行为侵害被拐取者的法益为内容的,应当认为是主观的违法要素。因此,无论是哪一种情形,都属于《刑法》第65条第1款所指的身份,① 如果参与者

① 身份的含义:有人认为,目的这样的主观要素无继续性,因而不是《刑法》第65条所指的"身份"(大塚·刑法概说(总论)(第3版)312页[1997]),但判例肯定其身份性(最判昭和42·3·7刑集21卷2号417页。但大判大正14·1·28刑集4卷14页观点相反)。另外,即使肯定其身份性,如果按通说,认为第65条第1款规定的是构成身份、第2款规定的是加重身份,无目的者帮助有目的者实施拐取行为(第225条)时,如果被拐取者是成年人,根据第65条第1款属于第225条的帮助,如果被拐取者是未成年人,根据第65条第2款则属于较轻的第224条的帮助。但是,同一种目的因其是属于构成身份还是加重身份,就产生不同的作用,这不合理。如果把本条的目的作为主观的违法要素来看待,就应当认为无论是哪一种场合都产生连带的作用,因此,无论在何种情况下,都属于《刑法》第65条第1款中所指的身份(参见西田:"共犯与身份",现代讲座3卷257页以下)。

中的一人有这种目的，其他参与者只要对此有认识即可。

（二）目的

所谓“营利目的”，是指以使自己或第三者取得财产上的利益为目的。从“猥亵、结婚的目的”被并列规定来看，似乎应当限定在通过使被拐取者卖淫等侵害自由的行为而得利的场合（平野 177 页）。但是，最高裁判所认为，“有通过诱拐行为获得财产上利益之动机的情形”，“不一定限于通过被诱拐者自身来取得”，以取得相对于诱拐行为之报酬为目的的，也包含在内（最决昭和 37·11·21 刑集 16 卷 11 号 1570 页。但是，将未成年女子介绍去当脱衣舞演员而收取谢礼的案件，也可以说是通过牺牲被拐取者而获利的情形）。至于是否包含以取得赎金为目的的情形，则存在争议（作为采取肯定说的判例，见东京高判昭和 31·9·27 高刑 9 卷 9 号 1044 页）。由于刑法新增设了下文将要叙说的第 225 条之 2，可以说这种目的不包含在营利目的之中。

所谓“猥亵目的”，是指奸淫之外的侵害被诱拐者性自由的目的。不只是限于被诱拐者作为客体，也包含其作为主体的情形。所谓“结婚目的”，是指以使被诱拐者与自己或第三者结婚为目的。结婚不以法律上的婚姻为限，也包含事实上的婚姻。但是，如果不具备通常的夫妻生活的实质内容，而只是想要保持长期的肉体关系的，则应认定为有“猥亵目的”（冈山地判昭和 43·5·6 下刑 10 卷 5 号 561 页）。

四、勒索赎金目的的拐取罪

昭和 30 年代，拐取他人勒索赎金的行为频繁发生。在司法实践中，一般是作为营利目的的拐取罪与恐吓罪的并合罪来处理的，但从一般预防的观点出发，有必要加重刑罚，为此，昭和 39 年刑法新设了第 225 条之 2，增补了如下几种新罪：（1）勒索赎金目的的拐取罪（第 225 条之 2 第 1 款）；（2）要求赎金罪（同条第 2 款）；（3）勒索赎金目的拐取的事后帮助罪（第 227 条第 2 款）；（4）勒索赎金目的的收受罪（同条第 4 款前段）；（5）收受者要求赎金罪（同条第 4 款后段）、勒索赎金目的的拐取预备罪（第 228 条之 3），等等。

（一）勒索赎金目的的拐取罪

利用近亲者或者其他对被略取者或者被诱拐者安危的忧虑者之忧虑，以使之交付财物为目的，略取或者诱拐他人的，处无期或者 3 年以上惩役（第 225 条之 2 第 1 款）。除本罪的未遂应当处罚（第 228 条）之外，本罪的预备也应当处罚（第 228

条之3)。

1. 目的犯

本罪是以使人交付赎金为目的而拐取他人的行为。只要行为人有这样一种目的,即“利用忧虑者的忧虑以使之交付财物为目的”,就足以构成本罪,至于事实上是否存在忧虑者,则在所不问。这里所指的“财物”,只要是忧虑者可能处分的即可,并不要求是其所有之物。但是,不包含财产性利益。不过,将现金存入犯人指定的银行账户的情形自不必说,从银行账户向银行账户转移的款项,也可以说是属于本罪所指的财物。

2. 忧虑者

“近亲者或者其他对被略取者或者被诱拐者安危的忧虑者”的含义不一定明确,为此,形成了如下几种不同的解释:(1)认为是指近亲之外的对被拐取者的安危持有忧虑的亲人,不包含只是有点同情的第三者,但不管有无亲属关系,即便只是同村的乡亲、住店店员的老板等也包含其中(长岛敦:“关于新设勒索赎金诱拐罪等刑法部分修改法的逐条解说”,曹时16卷7号52页);(2)认为应当做更狭义的理解,只限于与被拐取者有事实上的保护关系的人(香川435页);(3)认为应当作更广义的理解,不限于亲戚朋友,即使是其他对被拐取者的安危持有忧虑的人,也都包含在内(团藤482页)。或许应当考虑由如下两方面要素来决定:即忧虑被拐取者的安危这种紧密人际关系的事实要素与忧虑被拐取者的安危之社会观念上当然的规范要素。最高裁判所对拐取银行的行长要求银行的干部交赎金的案件的判决认为,“忧虑被拐取者安危的像亲属一样的人是社会观念上当然被视为有特别关系的人”,因而肯定本罪成立(最决昭和62·3·24刑集41卷2号173页:佐贺相互银行事件。作为相反结论的判例有:大阪地判昭和51·10·25刑月8卷9、10号435页),这显然带有重视规范要素的倾向。至于对拐取基层银行职员要求银行行长交赎金的案件,认定本罪成立的下级审判例(东京地判平成4·6·19判夕806号227页:富士银行事件)则更为明显地带有这种倾向。如果将这种观点更向前推进一步,那么,内阁总理大臣在社会观念上当然也被视为忧虑国民安全的亲人,向其勒索赎金也就可能构成本罪。由此可见,本罪与前述《以人质强要行为处罚法》规定的第三者强要行为的处罚范围如何界定,是有待今后进一步研究的课题。

(二)要求赎金罪

略取或者诱拐了他人的人,利用近亲者或者其他对被略取者或被诱拐者安危的忧虑者之忧虑，使之交付财物或者要求交付财物的，也处无期或3年以上惩役（第225条之2第2款）。

收受被略取者或者被诱拐者的人，利用近亲者或者其他对被略取者或被诱拐者安危的忧虑者之忧虑，使之交付财物或者要求交付财物的，也处2年以上有期惩役（第227条第4款后段）。

本罪可以分为拐取者要求赎金罪与收受者要求赎金罪。

1. 拐取者要求赎金罪，是指当初不是出于勒索赎金的目的拐取他人者，拐取之后使之交付赎金或者要求交付赎金的，与勒索赎金目的的拐取罪（第225条之2第1款）同样处罚。本罪主体虽然可以解释为拐取一切人者，包含无第225条之目的拐取成年人者（团藤484页、植松313页、中森61页），但如果考虑到本罪是被作为拐取罪的一种类型规定的，本条款中所说的“略取或者诱拐了他人的人”，就应当理解为仅限于犯拐取未成年人罪（第224条）、营利目的等拐取罪（第225条）、勒索赎金目的的拐取罪（第225条之2第1款）、移送国外目的的拐取罪（第226条第1款）的犯罪人（但应当包含共犯人）（参见长岛·上述曹时16卷7号56页）。

利用他人之忧虑，除了使之交付财物外，要求其交付财物的行为也同样受处罚。“要求”行为是指只要有要求的意思表示即可，不需对方已知道这种意思表示。为此，本款行为的未遂不受处罚。另外，由于本罪以实际上利用他人对被拐取者安危的忧虑为要件，所以，与第225条之2第1款的目的犯的情形不同，要求的对方必须是对被拐取者的安危持有忧虑的人，并且交付财物也必须是基于这种忧虑。

如果犯勒索赎金目的的拐取罪者又实施本罪的，构成牵连犯（最决昭和58·9·27刑集37卷7号1078页），但犯其他拐取罪者又实施本罪的，判例认为属于并合罪（最决昭和57·11·29刑集36卷11号988页）。

2. 收受者要求赎金罪，是指收受被拐取者的人使之交付赎金或者要求交付赎金的行为，与第225条之2第1款的基于勒索赎金的目的的略取或者收受被诱拐者（第227条第4款前段）的情形同样处罚。至于收受的含义，留待下文叙述。本罪无处罚未遂行为的规定。

五、移送国外目的的拐取罪

以移送于日本国外为目的，略取或者诱拐他人的，处2年以上有期惩役（第226条第1款）。以移送于日本国外为目的，买卖他人，或者将被略取、被诱拐或者被买卖的人移送于日本国外的，与前款同（同条第2款）。本罪之未遂应当处罚（第228条）。

本罪是处罚跨国的买卖人口行为。所谓“移送于日本国外”，是指使之从日本国领域内移动到领域外。所谓“买卖”，是指有偿转让人身。因此，卖主与买主双方都受处罚。

六、收受被拐取者罪

以帮助犯第224条、第225条或者第226条之罪的人为目的，收受或者藏匿被略取、被诱拐或者被买卖的人，或者使其隐蔽的，处3个月以上5年以下惩役（第227条第1款）。以帮助犯第225条之2第1款之罪的人为目的，收受或者藏匿被略取、被诱拐的人，或者使其隐蔽的，处1年以上10年以下惩役（同条第2款）。以营利或者猥亵为目的，收受被略取、被诱拐或者被买卖的人的，处6个月以上7年以下惩役（同条第3款）。以第225条之2第1款的目的，收受被略取者或者被诱拐者的，处2年以上有期惩役（同条第4款前段）。无论是上述何种情形之未遂均应处罚（第228条）。

本罪处罚的是为犯各种拐取罪的人事后提供帮助，使之对被拐取者或被卖者处于继续支配的状态，从而助长这类犯罪发生的行为。本犯构成勒索赎金目的的拐取罪而行为人实施收受行为的，以及收受者自己有营利或猥亵目的或者勒索赎金目的的，则被加重刑罚。

所谓“帮助目的”，是使拐取状态继续的目的，是事后从犯。对拐取行为本身提供帮助的，应当认为构成拐取罪的从犯。所谓“收受”，是指将被拐取者、被卖者置于自己的支配之下。所谓“藏匿”，是指提供妨碍发现被拐取者、被卖者之场所的行为（大判明治44·7·28刑录17辑1477页）。所谓“隐蔽”，是指藏匿之外的妨碍发现被拐取者、被卖者的行为。

七、因解放而减轻刑罚等

犯第225条之2、第227条第2款或者第4款之罪的人，在提起公诉前，将被略取或被诱拐的人解放至安全场所的，减轻刑罚（第228条之2）。

由于勒索赎金目的的拐取罪以及相关的犯罪对被拐取者的生命、身体的危险性很大，所以，有必要为被害人的安全而设立政策性的规定，这就是本条产生的背景。所谓“安全场所”，是指对被拐取者的生命、身体无实质的危险，且使救出、发现被拐取者容易的场所（最决昭和54·6·26刑集33卷4号364页）。实施勒索赎金目的的拐取罪（第225条之2第1款）之预备行为，但在着手前自首的，应当减轻或者免除刑罚（第228条之3但书）。这也是为防犯行于未然的政策性规定。

八、亲告罪

第224条之罪、第225条之罪和以帮助这些罪为目的所犯的第227条第1款之罪和该条第3款之罪以及这些罪的未遂罪，除以营利为目的的以外，告诉的才能提起公诉。但被略取、被诱拐或者被买卖的人已与犯罪人结婚的，在宣告婚姻无效或者取消婚姻的判决确定后，才发生告诉的效力（第229条）。

从保护被拐取者名誉的立场出发，有必要将一定的拐取罪作为亲告罪。一般认为，被拐取者及其法定代理人有告诉权（参见刑诉法第230条、第231条），但从监护权不是拐取罪的保护法益的立场而言，单纯的监护人则不能作为被害人被认为是有告诉权的人（参见刑诉法第234条）。所谓“婚姻”，应以法律上的婚姻为限。婚姻关系继续中的告诉是无效的，但结婚前告诉此后又结婚的，即便已提起公诉，从本罪的立法宗旨来看，应当认为告诉无效（名古屋高金泽支判昭和32·3·12高刑10卷2号157页）。

第五节　针对性自由的犯罪

一、概说

刑法典对性自由的犯罪规定了强制猥亵罪与强奸罪。无论是其中哪一种罪，都是以暴行、胁迫作为手段，违反对方的意志而实施的强制猥亵行为或者奸淫女子的行为。但是，刑法典规定，对方未满13岁的，不论采用何种手段，且即便是其同意的，也不影响两罪的成立。这体现了对判断能力不成熟的青少年实行性保护的宗旨。《改正刑法草案》将同意的有效年龄提高到了14岁（第298条），并增设了奸淫被保护者（第301条）的新罪名，扩大了对青少年实行性保护的范围。

在刑法典之外，《儿童福利法》第34条第1款第6项规定，“使儿童实施淫乱行为”（儿童是指不满18岁的男女。同法第4条）的，应当处罚（法定刑是10年以下的惩役或者50万日元以下的罚金，同法第60条第1款）。所谓淫乱行为，本来是指性交，但判例将其扩张到性交类似行为的范围（最大判昭和60·10·23刑集39卷6号413页）。从“使实施淫乱行为”的含义而言，至少淫乱行为（如卖淫）的对方的行为应当除外。但是，判例认为，委托男中学生为自己介绍卖淫的少女并与少女性交的成年男子，构成《儿童福利法》第34条第1款第6项所规定之罪的教唆犯（名古屋高判昭和54·6·

4 刑月 11 卷 6 号 515 页）；教师向自己的女学生传授使用性颤震器的方法，使之实施自慰行为的，也构成同样的罪（最决平成 10·11·2 刑集 52 卷 8 号 505 页）。此外，地方自治机构制定的所谓《保护青少年成长条例》，大多将针对儿童的淫乱行为（如与儿童性交本身）作为处罚的对象。① 根据这些条例，《刑法》、《儿童福利法》这类法律层次上不可罚的行为也可能受处罚，这难免使人产生是否违反法律主义的疑问，但判例认为，因为两者的宗旨与目的不同，所以，是不违反宪法的（大阪高判昭和 48·5·9 刑月 5 卷 5 号 899 页、最大判昭和 60·10·23 刑集 39 卷 6 号 413 页）。

二、强制猥亵罪

以暴行或者胁迫手段对 13 岁以上的男女实行猥亵行为的，处 6 个月以上 7 年以下惩役；对未满 13 岁的男女实行猥亵的，亦同（第 176 条）。本罪之未遂应当处罚（第 179 条）。

1. 本罪的客体，与强奸罪不同，可以是男女双方。如果是 13 岁以上的男女，必须采用暴行、胁迫手段；但如果是未满 13 岁的男女，则不管采用何种手段，即便是其同意的，也构成本罪。以暴行、胁迫手段对未满 13 岁的男女实行猥亵的，归根结底还是构成第 176 条之罪（最决昭和 44·7·25 刑集 23 卷 8 号 1068 页）。

2. 所谓猥亵行为，从性自由是保护法益的角度而论，应当比公然猥亵罪（第 174 条）中猥亵概念的含义要广，应理解为是损害被害人的性羞耻心的行为（中森 64 页）。因此，违反对方的意愿与之接吻的行为，现在就不必以公然猥亵罪来论，但可以构成本罪（东京高判昭和 32·1·22 高刑 10 卷 1 号 10 页）。不过，即便是从一般人的观念来看，也必须是损害性羞耻心的行为。

具体而言，触摸乳房或阴部的行为（名古屋高金泽支判昭和 36·5·2 下刑 3 卷 5、6 号 399 页）、拍摄裸体照片的行为（东京高判昭和 29·9·29 判时 40 号 138 页）、强迫男女性交的行为（钏路地北见支判昭和 53·10·6 判夕 374 号 162 页）、将异物插入少年肛门的行为（东京高判昭和 59·6·13 刑月

---

① 《儿童卖淫处罚法》：平成 11 年的通常国会以议员立法的形式制定了《关于儿童卖淫、儿童色情相关行为等的处罚及儿童保护等法律》（法第 52 号），该法已于同年 11 月 1 日起施行。该法规定，应当处罚以儿童（不满 18 岁的人）作为对方，从事儿童卖淫（处 3 年以下的惩役或者 100 万日元以下的罚金）、或者儿童色情物的贩卖等活动者（处 3 年以下惩役或者 300 万日元以下的罚金）。

16卷5、6号514页）等均构成本罪。强迫性交也可能构成本罪，但由于女性为被害人时构成强奸罪，所以，只限于男性为被害人的情形。

3. 作为本罪手段的暴行与胁迫，不必要像强盗罪那样能抑制对方的反抗，但必须达到使对方反抗明显困难的程度（团藤490页）。在这种场合，对类似无意地触碰到对方阴部这种暴行本身即属于猥亵的行为如何处理，就成为要研究的问题。有见解认为，为了把这种性的暴行也包含到本罪之中，只要是违反了他人的意思，不管对其影响大小如何，均可以认定（曾根67页、大判大正14·12·1刑集4卷743页）；也有见解认为，对暴行与胁迫应分别而论，暴行并不要求达到使反抗明显困难的程度（大塚99页、大谷112页）。但是，在猥亵行为中，认定有无同意是件很微妙的事，为判断是否违反对方的意思，有必要使行为达到反抗明显困难的程度，因此，只要违反对方的意思就认定为猥亵行为，则不利于问题的解决。另外，为维持前述标准，也有见解认为，上述性暴行的事例只不过是单纯暴行（中85页），但无视侵害性自由这一面很难说是妥当的。即便暴行本身属于猥亵行为，能否避免这种暴行的判断成为可能时，如果是无意的性暴行，只要确实达到了难以反抗的程度，就应当认定本罪成立。

4. 本罪是故意犯，因此，本条后段之罪的成立，以对被害人是未满13岁的人有认识为必要。误以为对方在13岁以上，在征得其同意的条件下实施了猥亵行为的，应视为事实错误阻却故意。

此外，判例认为，本罪是倾向犯，猥亵行为要求是在“刺激或满足犯人的性欲这种性的意图的支配下实施”的，基于报复的目的，即便是摄制了被害女性的裸体照片，也不成其为本罪（最判昭和45·1·29刑集24卷1号1页）。但是，如果说本罪的保护法益是性的自由，则因为行为的法益侵害性并非是由行为人的主观意图所决定的，所以，这样的结论并不妥当（实质上采取同样立场的判例，参见东京地判昭和62·9·16判时1294号143页）。

三、强奸罪

以暴行或者胁迫手段奸淫13岁以上女子的，是强奸罪，处2年以上有期惩役。奸淫未满13岁的女子的，亦同（第177条）。本罪之未遂应当处罚（第179条）。

1. 本罪的客体，与强制猥亵罪不同，仅限于女性。如果是13岁以上的女性，必须采用暴行或者胁迫手段；但如果是未满13岁的女性，则不论采用何种手段，且即便是其同意的，也构成本罪。与强制猥亵罪相同的是，误以为对方在13岁以上，在征得其同意的条件下实施奸淫行为的，应视为事实错误阻却故意的成立。由于客体被限定为女性，所以，在直接单独正犯的形态中，只有男性才可能成为本罪的主体。可见，本罪是身份犯，但如果是共同正犯、间接正犯，则女性也可能成为本罪主体（关于本罪的共同正犯，参见最决昭和40·3·30刑集19卷2号125页）。

理论上可以肯定，丈夫也可能强奸妻子（平川200页）。认为有婚姻关系就有概括的同意的观点是不可取的。在下级审的判例中，是以婚姻关系实质上是否已破裂作为标准来认定的（广岛高松江支判昭和62·6·18高刑40卷1号71页。但案件事实是，丈夫与第三者共谋轮奸妻子，这当然可能认定强奸罪成立）。但是，实质上破裂与否的判断缺乏法的安定性，况且，也没有作这种限定的必然性。

2. 作为本罪手段的暴行、胁迫，以达到使对方的反抗明显困难的程度为必要（最判昭和24·5·10刑集3卷6号711页）。“奸淫”是指性交。男性的阴茎部分插入女性的阴道即为既遂。原则上以奸淫手段的暴行、胁迫开始时作为实行的着手，但判例认为，已有强奸的客观危险性时为实行的着手。①

四、准强制猥亵罪、准强奸罪

乘他人心神丧失或者不能抗拒，或者使他人心神丧失或者不能抗拒而实行猥亵行为或者奸淫的，按照前两条（第176条、第177条）的规定处断（第178条）。本罪之未遂应当处罚（第179条）。

1. 本罪处罚的是不采用暴行、胁迫手段但利用被害人难以抵抗的状态而实施的猥亵与奸淫行为。不仅以自己猥亵、奸淫为目的而造成被害人难以抵抗的状态时奸淫，而且奸淫由第三者导致其昏迷的被害人，或者自己基于其他目的使被害人昏迷尔后又奸淫的，均构成本罪。应当注意的是，就包含利用自己或者他人造成的状态这一点而言，本罪比昏醉强盗罪（第239条）的手段范围要广。

2. 所谓“心神丧失”与责任能力中的心神丧失（第39条第1款）不

① 强奸罪的着手时期：最决昭和45年7月28日的判决（刑集24卷7号585页）认为，将通行中的女性拉进货车的驾驶室开到5公里外的地方奸淫的案件，由于拉进驾驶室时可以认为已明显具有强奸的客观危险性，因而应认定为已着手实行，由拉进驾驶室时的暴行产生的伤害，自然也就构成强奸致伤罪（第181条）。

同，是指由于昏迷、睡眠、泥醉、高度的精神障碍等原因，而对自己性的自由受到侵害缺乏认识的情形。与此相反，所谓“不能抗拒”，是指认识到自己性的自由被侵害，但由于手足被缚，或者醉酒、处于极度的畏惧状态等原因，要作物理的、心理的抵抗十分困难的情形。在这种场合，利用骗术奸淫是否属于心理的不能抗拒就成为问题。判例对如下两类案件是从广义上解释不能抗拒从而认定准强奸成立的：（1）利用被害人因处于半睡半醒中而误认行为人是自己的丈夫或情人的状态奸淫（仙台高判昭和32·4·18裁特4卷10号230页、广岛高判昭和33·12·24高刑11卷10号701页）；（2）使被害人误以为性行为是治疗所必要的而奸淫（大判大正15·6·25刑集5卷285页、名古屋地判昭和55·7·28刑月12卷7号709页、认为不属于不能抗拒的实例，参见东京地判昭和58·3·1刑月15卷3号255页）。关于这一点，最终应当归结为是由于错误而导致同意是否具有有效性的问题，如前所述，按法益关系错误的观点应该是可以解决的（参见佐伯：“关于被害人的错误”，神户法学年报1号88页以下）。因此，被害人对实施的性行为有认识的第（2）判例，认定为准强奸是有问题的。此外，由于性自由也包含选择将谁作为性对象的自由，所以，第（1）判例的结论是妥当的。

五、亲告罪

强制猥亵罪、强奸罪、准强制猥亵罪、准强奸罪以及这些罪的未遂罪，都是亲告罪（第180条第1款）。由于这些罪的追诉会损害被害人的名誉，反而会给被害人带来不利影响，所以，要根据被害人的意思来决定是否追诉。但是，昭和33年为对付暴力犯罪而作了修改（法第107号），新增设的第180条第2款规定，“2人以上在现场共同犯罪”的，从一般预防优先的立场，被作为非亲告罪来看待。成为非亲告罪，至少必须要有2人以上，同时还要共同实行强奸等行为。从这些要件来看，因为犯罪成了非亲告罪，那么，即便是不在现场的共谋共同正犯、教唆犯、帮助犯，也就都没有告诉的必要了（关于帮助犯，参见最决昭和43·10·15刑集22卷10号928页）。

六、强制猥亵罪、强奸致死伤罪

犯强制猥亵罪、强奸罪、准强制猥亵罪、准强奸罪以及这些罪的未遂罪，因而致人死伤的，处无期或者3年以上的惩役（第181条）。

1. 本罪是强奸等罪的结果加重犯。强奸等罪的未遂也明确规定适用，像强盗致死伤罪（参见第240条、第243条）那样的问题不会发生。本罪为非亲告罪。

死伤的结果不只是限于由猥亵行为、奸淫行为所产生，当然也包含由作为手段的暴行、胁迫所产生的情形（最决昭和43·9·17刑集22卷9号862页）。因为只要这些行为与死伤的结果间有相当因果关系即可，所以，包含被害人在逃跑的过程中跌倒负伤的情形（最决昭和46·9·22刑集25卷6号769页），但被害人因产生羞耻心而自杀的，则不应当包含在内。判例的解释更广泛一些，认为奸淫后为自己更容易逃跑而采用暴行使被害人负伤的也构成本罪（大阪高判昭62·3·19判时1236号156页），但这是不妥当的。

2. 对死亡结果有故意的，判例认为属于本罪与杀人罪的观念竞合（最判昭和31·10·25刑集10卷10号1455页），但由于这会产生刑罚不均衡的问题，所以，视为强奸等罪与杀人罪的观念竞合即可（大谷122页、中森68页）。与此相反，有伤害故意的场合，虽然也存在应视为强奸等罪与伤害罪的观念竞合的见解（大塚106页、曾根70页），但由于会产生刑罚不均衡的现象，应当认为构成本罪（团藤475页、大谷122页、中森68页）。

第六节　侵入住宅罪

无正当理由侵入他人的住宅或者他人看守的宅邸、建筑物或者船舰，或者经要求退出但仍不从上述场所退出的，处3年以下惩役或者10万日元以下罚金（第130条）。本罪之未遂应当处罚（第132页）。

一、保护法益

侵入住宅罪的保护法益是个人法益，这在学说上已形成共识，但关于其内容则存在居住权说与平稳说的尖锐对立。前者认为是对居住的事实上的支配与管理权，即允许谁进入的自由；后者认为是居住的事实上的平稳。判例持居住权说，即对丈夫赴战地期间妻子为通奸而将奸夫带进家里居住的案件，大审院的判例认为，本罪的法益是居住权，并且以侵害作为家长的丈夫的居住权为理由，认定犯罪成立（大判昭和14·12·22刑集18卷565页）。平稳说是在对第二次世界大战前的判例理论进行批判的基础上形成的，认为居住权属于谁并不明确，并且居住权说容易与封建家长权联结在一起，因此，应当以居住的事实上的平稳作为保护法益。平稳说是多数说，受到广泛支持（小野208页、团藤501页、大塚111页、福田203页、香川452页、冈野54页、前田105页），判例也一度有采取这种学说的倾向（最判昭和49·5·31裁集192号571页、最判昭和51·3·4刑集30卷2号79页。另外，关于通奸案，从平稳说出发否定本罪成立的判例，参见尼崎简判昭和43·2·29下刑10卷2号211页)。

但是，平稳说存在如下几个方面的问题：

第一，所谓居住平稳的含义是什么，平稳说并未作出明确的解释。如果说那是指居住的宁静，那么，小偷从打开着的门进入，就不能构成本罪。如果说是个人的隐私，则官方公共建筑物就不得不排除在客体之外。

第二，如果说居住平稳是指违反居住者的意思（团藤505页、大塚116页)，那实质上就与居住权说没有差异了。如果将平稳说贯彻到底，进入形式平稳的场合，即使违反居住者的意思，也不能构成本罪（福田·注释刑法〔3〕242页、245页)。但是，如果将本罪作为侵害个人法益的犯罪来看待，不论个人是何种意思或者有无承诺，均可能认定犯罪成立，把这作为平稳说的主张是有问题的。相反，也有人认为，就个人住宅而言，所谓平稳，因为是指个人生活的隐私，所以，应当尊重个人的意思。但对官方公共建筑而言，由于平稳且顺利地处理事务是本罪的保护法益，因此，应以侵入的形式作为基准。① （关哲夫·侵入住宅罪之研究324页以下〔1995〕、前田109、110页)。但是，这种观点实际上是混淆了侵入住宅罪与妨害业务罪的关系，另外，不在处理业务过程中的官方建筑物也就不能成为本罪的保护客体（山口厚："判批"，警研56卷2号78页)。应当肯定，即使是官方办公厅舍、大学及其他的公共建筑物，其管理者对允许谁进入厅舍、建筑物也应当有决定权。只要进入的形式平稳，哪怕是激进分子进入也不能拒绝，这显然不合理。

第三，不退去罪是由于有居住权、管理权人的退去命令而成立的，按平稳说就会出现与之不均衡的现象，即不退去罪具有行为形式的平稳性这不成其为问题。但平稳说认为，不按退去的要求退去这就应视为不平稳，而这实际上与违反居住权人的意思是同义的，最终应当归结为居住权说。

基于以上考虑，我认为，居住权说是妥当的（平野182页、中山140页、内田171页、大谷124、125页、中森76页、川端："侵入住宅罪〔上〕"，现代的展开109页、山口66页)。最高裁判所在大槌邮电局事件的判决（最判昭和58·4·8刑集37卷3号215页）中，也明确采取了居住权说的立场。

---

① 与劳动争议的关系：平稳侵害说认为，考虑到侵入住宅与劳动争议缠绕在一起实施的情形比较多，用"侵入"一词在构成要件符合性阶段就有限定处罚范围的意图，但是，这仍然应当作为阻却违法的问题来处理。

二、客体

所谓“他人”的住宅，是就居住者以外的人而言的住宅，因此，现实的居住者不能成为本罪主体。但是，已脱离居住的人不在此限（已分出去居住的儿子与其他共犯人出于强盗的目的一同侵入自己家中的案例，见最判昭和23·11·25刑集2卷12号1649页；丈夫侵入分居中的妻子住着的自己的住宅的案例，见东京高判昭和58·1·20判时1088号147页）。另外，因为“他人”不包含已死亡的人，所以，杀害惟一的居住者之后，即使又侵入其住宅，也不能构成本罪（相反，认为死者也有居住权的判例，参见东京高判昭和57·1·21刑月14卷1、2号1页）。

本罪的客体包括如下几种：(1)“住宅”，是指日常生活使用的场所。至于有无法律上的权限，在所不问（最决昭和28·5·14刑集7卷5号1042页）。即使是一时使用也可，所以，出租屋、旅馆的一个房间也能成为住宅。供居住用的船舶、车辆以及其他场所也可能成为住宅，但必须有为日常生活所用的一定的设施。(2)“宅邸”，是指住宅之外的居住用的建筑物，如空着的家、锁着的别墅等。(3)“建筑物”，是指(1)、(2)之外的建筑物，如官方的厅舍、学校、工场、仓库、库房等。(4)“船舰”，是指军舰及船舶。此外，还包含(1)、(2)、(3)所附属的庭院地。所谓庭院地，是指附属于建筑物的土地，由于管理者设有门栅栏等，明示作为建筑物的附属地来利用的（最判昭和51·3·4刑集30卷2号79页）。在(2)、(3)、(4)种客体中，还必须要有“他人看守”。所谓“看守”，是指设有守卫、监视人，或者锁上了门，用板子将门封闭等，也就是将建筑物等置于事实上的管理、支配之下，而采取了设置人员、安装设备的措施，仅仅是竖立一块禁止进入的牌子是不够的。应当注意的是，在这种场合，守卫或监视人并非是看守者，建筑物的管理者才是看守者。

三、侵入住宅罪

1. 本条前段所说的“侵入”，按平稳说，是指以侵害居住安稳的形式进入（侵害平稳说）；但按居住权说，则是指违反居住权人（居住人、看守人）的意思进入住宅等（侵害意思说）。因此，只要有居住权人的同意，即便进入的形式侵害居住安稳，也不成其为侵入。行为人的身体全部进入住宅或庭院地时为既遂。因此，行为停顿在跨越栅栏阶段时为未遂。本罪是继续犯，侵入后到退去时视为犯罪行为的继续（最决昭和31·8·22刑集10卷8号1237页）。

“无正当理由”是指无阻却违法的事由。有正当理由的，即使违反居住权人的意思，也不构成本罪。有居住权人同意的，同意之前的行为不成其为“侵入”或“不退去”。正当理由包括根据刑事诉讼法为搜查、扣押、检查而进入，还有正当争议行为等。

2. 居住权人是复数的场合，必须要有谁同意就成为需要研究的问题。例如，对妻子基于通奸的目的将奸夫带进家里来的案例，即便采取平稳说，也有肯定（大塚191页）与否定本罪成立（团藤505页、福田207页）两种相对立的主张。而按居住权说，也有人认为，不能期待丈夫同意，所以，构成本罪（内田174页）。但是，所谓居住权，因为是就事实上支配、管理而言的，即使居住者原则上都有平等的居住权，也应该考虑以现实在住宅中的人的意思为基准。因此，丈夫不在家时，本罪不成立（大谷131页、平野龙一：“论侵入住宅”，警研57卷7号10页）。更进一步而言，对居住的范围也有必要考虑具体化，每个人对自己居住的房间有独立的居住权。据此，应当肯定，即使女儿不顾父母亲的反对将恋人带进自己的房间，也不构成本罪（平野·上述10页）。反过来，征得同意进入一个房间的人，超出别人承诺的范围进入其他房间的，则可能成为侵入住宅（最判昭和27·5·2刑集6卷5号721页）。

3. 居住权人基于认识错误所作的同意如何处理，也是值得研究的问题。判例认为，与假装一同自杀一样，同意必须是任意作出的，并且是其真实的意思表示，受欺骗而作出的承诺无效，因此，隐瞒强盗杀人的目的，装扮成顾客进入被害人住宅的行为也构成本罪（最判昭和23·5·20刑集2卷5号489页）。在学术界，支持这种观点的人也占多数（团藤505页、大塚117页、大谷130页）。但是，这种观点与居住权说联系在一起时，就会导致本罪的处罚范围扩大化。例如，出于诈欺的目的进入他人的家，仅此而已也就可能构成本罪。以进入的形式作为问题的侵害平稳说，在这方面确实可以说具有限定处罚范围的目的（参见福田207页以下）。但是，由于平稳说存在前述根本性的缺陷，所以，应当从同意的有效性方面寻求问题的解决。而且，根据法益关系错误的理论，以上所述居住权人对让他人进入住宅（法益的处分）本身没有错误的情形，应当认为同意是有效的，本罪不能成立（平野184页、町野朔：“被害人的承诺”，西原等编·判例刑法研究2卷216页〔1981〕、佐伯：“关于被害人的错误”，神户法学年报1号96页、曾根82页、中森79页）。

4. 基于违法目的进入百货商店、旅馆的前厅、官方办公厅、展览会场等一般允许进入的场所，也存在值得探讨的问题。判例对这种有违法目的的案件，往往广泛地认定本罪成立。例如，为了放烟雾弹而进入皇宫的一般进宫朝贺之会场的行为（东京地判昭和 44·9·1 刑月 1 卷 9 号 865 页）、为损坏肖像画而进入博览会场内的台湾馆的行为（大阪地判昭和 46·1·30 刑月 3 卷 1 号 59 页）、为实施散发传单等建筑物管理者预定禁止的行为而进入共同通信会馆的行为（东京高判昭和 48·3·27 东时 24 卷 3 号 41 页）、为妨害议事而提供记载虚假姓名的旁听券进入参议院的行为（东京高判平成 5·2·1 判时 1476 号 163 页）、为妨害国家体育运动会开幕式而持入场券进入开幕式会场的行为（仙台高判平成 6·3·31 判时 1513 号 175 页），均认定为构成本罪。按照这种观点，为偷商店的物品而进入商店，也当然构成本罪。的确，进入之时如果知道其有违法目的，看守者往往就不会让其进入。但是，在允许进入的时间内按通常的形式实施行为时，即使看守者站在入口处检查，由于不可能知道其有某种违法目的，当然也就不得不允许其进入。因此，以通常的形式进入一般的向公众开放的建筑物，在该建筑物的管理者事先概括同意范围内的，不能构成本罪（平野 184 页、内田 174 页、曾根 82 页）。

四、不退去罪

征得居住权人同意进入住宅等，经要求退去而不退去的，构成本条后段之罪。本罪是真正不作为犯。居住权人有退去的要求是本罪的要件，要求之后经过退去所必要的时间才成其为既遂，所以，无未遂成立的余地。

第四章　针对秘密、名誉的犯罪

第一节　针对秘密的犯罪

一、概说

侵害秘密的类型，根据秘密归属主体的不同，可以分为侵害国家秘密、企业秘密（营业秘密）、个人秘密；根据侵害的表现形式不同，可以分为刺探、泄露、窃用（盗用）秘密。刑法典只是对刺探、泄露个人秘密中的一部分即开拆书信罪和泄露秘密罪才规定予以处罚。[①] 前者是刺探型，后者是泄露型。无论是哪一种类型，在刑法典上都被编在针对社会法益的犯罪之列，但理论上的通说认为是针对个人法益的犯罪（《改正刑法草案》第316条以下也放在同样的位置）。关于侵害国家机密，《改正刑法准备草案》预先规定，处罚刺探、收集、向外国通报防卫上、外交上重大机密的行为（第136条），但《改正刑法草案》没有继承这一规定。另外，《改正刑法草案》第318条新设了企业的员工或从业人员泄露企业的生产方法及其他技术秘密的犯罪（泄露企业秘密罪），但由于反对的呼声强烈而未成为现实。此后，随着高度信息化社会的到来，采取不正当手段获取信息特别是计算机信息的事件不断发生。[②] 对此，一种再度变得有力的见解认为，现在虽然可以按有关信息媒体的财产犯（盗窃、侵占等）来处理，但为了从根本上解决问题，有必要从正面对财产性信息给予刑法的保护（参见芝原邦尔、西田典之、林阳一、山口厚："财产性信息的刑法保护"，刑法杂志30卷1号）。

---

① 特别法：正如下文所述，处罚泄露职务上知悉的秘密以及予以盗用的特别法较多。另外，作为处罚刺探秘密行为的特别法，与《日美相互防卫援助协定》等相配套的《秘密保护法》第3条有规定。

② 《防止不正当竞争法》：《防止不正当竞争法》规定，采用窃取、诈骗、强迫及其他不正当手段取得营业秘密的行为，使用、披露通过不正当手段取得的营业秘密的行为，都是"不正当竞争"行为（参见第2条第1款第4项、还有第5、6项），可以请求停止侵害（第3条）、赔偿损害（第4条），但不是处罚的对象（参见第13条第1项）。

二、开拆书信罪

无正当理由，开拆他人封缄书信的，处1年以下惩役或者20万日元以下罚金（第133条）。本罪为亲告罪（第135条）。

所谓“书信”，是指特定人向特定人传达自己意思的文书。通说认为，特定人包含法人或其他团体，但因为本罪是针对个人法益的犯罪，所以，包含从个人发送给国家或公共团体，或者从国家或公共团体发送给个人的书信，而不包括国家或公共团体相互之间的书信。所谓“封缄”，是指为使书信内容不被看见而采取的粘贴封口及其他措施。所谓“开拆”，是指破坏封缄，造成能够了解书信内容的状态。但通说认为，并不要求边读就能边了解书信的内容。本罪是亲告罪，发信人与收信人双方均有告诉权，不过，对此应当作限制性理解。

此外，《宪法》第21条第2款规定保障“通信秘密”，本罪也处罚侵害通信秘密行为中的一部分。此外，《邮政法》第77条、第80条也规定，保护邮政大臣处理过程中所涉及的邮递物，《电信事业法》第104条、《有线电通信法》第14条、《电波法》第109条规定，保护电报、电话、无线电通信的秘密。但是，《电波法》规定不处罚探知行为本身，只处罚泄露、窃用行为。

三、泄露秘密罪

医师、药剂师、医药品贩卖业者、助产士、律师、辩护人、公证人，或者曾经从事此类职业的人，无正当理由，泄露由于处理业务而知悉的他人秘密的，处6个月以下惩役或者10万日元以下罚金（第134条第1款）。从事宗教、祈祷或者祭祀职业的人或者曾经从事此类职业的人，无正当理由，泄露由于处理业务而知悉的他人秘密的，与前款同（同条第2款）。本罪为亲告罪（第135条）。

（一）主体

本罪的主体仅限于被列举者。因此，本罪是身份犯（第65条第1款）。主体被限制为从事所列举的职业之人的根据是，他们接触职业性质所涉及人的秘密之机会较多，并且从被害人一方而言，如果不告知个人的秘密，就难以接受治疗等服务。所以，本罪的保护法益归根结底是个人的秘密，并非是本罪主体应具有的职业道德。

此外，《改正刑法草案》第317条将本罪的主体扩张到“从事医疗业务、法律业务、会计业务或者其他基于与委托人的信赖关系而知悉他人秘密的从事业务的人或者其辅助者，或者曾经处于这种地位的人”，但因其范围不明确而受到了强烈批判，在讨论的过程中又撤回了这种扩张论（法务省刑事局编·刑法全面改正的讨论结果及其解说 32 页〔1976〕）。

（二）秘密的含义

所谓“秘密”，是指不被一般人知晓的非公知的事实。至于是否必须有作为秘密看待的利益与作为秘密看待的意思，理论上有不同意见：（1）主观说认为，应当以是否有作为本人的秘密看待的意思为判断标准（藤木 256 页）；（2）客观说认为，从一般人的角度来看，要有作为秘密看待的利益（团藤 510 页）；（3）折中说认为，既要有作为秘密看待的意思，又要有作为秘密看待的利益（平野 189 页）。如果认为本条是要保护个人的私生活的秘密，则主观说基本上是妥当的（佐伯仁志·基本讲座 6 卷 144 页）。但是，本人的意思没有被明示的，就应该采取客观说（植松 330 页）。

作为秘密归属主体的“人”，通说认为包含除死者之外的自然人，以及除国家、公共团体之外的法人或不具有法人资格的团体。但如果说本条是要保护个人私生活的秘密，则应当限定为自然人。

秘密还必须是业务上所知悉的。

（三）泄露

所谓“泄露”，是指将秘密告诉不知道的人。告知的方法，则在所不问。另外，与毁损名誉罪不同，由于不要求有公然性，对一人告知也属于“泄露”秘密。此外，因为仅限于“无正当理由”泄露才构成本罪，所以，基于法令上的义务泄露的（如关于传染病预防及对传染病患者医疗的法律第 12 条）、根据诉讼程序作为证人提供证言的（但也有拒绝作证权，参见刑诉法第 149 条、民诉法第 197 条第 1 款第 2 项）等阻却违法性。

（四）特别法

在特别法中，处罚泄露职务上知悉的秘密的规定占有相当的数量。例如，《国家公务员法》第 100 条、《地方公务员法》第 34 条、《禁止垄断法》第 39 条、《民事调解法》第 38 条、《公认会计师法》第 27 条、《司法书记员法》第 11 条，等等。

由这些法律规定为禁止泄露对象的秘密，是与其职务的性质相对应的，分属于国家秘密、企业秘密、个人秘密的范畴。所以，应当注意，秘密的概念也有相对性。例如，虽然国家公务员职务上知道的事实就可能是秘密，但正如前文所述，个人秘密则要以个人的意思作为标准来判断其秘密性，类似外交上的秘密这样的国家秘密，仅仅是由国家作为秘密看待（形式秘密说）是不够的，还必须与国民知情权相比较，认为实质上有作为秘密看待的利益

(实质秘密说)(最决昭和53·5·31刑集32卷3号457页、参见佐伯·上述144页)。

第二节　针对名誉的犯罪

一、概说

为了保护人的名誉，刑法典第三十四章“针对名誉的犯罪”规定了毁损名誉罪与侮辱罪。所谓名誉，是指外部的名誉，即对人的社会的评价。外部的名誉又可分为本来应有的评价（规范的名誉）与现实享有的评价（事实的名誉)。在德国刑法（第186条）中，只有不能证明事实真实性时才成其为毁损名誉，可以说规范的名誉是保护法益。但是，我国《刑法》第230条规定，“不问有无该事实”，均认为毁损名誉罪成立，因此，即便是虚假的名誉也同事实的名誉一样受保护。是否应当保护这类事实的名誉也是值得怀疑的。不过，从保护私生活秘密的立场而言，不问事实的有无，均认为构成毁损名誉罪也有其合理性。

此外，昭和22年修改刑法时，一方面加重了毁损名誉罪的刑罚（惩役刑从1年以下改为3年以下，罚金刑从500日元以下改为1 000日元以下，都分别提高了)；另一方面又同时新增设了第230条之2，规定在具备事实的公共性、目的的公益性之要件时，允许提供真实性的证明，真实性得到证明时不处罚。① 这是为调和《宪法》第21条的表达自由、知情权与保护名誉的矛盾，规定在有限的范围内只保护规范的名誉（参见山口厚：“毁损名誉与真实性的误认”，曹时41卷10号33页)。

二、毁损名誉罪

公然指摘事实，毁损他人名誉的，不问有无该事实，处3年以下惩役、监禁或者50万日元以下罚金（第230条第1款)。毁损死者名誉的，如果不是通过指摘虚

---

① 《改正刑法假案》：第二次世界大战前，明治26年的《出版法》第31条、明治42年的《报纸法》第44条规定，由出版物、报纸造成的毁损名誉，如果有事实证明是“为谋求公益的”，有不处罚的余地，但因为有“涉及私生活的除外”这样的限制，所以，允许事实证明的范围明显被限定了。昭和15年的《改正刑法假案》第412条规定，毁损名誉的行为如果是“与公共利益相关的事实，且其目的是为谋求公益的，则应判断事实的真伪，证明其为真实时不处罚”，这被视为属于一般形式的事实证明的规定，昭和22年修改刑法时，这一规定几乎被按原样予以立法化了。

伪事实进行毁损的，不处罚（同条第2款）。本罪为亲告罪（第232条）。

(一) 客体

本罪的客体是“他人的名誉”。所谓名誉，如前所述，是指外部的、事实的名誉，即对人的积极的社会评价。但是，有关人的经济信用的评价，由于有毁损信用罪（第233条）来保护，所以，被排除在本罪的名誉之外。一种有力的见解认为，属于外部名誉的事实应当限定为“能够导致某人的责任变更的事实”，有关身体障碍、精神障碍、疾病、血统、阶级等事实，应当排除在“名誉”之外（参见佐伯仁志：“名誉与针对个人私生活秘密的犯罪〔上〕”，现代的展开77页、同：“个人私生活秘密与名誉的保护〔4〕”，法协101卷11号62页以下）。让这样的事实对名誉产生影响，反而会导致社会偏见的固定化，自然是不妥当的。的确，不应当让这样的事实影响人的人格价值的评价，但是，在现实生活中，不能否定这样的事实确实影响人的社会评价。况且，如果说本罪也应该具有保护私生活秘密的机能，那么，就应当认为不只是有关人的人格价值的事实，还有肉体的、精神的障碍、疾病、家世、血统等事实也与名誉有关系。

通说和判例认为，所谓“人”，除了自然人之外，还包含法人等团体（大判大正15·3·24刑集5卷117页、东京地判昭和56·1·29判时1029号134页）。与此相反，也有人认为，本罪的保护法益并非是对人的社会评价本身，而是想受到尊重这种作为人所具有的感情，所以，应否定针对法人的毁损名誉的成立（山本辉之·百选Ⅱ42页、平野192页）。但是，法人也有一定社会评价，这种评价在法人的社会经济活动中起重要作用，而只通过妨害业务罪与毁损信用罪来给予保护是不够的，所以，通说具有妥当性。其次，自然人中也包含幼儿与精神障碍者。另外，由于要求被害人是特定的个人，所以，“九州人”或“日本人”这种不特定的集团，不能成为本罪的被害人（上述大判大正15·3·24）。但是，与其他事情相结合能够推定出特定人的，则不在此限（大判大正14·12·14刑集4卷761页、最判昭和28·12·15刑集7卷12号2436页）

(二) 行为

本罪的行为是公然指摘（或揭露）事实以毁损他人名誉。

1. 公然性的含义

所谓“公然”，按通说和判例的解释，是指能使不特定或多数人认识被指摘之事实的状态（大判昭和3·12·13刑集7卷766页、最判昭和36·10·13刑集15卷9号1586页）。不特定是就对方为何人没有被限定而言的，如在公开的场所、公共的道路上演说，通过报纸、杂志指摘事实。多数人则是指对方虽然是特定的人但数量多。

本罪处罚的是通过指摘事实而降低他人的社会评价的行为，但实际上社会评价的降低往往不可能测定。因此，本条以公然性作为要件，将指摘事实的直接对象限定为不特定的或者多数人，而且那种事实通过其他人一起传播形成坏的评价，并存在向社会广泛散布的定型的危险性。与此相反，也有判例认为，即使是向特定、少数人指摘事实而有传播可能性的，也应认定为具有公然性（传播性理论）（大判大正8·4·18新闻1556号25页、最判昭和34·5·7刑集13卷5号641页），肯定这种主张的学说也很有影响（团藤513页、中森88页、清水一成·百选Ⅱ37页）。但是，所谓"公然"，从本条的文理来看，并非是指结果的公然性，而是指行为的公然性（平川宗信·刑法判例百选Ⅱ各论〔第2版〕43页），此其一；其二，由对方是否有使之传播的意思来决定犯罪成立与否，这是不妥当的（平野龙一·犯罪论的诸问题〔下〕313页〔1982〕、福田·刑法注释〔5〕348页）；其三，认为个人的闲话等日常的言论也能构成本罪，这也不合适（大谷158页）；其四，将被视为抽象危险犯的本罪的危险性又进一步抽象化，这也有失妥当性。应当肯定，即便是向多数人指摘事实，但无传播危险性时，可以适用传播性理论，否定其具有公然性（曾根91页。作为这样的实例，参见大判昭和12·11·19刑集16卷1513页、东京高判昭和58·4·27高刑36卷1号27页）。另外，也有人从肯定说的立场指出，仅向一个新闻记者指摘事实时认为不构成本罪，这不妥当（中森88页）。但是，通过新闻报道来指摘事实，仅此就可能构成本罪，至于向新闻记者指摘事实的人，则只有作为共犯才可能受处罚。

2. 指摘事实

毁损名誉以指摘事实为必要。这里的事实必须是能使人的社会评价降低的具体事实，不只是限于与人格价值相关的事实，也包含属于私生活秘密的事实。指摘的事实还必须具有第230条之2规定的、达到能够成为事实证明对象之程度的具体性。指摘的事实缺乏具体性时，那就只存在是否构成侮辱罪的问题。

指摘的事实即使是众所周知的也可以（大判大正5·12·13刑录22辑1822页），除了接着要叙述的第230条之2的情形外，其真假也在所不问。但如果是毁损死者的名誉（第2款），则指摘的事实必须是虚假的，并且行为人对其虚假性还必须有认识。

指摘的方式无论是以口头、书面，还是以绘画等形式均可以。另外，除了作为确定的事实指摘之外，还包含以闲谈、传闻的形式指摘。

3. 抽象的危险犯

通说、判例认为，刑法条文中用“毁损了”一词表明，毁损名誉罪是抽象危险犯（大判昭和13·2·28刑集17卷141页）。即如果公然指摘使被害人的社会评价降低的事实，行为时就已达到本罪既遂的状态，并不要求被害人外部的名誉具体地受到了侵害。这是因为，被害人的社会评价是否现实地降低了实际上很难证明（团藤513页。与此相反，作为侵害犯看待的见解也有，参见内田222页、曾根89页、平川227页、佐伯·上述现代的展开80页，但具体的结论没有差异）。

三、事实的证明

前条（第230条）第1款的行为，经认定是与公共利害有关的事实，而且其目的纯粹是为谋求公益的，则应判断事实的真伪，证明其为真实时，不处罚（第230条之2第1款）。

与尚未提起公诉的人的犯罪行为有关的事实，在适用前款规定时，视为与公共利害有关的事实（同第2款）。

前条（第230条）第1款的行为所指摘的事实，与公务员或者基于公选的公务员候补人有关时，则应判断事实的真伪，证明其为真实时，不处罚（同第3款）。

（一）事实证明的要件

如前所述，第230条之2是为了调和由第230条所保护的事实的名誉与《宪法》第21条所认可的表达自由、知情权之间的矛盾，因而规定指摘的毁损名誉的事实是有关公共利害（事实的公共性）、指摘的目的纯粹是为了公益（目的的公益性）的，允许对以此作为要件的事实予以证明，能够证明事实的真实性时，不当做毁损名誉来处罚。

1. 事实的公共性

关于“与公共利害有关的事实”的含义，有的定义为“被认为属于公共利益”（大塚140页）、也有的定义为“属于公众的批判、对促进公共利益有作用的事实”（藤木242页）等，但适当的解释应当是与《宪法》第21条相关的“市民实行民主自治上有必要知晓的事实”（平川231页）。不过，即使只是与部分社区利害相关，对这一范围的人来说，也可以肯定其事实的公共性（中野次雄·逐条改正刑法之研究176页〔1948〕、大阪地判平成4·3·25判タ829号260页）。应当注意的是，对事实的公共性应从事实本身的内容、性质来作客观的判断，不应当受表达方式不当等左右（最判昭和56·4·16刑集35卷3号84页）。

问题在于，所谓公共的利害，与一般公众的兴趣、好奇心不同，所以，身体障碍、精神障碍、疾病、血统、性生活等属于私生活秘密的事实，原则上应否定其具有公共性。但是，判例认为，“即使是私人的私生活上的品行，与其从事的社会活动的性质相关，由此会带来对社会产生的影响力的程度等方面遗憾的，应作为对其社会活动的批判乃至评价的一种资料，视为《刑法》第230条之2第1款中的‘与公共利害相关的事实’”，从而肯定大规模宗教团体的会长、同时有大的政治上的影响力的男性在与女性的关系方面的事实具有公共性（上述最判昭和56·4·16）。毫无疑问，应当允许有这种例外，但其判断要十分慎重。

2. 目的的公益性

“纯粹为谋求公益”的目的是指摘事实的动机，根据判例的解释，主要的动机是出于谋求公益的目的即可（东京地判昭和58·6·10判时1084号37页）。否定有公益目的的判例有：为取得受害赔偿的目的（广岛高判昭和30·2·5裁特2卷4号60页）、主要是出于满足读者好奇心的目的（东京高判昭和30·6·27东时6卷7号211页），等等。并且，根据判例的解释，认定有无公益目的时，应当充分考虑指摘事实时的表达方式或者调查了解事实的程度（上述最判昭和56·4·16）。但是，如果指摘事实与公共利害相关，既要行为人认识那种事实，同时还要有为谋求公益的目的，才能认为是属于第230条之2所规定的下文将要叙述的阻却违法事由，那么，由指摘事实的动机、目的来左右行为的违法性，这与设立事实证明制度的目的有矛盾（町野朔：“毁损名誉与私生活的秘密”，现代刑罚法大全〔3〕319页〔1983〕、佐伯·上述法协101卷11号78页，认为不需要这一要件的见解，参见平川·毁损名誉与表达的自由132页以下〔1983〕）。

3. 特别规定

本条第2款规定，有关起诉前的犯罪行为的事实，假设为是与公共利害有关的事实。这种事实是提供有关犯罪的侦查线索，并且是侦查追诉活动的实现所必要的，因而被认为具有公共性（《改正刑法草案》第310条删除这一特别规定是不妥当的。参见团藤520页）。由于本款的特别规定将适用条件限定为起诉前，所以，公布某人犯有前科等当然应排除在外，只有在具备本条第1款所规定之要件的条件下才允许适用（谈到具体的要件，民事上有要求，参见最判平成6·2·8民集48卷2号149页）。

本条第3款规定，与公务员或者基于公选的公务员候补人有关的事实，假设为是与公共利害有关，并且纯粹是为谋求公益而指摘的事实。这由来于公务员的选定、罢免权是国民固有的权利这一事实（《宪法》第15条）。因此，关于公务员的事实允许无限制地提供事实证明。但是，公务员也有隐私的权利，所以，指摘的事实与公务员的素质、能力完全无关系时，不应当允许提出事实证明（参见《改正刑法草案》第310条第2款但书、最判昭和28·12·15刑集7卷12号2436页）。

（二）真实性的证明

1.“与公共利害有关的事实”存在时，允许开始作真实性的证明。在此之外的场合，即使是就有关情况也不应该允许作真实性的证明（平野195页、町野·上述317页。作为相反的观点，见大塚141页）。“与公共利害有关的事实”存在的场合，事实真实性的证明通常是由被告人一方提出，但裁判所也负有依职权作调查的义务，所谓“判断事实真伪”就具有这样的含义（中野·上述书179页）。但真伪不明时，就对被告人不利。即与第207条一样，举证责任转换给被告人（关于允许性，参见松尾·上述刑事诉讼法下24页、佐伯仁志：“名誉、侵害私生活秘密与刑法上的问题”，ジュリ959号46页以下）。

2.证明的对象是被指摘的事实。即便是以传说、谣传、传闻的形式指摘事实，证明的对象也并非是传说等的存在，而是作为传说内容的事实（最决昭和43·1·18刑集22卷1号7页）。在告发犯罪或报道犯罪等材料中，考虑到要求对犯罪事实本身作出证明是不合理的，所以，一种有力的见解认为，应当以传说、嫌疑的存在作为证明的对象（植松342页、大塚142页、大谷165页、町野·上述330页），但根据《刑法》第35条的规定，似乎应当理解为另一个阻却违法事由（中森94页、佐伯·上述现代的展开86页）。

关于证明的方法与程度，有判例认为，以通过严格证明的方法达到超出合理怀疑程度的证明（beyond a reasonable doubt）为必要（最大判昭和44·6·25刑集23卷7号975页：夕刊和歌山事件、东京高判昭和59·7·18判时1128号32页。但有关丸正事件，最决昭和51·3·23刑集30卷2号229页持保留态度）。但是，如果考虑到私人搜集证据的能力有限，应该认为达到证据占优势（preponderance of evidence）的程度就足够了（藤木243页、町野·上述332页、大谷164页、曾根94页、佐伯·上述ジュリ48页）。

四、真实性的误信

对行为人以为事实真实但事实并未得到证明的情形如何处理，是与真实性被证明时不可罚的根据相关的问题，从所形成的以下几种不同学说，也可以看出判例与学说的变迁。

(一) 处罚阻却事由说

关于真实性被证明时不可罚的根据，最初有影响的学说认为，指摘事实就构成毁损名誉罪，真实性被证明时只是可以阻却处罚。也就是说，“不问有无事实”，原则上都要作为毁损名誉来处罚，并且，只有这样才可以调和被告人负举证责任的矛盾。按照这种观点，由于真实性的误信与犯罪的成立要件并不相关，所以，同犯罪的成立与否也没有关系（青柳415页、植松340页、井上、江藤85页）。当初的判例也采取这种立场（最判昭和34·5·7刑集13卷5号641页）。

(二) 团藤旧说

但是，第230条之2是为调和与《宪法》第21条的表达自由之矛盾而规定的，处罚阻却事由说与该条的这一性质不符，况且，真实的言论为何阻却处罚，此说难以说明。于是，有人提出，事实真实就阻却行为的违法性，这就是所谓的阻却违法事由说（通说）；也有人认为，在此之前阻却构成要件该当性（团藤·初版增补421页〔1972〕）。可是，按阻却违法事由说，行为人轻率地误信事实时，也不得不认为是事实错误阻却故意（下这种结论的，参见牧野513页、柏木409页），这是此说面临的一大难题。团藤说攻克了这一难题。按团藤说，第230条之2（旧规定）所指“真实性被证明时不罚”是诉讼法的表达方式在实体法上的反映，“事实在可能证明的程度内真实的”，就阻却违法性乃至构成要件该当性，因此，在故意论中，行为人“误信具有可能证明程度的资料或根据的事实之真实性”的，只可能阻却故意（团藤·上述书422页。但团藤·改订版510页〔1985〕中改采后述正当行为说）。这种观点也被判例所接受，最高裁判所在昭和44年6月25日的判决（刑集23卷7号975页：夕刊和歌山事件）中改变了过去的主张，认为误信真实性“有确实的资料、根据，即有相当的理由时，无犯罪故意，毁损名誉之罪不成立”。

(三) 藤木说

团藤说试图调和表达自由与保护名誉的矛盾，这一点是非常独到的，但按错误论来处理，又为何要求以客观上可能证明的资料、根据存在为条件，这也难免使人产生疑问。相对于行为人的误信而言，这实际上是更重视以确实的资料、根据为基础的言论这种客观的事实。从这样的观点出发，藤木说认为，“基于确实的资料、根据而相信事实真实的，因为是表达自由的正当行使，即便不属于第230条之2的违法阻却事由，根据《刑法》第35条也可能阻却违法性”（参见藤木246页、同：“事实的真实性的误信与毁损名誉罪”，法协86卷10号1页以下〔1969〕）。但是，藤木说将真实性的误信这种主观的因素作为阻却违法性的根据，这一点受到了强烈的批判。于是，最近一种有影响的观点对这一点予以修正，认为以确实或相当的资料、根据为基础的言论本身就可以作为第35条的正当行为阻却违法性（团藤527页、大谷168页、中森96页、前田127页、平川235页）。

（四）学说的分析

现在的学说对真实性之误信的法律处理，大致分为在违法性领域处理与在责任论、错误论领域处理两种情形。

从违法论来探究，为保障《宪法》第21条的表达自由、知情权，不仅仅是真实的言论，一定限度内不真实的言论也有允许的必要，由此而论，以确实或相当资料、根据为基础的言论，应视为《刑法》第35条规定的正当行为阻却违法性。虽然是无相当根据的言论，但裁判时碰巧成功证明了其真实性时，结果也被认定为处罚阻却事由（二元说），适用第230条之2的规定。不过，这种观点又可以分为两种：一种是二元论的主张，认为正当行为与处罚阻却事由双方都在第230条之2的范围内（平川·上述书99页以下、但请参见平川235页。野村稔·未遂犯之研究204页以下〔1984〕）；另一种主张认为，正当行为应专门作为第35条的问题看待，第230条之2只是对处罚阻却事由适用（中野次雄·刑事法与裁判的诸问题66页以下〔1987〕、田宫裕："表达自由与保护名誉"，现代讲座5卷199页、大谷168页、前田127页、中森96页）。

但是，即便是应当尊重表达自由，应受保护的也只是真实的言论，在此限度内才阻却毁损名誉罪的违法性。不然的话，即便是无相当根据的言论，所述事实得到证明时，照样适用第230条之2阻却处罚，这不可能得到合理的说明。毋庸置疑，误认事实的真实性时，也有必要在一定限度内予以救济，但仍然只有在责任论领域才有找到这种理论的可能性。从责任论、错误论的立场来探究这一问题的有以下几种学说：

第一，认为是违法性错误中的阻却违法事由的错误，即在行为人误以为是真实的事实而又有相当理由时，并非是阻却故意而是阻却责任（福田194页）。此说虽然可以得出妥当的结论，但其前提是采取严格责任说，这是值得怀疑的。第二，认为事实的真实性达到可能证明的程度时，是阻却违法事由；有达到可能证明程度的资料、根据而误认事实的真实性的，属于阻却违法事由之前提事实的错误，阻却故意的成立；纯粹只是轻信有可能证明的，则是有关违法性评价的错误，不阻却故意的成立（二分说：大塚147页、曾根97页）。但是，如前所述，如果要求客观上有相当的资料、根据，那就超出了错误论的范畴。为此，有论者提出，只要主观上认识到存在达到可能证明程度的资料、根据即可（中117页）。这种观点虽然在理论上具有正确性，但即使主观上存在误认而又有过失也不处罚，这仍然有问题。第三，认为事实具有真实性尽管归根结底是处罚阻却事由（因而错误不阻却故意），但考虑到那是基于违法性减少的处罚阻却事由，从责任主义的观点而言，至少对事实是虚假的这一点必须有过失（内田220页、町野·上述334页、山口91页）。这种观点把是否是基于相当理由的言论，作为考虑责任论中过失有无的关键点，能够对被告人负有举证责任作出合理的说明，这是其明显的优点。但是，从历来对处罚阻却事由的理解来看，一方面说真实性的证明与犯罪的成立要件无关，另一方面却要求有过失，这难免使人产生疑问。另外，归根结底，如果只是为了使被告人负举证责任合理化，也无必要维持处罚阻却事由说（田宫·上述190页）。

如果从实体法上解释第230条之2第1款，指摘的事实是真实的，这仍然应当说是阻却违法事由。因此，行为人误以为事实真实时阻却故意。但从表达自由与保护名誉相调和的观点而言，认为轻率的言论不可罚是没有理由的。应当考虑与被害人的名誉毁损的程度、行为人的职业或能力等相对应，赋予行为人一定的搜集信息的义务，违反这种义务时，即对事实的虚假性无认识并且有过失的，仍然应当依照毁损名誉罪处罚。总而言之，第230条之2关于与公共利害相关的事实虽然是将规范的名誉作为保护法益，但不仅是对指摘事实的虚假性有认识（故意犯），而且对其虚假性无认识却有过失的，即对过失毁损名誉也予以处罚，在这种意义上，可以认为第230条之2是第38条第1款但书所指的“特别规定”（参见佐伯·上述现代的展开85页）。前述昭和44年最高裁判所大法庭的判决，实质上也可以理解为是这样解释的。

五、侮辱罪

虽未指摘事实，但公然侮辱他人的，处拘留或者科料（第231条）。本罪为亲告罪（第232条）。

1. 与毁损名誉罪相同，侮辱罪的保护法益也是对人的社会评价即事实的名誉、外部的名誉，这是理论上的通说。与此相反，也有一种有影响的观点认为，名誉分为外部的名誉与名誉感情（自己对自己所作的有价值的评价），侮辱罪的保护法益是这种主观的名誉或名誉感情（小野214页、团藤512页、福田188页）。其根据是，如果不这样考虑，就不能说明第231条的法定刑为何那么低。按照这种观点，针对无名誉感情的幼儿、精神障碍者、法人的侮辱罪就不可能成立，这就会出现具体结论上的差异。如果把名誉感情作为保护法益，尽管当面实行时对名誉感情的侵害最严重，但第231条却还要求具有公然性，而且指摘事实的方法带有侮辱性时，即使是第230条之2规定的不可罚的情形，也仍然可能构成第231条的侮辱罪，考虑到这种观点有这些不合理之处，应当认为通说是妥当的。[①] 判例也与通说持同样的立场，肯定针对法人的侮辱罪能够成立（最判昭和58·11·1刑集37卷9号1341页）。

2. 所谓“侮辱”，是指作出对他人的蔑视性价值判断的表示。由于以公然性作为要件，所以，与毁损名誉罪的差异在于有无具体的指摘事实的行为。即侮辱罪并不指摘事实，是通过公然发表由行为人作出的蔑视他人的社会性的抽象判断而构成（大判大正15·7·5刑集5卷303页）。

① 证明事实与侮辱罪：相反，也有人从毁损名誉与侮辱的保护法益相同的立场提出，即使是成功证明了第230条之2的事实，但指摘事实所采取的表达方式不当的，应当按与指摘事实无关的侮辱罪处罚（植松345页、佐伯·上述法协101卷11号74页、中森99页）。但是，这种观点最终还是可以归结为是从侮辱罪的保护法益乃名誉感情这种个人的主观上的感受来寻求解决问题的方法。

第五章　针对信用与业务的犯罪

第一节　概　　说

《刑法》第三十五章规定的“针对信用与业务的犯罪”有毁损信用罪、用诡计妨害业务罪、以威力妨害业务罪和损坏电子计算机等妨害业务罪。毁损信用罪既涉及对他人的社会评价，又特别关系到对经济信用的保护问题，确实是处在针对名誉的犯罪与财产罪的中间位置。一种有力的见解认为，妨害业务罪侵害的是业务活动的自由、社会活动的自由，因而是属于针对自由的犯罪（平野 186 页、内田 182 页、大谷 135 页）。但是，正如下文所述，现在的判例认为，本罪的保护法益是业务活动，只要结果是妨害业务就够了。判例的这种立场几乎已经确定。而且，从保护法益的观点而论，这种解释也具有合理性。昭和 62 年新设的损坏电子计算机等妨害业务罪（第 234 条之 2），显然是规定针对物的加害行为构成妨害业务罪，这也带有这种倾向。从这种观点出发，本书将毁损信用罪与妨害业务罪一起放在离财产罪较近的位置。不过，由于本罪所保护的业务不以经济的业务为限，所以，将本罪理解为纯粹是针对财产的犯罪是不合理的。

第二节　毁损信用罪、妨害业务罪

一、毁损信用罪

散布虚伪的传闻或者使用诡计，毁损他人信用的，处 3 年以下惩役或者 50 万日元以下罚金（第 233 条前段）。

1．“人的信用”是从经济方面对人的评价。通说和判例将其限定为有关支付能力或者支付意思的信用（团藤 533 页、大判明治 44·4·13 刑录 17 辑 557 页），但实际上应当更广泛地理解为也包含商品的质量、性能以及人的技能等方面的信用。“人”除了自然人之外，当然还包含法人及其他的团体。

2．“散布虚假的传闻”，是指对不特定或多数人传播不具有客观真实性的传说、信息。与毁损名誉罪不同，由于不要求具有公然性，所以，包含向少数人传达某种传说的情形（大判昭和12·3·17刑集16卷365页）。如散布某公司即将破产、已拒付票据或者某食堂造成食物中毒等虚假信息的行为就是适例。至于“诡计”的含义，参照妨害业务罪中的有关解释。

3.“毁损”，是指使他人的经济信用降低。与毁损名誉罪一样，由于客观上不能测定侵害法益的程度，因此，应当认为本罪也是抽象的危险犯（中森100页。与此相反，也有认为是具体危险犯的观点，参见团藤533页、大塚154页、大谷176页。还有认为是侵害犯的观点，参见内田230页、曾根101页、前田131页）。

二、妨害业务罪

散布虚假的传闻或者使用诡计，妨害他人业务的，处3年以下惩役或者50万日元以下罚金（第233条后段）。以威力妨害他人业务的，依照前条（第233条）的规定处断（第234条）。

（一）业务的含义

所谓业务，是指基于职业或者其他社会生活上的地位连续从事的事务或者事业（大判大正10·10·24刑录27辑643页）。因此，一方面作为娱乐而实施的行为或日常从事的家庭生活方面的事务应排除在外，另一方面像结婚仪式那样的仅从事一次的活动也不包含在内（有关团体的组成仪式，参见东京高判昭和30·8·30高刑8卷6号860页）。业务只要值得受刑法保护即可，不要求具有合法性。例如，即使是未经知事许可而开办公众浴池（东京高判昭和27·7·3高刑5卷7号1134页）、违反行政管制法规买进游戏纪念品（横滨地判昭和61·2·18刑月18卷1、2号127页），也构成本罪。判例则是以事实上是否属于平稳从事的事务作为判断的标准（参见上述东京高判昭和27·7·3），但由于只要是平稳从事的事务，即使是制造或贩卖兴奋剂也属于本条所指的业务，这显然是不合理的，所以，应当以某种业务的反社会性是否达到失去由本罪保护的必要性程度作为判断的标准。

（二）公务与业务

采用暴行、胁迫手段妨害公务执行的，依照第95条妨害公务执行罪处罚。但是，妨害的手段是威力、诡计时，能否将公务包含在业务中认定妨害业务罪成立，理论上有认识分歧。一是公务也被全部包含在业务中说（无限定积极说）（植松351页、小野122页、大谷138页）；二是公务不被业务包含说或公务只是由《刑法》第95条来保护说（消极说）（吉川116页）；三是认为权力性的公务不被包含但非权力性的公务被包含在业务中，后者既可以适用第 95 条也可以适用第 233 条、第 234 条，这是一种两者都能适用说（限定积极说）（福田 199 页、大塚 159 页、内田 185 页）；四是主张以专营企业性、类似民营性、非权力性等为标准对公务予以区分，凡妨害符合这一标准的公务的，可以构成妨害业务罪，但对构成妨害业务罪的公务，即使是采用暴行、胁迫手段妨害，也不适用《刑法》第 95 条（公务区分说）（团藤 535 页、曾根 73 页、前田 136 页、中森 71 页、平川 208 页）。

第二次世界大战前的判例采取的是消极说（大判大正 4·5·21 刑录 21 辑 663 页：教育诏书事件），最高裁判所当初也承袭了这一立场。即对使用威力妨害警官的逮捕行为的案件，以公务不能被业务所包含为理由，否定本罪成立（最大判昭和 26·7·18 刑集 5 卷 8 号 1491 页：理研小千谷事件）。但是，此后最高裁判所改变了原来的立场，对使用威力妨害国营铁路职工业务的案件，以国营铁路的公务具有专营企业性、类似民营性、非权力性为理由，肯定本罪成立（最大判昭和 41·11·30 刑集 20 卷 9 号 1076 页：摩周丸事件）。后来下级审的判例对这种观点又作了进一步的扩张，即便是妨害无专营企业性的国立大学的业务（京都地判昭和 44·8·30 刑月 1 卷 8 号 841 页）、妨害不具有类似民营性特点的邮电局的业务（名古屋高判昭和 45·9·30 刑月 2 卷 9 号 951 页），也认定构成本罪。最高裁判所也对妨害县议会委员会的法规议案表决的案件，以妨害的“并非是针对被告人的行使强制力的权力性公务”为理由，认定以威力妨害业务罪成立（最决昭和 62·3·12 刑集 41 卷 2 号 140 页：新泻县议会事件）。并且，对以威力及诡计妨害选举负责人受理候选人登记事务的案件，最高裁判所也从同样的立场出发，认为构成妨害业务罪（最决平成 12·2·17 刑集 54 卷 2 号 38 页）。另外，对采用暴行妨害国营铁路职工之业务的案件，由于最高裁判所认为构成妨害执行公务罪（最决昭和 59·5·8 刑集 38 卷 7 号 2621 页），可以说这是采取以是否属于权力性公务为标准的限定积极说。

对此，学说上存在前文所述的多种不同见解。首先，按照消极说，只是被诡计、威力所妨害的公务不受刑法保护，这是没有道理因而也是不妥当的。其次，根据无限定积极说，类似执行逮捕或强制执行之类的公务，法律赋予了公务人员通过自力排除抵抗的权利，对只采用威力妨害这类公务的行为就予以定罪处罚，这也不妥当（参见东京地判昭和 48·9·6 刑月 5 卷 9 号 1315 页：国会爆竹事件）。另外，公务区分说只是以不必要让公务受《刑法》第 95 条与第 233 条、第 234 条的双重保护为论据，但对公务是以公共福利为目的、应比民间业务受更深切保护的合理性并没有作出说明；并且，应当注意，此说以与民营企业具有类似性作为区别的标准，因为不包含类似新泻县议会事件、国会爆竹事件那样的案件中的业务，所以，采用威力妨害这类业务就不受处罚，这就会产生处罚的空隙。总之，限定积极说具有妥当性，此说认为应以是否属于具有强制力的权力性的公务，即以对妨害执行公务的行为有无通过自力排除的权利作为标准来区分（但采用诡计手段的，是否有必要限定，则仍然需要检讨。参见山口258页）。

（三）手段

妨害的手段是散布虚假的传闻，使用诡计、威力。

所谓使用诡计，是指欺骗他人或者利用他人不明真相、有错误认识等，它是一个比诈骗罪中的欺诈行为含义更广的概念。① 另外，并不要求直接对被害人采用这些手段，如在公共澡塘的门前贴上写有“本日停业”的纸条让顾客返回的，也构成本罪。由判例认定为属于诡计的实例有：将障碍物沉入海底使渔网破损的行为（大判大正3·12·3刑录20辑2322页）、为争夺报纸的读者而发行与其他报纸外形容易混淆的报纸的行为（大判大正4·2·9刑录21辑81页）、通过虚假的订货电话使人送货上门的行为（大阪高判昭和39·10·5下刑6卷9、10号988页）等，除了这类直接利用被害人的不知、错误的情形外，还有暗中切断有线广播的线路妨害广播的行为（大阪高判昭和49·2·14刑月6卷2号118页）、安装阻碍应答信号送出的机械装置使电话费的计费装置不能运作的行为（最决昭和59·4·27刑集38卷6号2584页）、设置使计量用电多少的电表迟缓转动的装置的行为（福冈高判昭和61·3·3判夕595号95页）等，这类直接针对机械实施的对物的加害行为，判例认为也属于诡计。

所谓威力，是指使用足以压制人的自由意思的势力（最判昭和28·1·30刑集7卷1号128页）。毋庸置疑，利用暴行、胁迫或有地位、有权势的集团的势力均包含在内。威力多针对被害人使用，但也包含在店铺前聚集很多人妨碍客人入店之类的、对被害人以外的人实施的情形。判例认定为属于威力的情形有：向公寓食堂餐厅放菜花蛇的行为（大判昭和7·10·10刑集11卷1519页）、在酒馆的客席上用小炉子烧牛的内脏释放臭气的行为（广岛高

① 骚扰电话：对有关给中华快餐店打大约970次无声电话的案件，东京高等裁判所昭和48年8月7日的判决（高刑26卷3号322页）指出，所谓诡计，“也包含采用超过社会生活上能容忍限度的、不正当的给对方造成困惑的手段的情形”，因此，应认定本罪成立。但是，将诡计的含义扩张到包含造成困惑，则是不妥当的。可以认为本案属于利用被害人的不知、错误的情形。

冈山支判昭和 30·12·22 裁特 2 卷 18 号 1342 页)、在会议厅召开的股东大会会场大声呼叫的行为(东京地判昭和 50·12·26 刑月 7 卷 11、12 号 984 页)、将死猫放在办公桌的抽屉里让被害人发现的行为(最决平成 4·11·27 刑集 46 卷 8 号 623 页)等。除了这类对人的加害行为外,还有将货车的开关阀门打开让装载的石灰散落下来的行为(最判昭和 32·2·21 刑集 11 卷 2 号 877 页)、夺取、扣留车钥匙以作为争议行为之手段的行为(松山地宇和岛支判昭和 43·6·12 下刑 10 卷 6 号 645 页)、将收容被捕获的海豚的渔网的网绳剪断的行为(长崎地佐世保支判昭和 55·5·30 判时 999 号 131 页)等类似的对物的加害行为,只要作为一定行为的必然结果足以成为压制人的意思的势力,判例就以此作为理由认定为属于本罪所指的威力。

从本罪是侵害业务活动自由的犯罪的立场而言,诡计、威力必须对他人的意思能起作用,因此,对物的加害行为不应当包含在内(平野 188 页)。与此相反,判例认为,"在作为结果的妨害业务"存在的限度内能够肯定本罪成立,这就意味着本罪归根结底是要保护"业务的顺利履行"。其结果是诡计与威力相区别也就失去了实质的意义,只不过是在妨害业务的手段上存在公然与非公然的差异。

(四)妨害的含义

关于"妨害"的含义,为了与毁损信用罪相均衡,判例认为只要足以产生妨害的危险本罪就能成立,因而本罪是危险犯(大判昭和 11·5·7 刑集 15 卷 573 页。团藤 520 页、大塚 160 页)。但是,按字面含义应当理解为是侵害犯(平野 188 页、大谷 139 页、曾根 75 页、中森 70 页)。因此,对业务的履行至少要在表面上造成了混乱、障碍,类似冒名代考或作弊之类的行为,只不过有可能使个别业务判断失误的情形,应排除在外。只要对业务造成表面上的妨害即可,不要求具体的被害数额等都很明确。

三、损坏电子计算机等妨害业务罪

损坏供他人业务上使用的电子计算机或者供其使用的电磁记录,或者向供他人使用的电子计算机中输入虚伪信息或者不正当的指令,或者以其他方法使电子计算机不能按照使用目的运行或者使其作违反使用目的的运行,因而妨害他人业务的,处 5 年以下惩役或者 100 万日元以下罚金(第 234 条之 2)。

(一)含义

本罪是昭和 62 年作为计算机犯罪立法之一被新增设的。随着高度信息化时代的到来,在金融、制造、通信、交通、医疗等各个社会生活领域,依靠计算机处理业务的范围迅速增大，因此，损坏计算机及其系统等对阻碍业务的顺利执行，也达到了非常深刻和严重的程度。考虑到这种危害结果的严重性，加上计算机又是代替人来从事业务的，所以，在加重本罪的刑罚的同时，将针对计算机的对物的加害行为予以犯罪类型化。

本罪由三个阶段构成，即针对电子计算机的加害行为，导致电子计算机的运行障碍，结果使该电子计算机承担的业务受到妨害。

（二）保护法益

本罪的保护法益是由电子计算机承担的业务的顺利执行。由于对电子计算机的定义未作规定，其范围也就不明确，如果考虑其立法的宗旨，所谓“他人业务上使用的电子计算机”，应当理解为是指代替人独立的、自动的且程度广泛的处理业务的机械。据此，其他机械，如家电制品、自动贩卖机、计算器等部分安装了微型电子计算机的物品应排除在外（米泽编 100 页）。判例也认为，在弹子游戏机的操作台上通过安装的电子计算机形成不正当的洞口用来做交易的案件，不构成本罪（福冈高判平成 12·9·21 判时 1731 号 131 页）。另外，与使用诡计、威力妨害业务罪不同，应当理解为包含所有公务上使用的电子计算机。因为由电子计算机处理的公务，即便是与权力性有关的公务，也只是由计算机来进行信息处理，并非其本身是具有权力性的公务。

（三）加害行为

加害行为有三种类型：第（1）种是损坏器物，即损坏电子计算机或者供其使用的电磁记录；第（2）种是妨碍信息处理，即输入虚伪信息或者不正当的指令；第（3）种是采用其他方法。其中，第（1）种类型包含消除电磁记录的情形。第（2）种类型包括向电子计算机输入虚伪的数据资料的行为或者改变程序的行为，所谓投放计算机病毒使之出现故障的行为也属于这种类型（但如果只是处在投放病毒的阶段而未遂的，则在现行法上不可罚），不过，也有的属于第（1）种类型。由于这种加害行为以直接对电子计算机的运行产生阻碍为必要，所以，即便是损坏了电子计算机的一部分，但不妨碍其运行的，那就只不过是损坏器物。另外，第（3）种其他方法也只限于直接对电子计算机的运行产生妨碍性质的行为，诸如切断电源，破坏温度、湿度等运行环境，切断通信线路，输入不能处理的数据等，但不包含占据电子计算机房或拘禁操作人员之类的情形（西田：“计算机与妨害业务及财产罪”，刑法杂志 28 卷 4 号 516 页。但起草法律机关的说明也暗示有包含这种情形的可能性。米泽编 105 页）。也有判例认为，删除广播公司开设的网页上的天气预报的画像换上淫秽画像的案件（大阪地判平成 9·10·3 判タ 980

号 285 页)、删除计算机控制式切削机的操作系统的案件(京都地峰山支判平成 2·3·26 刑事裁判资料 273 号 218 页)构成本罪。

(四)阻碍运行

本罪的成立以由加害行为引起计算机运行障碍这种结果的发生为必要。所谓"使电子计算机不能按照使用目的运行",是指不使电子计算机按其设置者要由其实现的目的运行。例如,损坏电子计算机、使电子计算机感染病毒破坏其程序,从而使电子计算机停止发挥其功能。所谓"使其作违反使用目的的运行",是指使计算机作违反设置者目的的运行。例如,通过输入虚伪的数据资料、改变计算机程序,使其制造出违反设置者预定目标的制品、使温度管理失控。但是,由于使其作违反使用目的的运行,归根结底也是使之不能按照使用目的运行,因而难以将两者严格区分开来,并且也无这种必要性。

(五)妨害业务

所谓"妨害业务",是指通过阻碍电子计算机的运行,使由电子计算机承担的业务的执行在客观上发生混乱。应当肯定,本罪与通常的妨害业务罪一样也是侵害犯,对由电子计算机承担的业务的执行多少要有点阻碍(起草法律的机关认为是危险犯。米泽编 103 页)。因此,无权限使用电子计算机或不正当获取信息,这类在客观上没有使业务的执行发生混乱的情形,不构成本罪。此外,由于不包含使个别业务执行的内容发生错误的情形,所以,更改数据系统的部分数据,使之向用户提供错误数据的行为,或者使用伪造的 CD 卡从 CD 机提取现金的行为等,因业务本身是按通常方式执行的,因而不构成本罪。

四、《禁止非法侵入法》

(一)含义

随着计算机网络的发展,不只是在日本国内,即便是在世界各国,都可能实施针对计算机系统的非法侵入或"黑客"行为。这种不正当行为可以说对计算机社会的安全构成严重威胁。为了应对这种事态的发生,平成 11 年 8 月制定了《关于禁止非法侵入等行为的法律》(法律第 128 号,以下称之为《禁止非法侵入法》)。

(二)内容

该法的内容如下:

该法第 3 条规定,"无论何人都不得实施非法侵入行为";第 8 条规定,对违反这一规定的行为,处 1 年以下惩役或者 50 万日元以下罚金。

所谓非法侵入行为，根据该法第 3 条第 2 款的规定，是指如下行为：

1. 通过电信线路，对有侵入控制机能的特定电子计算机，输入与该侵入控制机能有关的他人的识别符号，使该电子计算机运行，并使之处于由该侵入控制机能限制的特定的可以利用状态的行为。

2. 通过电信线路，对有侵入控制机能的特定电子计算机，输入能够免除由该侵入控制机能所限制的特定利用范围的信息（识别符号除外）或者指令，使该电子计算机运行，并使之处于被限制的特定的可以利用状态的行为。

3. 通过电信线路连接到其他特定电子计算机上，对有由侵入限制机能所限制的特定利用范围的特定电子计算机，经电信线路输入能够免除限制的信息或指令，使该电子计算机运行，并使之处于被限制的特定的可以利用状态的行为。

上述法律条文极难理解，但如果简单点说，就是禁止直接通过他人的计算机或网络，利用他人的 ID 号码或密码冒充他人，利用计算机的弱点（防犯漏洞）非法侵入，使他人的计算机处于能利用状态的行为。

此外，上述法律第 4 条规定，严禁提供他人的识别符号（ID 号码或密码）等帮助非法侵入的行为，违反者依该法第 9 条处 30 万日元以下的罚金。

以上所述禁止非法侵入法的立法宗旨，是通过处罚“黑客”行为，以保护计算机处理业务或信息的安全性、确定性。该法虽然只是处罚非法侵入这种入口行为，但如前所述，作为处理计算机网络问题的对策，还有作为对付非法取得计算机信息的对策，该法无疑也会发挥一定的作用。

第六章　针对财产的犯罪

第一节　概　　说

一、刑法对于财产的保护

财产与生命、自由一样，对于个人的社会生活具有重要意义。为了对此加以保护，刑法典自第235条开始，分别规定了盗窃罪、强盗罪、诈骗罪、背任罪、恐吓罪、侵占罪、赃物罪（有关盗窃物品等的犯罪）、以及毁弃、隐匿罪。但比照《民法》第709条（不法行为），就很清楚这种保护仅仅是零碎性的。从历史、比较法的角度来考察，就会发现这种零碎性的保护也屡经演变（芝原邦尔·刑法的社会性机能83页以下〔1973〕、芝原："财产之刑法保护"，岩波讲座基本法学3221页以下〔1983〕、内田238页以下、平川317页以下）。

财产利用形态的变化是促成这种演变的要因之一。在产业革命之前的前市场经济时代，财产的利用形态是以自己使用为中心，财产犯主要是侵害财物（完全是动产）的事实性支配的盗窃罪、强盗罪。但随着近代资本主义的发展，前市场经济转化为商品交换经济，财物成为交易的对象，其利用也采取了委托、借贷、交换等形态。于是，为了保护这种经济活动就将诈骗罪、侵占罪等类型也纳入处罚对象。尤其是由于交易主体由个人演变为包括法人在内的组织体，因而在对内关系上，为了保护财产，也出现了背任罪这一新类型（旧刑法并不存在背任罪）。第二个要因就是财产存在形态的变化。财物利用形态的变化同时也产生了财物的利用权、担保权以及其他债权等财产权，与此相适应，财产犯的范围也从财物罪扩大到利得罪、利益罪（旧刑法也无这两种犯罪形态），到了现在更是出现了无形财产权、知识产权等所谓的第三种财产权，因而各种无形财产权法（《专利法》第196条第1款、《著作权法》第119条、《商标法》第78条等）也将擅自使用无形财产权的行为作为犯罪来处罚。最近，由于产业间谍事件的频繁发生，如何保护诸如诀窍(know how)、具有财产性价值的营业秘密（trade secret、库存管理系统、顾客名录等）这种尚未达到无形财产权程度的财产也成为一大社会问题。正如后面所要谈到的那样，在现阶段，这一问题分别是作为盗窃罪、侵占罪、背任罪来加以处置的。然而，由于这些信息犯罪的特征就在于信息的内容本身并未丧失（非移转性），因而对于此类问题能否适用通常的财物移转罪·领得罪的规定，尚存诸多疑问，笔者认为有必要通过立法形式来解决（《改正刑法草案》第318条设立了企业秘密泄露罪。还可参照芝原邦尔、西田典之、林阳一、山口厚："财产性信息之刑法保护"，刑法杂志30卷1号、吉冈一男："企业秘密与信息财产"，法学论丛117卷3号、4号、加藤佐千夫："企业秘密之刑法保护"，名大法政论集116号、117号、佐久间修·刑法中无形财产之保护〔1991〕）。

二、财产犯的分类

财产犯可以从几个角度来加以分类。但正如前面所谈到的一样，由于财产犯的处罚类型本身具有零碎性特征，因而其分类也并不具有体系性，而仅仅是为了便于理解各犯罪之间的共通点、不同点而已。

（一）财物罪与利益罪

财产犯按照其行为客体可以分为财物罪与利益罪（利得罪）。首先，盗窃罪、不动产侵夺罪、侵占罪、赃物罪、毁弃、隐匿罪仅就财物、物而成立，盗窃与侵占利益的行为不可罚。为此，如何把握具有可罚性的第2款诈骗罪（利益诈骗）的界限，以及如何理解背任罪中的利益侵占就成为问题，这一点后面还要谈到。其次，盗窃罪、诈骗罪、恐吓罪是以财物以及财产性利益为客体的，由于以财产性利益作为客体的犯罪均规定在各分则条款的第2款，因而也称为第2款犯罪。背任罪的保护法益为被害人的所有财产，问题在于如何把握作为客体的财物与财产性利益。最后，正如其用语所表明的那样，使用电子计算机诈骗罪属于第2款诈骗罪的特殊类型，仅以财产性利益为客体。

（二）针对全体财产之罪与针对个别财产之罪

通说认为，背任罪以作为一个整体的财产的减少为必要，是针对全体财产的犯罪，而除此之外的其他财产犯则是针对各个财物、各个债权等个别财产的犯罪。进行如此区别的实际意义在于，在针对个别财产的犯罪的情况下，只要存在各个财物等的丧失，仅此就可以认定成立财产犯。但即便是针对各个财产的犯罪，只要属于财产犯，就应该以发生值得刑法保护的财产性损害为要件。

（三）领得罪与毁弃罪

财物罪还可以区分为领得罪与毁弃、隐匿罪，领得罪以存在对财物进行经济性利用的意思，即不法领得意思为必要；而毁弃、隐匿罪则是妨害财物的利用或者使这种利用变为不可能。盗窃罪、不动产侵夺罪、强盗罪、诈骗罪、恐吓罪以及侵占罪属于领得罪。赃物罪包含赃物搬运罪、赃物保管罪，尽管稍有不同，但在继承并助长他人的领得行为这一意义上，也可认为其属于领得罪（中森103页。平野199页则认为构成间接领得罪）。

领得罪还可以根据是否伴有占有的移转，区分为占有移转罪（也称为夺取罪）与侵占罪。根据占有的移转是否有违对方的意思，占有移转罪可以进一步区分为有违对方意思的盗取罪（盗窃罪、不动产侵夺罪、强盗罪）以及基于对方意思的交付罪（诈骗罪、恐吓罪）。

第二节 盗 窃 罪

一、概说

盗窃罪，是指有违占有人之意思而获取他人所占有的他人之财物的行为。但即便是自己的财物，如果为他人所占有或者基于公务机关的命令而处于他人看护之下，也视为他人之财物（第242条），但就其含义而言，正如其后还要谈到的那样，问题在于与本罪的保护法益之间的关系。在有违他人意思而取得财物的占有这一点上，与属于交付罪的诈骗罪相区别；而在并不使用暴力、胁迫手段这一点上，又区别于强盗罪。另外，针对财产性利益所实施的盗窃（利益盗窃）行为不可罚。在窃取他人的财物之时，构成盗窃罪（第235条）；而在侵夺他人的不动产之时，则构成不动产侵夺罪（第235条第2款）。以上情况均适用亲族相盗的特例（第244条）。还有，在盗窃罪的情况下，电可以视为财物（第245条）。

二、盗窃罪

窃取他人之财物的，为盗窃罪，处10年以下惩役（第235条）。

（一）客体（财物的含义）

本罪的客体为“财物”，为了正确理解其含义，应对以下几点进行考察。还有，这里所谈到的情况原则上也适用于同为财物罪的强盗罪（第236条第1款）、诈骗罪（第246条第1款）、恐吓罪（第249条第1款），以及以“物”为客体的侵占罪（第252条至第254条）、赃物罪（第256条）、器物损坏罪（第261条）。

1. 有体物性

本罪的客体为“财物”，关于其含义，管理可能性说与有体物性说相互对立。管理可能性说出自旧刑法时代的盗电事件。就盗窃罪中“所有物”的意义，大审院认为并无将其限定于有体物的必然性，只要具有可动性与管理可能性即可，进而肯定盗电行为具有可罚性（大判明治36·5·21刑录9辑874页）。按照此说，财物以管理可能性为要件，而不必是有体物，因此，电、热等能源也可以成为财物（团藤548页、大塚172页、福田215页、藤木270页）。那么，将“电”视为财物的第245条便仅仅是为了引起注意而对理所当然的事情作了规定（《改正刑法草案》也具有同样的特性）。与此相反，有体物说认为，所谓财物就是指有体物（参照《民法》第85条）。有体物是指“占有空间的一部分并有形存在之物”（我妻荣·新订民法总则201页〔1965〕），具体而言，限定于固体、液体、气体。因此，冷气、热气属于财物，而电、热、冷气等无形物则不属于财物。那么，第245条便属于例外规定。

确实，如从目的论来解释财物这一概念，不可否认管理可能性说也有其合理之处。但是，基于以下理由，还是应该说这一观点并不妥当。第一点是第245条的用语。在前述盗电事件之后，反对说影响很大，本规定正是在这一背景之下设置的，因而也只能说“电，可以视为财物”这一用语是以电并非财物这一点作为前提的（平野200页）。第二，就管理可能性说的这种解释而言，应该说其界限极不明确，而有违罪刑法定主义。按照该观点，由于财物的要件只是管理可能性这一点，因而并不局限于对于电、热、水力、放射线、牛马的牵引力等这类能量的不正当利用，就是擅自观赏戏剧、无票乘车、擅自使用电话，甚至于债权侵害（无权代理人利用本人的存折与印章而实施的取款行为）、信息的不正当获取（潜入他人公司而实施复印、拍摄机密文件的行为）也可以构成盗窃罪。这是因为，剧场、电车、电话、债权、信息等均处于物理性或事务性管理之下。事实上，在管理可能性说之中，有观点甚至认为几乎所有的利益盗窃行为均具有可罚性（牧野546页以下、泷川108页以下）。然而，如此一来，则只能说这种观点偏离了利益盗窃行为不可罚这一现行法立场。为此，即使在管理可能性说之中，也出现了诸如排除事务性管理可能性而仅限于物理性管理可能性（小野228页）、仅限于与电那样基于自然力利用的能源（团藤548页）、仅限于具有物质性之物（大塚172页）等在原来的基础上施加了限制的观点，并且这种观点占主流。但这种限制并不具有理论合理性。因此，管理可能性说认为财物概念并无限制，实质上有违罪刑法定主义。如作如此考察，那么，作为对现行法的解释，就不应该采取包括物理性管理可能性说在内的管理可能性说，而应该把第245条理解为是例外规定，采取有体物说。自前述盗电事件之后，也再无把无体物认定为财物的判例，学界上有体物说也占据着支配地位（平野200页、中山195页、大谷180页、内田232页、曾根106页、中森106页、山口厚·基本讲座5卷29页、町野96页）。

2. 不动产

就本条中的“财物”是否包含不动产这一问题，通说和判例均采取否定说，但学术上尚存争议（详细情况可参照“不动产侵夺罪”）。但由于昭和35年（1960年）的刑法改正新增了第235条之2（不动产侵夺罪），很明显，本条中的“财物”并不包含不动产。但值得注意的是，这一解释仅仅适合于盗窃罪（就其他财产犯而言，可分别参照各款）。

3. 所有权的对象物

即便是有体物，如并非所有权的对象，则也可否定其财物性。关于这一点，以下几种情况值得注意。

（1）无主物

空气、自然流动的水、海中游动的鱼等无主物并不属于财物。那么，捕获禁猎区内的鸟兽的行为，即便违反了狩猎法，也并不构成本罪。他人放弃所有权之物也是如此，但基于无主物先占的原则（《民法》第239条），如果他人已经取得了所有权，则当然可以肯定其财物性。①

（2）入棺物

对于取得尸体、遗骨、遗发或其他陪葬品的行为，有观点认为应构成本罪与入棺物领得罪（第190条）的观念性竞合（小野154页、团藤363页）。但是，第190条②的法定刑之所以比本罪要低（处3年以下惩役），这是因为只要尸体等其他入棺物成为祭祀的对象物，就可以认定为所有权放弃之物，因此，为了体现这一立法意图，还是应该认为只成立第190条（大判大正4·6·24刑录21辑886页、平野201页、大塚176页、中森107页）。但如果这类物品被制作成标本而不再是祭祀的对象物，则可以肯定其具有财

① 弃球事件：高尔夫爱好者放弃在高尔夫球场的弃球，可以视为放弃了所有权之物，本来是属于无主物，如他人取得其所有权，则可以成为本罪的客体。例如，最决昭和62·4·10（刑集41卷3号221页）判定，如果高尔夫球场预定回收、再利用高尔夫球场的人工池内的弃球，则属于无主物先占，或属于高尔夫爱好者的权利的继承性取得，从而该弃球为球场方所有，并且，此占有也能被认可，因此，领得该弃球的行为就构成本罪。

② 《刑法》第190条为“尸体损坏等之罪”——译者注。

物性。

(3) 禁制品

问题在于，伪造的文书、伪造的通货、麻药、枪炮刀剑类物品、淫秽物等禁制品（被定义为法律禁止任何人所有、持有的物品，大塚175页）是否可成为财物。事实上，大审院就有判例以伪造的文书并非所有权的对象物为理由而否定成立诈骗罪（大判明治42·11·9刑录15辑1536页；判定伪造的借用证书并不构成诈骗罪的判例，可参照大判大正1·12·20刑录18辑1563页）。但在一定场合，以经过许可等为条件，禁制品也能成为所有权的对象物。即便是非法持有，但刑法中的没收制度（参照《刑法》第19条、刑诉法第490条以下）、第三者没收制度（参照有关刑事案件中第三者所有物的没收程序的应急措施法）的存在，可以说就是以禁制品能成为所有权的对象物这一点为前提的（参照出田孝一·大解说1卷339页以下、町野106页）。对物的持有这一事实状态本身就是财物罪的保护法益，最高裁以此为理由而认定禁制品也可构成盗窃罪或诈骗罪（就诈骗藏匿物质的行为，可参照最判昭和24·2·15刑集3卷2号175页；就窃取秘密酿制的酒的行为，可参照最判昭和26·8·9裁集51号363页），可以说这也是以禁制品的财物性作为当然前提的。

4. 财产性价值

要称其为财物，就必须存在值得刑法保护的财产性价值。但这又并不限于客观性交换价值，除了主观性使用价值之外，为防止滥用的所谓消极性价值也包含于财产性价值之中（例如，就已使用过的乘车票，可参照大阪高判昭和29·6·24判特28号148页；就已失效的驾驶执照，可参照东京地判昭和39·7·31下刑6卷7、8号891页）。但如果既缺少客观性价值又缺少主观性价值，则应当否定其财物性。对此，判例认为，所谓财物就是能成为所有权之目的的物品，而可不问财产性价值如何，从而认定无效的见票即付汇票（大判明治43·2·15刑录16辑256页）、价格为两钱左右的石块（大判大正1·11·25刑录18辑1421页）、安放在神社内的一尊木像与石块（大判大正4·6·22刑录21辑879页）、政党的中央指令汇编（最判昭和25·8·29刑集4卷9号1585页）、已注销的收入印花（最决昭和30·8·9刑集9卷9号2008页）等具有财物性。但这基本上都可以通过前述标准而认定其具有财物性。值得注意的是，下级审的判例对于窃取诸如一张留言用纸（大阪高判昭和43·3·4判タ221号224页）、13张餐巾纸（东京高判昭和45·4·6判タ255号235页）、未中的赛马券（札幌简判昭和51·12·6刑月8卷11、12号525页）等价值轻微之物的行为，则只是认定构成盗窃未遂。

(二)占有

1. 概说

盗窃罪就他人所占有的财物而成立。这里所说的占有,是指对于财物的事实性支配、管理(大判大正4·3·18刑录21辑309页),而不同于民法中的占有概念。也就是说,不以"为了自己的意思"为必要,还包括为了他人的占有。另外,不包括代理占有与间接占有(《民法》第181条)以及占有改定(《民法》第183条)等观念性占有,也不承认因继承关系而产生的占有继承。

就财物的占有而言,问题在于占有的有无及其限度以及占有的归属。前者是有关财物的领得行为是构成盗窃罪还是构成占有脱离物侵占罪(第254条)① 的区别问题;而后者则是在数人参与财物占有的情况之下,区分该领得行为是构成盗窃罪还是构成委托物侵占罪(第252条、第253条)的问题。由于存在法定刑上的差异,因此这种区别具有重要的实际意义。

2. 占有的有无

(1) 事实性支配

在客观方面,他人对该财物处于事实上的支配状态,或者存在可以推定这种支配的客观状况;在主观方面,存在占有的意思,在这种情况下,就应该认定盗窃罪的占有。但占有的意思最终也只是为了对事实性支配作补充。

也就是说,①处于某人的事实性支配领域之内的财物,即便并未被持有或守护,也属于该人所有。因此,例如自己住宅之内的财物,即使忘记了该财物的所在,也仍然应认定这种所有(大判大正15·10·8刑集5卷440页)。主人不在家时邮寄到该家的邮件也是如此。②即便处于某人的支配领域之外,如可以推定他人的事实性支配,也可以认定此种占有。例如,停放在自家门前公路上的自行车(福冈高判昭和30·4·25高刑8卷3号418页)、安放在无人看守的庙堂上的佛像(大判大正3·10·21刑录20辑1898页。但在此案中,其认定理由主要还是基于存在占有的意思)、停放在公用或事实上的停车棚内的自行车(福冈高判昭和58·2·28判时1083号156页)等就属于这种情况。③作为特殊的例子,如他人所饲养的猎犬一样,对于那种具有回到主人身边的习性的动物,就可以认为事实性支配延伸至此(最判昭和32·7·16刑集11卷7号1829页。关于春日神社的鹿的事案,可参照大判大

① 有学者将本条译为"遗失物侵占罪",由于日本民法并未区别所谓遗失物与遗忘物,故译者认为尽管繁琐,但仍以直译为善。再者,日本刑法中的"占有脱离物"并不仅仅是遗失物的意思,例如,某人被杀害,则该人生前所携带的财物便变成了"占有脱离物",显然,这种情况下的"占有脱离物"与"遗失物"毫无瓜葛——译者注。

正5·5·1刑录22辑672页)。④某人即便失去了对财物的占有，如该财物已移转至建筑物的管理者或第三人的占有之下，则仍然可以肯定其占有。例如，旅客遗失在旅馆的卫生间内的钱包（大判大正8·4·4刑录25辑382页)、遗忘在旅馆澡堂的更衣间内的手表（札幌高判昭和28·5·7判特32号26页）等就属于旅馆业主的占有。但是，诸如电车的座位、行李架一样，如果遗忘在一般人可以自由出入，并且管理者的事实性支配难以充分延伸至此的场所，则可以否定该占有（关于遗忘在列车内的毛毯的事案，可以参照大判大正15·11·2刑集5卷491页)。从这一意义上看，认定遗忘在公用电话亭内的硬币属于电话局局长的管理之下的判例（东京高判昭和33·3·10裁特5卷3号89页）则值得商榷。

问题在于如何处理放置在公路、火车站的候车室或月台、公汽站点等公共场所的财物。有这样一个案例，某人在公汽的剪票口排队之时遗失了照相机，其后马上意识到这一点而迅速折转回来寻找，但已被他人拿走，其间距离大约20米，时间大约为5分钟。对此，最高裁判所认为，“刑法上的占有是指人对于物的实力性支配关系”，“并不一定需要对物的现实持有或守护，只要物存在于占有人的支配力所及的场所即可。而该物是否仍处于占有人的支配之内，则只能依据社会一般人是否会认可这一社会一般观念来决定”，进而肯定了占有（最判昭和32·11·8刑集11卷12号3061页)。确实，在该事案中，由于等车的队列仍在继续，因而可以说，存在能够推定他人之事实性支配仍在继续的状况（前述类型②)。把旅行包放在等待列车的乘客队列中而为了打电报离开了大约10分钟的事案（东京高判昭和30·3·31裁特2卷7号242页）也是如此。与此相反，甚至有判例（东京高判昭和54·4·12判时938号133页）对于那种不存在上述客观状况的事案，仅以时间、距离上的接续性为理由便肯定了占有，则值得商榷。还有这样一个事案，某人把钱包遗忘在超市6楼的长凳上，在下到地下1楼之后才意识到钱包丢失而马上返回，对此，东京高等裁判所对占有作了否定判决（东京高判平成3·4·1判时1400号128页)。笔者认为，倒不如说这一判例更为妥当。

(2) 占有的意思

在因忘记财物的所在位置而缺少占有意思的情况下，该财物当然成为占有脱离物（仙台高判昭和30·4·26高刑8卷3号423页、东京高判昭和36·8·8高刑14卷5号316页)；而另一方面，那种认为只要有占有意思就存在占有的观点却并不妥当。对于关东大地震之时，那些被搬到公路上而所有人姓氏不详的被褥，判例（大判大正13·6·10刑集3卷473页）认为，在并不存在财物所有人意识到这一点并决定放弃此财物的意思的情况下，可以肯定该占有，应该说这一判例并不妥当（田中利幸：“刑法中的‘占有’概念”，现代的展开192页）。也就是说，还是应该存在某种可以推定事实性支配仍在继续的客观状况。

(3) 死者的占有

人死亡之后，如何认定取得死者生前所占有财物的行为的罪责，这是一个值得研究的问题。问题在于以下三点：①最初便出于领得的意思而实施杀人夺财的行为；②杀人后始产生取得的意思，并从死者处取得财物；③毫无关系的第三者从死者处取得财物。①的情况成立强盗杀人罪（第240条），这在学说与判例上均无异议。

问题在于②③。判例认为，③的情况成立占有脱离物侵占罪（大判大正13·3·28新闻2247号22页），而就②而言，“对于被害人生前所持有的财物，在其死后的短时间之内仍继续对其加以保护，这符合法律的目的”，并以此为理由，进一步认为，“对于被告人利用自己的先行行为，使财物从被害人处脱离的行为，之后再夺取财物的这一系列行为应作整体考察”，从而判定构成盗窃罪（最判昭和41·4·8刑集20卷4号207页）。学界支持判例的观点处于多数说地位（团藤572页、大塚187页、福田225页）。也有观点重视利用自己的行为这一点而认为应构成强盗罪（藤木302页）；还有观点认为，②③都属于从死后不久的尸体处夺取财物的情况（小野清一郎·刑事判例评释集第5卷256页、前田177页），或者在一般人看来，财物从外形上看处于排斥他人支配的状态之下（野村稔·基本讲座5卷79页以下），对此，有观点认为可以直接承认死者的占有而认定构成盗窃罪。但是，这些观点无论是相对的还是绝对的，在占有的丧失时点这一点上均不明确，因而对此尚存疑问（东京高判昭和39·6·8高刑17卷5号446页肯定了占有〔杀害后3小时至86小时〕；而东京地判昭和37·12·3判时323号33页〔杀害9小时后〕、新泻地判昭和60·7·2刑月17卷7、8号663页〔杀害后5日至10日〕则否定了占有）。但无论如何，随着被害人的死亡，主观上、客观上均已丧失了占有，因此，在②③的情况下，还是只能构成占有脱离物侵占罪（平野204页、大谷205页、曾根117页、中森116页）。

3. 占有的归属

在数人参与财物的占有的情况下，根据该占有归属于谁，可以区别究竟是成立（业务）侵占罪还是成立盗窃罪。

(1) 首先，在共同占有的情况下，共同保管者中的某一人未经其他保管者的同意，出于取得的意思将该财物转至个人单独占有之时，构成盗窃罪（有关共同保管的有价证券的领得行为，可参照大判大正8·4·5刑录25辑

489页)。(2) 其次，在占有的数人中存在上下级关系的情况下，占有属于位于上级的占有者。例如，在店主与店员的场合，即便店员事实上管理着店内的货物，但店员也只是占有的辅助者，占有仍属于店主，因此，店员的取得行为就不是侵占而是盗窃（大判大正3·3·6新闻929号29页)。同样，仓库值班员所保管的政府控制之下的米的占有属于农业会长（大判昭和21·11·26刑集25卷50页)、供客人穿用的棉睡衣、浴衣的占有属于旅馆业主（最决昭和31·1·19刑集10卷1号67页)。(3) 受委托的封口物内的内容物的占有属于委托人，这是通说，也是判例的主流。因此，邮递员打开邮送之中的信件，并抽走邮政汇票的行为（大判明治45·4·26刑录18辑536页)；从受托的已用绳子捆好的行李中取得衣物的行为（最判昭和32·4·25刑集11卷4号1427页）就不是（业务）侵占罪，而是盗窃罪（对此，牧野628页、中森118页、大判大正7·11·19刑录24辑1365页等则认为构成〔业务〕侵占罪)。

(三) 行为

1. 窃取

本罪的行为是窃取。所谓窃取，是指违反占有人的意思，将他人所占有的财物移转至自己占有的行为。窃取，本来是指秘密取得之意，但即便公然实施也可构成本罪（大判大正15·7·16刑集5卷316页)。通说认为，即便是将占有移转至第三人也可构成本罪；对于将他人所有、占有的财物卖给不知情的第三者而搬出的行为，判例认为也成立本罪（最决昭和31·7·3刑集10卷7号955页)。这原则上是妥当的，但笔者认为应限于可视为行为人自身取得的场合。因而，商店店员默许顾客从店内拿走商品的行为，由于缺少不法领得的意思，并不构成盗窃的间接正犯，而只是成立背任或器物损坏。另外，诸如谎称他人院内的皮球为自己所有，而让第三者代为带走的场合，这种情况是利用并不知情的第三者而达到将目的物移转至自己占有的目的，该行为当然是盗窃罪的间接正犯。但是，将他人所饲养的小鸟从鸟笼放走的行为，由于缺少占有的取得以及领得的意思，而仅成立器物损坏。

2. 着手时点

判例认为，本罪的着手是在实施与侵犯他人对财物的事实上的支配的行为所紧密相联的行为之时（大判昭和9·10·19刑集13卷1473页)，而并不以占有侵害行为的开始为必要。可以说这属于实质性客观说，也就是在产生结果发生的具体性危险之时即认定着手。具体而言，在入室盗窃的情况下，仅仅是出于盗窃的目的而侵入他人的住宅，还不能认定本罪的着手（东京高判昭和34·1·31东时10卷1号84页。而牧野629页、小野247页则持反对意见)。此外还有“物色说”，也就是认为，为了物色钱财而接近柜橱之时(前揭大判昭和9·10·19)、用手电筒照明而物色财物之时（最判昭和23·4·17刑集2卷4号399页)、进入店内后为了尽量获取现金而走向香烟柜台之时（最决昭和40·3·9刑集19卷2号69页)，即为着手时点。与此相反，也有判例认为，对于诸如仓库一样只存在财物的建筑物实施入室盗窃的情况下，在开始破坏大门上的锁或外墙之时，即可认定着手（名古屋高判昭和25·11·14高刑3卷4号748页。对此，平野110页则持反对意见)。还有，就掏包行为而言，如只是为了确认兜内是否有财物而实施试探行为，还不能认定着手，而在出于盗窃的意思并接触他人裤子口袋外侧之时，即可认定着手（最决昭和29·5·6刑集8卷5号634页)。

3. 既遂时点

就本罪的既遂时点，通说与判例均采取“取得说”，也就是说，侵害他人的占有而将财物移转至自己的占有之下时构成既遂。一般情况下取得说是妥当的，但具体而言，还是应该综合考察（1）财物的大小；（2）运出的难易程度；（3）是否处于他人的支配领域之内等因素之后再作判断。例如，如果目的物很小，则一旦取得占有即可认定既遂。因此，在店内将商品放入自己口袋之时即可构成本罪的既遂（大判大正12·4·9刑集2卷330页)。又如，在他人的浴室内发现金戒指，出于领得的意思而藏匿于室内他人不易发现的地方，可以说该行为已经确保了占有，因而构成既遂（大判大正12·7·3刑集2卷624页)。列车上的机工在预定地点掀落所载货物的行为也是如此（最判昭和24·12·22刑集3卷12号2070页)。另外，如果目的物很重或者体积很大，就应该以运出的难易程度以及从犯罪现场逃离的难易程度作为基准。例如，在发动汽车引擎并使之处于随时可以开动的状态之时，即构成既遂（广岛高判昭和45·5·28判夕255号275页)；在超市内将食品等三五件商品放入购物篮并拿至收银台之外，由于在外表上与已经付款的一般顾客难以区别，因此，取得的盖然性大大增加，因而可以认定既遂（东京高判平成4·10·28判夕823号252页)。然而，在有围墙、守卫等设施的工厂内，从存放材料的小屋搬出重物并放在墙边，如仅有这一行为则还只能构成未遂（大阪高判昭和29·5·4高刑7卷4号591页)。相反，在被栅栏围住的施工现场内，损坏自动售货机并拿出易于带走的硬币盒，由于在这种情况下很容易逃走，因而也可以认定既遂（东京高判平成5·2·25判夕823号254页)。

（四）保护法益

1. 问题之所在

盗窃罪的客体是“财物”，行为的样态是财物的“占有侵害”。但关于其保护法益，则存在本权说与占有说之间的对立。这一论争形式上可以归结为如何解释第242条的“他人的占有”。并且，除了盗窃罪、不动产侵夺罪、强盗罪之外，根据第251条的规定，本条还准用于诈骗罪、恐吓罪，故保护法益可以说是财物罪共通的问题。

本权说认为，第235条以“他人的”财物为客体，其保护法益是所有权。但如此一来，A将租借给B的自己的财物擅自取回的行为，则根本不合乎本条的构成要件。为此，第242条将盗窃罪的构成要件扩张至自己之物，该条所谓“即便是自己之物，为他人所占有”的情况，他人的占有限于基于质权、租赁权、留置权等私法上的合法权限（谓之为本权），因此，从盗窃犯处夺回自己之物的行为则根本不符合盗窃罪的构成要件。如此，按照本权说的观点，盗窃罪的保护法益就是所有权等其他本权（小野235页、泷川119页）。对此，占有说（持有说）认为，财物的占有或持有本身是盗窃罪的保护法益，至少在构成要件阶段不应考察该占有是否具有法律正当性。因而，第242条仅仅是注意规定而已，所有的占有均是保护的客体。其结果就是，从盗窃犯处夺回自己财物的行为也符合盗窃罪的构成要件，只是作为自救行为而能认定违法性阻却。支撑该占有说的是禁止私力救济的思想。民法所规定的占有诉权制度（《民法》第188条以下，特别是第202条第2款）正是意欲禁止基于本权的私力救济，主张权利的实现应通过国家的民事诉讼制度来实现。也就是要求尊重事实上的财产状态，对占有应该单独加以保护，其最终归结就是盗窃犯人的占有也应被相应保护（牧野594页以下、木村106页、川端162页）。

本权说与占有说之间的对立，可以说是围绕以下问题展开的，即盗窃罪这一规定究竟是为了保护私法上的正当权利关系还是保护事实上的财产秩序，进一步而言，以刑事法的形式禁止私力救济应控制在什么范围之内。为此，这一问题的对策就远远超越了对于从盗窃犯人处夺回自己之物这一行为的刑法处理，其解答还应包括对于刑法介入民事纠纷应控制在何种程度这一现实问题的回答，例如，收回未支付租金的租赁物件、收回未支付货款的已销售的分期付款商品、因期限届满而收回担保物等。

2. 判例的演变

关于这一问题的判例变化很大。第二次世界大战前，大审院的判例明确采取本权说。例如，(1)抚恤金法禁止以抚恤年金证书作为担保物，而债务人违反这一规定，将抚恤年金证书用做担保并交付给债权人，对于这一事案，大审院认为，第242条、第245条限于“占有人基于合法的占有权而对抗所有人的场合才可以适用。但在并不存在对抗权的场合，则没有理由根据此规定而来保护占有人并处罚所有人”(大判大正 7·9·25 刑录24 辑1219 页)。(2)甲把甲、乙所共有的奶牛租借给了丙,而乙则擅自从丙处牵回了奶牛,对于这一事案,大审院认为,与(1)一样,第 242 条限于“占有人基于合法的占有权而对抗所有人的场合才可以适用”,应根据该租借行为是否有效而决定犯罪是否成立,最后,对于认定成立盗窃罪的原审作了撤销移送的判决(大判大正 12·6·9 刑集 2 卷 508 页)。这些判例以下面两点为前提:第 242 条所谓的“占有”限于基于私法上的合法权限的场合;同时,还应就有无该权限作出判断。

与此相反，第二次世界大战后，最高裁判所的判例则由本权说演变至占有说。例如，(3) 原军用酒精是禁制品，行为人从某人处诈取了该禁制品，对于这一事案，最高裁判所认为，“刑法规定相关财物罪，就是为了保护人对于财物的事实上的持有，而不问其在法律上是否有持有该财物的正当性，即便刑法禁止此种持有，只要事实上持有财物，出于维持社会法律秩序的必要，也应该将物的持有这一事实上的状态本身作为独立的法益加以保护，而不允许随意利用不正当的手段予以侵害”，并出于这种考虑，肯定成立诈骗罪（最判昭和 24·2·15 刑集 3 卷 2 号 175 页）。(4) 通过恐吓手段取得他人所不法持有的占领军物质（最判昭和 25·4·11 刑集 4 卷 4 号 528 页）、(5) 以恐吓手段获取他人正在搬运的赃物（最判昭和 24·2·8 刑集 3 卷 2 号 83 页），对于 (4)、(5) 这两个事案，均认定成立恐吓罪。(6) 对于债务人诈取了用做担保的国铁年金证书的事案，最高裁判所对前述 (1) 作了明确变更，根据占有说的理论认定成立诈骗罪（最判昭和 34·8·28 刑集 13 卷 10 号 2906 页）。还有，关于盗窃罪也有两个判例：(7) 担保权人擅自开走了处于更生管财人保管之下的汽车，由于该汽车是否是债务人用来偿还债务的替代物这一点尚不明确，因而该汽车的所有权归属非经民事裁判难以确定。对于这一事案，最高裁根据占有说的理论而肯定成立盗窃罪（最判昭和 35·4·26 刑集 14 卷 6 号 748 页）。(8) 从事汽车金融业的债权人与债务人之间签订了汽车买卖合同，该合同附有购回约定条款。在债务人丧失购回权之后，债权人马上用私配的钥匙从债务人处擅自开走了汽车。对此，最高裁判所基于占有说的理论，认定成立盗窃罪（最判平成 1·7·7 刑集 43 卷 7 号 607 页）。就这一案件的判决理由，原审认为，本案中的买卖合同有可能违反出资法的规定而作为暴利行为归于无效；即便是有效，因是否确实发生了购回权丧失事由也尚存疑问，因而也可能是权利滥用，所以，基于“担保提供人的占有在法律上仍然有值得保护的利益”这一理由，而认定成立盗窃罪。最高裁判所则认为，“在被告人收回汽车这一时点，很明显，汽车仍然处于借方的事实上的支配之下，即使被告人拥有该汽车的所有权，被告人的这一行为也相当于窃取《刑法》第242条中所谓的属于他人占有之物。并且，从社会一般观念来看，该行为也超出了借方的忍受程度而属于违法行为”。

第二次世界大战后的最高裁判所判例站在维持财产秩序的立场上，采取了占有说，且只是例外地认定存在违法阻却的余地。其后，就是否属于行使权利或是否构成恐吓罪，也作了同样的判断（最判昭和30·10·14刑集9卷11号2173页）。还应当看到，在其背后存在一定的政策性考虑，即如何判断民事上的权利关系，刑事裁判对此原则上予以回避（后述“建筑物损坏罪”。有关建筑物损坏罪中的建筑物的他人性的判断，可参照最决昭和61·7·18刑集40卷5号438页）。

3. 学说状况

与判例的变化相适应，学说变化也很大。一直以来所主张的纯粹本权说，演变为很有影响力的中间说，该说在本权说与占有说之间划出界限，认为即便是没有民事上的权限根据的占有也仍然可以通过盗窃罪来加以保护。例如，“似乎有理由的占有”（小野清一郎：“批判”，警研33卷1号105页）、“平稳的占有”（平野206页、西原211页、大谷150页）、“一眼看上去，并不认为是不法占有的财物的占有”（大塚181页）、“呈现出似乎有本权根据的外观的占有”（藤木273页），而其中最有影响的莫过于平稳占有说。该说认为，由于以占有开始阶段的平稳占有为保护法益，因而在构成要件阶段应当仅排除从盗窃犯人处夺回自己之物的情况。除此之外，可以说这一学说在其他方面与纯粹占有说并无不同。

与上述观点相反，为了支持判例理论，纯粹占有说提出了以下几点论据：(1) 由于民法禁止私力救济，因而在构成要件阶段没有必要考察法律根据问题，所有的占有均应成为保护的对象（牧野594页、川端162页、前田149页）；(2) 包括从盗窃犯人处夺回自己之物的情况在内，在行使权利之时，应综合考察行为的必要性、紧迫性、手段的相当性等因素，如能认定违法阻却即可（牧野598页、前田149页、木村光江·财产犯论的研究507页以下〔1988〕）；(3) 就窃取禁制品、第三者从盗窃犯人处窃取赃物的行为，可以作统一说明，认定构成盗窃罪（前田150页以下、木村·前揭书488页以下）。

禁止私力救济确实是近代法的重要原则，但仅因这一点便将并不含有值得保护的利益的占有也包括在内的所有占有作为盗窃罪的保护法益，则超出了刑法保护个人财产这一本来任务，这难道不是有利于禁止私力救济、强制民事诉讼这一极度法治国家思想吗？在这一点上，《民法》第202条第2款禁止在占有诉讼中就有关本权的理由进行抗辩，作为其解释，也有民事判例允许基于本权的反诉（最判昭和40·3·4民集19卷2号197页），可以说即使在民事诉讼领域，禁止私力救济的思想实质上也正趋于缓和（参照岛田礼介·民法判例百选Ⅰ〔第3版〕148页、青山善充："占有之诉与本权之诉之间的关系"，民法的争点Ⅰ132页以下〔1985〕）。按照纯粹占有说的观点，在从盗窃犯人处取回自己之物的场合，即便认定了构成要件该当性，也可以认定基于自救行为的违法阻却，因而其结论看上去与本权说、中间说并无不同。但是，要求行为的紧迫性、手段的相当性的结果就是，例如，侵入盗窃犯人的住宅夺回自己之物的行为就不能阻却违法性（参照香城敏麿·最判解刑平成元年度222页）。

但是，由于手段不妥当，即便占有人并无值得保护的利益也成立财产罪，这并不合适。在占有背后是否存在值得保护的利益，还是应该在构成要件阶段予以判断，而手段的违法（例如，在前述案例中是否构成住宅侵入罪）则应另外考虑（中森喜彦·百选Ⅱ50页、芝原邦尔："财产犯的保护法益"，现代的展开172页）。自救行为的违法阻却是在能肯定占有者存在该种利益的情况下，并且是在确有必要紧急进行权利保全的情况下，方才予以考虑。其次，在窃取禁制品、盗窃赃物的情况下，就禁制品而言，前面已经谈到禁制品也可以成为所有权的对象物，这样一来，即便该持有在法律上违法，这种违法也只是意味着国家可以通过正当的程序加以收缴或没收，但对于个人的占有侵害，仍然可以说其值得保护；就盗窃赃物而言，盗窃犯的占有确实有欠值得保护的利益，在这一点上（在不知道是盗窃赃物的情况下），也存在可以理解为至多构成盗窃未遂的余地，但一方面是本来的所有权人的追索权受到进一步的侵害，另一方面却并不能构成赃物罪，如果考虑到这一点，就能够肯定作为盗窃罪的可罚性①（植松361页、平野205页、内田

① 所有权的再度侵害：有批判意见认为，把所有权的再度侵害这一理由作为直接领得罪之一的盗窃罪的处罚根据未免牵强（前田150页、木村·前揭财产犯论的研究489页）。例如，在丙窃取了甲借给乙的财物的情况下，丙的行为在侵害乙的基于租借权的占有的同时，也侵害了甲基于所有权的返还请求权（还可参照有关亲族相盗特例的判例，即最决平成6·7·19刑集48卷5号190页，参照后述亲属之间的特例）。正因为如此，在这种情况下，不仅是乙，甲作为被害人也同样具有告诉权。在这一点上，丙从乙处窃取了乙所盗窃的甲的财物这一事案可以说也基本上是一样的，因为丙的行为使得甲的返还请求权变得更为困难。该处罚根据确实与后面所要谈到的赃物罪一样，但那无非是因为赃物罪也是针对所有权的犯罪。在这种情况下，由于并不具有助长本犯的特征，因而无法根据赃物罪来进行处罚，但只要客观上产生了同样的法益侵害，可以说基于所有权的再度侵害这一理由还是有可能认定盗窃罪的成立的。

250页、曾根113页、中森112页)。因此,可以肯定上述判例(3)(4)(5)的结论。

另外,仅以基于民事上的合法权限的占有作为保护的对象,并且,即便是在刑事审判之中,作为刑事责任的先决问题,也应该首先就民事上的权利关系作出确定性判断,对于纯粹本权说(参照林干人·财产犯的保护法益237页〔1984〕、林干人:“本权说与占有说”,判时1387号5页)的这种观点,笔者认为也不无牵强之处。这是因为,首先,正如前述判例(6)国铁年金证书事件所反映的那样,用做担保这一行为尽管在私法上属于违法行为,但在债务人明知这一点而仍然用做担保的情况下,并不能说担保权人的占有在刑法上并不值得保护(中森111页、芝原·前揭现代的展开173页。对此,林干人·前揭书229页、曾根·刑法的重要问题〔各论〕125页〔1995〕则否定成立诈骗罪)。其次,如被害人一方存在诸如清算利益、同时履行抗辩权等值得保护的利益,那么,其占有当然应当受到保护;即便是在无法确认是否确实存在这种利益的情况下,如果能认定其占有似乎存在合理的理由,就应该通过民事诉讼来解决,在此意义上,也应肯定存在值得刑法保护的利益(参照芝原·前揭现代的展开173页、前述判例(8)的原审判断理由)。

若作以上考虑,在被害人与行为人的关系上,如一眼就能明白是并不值得保护的占有,对此,就应该否定盗窃罪的构成要件该当性,因此,盗窃罪(财物罪)的保护法益就应该理解为是存在合理理由的占有。这一观点是前面已经谈到的中间说的一种,与平稳占有说相比,对盗窃罪的成立范围作了更进一步的限制。也就是说,并不限于从盗窃犯人处夺回自己之物这一种情况,下面这些情况也有可能否定成立盗窃罪。例如,在使用借贷的情况下,由于借方超过期限仍不归还财物,借主便擅自收回自己之物的行为(曾根113页、芝原·前揭现代的展开174页、西田·法教55号159页);在附有所有权保留的分期付款销售中,买方不履行还款义务,而且很清楚也并不存在清算利益的情况下,卖方收回目的物的行为(东京地判昭和42·6·30判夕211号187页是有关相同事例的判例,即尽管超出自救行为的范围,但仍具有社会相当性,因而认定无构成要件该当性或缺乏违法性)。并且,该观点也能充分肯定上述判例(6)、(7)、(8)的结论本身。

(五)不法领得的意思

1.概说

盗窃罪的构成要件行为是窃取他人所占有的财物,因此,本罪的故意只要对这一客观方面存在认识即可。但是,判例一直以来认为,必须存在不同于故意的其他的（无法写出）作为主观性构成要件要素的不法领得意思。不法领得意思的定义为“排除权利人，将他人之物作为自己之物，并按照该物的经济性用途加以利用、处分之意”（大判大正4·5·21刑录21辑663页、最判昭和26·7·13刑集5卷8号4137页）。该定义的前半段所谓权利人排除意思，根据侵害占有意思达到什么程度（占有侵害的程度），而具有把轻微的擅自暂时使用（使用盗窃）从盗窃罪中予以排除的机能（可罚性限定机能）；后半段的利用、处分的意思，则通过将占有侵害的目的限定于利用可能性的取得，而具有把盗窃罪与以妨害利用为目的的毁弃、隐匿罪区别开来的机能（犯罪个别化机能）。

对此，出现了以下四种学说：(1) 支持判例对于不法领得的意思所下的定义的观点占主流（泷川122页、藤木280页、平野207页、大谷192页、中森119页）；(2) 也有观点认为，成立盗窃罪只要有对于占有侵害的认识即可，而不必要有不法领得的意思（大塚197页、植松375页、中137页、内田255页、曾根121页、佐久间114页、平川347页）；(3) 认为不法领得的意思是指“以自己为所有者而支配财物之意”，所以使用盗窃不具有可罚性，在出于毁弃的目的的场合，则可以肯定存在不法领得的意思（团藤563页、小野237页、福田230页）；(4) 认为不法领得的意思是指“通过他人之物而获取某种经济性利益的意思”，在与毁弃罪的区别方面有必要存在不法领得的意思，故使用盗窃原则上具有可罚性（江家270页、冈野85页、前田161页、中山·概说Ⅱ111页）。也就是说，有关盗窃罪与毁弃、隐匿罪的区别问题，(1)、(4) 与 (2)、(3) 相互对立；而就使用盗窃的不可罚性而言，则是 (1)、(3) 与 (2)、(4) 相互对立。

2. 与保护法益论之间的关系

就是否需要不法领得的意思，有观点指出了与盗窃罪的保护法益论之间的理论关联性问题。本权说认为，由于仅有占有侵害对所有权本身并无影响，所以有必要以指向所有权侵害的意思（权利人排除意思）这一形式，而将所有权侵害要素纳入构成要件之中（团藤564页）；与此相反，站在占有说的立场上则当然会主张不要说（牧野583页、大塚202页）。但判例自改变至占有、持有说之后便一直坚持不法领得意思必要说，相反，部分本权说者也开始主张不要说（如概说中的学说 (2) 的植松、内田、曾根、平川），正如这些情况所反映的那样，应该说在两者的联系上并无逻辑的必然性。原因在于，首先，即便是采取本权说，如出现占有侵害，也会有害于该财物的使用、收益、处分等本权机能，所以，也可以说此外并没有要求存在所有权侵害意思的必然性。其次，即使站在占有说的立场上，也可能会出现盗窃罪可在什么范围之内处罚占有侵害行为这一个别问题，在这一意义上就有必要探讨是否需要不法领得的意思及其内容。

3. 与毁弃、隐匿罪的区别

首先探讨区别的必要性。在两者的关系上，认为不需要不法领得意思的观点理由在于：只要占有的取得产生了财物的利用可能性即可（曾根 122 页）、毁弃也是非所有权人便无法实施的行为（团藤 563 页）。但是，按照该观点，首先，器物损坏罪（第 261 条）只是在未夺取财物的占有而损坏的情况下才会得到认可，那么，夺得占有并隐匿的行为便只能认定为盗窃罪，也就是只能认可这种并不合理的解释；此外，该观点无法说明盗窃罪与器物损坏罪之间为何存在法定刑的差异。在法益侵害这一点上，可以说并无恢复可能性的损坏罪更为严重，然而盗窃罪的处罚却比损坏罪更严厉，这是因为试图利用财物这一动机、目的更值得谴责，并且从一般预防的角度来看，这也更有抑制的必要性。如此一来，即便同样是占有侵害行为，也只能根据究竟是以取得利用可能性为目的还是以妨害利用为目的这种主观形态来区别盗窃罪与损坏罪。因此，这一意义上的领得意思就是主观性责任要素（大谷 193 页、平野龙一："围绕不法领得的意思〔一〕"，警研 61 卷 5 号 5 页）。

对此，不要说提出了以下批判意见：出于毁弃的目的而夺取了财物，但并未毁弃而是放置一边，其后又产生了领得的意思，对于这种情况则只能是不予处罚，这是否是处罚上的漏洞呢（大塚 200 页、曾根 122 页）？还有，占有脱离物侵占罪（第 254 条）也是领得罪，而其法定刑却要比毁弃罪更轻，这一点难以说明（内田文昭："有关围绕不法领得意思的最近的争议"，曹时 35 卷 9 号 10 页）。但是，就前一批判意见而言，在该情况下，如果隐匿行为也相当于毁弃，那么就能作为器物损坏罪来处罚，而且也有可能认定成立占有脱离物侵占；就后一批判意见而言，之所以占有脱离物侵占罪的法定刑低，是因为缺少占有（利用可能性）侵害这一意义上的违法性，以及其诱惑性更大因而责任更轻（中森喜彦："不法领得意思"，现代的展开 183 页）。

就此问题，判例一直坚持领得意思必要说。以前有如下判例：为了达到使校长下台的目的而拿走教育敕语并藏匿的事案（大判大正 4·5·21 刑录 21 辑 663 页）、出于使拍卖延期的目的而拿走拍卖记录并藏匿的事案（大判昭和 9·12·22 刑集 13 号 1789 页）。最近也出现了相关判例：最初出于自首的目的而夺取财物的事案（广岛地判昭和 50·6·24 刑月 7 卷 6 号 692 页）、为了防止犯罪行为败露而在杀人后从尸体身上拿走贵重金属的事案（东京地判昭和 62·10·6 判时 1259 号 137 页）。对于这些事案，判例均以缺少利用意思为理由而否定成立盗窃罪。

另外，所谓财物的利用意思，应该理解为只要有享受该财物本身所具有的利益与效用之意即可（前揭东京地判昭和 62·10·6、中森·前揭现代的展开 183 页），而没有必要一定是遵循该财物的经济性用途与本来的用法。因此，割断电线以用做捆绑木材的绳索的行为（最决昭和 35·9·9 刑集 14 卷 11 号 1457 页）、出于性的目的而拿走女性下装的行为（最决昭和 37·6·26 裁集 143 号 201 页）、出于复印的目的而带走机密资料的行为（东京地判昭和 59·6·15 判时 1126 号 3 页）等均可以认定存在不法领得的意思。

4. 使用盗窃

所谓使用盗窃，是指短时间擅自使用他人财物的行为。之所以认为该行为不可罚而将其从盗窃罪中排除出去，是因为这种情况下的损害相对轻微，没有必要动用刑罚，也就是因为出于可罚性违法性的考虑（藤木 279 页）。例如，短时间借用他人的橡皮擦或拖鞋并马上归还的行为就是其典型例子。判例对不法领得意思所下的定义中的“排除权利人，将他人之物作为自己之物……而利用之意思”，在这种情况下，由于其利用意思并没有达到排除权利人的程度，因而具有从主观方面排除盗窃罪成立的机能。

可以说判例最初是根据有无返还意思而来寻求使用盗窃行为不可罚的标准的。就擅自使用他人的自行车的行为，大审院认为，在该自行车为自己所持有之时，如只有暂时使用的意思则并不构成盗窃罪；而在产生了骑后随手扔掉的意思（不返还的意思）之时，则应认定有不法领得的意思（大判大正 9·2·4 刑录 26 辑 26 页）。还有，抢劫犯为了逃走而出于用后扔掉的意思乘用他人的船只，对此，最高裁判所认定存在领得的意思（最判昭和 26·7·13 刑集 5 卷 8 号 1437 页），也是出于同样的考虑。事实上，就出于 2 小时至 3 小时之后归还的意思而擅自使用他人的自行车的事案，也有下级审的判例否定存在不法领得的意思（京都地判 51·12·17 判时 847 号 112 页）。以有无返还意思作为标准，可以说也是考虑到了被害恢复的难易程度。

但是，在其后的判例中，即便是存在返还意思的短时间擅自使用，对此也肯定存在不法领得的倾向占主流。例如，(1) 从上午 7 时至次日下午 1 时连续 18 个小时骑乘他人自行车，其后归还的事案（东京高判昭和 33·3·4 高刑 11 卷 2 号 67 页）；(2) 为了搬运赃物，夜间使用他人的汽车第二天早上归还原处的事案（最决昭和 43·9·17 判时 534 号 85 页）；(3) 驾驶他人的汽车兜风，大约 4 小时之后造成事故的事案（札幌高判昭和 51·10·12 判时 861 号 129 页）；(4) 无执照驾驶他人的汽车大约 4 小时之后被扣押的事案（最决昭和 55·10·30 刑集 34 卷 5 号 357 页）；(5) 出于换取奖品的目的，用磁铁从他人的游戏机上获取弹子的事案（最决昭和 31·8·22 刑集 10 卷 8 号 1260 页）；(6) 出于复印的目的而带出机密资料，复印后大约 2 小时内归还原处的事案（东京地判昭和 55·2·14 刑月 12 卷 1、2 号 47 页）；(7) 假装退货，实质上出于获取钱财的目的而从超市带出商品的事案（大阪地判昭和 63·12·22 判タ 707 号 267 页）。对于以上事案，均肯定了存在不法领得的意思。

与判例的这种变化相对应，认为使用盗窃原则上具有可罚性，并不需要不法领得意思的学说也变得很有影响力。但即便是这一学说，在客观上受害程度轻微的情况下，也通过否定占有侵害（大塚 201 页、前田 161 页）或否定可罚的违法性（植松 370 页、中 137 页、冈野 87 页）而否定成立盗窃罪。但是，首先，在擅自短时间使用的情况下，难以否定占有侵害（移转）；再者，要考察占有夺取之后的客观利用程度，在理论上也是困难的。这是因为，既然盗窃罪属于状态犯，就应该根据占有夺取之时的事实来判断擅自短时间使用行为的可罚性，因而要判断事后的客观利用程度（排除权利人的程度）是否具有可罚的违法性，就只能根据占有夺取之时的利用意思，而从主观上进行考察。因此，只要擅自短时间使用行为在一定限度之内不可罚，就无法否认作为主观性违法要素的不法领得意思的必要性（中森·前揭现代的展开 180 页、林干人："不法领得之意思"，法セミ406 号 105 页）。

在判断作为可罚性的权利人排除意思的不法领得意思之时，也不能以有无返还意思作为标准。考虑到现代社会财物的利用价值的重要性，其内容应该理解为：该利用意思达到了在一般情况下可能不为权利人所允许的程度与形态（平野 207 页）。在作具体判断之时，不能仅以有无返还的意思、使用时间的长短作为标准，还应该考察该擅自使用行为给权利人所造成的损害以及损害的可能性。因此，从这一意义上看，正如前述判例 (5)、(6)、(7) 所反映的那样，对于那种出于给权利人造成进一步损失的目的而实施的短时间使用行为，当然可以肯定存在不法领得的意思。

三、不动产侵夺罪

侵夺他人的不动产的，处 10 年以下惩役（第 235 条之 2）。

（一）概说

本罪是昭和 35 年（1960 年）的刑法部分修改时与境界损坏罪（第 262 条之 2）一同新设的罪名。在刑法修改以前，对于盗窃罪中的"财物"是否包含不动产争论颇多。有观点认为，越过境界线而延伸至邻地的一部分这种有形占有侵害行为构成不动产盗窃（小野234页）。还有，向登记官员提交伪造的文书而改变登记本上的名义人的行为也构成本罪（牧野611页以下、木村105页、泷川109页），持这种观点者尽管尚属少数，但也很有影响力。但是，通说、判例则对此持否定态度，其理由在于，“窃取”这一用语应伴有占有的场所移动（团藤574页），无论如何，不动产（土地、建筑物）是不动的，也不会出现所在不明的情况，因此，通过民事诉讼程序就很容易得到恢复，因而也没有必要运用刑罚来达到一般预防的目的（藤木266页）。

但是，昭和20年代（20世纪40年代）正处于第二次世界大战后的混乱时期，不法占有事件层出不穷，民事诉讼程序也变得相对滞后，因而受害恢复也更加困难。为了应付这种局面，昭和35年（1960年）新增了不动产侵夺罪，从而将不动产也纳入到刑法保护的对象之列。根据这种改正，认为第235条中的“财物”并不包含不动产的观点也得以确立。

（二）客体

本罪的客体是他人所占有的他人的不动产。但也同时适用有关自己之物的特例（第242条）以及亲族相盗的特例（第244条）。即便是自己所占有的他人的不动产，如果原本是为了堆放材料而才租借了该土地，在租借人擅自建造住宅的情况下，这种行为便从性质上改变了占有的目的，从而可以评价为是出现了新的占有，对此也可以肯定构成本罪（河上和雄·大解说9卷295页）。拥有建筑物的租赁权以及附随于此的土地的利用权的某人，在该土地上堆放废弃物而使得原本容易恢复原状的土地变得难以恢复，对此，最高裁认为，这种行为侵夺了所有权人的间接占有，因而构成本罪（最决平成11·12·9刑集53卷9号1117页）。

所谓不动产，是指土地以及建筑物等定着物（《民法》第86条第1款）。土地，还包括其上空与地下。建筑物的一室也属于不动产（福冈高判昭和37·8·22高刑15卷5号405页、东京高判昭和46·9·9高刑24卷3号537页）。如果通过砍伐等手段而取得作为土地定着物的树木、石灯笼，则树木、石灯笼此时已经变为动产，因而构成盗窃罪。损坏建筑物的一部分并取得的行为，也是如此。而移动建筑物本身并取得的行为，则并不构成本罪而是构成盗窃罪（河上·大解说9卷293页则对此持反对意见）。这是因为，从本罪的立法过程来看，本罪就是为了处罚那种并不伴有不动产的场所性移动的不法占据行为而设立的。

（三）行为

本罪的行为是侵夺。所谓侵夺，是指排除他人的占有而为自己或第三者设定占有的行为。例如，除了在他人的土地上不法建造住宅的行为以外，其他诸如擅自耕种他人的土地并播种的行为（新泻地判相川支判昭和 39·1·10 下刑 6 卷 1、2 号 25 页）、自己的住宅加盖第二层而突出到相邻的他人所有的土地之上的行为（大阪地判昭和 43·11·15 判夕 235 号 280 页）、在他人的土地上挖坑填埋废弃物的行为（大阪高判昭和 58·8·26 判时 1102 号 155 页）、土地的任意转借人改造土地上的简易设施而建造正式店铺的行为（最决平成 12·12·15 刑集 54 卷 9 号 1049 页）等也属于这种情况。另外，侵夺是指对于事实性支配的侵害，因此，篡改登记名称以及通过虚假申报而改变登记名称的行为均不构成本罪，而只是构成公文书伪造（第 155 条）、公正证书原本不实记载（第 157 条）（对此，判例还否定构成诈骗罪）。还有，即便是不法使用他人土地的行为，诸如设置帐篷、增设排水沟的行为，在容易恢复原状且损害几近于无的情况下，就应该理解为不是侵夺（大阪高判昭和 40·12·17 高刑 18 卷 7 号 877 页）或者缺少不法领得的意思。

（四）罪质

本罪与盗窃罪一样，在获得对不动产的占有之时即构成既遂，其后便只是违法状态持续的状态犯而已。因而，即便土地或房屋的租借人在租借期限超过之后仍然继续占有，也并不构成本罪（东京高判昭和 53·3·29 高刑 31 卷 1 号 48 页）。还有，在本条实施之前便已经开始的不法占据，由于没有侵夺行为也不构成本罪（福冈高判昭和 37·7·23 高刑 15 卷 5 号 387 页）。正如前面已经提到的那样，如占有发生质的变化，而能被评价为是新的占有侵害的场合，则可以肯定构成本罪。因此，在本条实施之前便已擅自在他人的土地上搭建临时的小房子用以堆放材料，在本条实施之后，因受台风影响小房子坍塌，于是被告人便建造了半永久性的房子，对于这一行为，最高裁认定构成本罪，是处罚“被告人的新的行为”，而并不属于溯及既往的处罚（最决昭和 42·11·2 刑集 21 卷 9 号 1179 页），因而是妥当的（町野朔·刑法判例百选Ⅱ各论〔第 2 版〕71 页、中山 227 页则对此判例持反对意见。中森 124 页认为，如果被告人对于土地的占有一旦丧失，则可以认定）。

四、亲属之间的特例（亲属相盗例）

配偶、直系血亲或同居的亲属之间犯第 235 条之罪、第 235 条之 2 之罪或者犯这些罪的未遂罪者，免除刑罚（第 244 条第 1 款）。前款所规定的亲属以外的其他亲属之间，犯前款规定之罪者，非经告诉不得提起公诉（第 244 条第 2 款）。对于非亲属的共犯，不适用前两款的规定（第 244 条第 3 款）。

（一）特例的法律性质

本条是有关亲属之间犯罪的特例，即对于配偶、直系血亲或同居的亲属之间犯盗窃罪、不动产侵夺罪及其未遂罪者免除刑罚，对于其他亲属之间犯该罪者作为亲告罪处理。这一特例称为“亲属相盗例”。本条也准用于诈骗罪、恐吓罪、侵占罪以及背任罪（第251条、第255条）。对于作为特别法的《森林法》中的盗窃罪，判例也认定可以准用（最判昭和33·2·4 刑集12卷2号109页）。

有关本条第1款所规定的“免除刑罚”的法律性质，通说、判例（最判昭和25·12·12 刑集4卷12号2543页）均采取政策说、专属一身的刑罚阻却事由说，即正如“法不入家庭”这一法律谚语所表明的那样，这一特殊规定是基于国家以不干涉家庭内部纷争为善这一法律政策而制定的，是一种与行为的违法性、责任毫无关系的专属于个人的刑罚阻却事由。但是，仅凭基于法律政策考虑这一点，还不能合理说明为何本条仅限于财产犯，因而便出现了其他一些学说：由于家庭内的财产属于共同所有、占有，无法严格区分，因此，阻却可罚的违法性（违法阻却说）（佐伯千仞·刑法讲义〔总论〕4订版221页〔1984〕、中山234页）或者行为的违法性得以减轻（违法减少说）（平野207页、中森125页）；由于存在亲属关系这一诱惑性要素而不能过于期待能形成反对动机，因而阻却（可罚的）责任（责任阻却说）（泷川113页、松原芳博·基本讲座5卷323页），或者减轻责任（责任减少说）（曾根125页）。

为了能合理地说明本条第2款为何将同居的亲属之间的该行为作为亲告罪来处理，则只能采取政策说，但至少作为第1款的免除刑罚的根据，还有必要找到更为实质性的理由。基于以下三点考虑，笔者认为还是责任减少说要更为合适：（1）即便是财产的所有关系相对明确，也仍然适用本条第1款；（2）本条第3款对于非亲属的共犯规定排除适用本条特例，因而基于限制从属性说的责任个别化这一说明要更为合理；（3）无论如何，免除刑罚最终也是有罪判决的一种。

（二）适用条件

1. 亲属的含义

本条所谓的亲属的范围，根据民法的规定（《民法》第725条）来认定。就配偶而言，有观点认为还应包括非婚同居关系（大谷218页、前田185页），但判例持否定态度（名古屋高判昭和26·3·12 判特27号54页）。另外，即便是户籍上的婚姻关系，如果仅仅是作为骗取财产的手段而结婚，也不应该适用本条（东京高判昭和49·6·27 高刑27卷3号291页）。所谓同居的亲属，是指在同一居所内且日常生活也在一起者，而不包括租借居所的一间或临时暂住者。

2. 亲属关系的认定范围

在所窃取的目的物的所有人与占有人并不是同一人的情况下，就会出现这样一个问题，即认定本条的亲属关系，究竟应以盗窃犯与谁之间存在亲属关系为必要。对此，出现了以下几种观点：(1) 只要与所有人之间存在亲属关系即可（泷川 113 页）；(2) 只要与占有人之间存在亲属关系即可（中 148 页、前田〔初版〕234 页）；(3) 需要与所有人和占有人双方均存在亲属关系，其中，(3) 说是通说。最高裁判所的判例一直以来均认为，这里所说的亲属关系是指“盗窃罪的直接受害人即占有人与犯人之间的关系……而并不是就所有权人与犯人之间的关系所作的规定”，因而可以说最高裁判所采取的是 (2) 说的观点；但下级审的判例则既有采取 (2) 说的（东京高判昭和 38·1·24 高刑 16 卷 1 号 16 页），也有采取 (3) 说的（札幌高判昭和 36·12·25 高刑 14 卷 10 号 681 页）。但是，最近，最高裁判所就以下事案则明确采取了 (3) 说的观点：乙将现金暂时存放在甲处并由甲代为保管，而甲的并未居住在一起的亲属丙则盗取了该现金，对于这一事案，是否根据刑法改正前的本条第 1 款后段（现行《刑法》本条第 2 款）的规定，按照亲告罪来处理，争议很大。对此，最高裁认为，“在盗窃犯窃取了所有人以外的其他人所占有的财物的场合，要适用《刑法》第 244 条第 1 款的规定，对于该条第 1 款所规定的亲属关系，就应该理解为并不仅仅是盗窃犯与财物占有人之间的关系，同时也要求与所有人之间也存在亲属关系”（最决平成 6·7·19 刑集 48 卷 5 号 190 页）。

这一问题与如何理解盗窃罪的保护法益有关。(1) 说尽管是根据本权说而提出的，但并不要求与那些基于租赁、租借、使用租借等正当权限而占有的占有人之间存在亲属关系，这一观点有违本权说的根本宗旨。可以说 (3) 是将盗窃罪的保护法益理解为所有权及其占有这一观点的最终归结（但是，这种情况下的占有仅限于值得刑法保护的合理占有）。这是因为，与占有人一样，所有人也是被害人，也同样拥有告诉权。但占有说也有可能得出同样的结论（牧野 603 页、木村 116 页、高桥直哉：“判批”，判时 1543 号［判评 442 号］249 页）。这是因为，占有说认为财物的占有、持有本身是独立于所有权等本权的独立法益，而并没有否定作为本权的所有权的法益性。因此，如仅以占有作为盗窃罪等的保护法益，则采取 (2) 说更为合理。

（三）错误

对本条特例的法律性质的理解，也直接影响到如何处理亲属关系的错误。例如，甲误认为父亲乙所占有的财物为乙所有而予以窃取，但实际上该财物是他人丙所寄放的，对此，按照专属一身的刑罚阻却事由说的观点，该错误与行为的犯罪性毫无关系，因而也并不影响甲的罪责（大谷 222 页、大阪高判昭和 28·11·18 高刑 6 卷 11 号 1603 页。内田 267 页、前田 186 页则认为根据专属个人的刑罚阻却事由说的观点可以准用本条）。但是，正如前文所述，如果认为本条第 1 款所规定的免除刑罚是基于责任减轻这一实质性理由，那么，就可以说本条款只是规定了一种作为减轻类型的构成要件。为此，根据第 38 条第 2 款的规定，这种情况下的错误就是抽象性事实错误，应该肯定适用本条第 1 款（曾根 125 页、福冈高判昭和 25·10·17 高刑 3 卷 3 号 487 页。另外，根据违法减少说也可得出同样的结论。参照中森 125 页）。由于应该将本条第 2 款理解为是基于政策说，那么，即便存在对于该款所规定的亲属关系的错误，也没有作为亲告罪处理的必要。

（四）第 1 款与第 2 款之间的不均衡

对于本条第 2 款的情况以亲告罪来处理，而对于第 1 款的情况则仅停留于作为有罪判决之一的免除刑罚，与没有告诉的情况相比较，从理论上看，处于更亲近的亲属关系者相反则要受到更为严厉的处理。为了纠正这种不均衡，学界提出了以下观点：第 1 款也可理解为是亲告罪（团藤 582 页）；可适用《刑事诉讼法》第 337 条的免诉处分（植松 381 页）；准用《刑事诉讼法》第 339 条第 1 款第 2 项，按照撤销公诉来处理。但以上观点作为解释论均难免牵强，还是应通过立法解决（参照《改正刑法草案》第 334 条）。由于第 1 款所规定的免除刑罚是必要性免除，因而在存在该款的亲属关系的情况下，无论有无告诉，可以说实际上都不会被起诉（参照滨邦久·大解说 9 卷 420 页）。

第三节　强　盗　罪

强盗罪与盗窃罪同属盗取罪，但在使用暴力、胁迫手段，以及其客体不仅是财物，还包括财产上利益等方面则存在不同。刑法除规定了作为基本类型的强盗罪（第 236 条）之外，还规定了作为准用类型（准强盗）的事后强盗罪（第 238 条）、昏醉强盗罪（第 239 条），更规定了作为其加重类型的强盗致死伤罪（第 240 条）、强盗强奸罪、强盗强奸致死罪（第 241 条）。

一、强盗罪

使用暴力或胁迫手段强取他人财物的，是强盗罪，处 5 年以上有期惩役（第 236 条第 1 款）。以前款方法，获取财产性不法利益，或者使他人获取的，与前款同（第 236 条第 2 款）。本罪的未遂（第 243 条）与预备行为（第 237 条）亦罚。

(一) 作为手段的暴力、胁迫

作为强盗罪手段的暴力、胁迫，必须达到能足以抑制被害人反抗的程度，在这一点上与恐吓罪区别开来。是否达到了足以抑制被害人反抗的程度，必须综合考虑犯人以及被害人的性别、年龄、犯罪行为状况、有无凶器等具体情况而进行判断。但问题在于是否有必要因暴力、胁迫而使被害人的反抗被现实抑制。关于这一点，判例认为，是否是作为强盗手段的暴力、胁迫，应当根据按照社会一般观念，是否达到了足以抑制被害人的反抗的程度这一客观标准来决定，而不应以某个具体的被害人的主观为标准（最判昭和24·2·8刑集3卷2号75页），通说对此也持支持态度。①

从客观上看，已达到了足以抑制反抗的程度，但对于具体的被害人而言，实际上并未达到被抑制的程度，如何处理这种情况，也是一个问题。对此，判例认为应构成强盗既遂（前揭最判昭和24·2·8，藤木294页、前田193页对此也持支持态度。但如果被害人毫不畏惧，而是出于怜悯而给了被告人财物，则由于缺少强盗罪所预定的因果关系而只是构成未遂）；但学界占支配地位的学说则认为，应构成强盗未遂与恐吓既遂的观念性竞合（大阪地判平成4·9·22判夕828号281页也持此态度）。在这种情况下，作为《刑法》第54条的解释，所谓“其中最重之刑”是指即便是对于未遂罪，也按不予未遂减轻的法定刑来处理（大判大正2·2·3刑录19辑173页），因此，最终也就是按照强盗未遂来处断（但是，团藤588页则认为，由于不能说已存在恐吓行为，因此也不能认定是与恐吓既遂的观念性竞合，而仅仅是强盗未遂。但这一观点将已经夺取了财物这一点置于评价之外，也是一个疑问）。也许判例是重视了立证的简易化，但由于本罪预定的是抑制被害人的反抗而夺取财物这一因果关系，因此，还是应该理解为强盗未遂。与此相反，如果手段在客观上仅达到恐吓的程度，即便由于被害人天性胆小而达到了抑制反抗的程度，也仅仅是属于恐吓既遂。对于这种情况，也有观点认为，如果犯罪人知道被害人生性胆小而实施该恐吓行为，则应构成强盗（团藤587页、大塚213页、大谷225页以下），但既然是采取客观标准，这种观点就缺乏一贯性。

所谓“抢了就跑”的行为，虽然是以暴力为手段，但也只应构成盗窃

---

① 客观区别的问题点：值得注意的是，如根据手段的客观程度来区别强盗罪与恐吓罪，则恐吓罪就有从交付罪演变为盗取罪的可能。这是因为，如将这一理论贯彻到底，只要手段是恐吓行为，即便被害人的反抗被完全抑制住，也应是恐吓罪，但在此时，财物的任意交付、处分行为（尽管有瑕疵）在理论上则是不可能的。

罪。这是因为，这种情况下所实施的暴力并不是为了抑制被害人的反抗。当然，在这种情况下，如果从背后推倒被害人，或者被害人抓住财物不放而继续实施暴行，则根据其客观程度可以成立强盗罪或恐吓罪（最决昭和45·12·22刑集24卷13号1882页、札幌地判平成4·10·30判夕817号215页）。如果无意中将被害人殴打致昏迷状态，由于已经抑制了被害人的反抗，因而构成强盗罪。但被害人的恐惧这一心理状态，则并非强盗罪的必要要件。

（二）强取的含义

1. 暴力、胁迫与夺取之间的因果关系

暴力、胁迫与夺取财物、财产性利益之间，必须存在抑制被害人的反抗而夺取这种因果关系。这种情况之下的夺取就称之为强取。因此，在抑制住了被害人的反抗的情况下，诸如在其不知道的情况下取得财物的行为（最判昭和23·12·24刑集2卷14号1883页）；接受被害人所交出的财物的行为（东京高判昭和42·6·20东时18卷6号193页）；被害人扔下财物逃走，取得该财物的行为（名古屋高判昭和32·3·4裁特4卷6号116页）等就属于强取。但是，取得被害人在逃跑途中所丢失的财物的行为，则构成强盗未遂与盗窃既遂的观念性竞合（名古屋高判昭和30·5·4裁特2卷11号501页）。

另外，在通过窃取或诈骗等手段取得财物之后又实施暴力、胁迫的情况下，因为暴力、胁迫是夺取的手段，因而即便存在构成第2款强盗罪的情况，但也成立第1款强盗罪（最决昭和61·11·18刑集40卷7号523页）。然而，出于强盗的犯意，为了确保已夺取的财物而实施暴力、胁迫的行为，对此，判例认为构成第1款强盗罪（最判昭和24·2·15刑集3卷2号164页。藤木293页、大塚216页、大谷230页也持这种观点）。如盗窃尚处于未遂阶段当然是如此（转化型强盗①），如盗窃已达到既遂阶段，则不无疑问。要区别犯罪的既遂与终了是有可能的，并且既然另外存在事后强盗罪，那么，对于盗窃既遂之后所实施的暴力、胁迫行为，笔者认为就应该按照事后强盗罪来处罚。

2. 强盗杀人与强取的范围

如出于强盗的犯意，在将被害人杀害之后再夺取财物，当然应该构成强盗杀人罪（第240条后段）（大判大正2·10·21刑录19辑982页）。该财物之所以成为占有脱离物，是因为所有人被杀害的缘故，因而这种情况就不应

① 相当于我国《刑法》第269条所规定的事后抢劫（准抢劫）——译者注。

该构成杀人罪与占有脱离物侵占罪（关于在旧刑法时期侵害继承人的占有的行为，可参照大判明治39·4·16刑录12辑472页）。也有观点认为，在杀害的瞬间即发生财物的占有的移转（木村133页、植松403页），这也未免太早，并不妥当。杀害行为仅仅使得财物的占有出现了脱离，实际取得财物的时点还是应该认为是在产生强取的结果之时（团藤572页）。

问题在于，对于杀人后获取财物的行为，在什么范围之内可评价为强盗杀人。正如后面所要谈到的那样，如果认为杀害之时便构成强盗杀人罪的既遂，这种讨论似乎并无实际意义。但是，既然强盗杀人罪也是财产犯之一，那么，认定这一范围在量刑上便很有意义，尤其是在有人仅仅参与财物获取行为的情况下，就涉及对承继的共犯采取何种观点的问题，只要是按照通说的观点，就会出现究竟是构成占有脱离物侵占罪的共犯还是构成强盗罪的共犯这种巨大差异。

由于杀人行为是使占有丧失的最终手段，因而只要是出于强取的意思而实施杀人行为，那么，即便其后的财物取得行为与杀人行为在时间上、场所上并无连续性，也应全部认定为强盗杀人行为（东京高判昭和53·9·13判时916号104页便表明了这种倾向性）。但是，诸如出于获取被害人所持有的现金的目的而杀害被害人，在一周之后，回想起被害人家里还有其他东西而再次去取；或者将尸体掩埋一周之后，回想起被害人还带有戒指而将尸体重新挖出并取走戒指，将这些行为认定为强盗杀人，笔者认为并不妥当。另外，强取也并不限于实施杀人行为之时所计划强取的财物。例如，甲打算杀害乙后夺取乙怀中的现金，实施杀人行为之后才发现除了现金之外还有宝石，并拿走了宝石，对拿走宝石的行为，可以说也成立强盗杀人。也就是说，由于杀人行为已使得财物脱离了占有，则只要能认定杀害时的强取的意思存在连续性、单一性，那么，在这一范围之内的获取财物的行为就可以认定为强取。因此，通过实施杀人行为而夺取了计划中的财物，两天后，在掩埋尸体时又发现了其他钱财并获取的行为，则仅构成占有脱离物侵占罪（如肯定“死者的占有”，则构成盗窃罪）（仙台高判昭和31·6·13裁特3卷24号1149页则认定构成盗窃罪）。但是，如果甲事先便已经做好计划，将乙杀害之后又赶到乙家拿走财物，则可以说该行为是强盗杀人的结果（在松山实施强盗杀人行为之后，次日赶到东京，夺取被害人家中的财物，对于这一事案，参照东京高判昭和57·1·21刑月14卷1、2号1页；对于将被害人杀害三至八天后，到被害人家中夺取财物的行为，可参照东京高判昭和60·4·24

判タ577号91页)。①

3. 实施暴力、胁迫行为之后的领得意思

出于强奸等其他目的而实施暴力、胁迫行为，抑制住被害人的反抗之后再产生不法领得的意思并夺走财物，这种行为是否构成强盗罪？也就是说，强盗罪原本是指出于强取的意思而实施暴力、胁迫行为，与此不同，利用自己的暴力、胁迫这一已经抑制住了被害人的反抗的先行行为而夺取财物，并且没有另外实施作为夺取手段的暴力、胁迫行为，对此是否可以认定成立强盗罪。

必须存在以实现强取财物为目的的暴力、胁迫行为，这是通说的观点，但“不要说”也很有影响（藤木294页、藤木·新版刑法演习讲座397页以下〔1970〕）。不要说的理由（藤木302页）在于：（1）第238条（事后强盗）是因为在盗窃行为之后实施了暴力、胁迫行为而才作为强盗罪来处理，这一类型更能够强烈地认定暴力、胁迫行为与夺取财物的行为之间存在因果关系；(2) 甲出于强盗的目的而对丙实施暴力、胁迫行为，并抑制住了丙的反抗，乙则仅仅是参与了夺取行为，对此，按照通说的观点，乙应构成强盗罪的承继的共犯，② 那么，为了保持相互间的平衡，利用自己先行行为的情况也应该认定为强盗罪；(3) 如果要求必须实施新的暴力、胁迫行为，在被害人因最初的暴力行为而陷入昏迷的情况下，由于不能认定实施新的暴力的可能性，因而也不能构成强盗罪，这样一来，就会出现情节严重者处罚反倒更轻这种不合理的现象。但是，第238条不过只是例外类型而已，笔者认为，对于强盗罪而言，还是必须存在以实现强取财物为目的的暴力、胁迫行

---

① 以客观关系为标准的观点：町野163页认为，不应考虑行为人的主观意图，而应该根据杀人行为是否与其后的财物取得行为之间存在直接的联系这一客观关系来判断，因此，关于前述仙台高判昭和31·6·13的事案，也可以认定为强盗杀人；另外，在美国将被害人杀害，数月之后，从被害人在日本的家中拿走财物，对此，即便该行为是按预先的计划所实施，也应否定成立强盗杀人。但是，只要不以其他人的占有侵害为必要，那么，就可以说杀人之后的取得财物的行为与杀人行为之间存在直接的联系，因而倒不如说有必要从主观上来作些限定。

② 强盗罪与承继的共犯：甲出于强盗的目的而对丙实施暴力、胁迫行为，并抑制做了丙的反抗，其后，乙仅仅参与了夺取财物的行为，对此，有以下观点（参照西田·刑法的基本判例68页）：（1）乙对于自己并未参与的行为并不承担责任，因而仅仅构成盗窃罪的共同正犯；（2）乙利用了甲的先行行为，即甲的暴力、胁迫行为已使得丙处于恐怖状态，因而应构成强盗罪的共同正犯；（3）乙参与了甲的强取行为（可左右强取的结果），因而构成强盗罪的共同正犯。

为。尤其是如同第178条（准强奸）那样，强盗罪也并没有明文规定处罚利用被害人的“不能抗拒”这一利用行为，因此，笔者认为不能采取不要说。

尽管也有判例明确采取不要说（大阪高判昭和47·8·4高刑25卷3号368页、东京高判昭和57·8·6判时1083号150页），但判例的主流还是认为必须存在为取得财物而实施的新的暴力、胁迫行为（东京高判昭和48·3·26高刑26卷1号85页、大阪高判平成1·3·3判夕712号248页）。在自己的先行行为已达到了抑制被害人反抗的程度的情况下，如果认为暴力、胁迫的程度只要达到能继续这一抑制状态即可的话，那么，要认定新的暴力、胁迫行为就并不是很困难。为此，上述对立观点对结论的影响，实际上就仅限于杀害或使得被害人昏迷之后再产生领得意思的场合。对于这种情况，不要说认定成立强盗罪；而判例对于昏迷的场合（高松高判昭和34·2·11高刑12卷1号18页、札幌高判平成7·6·29判时1551号142页）与死亡的场合（最判昭和41·4·8刑集20卷4号207页）均认定成立盗窃罪，可以说基本上是站在必要说的立场上。

（三）客体

1. 有关财物的含义，请参照前面的论述。与盗窃罪一样，也适用第242条。由于财物并不包括不动产，因此，通过暴力、胁迫手段改变登记名义的场合当然是如此，即使在侵夺不动产的场合也构成第2款强盗罪，这是通说的观点；但在抑制对方的反抗而改变登记名义，并取得其处分可能性的场合，笔者认为也可以认定构成第1款强盗罪。

2. 所谓“财产性不法利益”，并不是指利益本身是非法的，而是指不法地移转财产性利益。就利益的移转而言，也存在几个问题。

首先，问题在于为了能成为“存在财产的移转”，是否必须存在被害人的诸如免除债务、暂缓支付的意思表示等处分行为。对此，判例的态度也有一个渐变的过程：最初，判例认为必须发生利益移转的外形上的事实，因而也必须存在处分行为（大判明治43·6·17刑录16辑1210页）；其后，在出租车强盗事件中，则判定并不需要免除债务这一意思表示（大判昭和6·5·8刑集10卷205页）；最后，明确表示采取“处分行为不要说”（最判昭和32·9·13刑集11卷9号2263页）。在诈骗、恐吓的场合，尽管有瑕疵但也作出了任意的意思表示；与此相反，在强盗的场合，由于抑制住了对方的反抗，因而以任意性为要件的处分行为也就没有介入的必要。所以，不要说更为妥当。

旧判例之所以采取了必要说，笔者认为这是为了对第2款强盗罪的处罚范围加以限定。因为，如果对利益的移转作抽象性的考察，那么，诸如债务人杀害债权人的行为、共同继承人中的一人杀害其他继承人的行为，就很容易构成第2款强盗罪。强盗罪是通过暴力、胁迫手段而实现财物的移转，因此，在上述情况下，就有必要存在仅仅相当于这种财物移转的财产性利益的移转的具体性与确实性。例如，即便是债务人将债权人杀害的场合，要成立本罪，也必须存在因债权人的死亡便再没有人知晓存在该笔债务，也就是相当于创造出了事实上的债务免除这样一种状态（前揭最判昭和32·9·13的事案就属于这种情况）；[①] 同时，还必须行为人已认识到这一情况。惟一的继承人为了达到继承的目的而杀害了作为被继承人的父母，由于在这种情况下并不因继承人这一形式上的继承的出现而发生第2款强盗罪所规定的利益的具体性移转，因而也并不构成强盗杀人（东京高判平成1·2·27高刑42卷1号87页也是同一结论）。

3. 在诈取财物之后（例如，起初便没有付钱的意思而吃了"霸王餐"之后），通过实施暴力、胁迫行为而达到了免于付款的目的，对此，下级审判例的观点并不一致：(1) 仅构成第1款诈骗与暴力或胁迫的并合罪[②]（神户地判昭和34·9·25下刑1卷2069页）；(2) 构成第1款诈骗与第2款强盗的并合罪（大分地判昭和52·9·26判时879号161页）；(3) 认定成立第1款诈骗与第2款强盗，但以其中的重罪，即第2款强盗的概括性一罪来处罚（大阪地判昭和57·7·9判时1083号158页）。最高裁判所明确采取了(3)的观点（前揭最决昭和61·11·18）。正如财物也受到诈骗罪的保护那样，被害人所拥有的餐费请求权也值得另外保护，因而应认定同时成立两罪，但由

---

① 财产性利益的界限：但其后也有下级审判例对这种观点作了扩张延伸。例如，在债务人杀害债权人的案件中，由于在债权人处还存有有关此债权的大量物证，因而不能说杀害了债权人，债务人就事实上免除了债务。即便如此，为了认定成立第2款强盗罪，大阪高判昭和59·11·28（高刑37卷3号438页）还是认为，虽然支付请求没有被永远免除，但已经使得继承人在短时间不可能迅速行使该债权，可以说相当于接受了债权人的暂缓支付这一处分行为的利益。对于这种观点，有些疑问。基于本判决所认定的事实，债权还确实有可能行使，因而便缺少利益移转的具体性、确实性，也便应该否定成立第2款强盗。在第2款诈骗与第2款恐吓的场合，判例、通说认为支付的暂时延缓也相当于财产性不法利益，因而在第2款强盗的场合也存在相同观点的可能性确实存在。但如果将第2款强盗的成立范围扩张延伸到如此程度，那么其结果就是，凡属于杀害债权人的行为都基本上构成有关第2款强盗的强盗杀人，笔者认为这种做法并不合适，倒不如对第2款欺诈与第2款恐吓中的利益移转的认定方法作限定性解释。

② 相当于我国刑法中的"数罪并罚"——译者注。

于其结果都是为了保护同一个财产性利益，因此应该说最高裁判所的观点更为合适，即构成概括的一罪。另外，即便先行行为为盗窃行为，但如果通过实施暴力、胁迫行为而达到免于返还的目的，那么，除去成立事后强盗这种情况，就应该认定成立盗窃罪与第2款强盗罪，而按其中的重罪、即第2款强盗罪的包括的一罪来处罚（前揭最决昭和61·11·18）。① 对此，也有观点认为，如果先行行为是盗窃罪，就应当将其作为不可罚的事后行为来处理而并不成立第2款强盗罪（古田佑纪："批判"，研修464号63页）；还有观点认为，尽管是共罚的事后行为，但只应择一成立盗窃罪或第2款强盗罪（町野143页），笔者认为这些观点均不妥当。

二、事后强盗罪

盗窃犯在窃取财物之后为了防止返还财物，或者为了逃避逮捕，或者为了隐灭罪迹，而实施暴力或胁迫行为的，以强盗论（第238条）。处罚其未遂（第243条）。

（一）含义

对于本罪含义的理解，观点并不一致。有观点认为，盗窃犯逃跑之时大多实施暴力、胁迫行为，着眼于刑事法学上的这一实际情况，并从人身保护的立场出发，有必要对此行为与强盗作同样处断（大谷236页）；还可能有观点认为，对于盗窃犯在盗得财物之后，为了确保已盗得的财物而实施暴力、胁迫行为的情况，如作实质性评价，则可以视为通过实施暴力、胁迫行为而获取财物，因而应与强盗作同样处断。正如后面所要谈到的那样，如果采取后一种观点，则对本罪的未遂的成立范围也会产生影响。

本条中的"窃盗"这一用语，相当于"盗窃犯"。本条属于既遂类型，通说、判例认为本罪的未遂是指盗窃的未遂，因而本条的"窃盗"也就相当

---

① 共罚的事后（事前）行为：对此有批判意见认为，在实施诈骗之后免予支付餐费这一行为就如同在盗窃之后损坏目的物一样，只不过是不可罚的事后行为而已。但是，这种行为原本便不是不可罚的，而是共罚的事后行为。在盗窃犯损坏盗窃而来的赃物的场合，也成立器物损坏罪，只是损坏这一行为可以完全评价在重罪盗窃罪之中而按盗窃罪处罚即可，没有另外处罚的必要而已。如果认为损坏行为不可罚，那么，仅仅参与损坏行为的共犯；或者行为人在实施作为先行行为的盗窃行为之时无责任能力，其后恢复责任能力而实施了损坏行为，则都将不受处罚。即使在有关成立第1款诈骗之后是否还成立第2款强盗的情况下，诈骗也是共罚的事前行为，只是因为强盗罪更重而只认定成立第2款强盗这一罪而已。

于“盗窃既遂犯”。如果认为本条的“窃盗”也包括盗窃未遂，那么，如果盗窃未遂犯出于逃避逮捕的目的而实施暴力行为，则仅因这一点便构成本罪，这并不妥当。① 所谓“以强盗论”，并不仅仅是指法定刑，在与其他条文（如第 240 条、第 241 条）的关系方面，也意味着按强盗论处。

（二）暴力、胁迫

即便是事后强盗罪，暴力、胁迫的程度也是问题之一。也就是说，既然将本罪也以强盗论处，那么就不是简单的暴力、胁迫，而必须是达到抑制被害人反抗程度的暴力、胁迫。从本罪的性质上看，暴力、胁迫的对象并不限于盗窃行为的被害人，还包括参与追捕的第三人与警察。但考虑到本罪是以强盗论处，在盗窃行为与暴力、胁迫行为之间就有必要存在时间、场所上的接续性，应该理解为在盗窃现场或者盗窃的机会尚处于持续之时所实施的暴力、胁迫行为。

（三）与盗窃罪之间的关系

所谓“转化型强盗”，是指着手盗窃之后，或者在着手之前，因为被发现而转而出于强取财物的目的实施暴力、胁迫行为，因而相当于第 236 条的强盗。盗窃既遂之后，再通过实施暴力、胁迫行为而强取财物的情况，则概括性地只构成强盗既遂一罪（高松高判昭和 28·7·27 高刑 6 卷 11 号 1442 页）。与此相关联，盗窃既遂之后，又出于强盗的犯意而实施了暴力、胁迫行为，由于很可能被逮捕而通过实施暴力、胁迫行为才得以逃走，在这种情况下应如何认定行为人的罪责呢？如对此认定构成盗窃的既遂与强盗的未遂的包括的一罪，相反，没有着手实施强盗行为而只是通过实施暴力、胁迫行为才得以逃走的情况下也构成事后强盗的既遂，那么，两者之间便有失平衡。因此，为了逃走才实施的暴力行为，也可以看作是为了防止最初的盗窃行为所获取的财物被追还这一目的而实施，进而将整体评价为一罪，即构成

① 旧规定：在平成 7 年（1995 年）刑法改正之前，第 238 条规定“窃取财物之后，为了抗拒追还，或者为了避免逮捕，或者为了隐灭罪迹，而实施暴力或胁迫手段的，以强盗论”，因而有可能将“窃取财物”理解为与抗拒追还、逃避逮捕、隐灭罪迹这些目的均有关。并且，既然第 238 条规定的是既遂类型，那么作如此理解也应该说是合适的。但新规定则修改为“窃取财物”仅与防止返还财物有关。这一修改的结果便是有可能作如下理解：即在重视人身保护的场合，如出于逃避逮捕、隐灭罪迹的目的，则即便盗窃处于未遂阶段，也可按本条（既遂）处理（草野豹一郎·刑法要论 342 页［1956］认为，即便是在旧规定的情况下，也可作如此理解）。但正如后面所要谈到的那样，通说、判例均认为本罪的既遂、未遂取决于盗窃的既遂、未遂，因此，这一点现在已不再是问题，为了使这种解释更为明确，还是应该认为是在“窃取财物之后”。

事后强盗罪的既遂（广岛高判昭和32·9·25高刑10卷9号701页）。另外，在盗窃既遂之后又着手实施了强盗行为，由于听到警车的警笛声而逃走，这种情况则构成盗窃既遂与强盗未遂的观念性竞合。

（四）本罪的未遂

本罪的既遂、未遂根据先行行为盗窃的既遂、未遂来判定，这是通说、判例的观点（最判昭和24·7·9刑集3卷8号1188页）。因此，要构成本罪的未遂，就必须已经着手实施盗窃，即便是在着手之前被发现而实施了暴力行为，也不适用第243条（东京高判昭和24·12·10高刑2卷3号292页）。还有，在防止追还财物的情况下不可能构成未遂。只有在逃避逮捕或隐灭罪迹的情况下，并且盗窃行为尚处于未遂阶段之时才可以认定本罪的未遂。对此，有观点认为在盗窃尚处于未遂之时构成本罪的未遂，这一点与通说的观点一致，但即便盗窃已达到了既遂，如果财物最终被追回，则也构成本罪的未遂（植松394页以下、曾根134页）。本罪是财产犯，其基本类型就是在盗窃行为的延长线上为了确保盗取的财物而实施暴力、胁迫行为，因此，如果认为第243条就防止追还行为规定也可以成立未遂，则应该说后一观点更为妥当。①

（五）本罪的预备

判例认为本罪也可以成立事后强盗罪（最决昭和54·11·19刑集33卷7号710页。团藤598页、大谷250页、前田220页）。具体而言，出于在着手盗窃之后如被发现则实施暴力、胁迫行为这一意图而携带凶器的场合就属于这种情况。有观点对此予以了批判：从刑法典条文的设置位置来看，由于是在预备罪（第237条）之后再规定事后强盗罪，因此，第237条中所谓出于“强盗的目的”就并不包括事后强盗的目的。然而，不可否认的是，出于昏醉强盗（第239条）的目的而准备安眠药的行为也符合第237条的规定，因而可以说条文的位置并不能成为决定性的根据。但如果处罚事后强盗的预备行为，可以说实质上也就是处罚盗窃的预备行为，而这在现行刑法中是不

① 事后强盗罪的未遂：但是，之所以将事后强盗罪作为强盗来处罚，这是因为在通过实施盗窃而获取了财物的情况下，作为确保财物的手段而实施暴力、胁迫行为，而第236条是为了获取财物而实施暴力、胁迫行为，两者在规范性上是相同的。如作如此理解的话，那么，本罪当然是以已获得财物为前提，因此，在盗窃尚处于未遂阶段之时，事后强盗罪包括未遂在内基本上不能成立（西村克彦·强盗罪考述118页以下[1983]，但认为本罪不可能存在未遂犯）。在盗窃达到既遂之时，尽管实施了暴力、胁迫行为，但结果仍未能保住财物，只有在这种情况下，才有可能成立事后强盗罪的未遂。在此，仅限于对此保留疑问而不作进一步的探讨。

可罚的行为，因此并不合适（大塚 237 页、内田 284 页、曾根 135 页、中森 133 页。还可参照《轻犯罪法》第 1 条第 3 款）。

（六）本罪是否是身份犯？

就本罪是否是身份犯这一点，尚存争论。例如，盗窃犯甲从丙处窃取财物后逃走，并对追来的丙施以暴力，乙在知情的情况下仍参与了甲的暴力行为，结果使丙受伤，这种情况下的问题在于乙是否能构成事后强盗（致伤）的共犯。对此，判例、学说的观点并不一致：认为盗窃犯这一地位相当于第 65 条第 2 款的不真正身份，甲成立强盗致伤罪，而乙则仅成立暴力、伤害罪（东京地判昭和 60·3·19 判时 1172 号 155 页、内田 285 页、大谷 238 页）；认为盗窃犯这一地位相当于第 65 条第 1 款的真正身份，则乙构成事后强盗（致伤）的共犯（大阪高判昭和 62·7·17 判时 1253 号 141 页、前田雅英："共犯与身份"，芝原等编·刑法理论的现代的展开总论Ⅱ 258 页〔1990〕）；认为盗窃犯这一地位构成何种身份应区别对待，在出于防止财物被追还这一目的的场合，相当于第 65 条第 1 款的身份（违法身份），而在出于逃避逮捕或出于隐灭罪迹这一目的的场合，则相当于第 65 条第 2 款的身份（责任身份），因而本案中的乙构成事后强盗（致伤）的共犯（佐伯仁志："事后强盗罪的共犯"，研修 632 号 3 页）；认为事后强盗罪并不具有身份犯性，根据承继性共犯的理论，认定乙构成事后强盗（致伤）的共犯（中森："判批"，判时 1273〔判评 353 号〕216 页）。这一问题的实质可以归结为应如何追究乙的罪责，即乙仅仅是参与了暴力行为，应在暴力、伤害的限度之内追究其罪责；或者乙尽管只是参与了暴力行为，但这一行为是为了防止甲所窃取的财物被追还，因而具有财产犯的实质，所以可追究其事后强盗的罪责。这种情况既可以根据身份犯的理论也可以根据承继的共犯的理论来解决，如果根据身份犯理论来解决，则在甲的盗窃行为达到既遂的场合，就应该是真正身份犯。这是因为，这种情况下所实施的暴力行为具有作为财产犯之手段的其他违法性。另外，如果作为承继的共犯的问题来看待，可以认为乙参与了作为强盗手段的暴力，因而应承担事后强盗的罪责。究竟采取何种理论形式，则只是如何寻找理论根据的问题而已。另外，在盗窃尚处于未遂阶段的场合，按照通说、判例的观点，甲构成事后强盗的未遂；如作为真正身份犯来处理，根据第 65 条第 1 款的规定，乙也构成事后强盗的未遂，如果发生了伤害的结果，还可以适用第 240 条。① 对此，如果作为承继性共犯的问题来看待，则在盗窃未遂的场合可以理解为并没有发生承继（参照西

① 第 240 条规定的是"强盗致死伤罪"——译者注。

田:“共犯与身份再论”,内藤古稀·刑事法学的现代性状况193页〔1994〕)。

三、昏醉强盗罪

使他人昏醉而窃取其财物者,以强盗论(第239条)。处罚其未遂(第243条)。

所谓使他人昏醉,是指使用安眠药、麻醉药、酒精等而使他人的意识出现暂时性或持续性障碍的行为。昏醉的手段也有可能未经被害人同意行使有形力而相当于暴力行为,由于刑法并未规定暴力的含义,可以说本条使得在此情况下也准用强盗罪这一宗旨更为明确(大塚226页)。必须是行为人自己使得被害人昏醉,不包括利用被害人已处于昏醉状态的情况。

本条也处罚预备行为。但如同事后强盗的情况一样,也有观点否定适用预备罪(大塚237页)。

四、强盗致死伤罪

强盗致人受伤的,处无期或7年以上惩役;致人死亡的,处死刑或无期惩役(第240条)。处罚其未遂(第243条)。

1. 所谓“强盗”,判例认为,是指强盗犯,而不问既遂还是未遂(最判昭和23·6·12刑集2卷7号676页)。不仅仅是指第236条的强盗,还包括事后强盗、昏醉强盗。

2. 由于本罪还规定了结果加重犯,那么,是否包括具有伤害、杀人故意的情况呢?过去也曾有判例将强盗杀人认定为杀人罪与强盗致死罪的观念的竞合(大判明治43·10·27刑录16辑1764页。小野244页、泷川132页、香川531页对此也持支持态度),其后,判例作了些变更,仅适用第240条后段(大连判大正11·12·22刑集1卷815页),通说支持此观点。如认定成立两罪,则是对死亡结果作了双重评价,并不妥当,因此还是应认定只成立第240条后段。所以,本条包括强盗杀人、强盗致死、强盗伤害、强盗致伤这四种构成要件。①

3. 对于死伤这一结果,有观点认为应限于由强盗手段暴力、胁迫所引起(手段说)(泷川131页),而判例、通说则认为,只要是在强盗这一机会之下所产生即可(机会说)(最判昭和24·5·28刑集3卷6号873页)。既然

① 《改正刑法草案》:《改正刑法草案》通过设置强盗致死罪(第327条后段)与强盗杀人罪(第328条),既解决了这一问题,同时也对两罪设定了法定刑上的差异。

本条所谓“强盗”也包含事后强盗，很显然，手段说并不妥当；在通常的强盗的场合，考虑到与此之间的平衡，也应该采取机会说。这是因为，如果盗窃犯为了逃避逮捕而对追击者施以暴力并造成死伤结果，就应该根据第238条而适用第240条；而在强盗犯的情况下，即便是实施了同一行为，仅出于并非盗窃犯这一理由便不适用第240条，这并不合理。但是，如果仅仅考虑“在强盗这一机会之下”，就会将其他本不应包容进去的问题也包容进去。例如，强盗犯在逃窜途中，偶然碰到一直以来便想杀害的某人而将其杀害的情况；还有，强盗的共犯相互之间发生内讧而相互杀害的情况。为了将这种情况排除在外，有观点认为应限于与强盗行为具有密切关联性的行为所引起的结果，这一观点也很有影响（大塚230页、大谷243页、曾根137页）；但这种限定也并不充分（中森137页）。机会说的实质性根据就在于，直接限定于作为强盗手段的暴力、胁迫以及类似情况下所实施的暴力、胁迫。

4. 本条所谓的死伤结果，只要是在强盗这一机会之下所实施的暴力、胁迫行为所造成即可，不仅包括暴力的结果加重犯，还包括胁迫的结果加重犯（大阪高判昭和60·2·6判时1149号165页）。① 但至少对暴力、胁迫行为必须存在故意，如同在强盗过程中过失踩死了婴儿的情况一样，应当排除这种作为纯粹的过失犯的死伤结果（大塚233页、大谷243页以下。藤木300页、前田211页则持反对意见）。还有，考虑到本条的法定刑很重，也应该将轻微伤害排除在外（伤害概念的相对性）。②

5. 就本罪未遂（第243条）的含义也存在争议。判例、通说认为，本罪重视保护人身安全，只要出现死伤的结果，即便强盗尚属未遂，也构成本罪的既遂。以暴力为手段且出于伤害的故意，在伤害尚处于未遂的情况下，只构成强盗罪（大塚233页、内田295页对此持反对意见，认为应构成强盗

---

① 胁迫致伤：强盗犯出于胁迫的目的，用日本刀逼近被害人，被害人由于抓住日本刀不放而受伤，对此，判例认为，用日本刀逼近被害人这一行为本身就相当于暴力行为，因而构成强盗致伤（最决昭和28·2·19刑集7卷2号280页）。如认定本条也包括胁迫的结果加重犯，则至少在强盗罪的情况下，没有必要对暴力概念作如此扩张解释。

② 伤害概念的相对性：需要认定这种相对性的理由在于：第240条前段的法定刑的下限为7年，还有，正如后面所要谈到的那样，只要造成了死伤的结果就构成本条前段的既遂，即便是予以酌情减轻其处断刑的下限也是3年零6个月，而无法满足缓刑条件。在这种情况下，如果认定构成第204条的伤害而不构成第240条的伤害，则为强盗与伤害的观念竞合，只要予以酌情减轻就可以适用缓刑。应该通过立法降低第240条前段的法定刑的下限（《改正刑法草案》第327条前段的下限为6年）。

伤人未遂)，因而其最终结果就是，本罪的未遂仅限于杀人未遂的场合（大连判大正 11·12·22 刑集 1 卷 815 页)。另外一种很有影响的观点认为，并不限于杀人未遂的场合，如果强盗处于未遂也构成强盗杀人罪的未遂（平野 211 页、中山 259 页、曾根 138 页)。那是因为考虑到了本罪也是一种财产犯。但在杀人达到既遂，而强盗尚处于未遂的场合，对此也认定构成强盗未遂罪，则对于杀人已达到既遂这一点未免过于忽视。因此，还是通说、判例更为妥当。①

五、强盗强奸罪、强盗强奸致死罪

强盗犯强奸女子的，处无期或 7 年以上惩役；因而致该女子死亡的，处死刑或无期惩役（第 241 条)。处罚其未遂（第 243 条)。

1. 强盗强奸罪是强盗罪与强奸罪的结合犯。通说、判例认为，在强盗的机会之下，因强盗犯强奸妇女而告既遂，而不问强盗是既遂还是未遂。因而本罪的未遂是指强奸尚处于未遂的阶段。在强奸之后再产生强盗的犯意而强取财物的场合，则构成强奸与强盗的并合罪（最判昭和 24·12·24 刑集 3 卷 12 号 2114 页)。

2. 强盗强奸致死罪是指因强奸行为而产生死亡的结果。由于是结果加重犯，本罪的未遂只能是强奸尚处于未遂（平野 211 页、大塚 236 页、曾根 139 页)。但是，考虑到与强奸致死罪（第 181 条）之间法定刑的平衡，只要产生了致死这一结果，就应该认定构成本罪，因而本罪没有未遂（大谷 248 页以下、中森 140 页也是这种意见)。与第 240 条的情况一样，如何处理出于故意而杀害的情况也是一个问题，由于本罪是结果加重犯而并不包括出于故意的场合，因而通说、判例认为，那种场合应成立强盗杀人罪与强盗强奸罪的观念的竞合（大判昭和 10·5·13 刑集 14 卷 514 页)。另外，本条并没有规定强盗强奸致伤的情况。考虑到强盗强奸与强盗致伤的法定刑相同，认为只要认定成立强盗强奸罪即可的观点在学说与判例中都是多数说（大判昭和 8·6·29 刑集 12 卷 1269 页、东京地判平成 1·10·31 判时 1363 号 158 页、大谷 248 页、曾根 139 页、中森 140 页)；但在强奸处于未遂特别是中

① 结果加重犯：也有观点认为第 240 条是纯粹的结果加重犯，按照此说，由于第 240 条并无未遂，在尚未达到致人死亡、致人受伤这种程度的场合，则只能构成强盗的未遂。因此，在杀人达到既遂、强盗尚处于未遂的情况下，就构成杀人既遂与强盗致死未遂的观念性竞合（香川 534 页)。

止未遂的场合，如认定构成强盗强奸未遂罪，则有失与强盗致伤罪之间的平衡，所以应构成强盗强奸罪与强盗致伤罪的观念的竞合（浦和地判昭和 32·9·27 判时 131 号 43 页。藤木 304 页、大塚 236 页）。

第四节 诈 骗 罪

一、概说

（一）含义

诈骗罪，是指欺骗他人使之产生错误，并基于这一错误所产生的有瑕疵的意思而交付财物或财产性利益。就财产性利益也成立本罪（第 2 款诈骗罪），这一点不同于盗窃罪；基于对方（有瑕疵的）意思而移转财物或财产性利益（交付罪），这一点又与盗窃罪、强盗罪相区别。也就是说，要成立本罪就必须经过欺骗行为（诈骗行为）→错误→处分（交付）行为→诈取（在旧规定中称为骗取）这一因果过程，从而取得财物或财产性利益。另外，恐吓罪尽管同属交付罪，但其手段为恐吓（暴力或胁迫），这是其与本罪的区别。

刑法除规定了作为基本类型的诈骗罪（第 246 条）之外，还规定了准诈骗罪（第 248 条）。尤其是通过昭和 62 年（1987 年）的刑法改正，还新增了使用电子计算机诈骗罪（第 246 条之 2），以处罚因不正当使用电子计算机而产生的利得行为。

（二）国家法益的诈骗

有观点认为，诈骗罪是针对作为个人法益的财产性法益的犯罪，那种针对国家法益的诈骗行为由于缺乏诈骗罪的定型性，因而并不构成本罪（团藤 607 页、大塚 240 页、福田 249 页）。但是，既然国家、地方公共团体也可以成为财产权的主体，因而认定成立诈骗罪的通说观点要更为妥当。对于偷税（大判明治 44·5·25 刑录 17 辑 959 页）、通过诈骗手段而获取护照、印章证明书（最判昭和 27·12·25 刑集 6 卷 12 号 1387 页、大判大正 12·7·14 刑集 2 卷 650 页）的行为，判例确实否定了成立诈骗罪。但是，各种税法中的偷税罪可以说是诈骗罪的特别法；另外，通过诈骗手段获取各种证明书的行为，正如后面还要谈到的那样，根据其他理由而并不构成本罪。因此，可以说认定以下行为构成本罪的判例是正确的：通过诈骗手段而获取封存存款的行为（最判昭和 25·3·23 刑集 4 卷 3 号 382 页）、不正当获取配给粮的行为（最判昭和 23·11·4 刑集 2 卷 12 号 1446 页）、谎称具有务农的意思而买受国有土地的行为（最决昭和51·4·1刑集30卷3号425页）。

二、诈骗罪

欺骗他人并使之交付财物的，处10年以下惩役（第246条第1款）。以前款方法，取得财产性不法利益，或者使他人取得该利益的，与前款同（第246条第2款）。处罚其未遂（第250条）。①

（一）客体

本罪的客体是财物（第1款）以及财产性利益（第2款）。

1. 财物

所谓财物，是指他人所占有的他人的财物。关于财物的含义可参照盗窃罪（本章第二节）。就本罪而言，电也可视为财物（第251条、第254条）。另外，也准用有关自己之物的特例以及有关亲族相盗的特例（第251条、第242条、第244条）。

与盗窃罪不同，第1款所谓“财物”，既包括动产也包括不动产。这是因为，行为人通过实施诈骗行为改变登记名义，就使得行为人取得了该不动产的处分可能性，因而也可以说使得不动产占有发生了移转（因此，登记移转之时即告既遂。大判大正11·12·15刑集1卷763页）。那么，在诈取了权利证书等其他移转登记所需要的一切资料之时，也可以认定为不动产的诈取（藤木·经济交易104页）。另外，诸如并没有支付租金的意思却租借公寓的一室或一间房子；并没有工作的意思却签定工作合同，从而入住职工宿舍，在这些情况下，即便取得了不动产的占有，由于那也仅仅是取得了利用可能性，因此，可以看做是取得了与租金相当的利益，或者直接看做是取得了居住的利益，则应认定构成第2款诈骗。

2. 财产性利益

第2款所谓的“财产性不法利益”，是指不法获取财产性利益，利益本身没有必要具有不法性。按照通说、判例的观点，所谓财产性利益，是指财物以外的其他一切财产性利益，除了取得债权或担保权、使人提供劳务、服务等这些积极性利益之外，还包括得到诸如免除债务或暂缓支付等消极性利益。这基本上是妥当的，但以下几点也值得注意。

---

① 也可以将本条的第1款、第2款分别译为诈骗财物罪、诈骗（财产性）利益罪，本书沿用日本学者的习惯用语，仍分别直译为第1款诈骗罪、第2款诈骗罪。强盗罪、恐吓罪也是如此——译者注。

（1）在行为人实施行为的最终目的是为了诈取财物的场合，作为其前提的债权取得行为终究也只是第1款诈骗的未遂，要成立第2款诈骗的既遂就必须存在特别的情况。例如，通过实施诈骗行为而使得被诈骗人同意交付金钱，但尚未获取这些金钱的场合，则仅限于第1款诈骗的未遂。对于诈取不动产的情况，判例也认为，仅仅是使得对方作出了移转所有权的意思表示还不够，必须是现实发生了占有移转或者进行了所有权移转登记，才能构成第1款诈骗罪的既遂（前揭大判大正11·12·15）。因此，有判例认为，在赌博诈骗的场合，只要使得赌客答应负担债务，便已构成第2款诈骗的既遂，对此判例应该说不无疑问（大谷274页、中森149页、曾根147页。在该案件中，由于诈骗犯是暴力团成员，也许裁判所认为只要答应负债就可以视为已实际交付了钱财）。

（2）通说、判例认为，除了免除债务之外，获准暂缓履行或偿还债务也相当于财产性利益（大判明治44·10·5刑录17辑1598页、大判大正12·6·14刑集2卷537页、最决昭和34·3·12刑集13卷3号298页）。但正如在第2款强盗罪处已论述的那样，要认定获取了财产性利益，就必须存在能够视为财物移转的具体性、确实性。因而在暂缓履行债务的场合，就必须发生因此而使得债权的财产性价值减少这一事实（平野219页）。债务人已处于延迟履行的状态，并通过诈骗手段而暂时免受催促，对此，判例认为，为了能认定获取了财产性利益，就必须存在“如果债务人不实施欺骗行为，基于债权人的催促、要求，就会全部或部分履行债务；或者一定已经采取了必须提供担保等某种具体措施等特殊情况”（最判昭和30·4·8刑集9卷4号827页），也就是肯定了上述观点。事实上，认为暂缓履行相当于财产性利益的案例基本上都是针对那种名义上是暂缓支付而实际上是试图免除债务的情况。

（3）劳务的提供。通说认为，提供劳务、服务理所当然地相当于财产性利益。但诸如谎称母亲突然患病而让朋友用车送等行为则并不构成第2款诈骗罪，因此，必须限于有偿劳务、伴有对价的劳务（有偿劳务说）（平野219页、中森109页、曾根108页）。最近，另外一种学说也很有影响，该学说认为，由于劳务的提供本身具有非移转性，因而并不属于财产性利益，只有尽管利用了有偿劳务而最终却免付对价这种行为才相当于财产性利益（债务免除说）。（町野128页以下。内田274页以下的结论也是如此）。在此，通过并无支付车费的意思却乘坐出租车这一案例来说明这两种学说的差别：按照有偿劳务说的观点，在出租车开始起动之时即构成第2款诈骗的既遂；而按照债务免除说的观点，只有在通过诈骗手段得以免予支付车费之时才构成第2款诈骗的既遂，在此之前，如果最初是意图通过诈骗手段而逃避支付车费，则构成第2款诈骗的未遂，如果最初是意图通过逃走这一手段而达到免予支付的目的（由于并不存在指向处分行为的诈骗行为），则不可罚。应该说债务免除说也有其合理之处，但如考虑到其处罚范围的局限性，则仍值得进一步探讨。

（二）诈骗行为

所谓“欺骗他人”，是指通过欺骗手段而使得他人产生错误。旧规定使用了“欺罔他人”这一用语而称其为“欺罔行为”，为了与之区别开来，本书将“欺骗他人”称为诈骗或诈骗行为。

1. 由于诈骗罪设想了诈骗→错误→处分行为→诈取这一因果过程，因此，诈骗行为首先必须是指向人的行为。也就是说，由于机械并不会陷于错误，因而把类似于货币的金属片插入自动售货机而不正当地获取果汁、香烟、乘车券等的行为就并不构成诈骗罪，而是构成盗窃罪。同样，判例也认为，利用伪造的CD卡或拾得的CD卡从CD机（自动取款机）上取款的行为也不是诈骗而是盗窃（东京高判昭和55·3·3判时975号132页、札幌地判59·3·27判时1116号143页：北海道银行事件）。与此相反，即便实施了利用类似于货币的金属片而不正当地使用公用电话机、投币存物箱、游戏中心的游戏机的行为，由于属于利益盗窃，因而按照现行法的规定，既不是诈骗也不是盗窃，而只能是不可罚。①

其次，诈骗行为必须是指向财物或财产性利益的处分行为的行为。那么，诸如假装成顾客在试穿衣服之时逃走的行为，或者打假电话而让他人外出之后潜入其家中领得财物的行为等，尽管都是以实施诡计为手段，但由于该行为本身并不是以处分行为为目的，因而成立盗窃罪，而不成立本罪。这种情况也不成立诈骗罪的未遂。

2. 所谓诈骗行为，是指如果交易的对方知道真实情况便不会实施该财产处分行为，却捏造这种重要事实。因此，判例认为以下情况并不构成诈骗：即便冒称商品名称，而其品质、价格毫无变化，买主也并不拘泥于商品名称而是自己鉴别后买入的场合（大判大正8·3·27刑录25辑396页）、作

① 自动设备的不正当利用：《改正刑法草案》第339条第1款规定：“利用不正当手段，不支付对价而利用自动售货机、公用电话或者其他收费的自动设备，取得财物或者不法利益的，处3年以下惩役、20万日元以下罚金、拘留或科料。”这一款既规定了现行刑法可以作为盗窃罪处罚的财物类型，也规定了现行法无法处罚的利益盗窃的类型，并鉴于事案程度的轻微，规定了比盗窃罪更轻的法定刑。

为担保物的绘画尽管是赝品，但仍具有充分的担保价值的场合（大判大正4·10·25新闻1049号34页）。还有，就招标项目事先私下商定价格后参与投标，只要订货是在预定价格之下，判例也认定订货方对价格并不存在错误（大判大正8·2·27刑录25辑252页），这一问题最终通过昭和16年（1941年）的刑法改正增设串通罪（第96条之3第2款）才得以解决。

一般商品交易均允许存在一定程度的讨价还价与夸张，要构成诈骗行为，就必须是在以交易对方的知识、经验为基准的情况下，虚构足以使得一般人陷入错误的事实（团藤611页）。如未达到这种程度，则要么不可罚，要么只成立虚假广告罪（《轻犯罪法》第1条第34项）。

3. 诈骗行为也可以通过不作为来实施。所谓不作为诈骗，是指明知对方已陷入错误却仍不告知真实情况。① 这就要求必须存在法律上的告知义务（大判大正6·11·29刑录23辑1449页）。如在订立生命保险合同时没有告知既往病史这一案例那样（大判昭和7·2·19刑集11卷85页），除了有法定告知义务的情况（《商法》第678条）以外，判例对于准禁治产者② 隐瞒自己的这一特殊情况而借款（大判大正7·7·17刑录24辑939页）、行为人隐瞒已经设立了抵押这一事实而销售不动产（大判昭和4·3·7刑集8卷107页）等场合，也基于诚实信用的原则，广泛认定存在告知义务。但在这种情况下，应该考察该事实是否是有关个别交易的重要事实，还应在考虑到对方的知识水平、经验、调查能力等诸多事项之后再来判断是否存在告知义务（东京高判平成1·3·14判タ700号266页就是持这种观点）。与个别履约意思、履约能力不同，就一般的营业状况、信用状况则不应存在告知义务（大判大正13·11·28新闻2382号16页、福冈高判昭和27·3·20判特19号72页）。

应与不作为诈骗区别开来的是举动诈骗。例如，起初便没有付款的意思也没有付款的能力，却在饮食店点菜吃饭，行为人的这种行为看上去似乎构

---

① 零钱诈骗：用一张千日元钞票购买500日元的商品，卖方错认为收到的是一张万日元钞票而找付零钱9 500日元，行为人收到零钱后已经意识到却默不作声地拿走，该行为属于占有脱离物侵占。但通说认为，行为人已经意识到卖方找回的是9 500日元并领得，从信义原则上看，此时行为人有告知对方多找了零钱这一事实的义务，因此，行为人的行为构成不作为诈骗。但也有观点认为，如认定成立不作为诈骗，则是肯定对于对方财物的保护义务，但在通常交易关系中却并不应该认定这一点，因而这种情况并不成立诈骗罪（中森145页）。

② 准禁治产者：是指心神耗弱者、铺张浪费者被家庭裁判所宣告为准禁治产，也就是给无能力管理财产者指定财产监护人。可参照《日本民法典》第7～13条——译者注。

成不作为诈骗，但在通常情况下，点菜便意味着伴有吃后付款的意思，因而应理解为是由装作有付款的意思而点菜这一作为所构成的诈骗（最决昭和30·7·7刑集9卷9号1856页）。对于赊货赖账诈骗行为，也有判例认为，行为人原本没有付款的意思也没有付款的能力，却订购商品并接受，这就是以作为方式所实施的诈骗（最决昭和43·6·6刑集22卷6号434页）。

（三）处分行为

1. 概说

要成立诈骗罪，就必须是因欺骗而使对方产生错误，并由这种错误作出带有瑕疵的意思表示，进而基于这种意思表示而实施将自己的财物或财产性利益移转至对方的处分行为。那么，虽然存在以使之实施处分（交付）行为为目的的诈骗行为，但对方并未陷入错误，而是出于其他理由（例如，出于怜悯之心）交付了财物，则由于切断了诈骗罪所预定的因果关系，而限于成立未遂犯。

交付的对象也可以是实施诈骗行为者以外的第三者，但应限于实质上可以视为交付给了行为人的场合，或者行为人实施该诈骗行为的目的就在于使得该第三者获得利益的场合（大判大正5·9·28刑录22辑1467页）；如果是交给了毫无关系的第三者，则并不构成本罪，至于是否成立毁弃罪等其他罪则是另外的问题。一旦放弃了因实施诈骗行为所获得的财物，而后又领得该财物，对此应如何处理，意见不一，既有观点认为构成盗窃罪（团藤616页），也有观点认为应构成占有脱离物侵占罪（泷川159页），但笔者认为，如果在放弃之后马上领得，也可以构成诈骗罪。

2. 是否需要处分意思

是否存在处分行为是区别盗窃罪与诈骗罪的重要因素。就两者的区别而言，如果仅限于财物则仅仅是犯罪个别化的问题；如果是有关财产性利益，与诈骗利得行为应受处罚相反，利益窃取则是不可罚的，因此，有无处分行为就划出了可罚性的界限。为此，确定处分行为的要件就很有意义。

要认定存在处分行为，首先，必须存在基于被诈骗者的瑕疵意思表示，财物的占有发生了终局性的移转。因此，谎称试车而让人同意其单独驾驶一段时间的行为就是处分行为，构成诈骗罪（东京地八王子支判平成3·8·28判タ68号249页）；被允许试衣者乘店员不注意而逃走的行为，由于没有发生基于被诈骗者意思的占有的终局性移转，因而仅构成盗窃罪（广岛高判昭和30·9·6高刑8卷8号1021页）。出于诈骗的目的而使对方准备好了钱款，被诈骗者将现金放在门口之后去卫生间，行为人乘此间隙而带着现金逃走，对此，判例认为构成本罪（最判昭和26·12·14刑集5卷13号2518页），实际上，在这种情况下，占有仍属于被诈骗者，应该说并没有发生基于其意思的占有的终局性移转。

问题在于被害人对所要移转的财物或财产性利益并无认识的情况如何处理。例如，甲发现乙的书中夹有一张1万日元钞票，于是便以100日元的价格买下了这本书，这1万日元是构成诈骗罪还是构成盗窃罪呢？有观点认为，要构成处分行为，被害人需要认识到将某种特定财物移转给对方（意识性处分行为说），据此，本案构成盗窃罪；还有观点认为，在可以肯定某种财物的占有已依照被诈骗人的意思发生了终极性移转的情况下，则没有必要要求被诈骗人认识到各个财物的移转（无意识处分行为说），因而构成第1款诈骗罪。另外，甲在乙的家里谎称打市内电话，实际上却打了国际电话，而只支付了10日元，对此，按照无意识处分行为说的观点，有可能成立第2款诈骗罪，而按照意识性处分行为说的观点，则是不可罚的利益窃取行为。

在学界，意识性处分行为说也很有影响（中山272页、曾根144页、前田231页以下、平川371页、山口厚："诈骗罪中的处分行为"，平野龙一先生古稀祝贺论文集上441页以下〔1990〕、林干人："诈骗罪中的处分行为"，现代的展开215页）。但是，(1) 只要可以肯定财物或财产性利益的占有已基于被诈骗人的意思移转至对方，便可以肯定诈骗罪；(2) 将不让对方知道所移转的客体这种最为典型的类型排除在诈骗罪之外，并不妥当，因此应该理解为，无意识的处分行为也足以构成本罪的处分行为（平野215页、中森146页、大谷269页）。判例的做法也并不一致：对于伪造文书内容并让人在债务证书上署名的行为，有判例认为构成文书伪造而不成立诈骗罪（大判明治43·10·7刑录16辑1647页）；另外，对于像反转电子秤的指针而试图逃避付款的行为那样，被诈骗人对于利益的移转并无认识的情况，有判例认为应构成诈骗罪。无钱食宿、区间性逃票乘车① 是有关是否需要处分意思这一问题的典型，下面分别做些分析。

3. 无钱食宿

前面已经谈到，在无钱食宿的情况下，如果起初便没有付款的意思，则是作为方式的诈骗行为，在点菜、饮食之时，至少成立第1款诈骗罪。问题在于起初有付款意思的场合。在这种情况下，如乘店员不注意而逃走，则作为利益盗窃行为而不可罚。还有一个问题就是，在使用诡计而得以免予付款

① 这是指故意只买上下车站附近几站的车票，而白白乘坐中间各站的非法逃票行为——译者注。

的情况下，在什么范围之内构成第2款诈骗罪。

在无钱食宿之后，谎称开车送朋友回家而逃离客店，对此，判例在旁论中谈到，“需要存在欺罔债权人并使之作出免除债务的意思表示的事实，如果仅仅有逃走并不付款这一行为还不够”，显然，判例是站在意识性处分行为必要说的立场上（最决昭和30·7·7刑集9卷9号1856页。就同样的案例，大判大正15·10·23新闻2637号9页则认为无意识处分行为即已足够）。其后的下级审判例根据这一判例的观点，对于行为人谎称“去看电影”而一去不复返的行为，认为必须存在免除债务或者暂缓偿还债务这种有意识的处分行为，进而认定无罪（东京高判昭和31·12·5东时7卷12号460页）。但也有不同意见的判例，对于行为人谎称“外出一下，傍晚回来”而就此逃走的行为，认定构成第2款诈骗罪（仙台高判昭和30·7·19裁特2卷16、17号821页）；对于行为人谎称“晚上肯定回来”而出门后就此逃走的行为，认为存在默许的暂缓支付的意思表示，进而认定构成第2款诈骗（东京高判昭和33·7·7裁特5卷8号313页）。

与前揭最决昭和30年7月7日的判例的意识性处分行为必要说的对应并不一定明确，有观点一边认为必须存在处分意思（对于利益移转这一结果的认识），一边却对实施诡计逃走的类型，以已认识到债权的存在为理由，而认定存在处分行为（曾根150页。大塚262页大概也是同一意见），应该说这种观点缺乏理论一贯性。按照认为只要存在无意识处分行为便已经足够的观点，在谎称“去看电影”或“去散步”而出去的场合，由于可以说财产性利益（价款债权的准占有）已经根据被害人的意思而终局性地移转至诈骗行为人，因而可以认定存在处分行为（大谷269页）。但是，正如前面已经谈到的那样，作为处分行为的要件，必须存在基于被害人意思的利益的终局性移转，即便是谎称去同一家店内的卫生间（福冈地小仓支判昭和34·10·29下刑1卷10号2295页），或者谎称去送朋友（前揭最决昭和30·7·7）的场合，由于仍然没有认识到将财产性利益事实上委托给对方处分这一表面事实，因此也可以说对于利益的终局性移转缺少认识，应否定处分行为的存在。

4. 区间性逃票乘车

可以用举例的方式来说明“区间性逃票乘车”的含义，例如，在乘坐JR线列车时，购买A站到B站的车票，在A站的剪票口向工作人员甲出示该车票以便通过剪票口顺利上车，在D站剪票口再向工作人员乙出示预先购买的C站到D站的车票以便顺利通过出站口，通过这种手段以逃避B站至C站的车费。对于这种行为，有两种相互对立的观点：一种观点认为应构成第2款诈骗罪，而另一种观点则否定构成本罪，认为仅构成《铁道运营法》第29条的无票乘车罪（根据《罚金等临时措施法》第2条的规定，处以2万日元以下的罚金或科料）。

首先，否定说的理由在于：(1) 从A站到B站的车票是有效车票，并且行为人也没有告知越站乘车的义务，因而不能认定行为人在上车车站对工作人员甲实施了诈骗行为；(2) 由于下车车站的工作人员乙完全没有意识到尚未支付从B站到C站的车费这一情况，因而按照意识性处分行为必要说的观点，则不能认定存在处分行为（东京高判昭和35·2·22东时11卷2号43页、冈野139页、曾根151页、平川372页）。肯定说还可以细分为两种学说。其一为上车车站基准说：(1) A站到B站的车票属于无效车票，而甲却误认为该车票有效并允许行为人入站上车，因而可以认定存在对甲的诈骗行为；(2) 其结果就是，电车职员向行为人提供了劳务、运送的利益而将其运至D站，因而可将电车职员的这一行为视为处分行为，并认定在离开上车车站A站之时便构成既遂（大阪高判昭和44·8·7刑月1卷8号795页、大塚264页、大谷272页。但两说均认为甲是提供劳务的处分行为人）。首先，认为A站到B站的车票无效并不合适；其次，认为并非诈骗行为的直接对象的电车职员是处分行为人也并不妥当（平野216页）；还有，认为剪票口的工作人员甲具有运送这种劳务提供的处分权限也未免牵强。其二为下车车站基准说：欺骗出站口工作人员乙，使之相信行为人仅仅乘坐了从C站到D站这一段，而并不向其提出补交从B站到C站的差额车费的要求，因而抓住逃避支付车费这一点，进而肯定成立第2款诈骗罪（平野216页、内田318页、福田259页。但上车车站基准说的学者为了捕捉行为人在通过A站之后才产生了逃票乘车的意思这种情况，也在并用下车车站基准说）。

如认定成立诈骗罪，则下车车站基准说在理论上更为妥当一些。但是，这里的问题也在于是否需要处分意思。由于出站口工作人员乙对存在从B站到C站的差额车费的请求权这一点并无认识，因而难以肯定存在意识性处分行为。只要采取下车车站基准说，就应该以无意识处分行为说为前提。[①] 有观点尽管认为必须存在意识性处分行为，但却认为在本案中，被诈

① 收费道路的区间性逃票利用：行为人使用A站至C站之间的收费道路，却预先购买了离C站入口更近的B站入口至C站入口之间的过路费，而并未支付B站至C站之间的过路费，对此，福井地判昭和56·8·31（判时1022号144页）认为，C站入口的收银员的少额请求行为就相当于处分行为。可以说该判例也是以无意识处分行为说为前提的（芝原邦尔："社会现象的变化与刑法的解释"，法セミ333号131页）。

骗者对债权的价值存在决定的意思，进而认定存在处分意思（山口·前揭论文455页）。但是，由于乙甚至连债权的存在都没有认识到，因而只能说这种理由过于牵强。

由于现在快速普及了自动剪票装置，因而区间性逃票乘车行为再也无构成诈骗罪的余地。应该说，要对付这种不法行为，技术性措施是第一位的，如果仍然需要采取刑罚性对策，则有必要进行诸如《改正刑法草案》第339条第2款那样的立法（《改正刑法草案》第339条第2款规定："使用不正当手段，不支付对价而利用公共交通工具的，与前款同。"）

（四）三角诈骗

1. 含义

例如，欺骗某银行的支店长而获得融资，则被诈骗人以及处分行为人（交付人）均为该支店长，而被害人则是银行。在诈骗罪中，被诈骗人与被害人并不相同，这种情况称为三角诈骗。在三角诈骗中，被诈骗人与被害人可以不同，但被诈骗人与处分行为人则必须相同。这是因为，如果两者并不相同，则缺少作为诈骗罪本质要素的基于错误而实施的处分行为。并且，在这种情况下，被诈骗人还必须具有处分被害人财物的权限。例如，A向B谎称C院子里的皮球为自己所有，而让B替其拿走皮球，由于A在事实上与法律上均没有处分C院子里的皮球的权限，因而A构成盗窃罪的间接正犯，而并不构成诈骗罪。还有，A向公寓管理人B谎称自己是居住者C的父亲而让B用钥匙打开C的房间，并拿走C的财物，由于B并无处分权限，因而A的行为仅构成（住宅侵入罪与）盗窃罪。

2. 诉讼诈骗

三角诈骗的问题主要体现在诉讼诈骗。例如，A根据买卖合同向B提起了请求交付不动产的诉讼，A通过实施伪证行为欺骗裁判所，使之作出了命令B腾空土地的给付判决，并以强制执行的方式而移交给A。对此，有观点否定成立诈骗罪。其理由在于：第一，在民事诉讼中，裁判所采取的是形式真实主义与辩论主义，即便裁判所知道A所陈述虚假，也只能作出A胜诉的判决，因此，在这种情况下缺少诈骗行为；第二，B向A交付土地的行为有违B的本意，因而不能认为是基于意思的交付行为（团藤614页）。第二点是以B为处分行为人作为前提，但这种情况是裁判所被欺骗而实施了处分行为，因而B仅仅是被害人。可以说这是三角诈骗的一种，即诈骗裁判所这一处分行为人而给B造成了损害（平野217页）。

第一点尽管有充分的理由，但裁判所明知是虚假陈述而仍必须作出A胜诉的情况是极其有限的。事实上，在口头辩论这一天，B并没有出庭，因而属于应肯定原告主张的所谓“拟制自白”的情况。在该情况下，即便裁判所知道A的主张有假，也应判定A胜诉。但是，B明知不到庭就会败诉而仍然没有到庭，因而可以说原本是基于B承诺，故丧失了诈骗罪的构成要件该当性，也可理解为并不构成诈骗罪。在其他情况下，根据自由心证主义，民事诉讼中对于证据的评价也是基于裁判所的自由心证，应该说也有可能存在对于裁判所的诈骗行为。

如果裁判所并不存在处分权限，则不构成诈骗罪。例如，B与A共谋之后，谎称是C并向简易裁判所提出即决和解要求，同意将C名下的土地的所有权移转至A，并办理变更登记手续，然后再向负责登记的官员提交由裁判官作成的和解调解书，最终办理了所有权变更登记手续，将所有权由C移转至A。由于在该事案中简易裁判所裁判官与登记官员并无处分该不动产的权限，因而并不构成诈骗罪（最决昭和42·12·21刑集21卷10号1453页。就利用执行官腾空并交付房屋的事案，可参照最判昭和45·3·26刑集24卷3号55页）。

3. 不正当使用信用卡

信用卡是指与信用卡公司C订立了会员合同的A，如在与C订立了加盟店合同的B店购买商品，则B从C处获得代付货款，其后，A通过自己的银行账户以自动结算的方式向C支付价款的一种系统。那么，如果A明知自己的账户里没有足够的存款，却仍然从B处购买商品，则该行为是否构成诈骗罪呢？有观点认为，不管怎样，B都能取得由C所代付的货款，即便A没有向C支付价款的意思，也不存在针对B的诈骗行为和B的错误，因而并不构成诈骗罪（吉田敏雄·刑法判例百选Ⅱ各论〔第3版〕91页）。但是，如果B明知A没有付款意思、能力，则尽管B、C之间订有代为支付的合同，C仍可以违反信用原则为理由而拒绝支付。这样一来，B对于A的支付意思、能力不能是毫不关心，就这一点而言，笔者认为有认定诈骗、错误的可能。

同样是认定构成诈骗罪的观点，其理论构成也分为几种。第一，认为加盟店B既是被诈骗者也是被害者，因而构成第1款诈骗（福冈高判昭和56·9·21刑月13卷8、9号527页、大谷260页、大塚250页）这种观点最为简单明了，但由于B收到了代付款而并没有遭受损失，在这一点上不无疑问。第二，认为A通过加盟店B这一中介而欺骗信用卡公司C，并使得C代为向B支付货款，从而自己获得利益，因而构成第2款诈骗罪（藤木370页）。但由于C即便知道被骗也仍必须代付货款，因而难以认定基于错误的处分行为的存在。现在，还是认定B为被诈骗者、处分行为者、C为被害者而构成三角诈骗的观点更有影响。该观点还可以分为以下三种：(1) 抓住C向B代付货款这一点，认为构成第1款诈骗（芝原邦尔："信用卡的不正当使用与诈骗罪"，法セミ334号116页）；(2) 认为在C向B代付货款而使得A逃避支付之时，即构成第2款诈骗的既遂（山口厚·刑法判例百选Ⅱ各论〔第2版〕97页〔1984年〕）；(3) 抓住A获得商品取得利益，而C承担债务蒙受损失这一点，认为在购入商品之时即构成第2款诈骗的既遂（中森喜彦："信用卡的不正当使用与诈骗罪的成立"，判タ526号79页）。其中的问题在于：观点(1)认为只要A所得到的是免除债务就构成第1款诈骗，观点(2)认为甚至在代付货款之时仍然属于未遂。如此看来，观点(3)要更为合适，但在A的获得与C的损失并不一致这一点上，也还留有疑问。如果将信用卡合同的实体理解为接受债务（关于信用卡合同的民事法上的理解，可参照长谷川贞之："信用卡"，森泉章、池田真朗编·消费者保护的法律问题），在A购买商品之时，通过C接受债务而使得A获得免除债务的利益，因此，在这一时点即构成第2款诈骗的既遂。

4. 双重抵押

在与三角诈骗的关系上，还有一个双重抵押的问题，例如，A在为B设置首位抵押之后，又为C设置抵押，并首先为C的抵押权进行了登记。在这种情况下，只要C获得了首位抵押的登记便不会产生财产上的损失，因而难以认定构成诈骗罪。判例认为，B是被害人，C是被诈骗人、处分行为人，因而构成三角诈骗（大判大正1·11·28刑录18辑1431页）。但应该说，并不存在C可以处分B的财产的授权关系，因而该情况不能认定成立三角诈骗。因此，现在的判例一般将双重抵押认定为背任罪（最判昭和31·12·7刑集10卷12号1592页）。

（五）财产性损害

成立诈骗罪，是否以财产性损害为要件？通说一方面认为，既然诈骗罪终究是财产犯，因而应以发生某种财产性损害为必要，但同时又将财物或财产性利益的交付（财物等的丧失）本身理解为损害（团藤619页、福田250页、大塚256页），因而可以说实质上与财产性损害不要说并无不同。但是，只要诈骗罪属于财产犯，笔者认为还是必须存在实质性的财产性损害这一要件。

1. 相当对价的给付

最大的问题在于，如果提供了价格相当的商品，是否仍构成诈骗罪。(1) 谎称市价为2 100日元的电动按摩器是有效治疗中风、小儿麻痹的特殊治疗器，是很昂贵的商品，而以2 200日元出售，对此，判例认为，"像这种即便是提供了价格相当的商品，但如果告知实情对方便不会交付货款的情况”，应构成诈骗罪（最决昭和34·9·28刑集13卷11号2993页）。由于未以财产性损害作为诈骗罪的要件，一般认为该判例是妥当的。但是，(2) 在以相当价格销售某种药品时，却谎称自己是医师，对此，有判例认为，由于被害人并没有发生财产上的损害，因而不构成诈骗罪（大决昭和3·12·21刑集7卷772页）。

那么，以上两个判例是否相互矛盾呢？如果认为被害人所失去的与其所得到的在客观上具有相同的金钱价值，因而并没有财产上的损害，那么就可以说两者相互矛盾。但是，应该将被诈骗人在该买卖中意欲获得的与其所支付的作比较（参照伊藤涉：“诈骗罪中的财产性损害〔二〕”，警研63卷5号28页以下），在案例（1）中，被害人意欲获得的是购入价格以上的价值，因而可以说存在财产上的损害；而在案例（2）中，被害人意欲获得的正是该药品，如果是按定价销售且功效相同，则谎称自己是医师这一行为并不能成为认定财产上损害的理由。被害人意欲获得某物而最终失败，如对此作经济性评价，是否可以认定为损害，应该根据这一点来决定有无财产上的损害。并且，如果这样理解损害的概念，则应该说诈骗罪也是以财产上的损害为要件的。

同样的考虑也适合配给诈骗行为与国有土地的不正当取得行为。对于谎称自己有接受配给的资格而接受配给的行为（最判昭和23·6·9刑集2卷7号653页）、谎称有务农的意思而买受国有土地的行为（最决昭和51·4·1刑集30卷3号425页），判例认为构成诈骗罪。对于以上事案，也有学说认为，问题仅仅在于违反了行政性规制，因而缺乏作为诈骗罪的定型性（团藤607页、福田249页）。在以上事案中，可能行为人确实按国家规定的价格付了款，但这些情况下所定的粮食与农地的价格要低于本来的价格，因而可以认定存在财产上的损害。并且，按照国家政策公平有效地分配有限的资源，也可以说其本身便具有经济性价值。从结论上看，通说也肯定成立诈骗罪，但却以财物的交付本身就是损害这一点作为其理由。但是，按照这种观点的理解，甚至于伪造医生的处方而购买处方药的行为（东京地判昭和37·11·29判夕140号117页则否定成立诈骗罪。平野220页肯定成立诈骗罪）、17岁的少年假冒年龄而购买非18岁以上者不能购买的书籍的行为也构成诈骗罪。但从财产上的损害的观点看来，其结论是不妥当的。这是因为，药品的限制、书籍等的年龄限制与财物的分配毫无关系，完全是为了防止因不当使用所造成的危害。

2. 证明书的诈取

在与财产性损害的关联上，还有一个如何处理通过进行虚假申报而获取各种证明书的行为的问题。对于建筑物所有权证明书（大判大正3·6·11刑录20辑1171页）、印章证明书（大判大正12·7·14刑集2卷650页）、护照（最判昭和27·12·25刑集6卷12号1387页）否定成立诈骗罪。就其理论根据，有观点指出是因为这种行为属于偏离行政性规范，因而缺少诈骗罪的定型性（团藤608页）；但一般来说，还是认为缺少财物性、财产性利益的观点更有影响（平野219页、前田243页以下、中森142页）。确实存在这一方面的情况，但同时也还应考虑第157条第2款（许可证等不实记载罪）的存在。该条款规定的是如何处罚间接无形伪造许可证、执照、护照的行为，当然也包括提出、交付内容虚假的证明书这种诈骗罪类型，因此，不能另外再认定成立诈骗罪。还有，如将通过虚假申报而诈取除许可证、执照、护照以外的其他证明书的行为按照诈骗罪来处理，则在条文适用上会产生第157条第2款与第246条之间的刑的不平衡，因而原则上是不允许的。

但由于第157条第2款的处罚对象是间接无形伪造有关事实证明的公文书的行为，其本身的经济性价值很低，因而对于那种非本条的处罚对象且在社会生活中具有很重要的经济性价值的公文书（尤其是以一定的给付为内容的文书），也可以认定成立诈骗罪。从这一意义上看，就不正当交付米谷配给本（最判昭和24·11·17刑集3卷11号1808页）、出口证明（大阪高判昭和42·11·29判时518号83页）、健康保险证（大阪高判昭和59·5·23高刑37卷2号328页。名古屋地判昭和54·4·27刑月11卷4号358页则否定成立诈骗罪）等的行为，判例认定成立诈骗罪是妥当的。

3. 不法原因给付与诈骗罪

《民法》第708条规定："因不法原因予以给付的，不得请求返还。但是，如不法原因仅存在于受益人一方的，则不在此限。"按照本条的规定，即便是行为人谎称卖给对方麻药而诈取了货款，货款给付人也不得请求返还货款，那么，这种情况是否不成立诈骗罪呢？

对此，判例一直认为构成诈骗罪，谎称用于伪造通货而诈取金钱的事案（大判明治43·5·23刑录16辑906页）、谎称替对方买黑市米而诈取金钱的事案（最判昭和25·12·5刑集4卷12号2475页）、谎称卖淫而诈取借款的事案（最决昭和33·9·1刑集12卷13号2833页）、赌博诈骗（最决昭和43·10·24刑集22卷10号946页）等就属于此例。其理由在于，"只要是以欺罔为手段而侵害了对方的财物支配权，即便对方交付财物的行为是基于不法原因，而在民法上不得请求返还或损害赔偿，也并不妨碍诈骗罪的成立"（最判昭和25·7·4刑集4卷7号1168页：统制物质的诈取）。

有学说认为，只要按照《民法》第708条的规定不能认可返还请求，就不存在财产上的损害，因而也不能构成诈骗罪（泷川157页）；但通说则肯定构成诈骗罪。按照其理论根据的不同还可以分为两种学说：(1) 如果被害人不受诈骗便不会交付财物（福田·注释刑法〔6〕241页、大塚253页、大谷275页）；(2) 被害人所交付的财物、财产性利益，其本身在交付之前并不具有不法性，倒不如说是诈骗行为侵害了被害人的合法财产状态（平野220页、中森142页、林干人·刑法的基本判例154页）。确实，对这种情况以诈骗罪论处，并不会助长不法行为，相反还会起到抑制作用，因此，按照(2)说的观点认定构成诈骗罪可以说也有其合理性。但如果否定给付物的返还请求权，则从财产性损害的观点来看，(2)说的立场也还尚存疑问。还有，如没有返还请求权，至少从追求权说（参见后述）的观点来看，就不能认定存在赃物性（因此，不成立赃物罪），这也是一个疑问（中森178页尽管采取的是追求权说，但仍认为，只要成立诈骗罪，这种情况也可以认定赃物性）。

如果(2)说从行为人制造了不法原因这一点中寻求处罚根据，那么，其结果就只能是不法原因只存在于受益人一方这一种理解，因而可适用《民法》第708条但书的规定，进而也可认定存在返还请求权，因此便有可能认定成立诈骗罪（对于谎称走私鸦片而诈取消费借贷名下的金钱的行为，最判昭和29·8·31民集8卷8号1557页认为可不适用《民法》第708条，而肯定了返还请求）。

另外，诸如谎称事后付钱而让对方卖淫，或者谎称支付报酬而让对方实施犯罪行为之后却逃避付钱的行为是否构成诈骗罪呢（前面已经谈到，如果认为卖淫行为、犯罪行为这种劳务提供行为本身并不属于财产性利益，则还必须是因为其他诈骗行为而逃避支付）？就卖淫这种事案，判例的观点并不一致：有判例认为，诈骗罪的处罚根据并不仅仅在于保护被害人的财产，也可以根据该作为手段的违法行为扰乱了社会秩序而认定构成诈骗罪（名古屋高判昭和30·12·13裁特2卷24号1276页。团藤618页、福田·注释刑法〔6〕242页、内田307页）；也有判例认为，由于卖淫行为有违公序良俗，则合同归于无效，并不负担所谓的债务，因而不构成诈骗罪（札幌高判昭和27·11·20高刑5卷11号2018页、福冈高判昭和29·3·9判特26号70页。大塚253页以下、平野220页、曾根149页、中森113页）。既然卖淫行为有违公序良俗，则其本身并不是值得法律保护的财产性利益。因此，通过实施诈骗行为而逃避付款的行为并未产生财产上的损害。

（六）与他罪之间的关系

首先是与各种伪造罪之间的关系。通说、判例认为，本罪与文书伪造、行使、有价证券伪造、行使分别构成牵连犯（大判大正4·3·2刑录21辑221页、大判昭和8·10·2刑集12卷1721页）。就通货伪造、行使与本罪之间的关系，通说、判例则认为诈骗罪为伪造通货行使罪所吸收而不再构成他罪（大判明治43·6·30刑录16辑1314页）。这是因为，如果认定构成诈骗罪，那么，不知是通货而获得，在获得之后又知情使用的行为（第152条"取得后知情行使罪"）的法定刑就会使"考虑到责任的减轻而处以'面额3倍以下的罚金或科料'"这一立法意图得不到体现。

其次，将窃取或诈取的财物用作诈骗行为的手段，而获取财物、财产性利益，这种行为又造成了新的法益侵害，则该行为并非共罚的（不可罚性）事后行为，而是另外构成诈骗罪，按并合罪处罚。例如，利用窃取的邮政存折而在邮局取款的行为（最判昭和25·2·24刑集4卷2号255页）、窃取出租车乘车票后又用此票乘坐出租车的行为（秋田地判昭和59·4·13判时1136号161页）。关于侵占罪、背任罪与本罪之间的关系，后面另行论述。

三、使用电子计算机诈骗罪

除前条规定外，向他人用于处理事务的电子计算机输入虚假信息或者不正当指令，从而制作出有关财产权得失或变更的不真实的电磁记录，或者提供有关财产权得失或变更的虚假电磁记录以供他人处理事务，因而获取财产性不法利益或使他人获取的，处10年以下惩役（第246条之2）。处罚其未遂（第250条）。

（一）立法的必要性

随着计算机系统的普及，更多的交易结算不再需要介入人的判断，而是由计算机自动处理，本条就是为了对付由于滥用这种系统而产生的新的财产侵害行为而根据昭和62年（1987年）的刑法改正（法52号）所设立。

例如，对于不正当使用他人的CD卡而从CD机上取得现金的行为，可以按照盗窃罪来处罚（东京高判昭和55·3·3判时975号132页、札幌地判昭和59·3·27判时1116号143页：北海道银行事件）；通过ATM机将他人的存款过户至自己的账户，如仅仅实施了该行为，则还不能称为获取了"财物"，也不构成盗窃；以不正当的手段将他人的存款划入自己的账户之后，并未使之现金化，而是通过自动转账来支付电话费、水电费等，由于最终一次也没有实际获取现金，因而要认定成立盗窃罪也很困难。还有，金融机构的职员通过实施向自己的账户输入子虚乌有的存款数据这一不正当手段，尽管可以说已经获取了事实上可以自由处分的财产性利益，但在不正当操作阶段，人的判断作用并未介入，因而缺少诈骗、错误的要件，而只能说并不构成第2款诈骗罪（参照大阪地判昭和57·7·27判时1059号158页：三和银行茨木支店事件）。对于一定相关人员当然可以按照背任罪来处罚，但由于必须是具有一定权限的“事务处理人”，因而即使按照背任罪来处罚也有一定的限度。本条就是为应对这种处罚上的漏洞而新设的（参照米泽编〔的场〕113页以下、西田：“计算机的不正当操作与财产犯”，ジュリ885号16页）。

（二）罪质

本罪使用了“获取财产性不法利益或使他人获取的”这一用语，很显然，本罪属于不法利得罪。由于诈骗罪之后就是本罪，其法定刑为10年，而且本条还使用了“除前条规定外”这一用语，综合考虑以上情况，可以说本罪基本上是《刑法》第246条第2款诈骗利益罪的补充类型。由于并不需要第2款诈骗罪的所谓欺骗、错误等要件，因而也可以说是从立法上排除了所谓“机械不能陷入错误”这种认定诈骗罪不成立的根据。因此，诸如伪造进款传票而欺骗拥有处分权的工作人员，通过计算机而凭空进行送款处理等情况，就不构成本罪，而是成立第246条第2款的诈骗利益罪（米泽编〔的场〕136页。大阪地判昭和63·10·7判时1295号151页就是这种例子）。

本罪也准用亲族相盗特例（第244条）的规定（第251条）。

（三）行为

本罪的行为类型可以分为前段与后段。

1. 前段行为

前段行为是向计算机输入“虚假信息”、“不正当指令”，而制作出“有关财产权得失或变更的不真实的电磁记录”，据此使自己或第三者获取财产性利益。这里所说的“不真实的电磁记录”，是指“记录了有关财产权的得失、变更或者产生该得失、变更的事实的电磁记录，在一定的交易场合，这种制作（变更）就可以在事实上造成该财产权的得失、变更”（米泽编〔的场〕118页）。因此，诸如银行等机构的顾客名录中的存款余额记录、公司债务的记录资料（《社债等登录法》第8条）、股票保管与过户制度中所记录的顾客账户上的持股数（《关于股票等的保管与过户的法律》第15条）等就相当于此；而CD卡或信用卡的电磁条上的记录、汽车登记资料、不动产登记资料等则是用来证明一定的资格与事实的，其制作与变更并不会立即与财产权的得失、变更挂钩，因而不属于此类。

所谓“虚假信息”，是指对照该计算机程序原先设定的事务处理目的，其内容与真实情况不符的信息（米泽编〔的场〕121页）。例如，前面已提到的存款的不正当替换、存款数据的凭空输入等就属于这种情况。金融机构的管理人员为了减少该机构名下的不良贷款或贴现缺少支付能力的票据，而在计算机终端进行操作，将贷款额或贴现额输入受贷方或被贴现方的账户，这种行为并不构成本罪。这是因为，即便该行为构成背任，但贷款行为与贴现行为本身在民事法上被认为是有效行为，因而输入电子计算机的信息也不能说是虚假信息，所制作的电磁记录也不能说是不真实的电磁记录（参照米泽编〔的场〕142页、西田·前揭ジュリ885号19页）。另外，客户根本没有提出存款、贷款、出款等要求，而实施进款、出款处理行为，即便该行为由诸如金融机构的支店长等拥有一揽子权限的人员所实施，也应视为虚假信息（东京高判平成5·6·29判时1491号141页）。①

作为“不正当的指令”的例子，可以举出诸如改变程序，以便向自己的账户输入不真实的入款数据的情况等。

2. 前段行为还可以分为积极利得型、债务逃避型

首先，积极利得型的典型事例主要是前面已提到的通过不正当使用CD卡而替换存款的行为，以及凭空输入进款数据的行为等。最近，也发生了利用企业银行信息系统（firm banking）凭空输入送款数据的事案。输入与事实不符的数据就相当于“虚假信息”，其结果就是被改动的客户名录上的账户存款余额记录也相当于“不真实的电磁记录”，因此，便事实上可以自由

① 神田信用金库事件：神田信用金库S支店的支店长为了偿还债务以及增加自己的活期存款，凭空向第三者的账户与自己的活期账户进行入款处理。对此，一审判决认为，由于支店长具有入款、送款的权限，因而仅构成背任罪（东京地判平成4·10·30判时1440号158页。其评释可参照西田·ジュリ1021号95页）；东京高裁则认为，“被告人指示职员操作计算机输入有关进款记录，而实际上并没有与此相对应的资金汇入，很明显，完全属于不伴有经济上、资金上的实体的凭空操作，因而属于‘虚假信息’，构成使用电子计算机诈骗罪”（参照前揭东京高判平成5·6·29、西田：“批判”，判时1515号〔判评433号〕252页）。但在实际的银行操作中，也可能存在客户尚未汇入资金而要求送款的情况，这种情况当然不构成本罪，但如果其后客户仍未汇入资金，则应根据什么理由来否定成立本罪，也是一个问题。笔者认为，在这种情况下，入款处理相当于垫付、贷款行为，可以说属于银行的义务之一，而并不能称为“虚假信息”，因而并不构成本罪；还有，即便这种入款处理违反了银行的内部规程，但如果是为了维持与客户之间的交易关系，则也是出于本人（银行）的意思，而没有图利、加害目的，因而也不构成背任罪。

地处分存款，这也就相当于“财产性不法利益”。①

其次，篡改各种收款资料、凭空输入还款数据、抹消借款数据等就属于债务逃避型。② 还有，擅自使用他人的 ID 编号与密码，并利用其中的数据库，从而改变收费资料的记录而被认定为是他人所使用，结果使得该不正当利用者得以逃避支付请求，对此，要认定构成债务逃避型的计算机诈骗也是有可能的。同样，对于擅自使用他人电话的行为，考虑到与话费收费资料的关系，认定构成本罪也是妥当的。在他人的电话线路配线盘上接入像电话机一样的器具，而向自己所开设的拨号 Q^2 节目打电话，从而由 NTT 将信息费汇入自己的账户，对于这一事案，事实上也有判例认为相当于“不正当的指令”，进而认定构成本罪（水户地土浦支判平成 5·5·27、大森良明在警察公论 48 卷 11 号 85 页对此有介绍）。但也有观点认为，只要是利用合同用户的 ID 编号与密码，那便可认定为是该用户在使用，因而不能说是提供了“虚假信息”（米泽编〔的场〕132 页。因此，即便是擅自使用他人的电话机，只要利用的是合同用户的电话线路，就不能认为是虚假信息）。但是，如果肯定这种理论，则即便是利用所拾得的 CD 卡而替换存款，只要是使用了合同用户的 CD 卡与密码，也并不构成本罪，对此不无疑问，这一点还需要进一步探讨。

---

① 积极利得型的事例：就不正当操作金融机构的网络系统的行为，除了上述神田信用金库事件之外，还有以下事例被认定构成本罪：（1）被告人作为从事存款、汇兑业务的职员，利用客户 A 将自己的存折寄放在贷款金库这一机会，重新制作了一张 A 名义下的普通存折，并利用这张存折在计算机终端进行操作，从客户的账户中汇出 160 万日元至自己以及第三者的账户（大阪地判昭和 63·10·7 判时 1295 号 151 页：第一劝银事件）；（2）被告人作为信用金库负责汇兑业务的职员，与 X 共谋，尽管实际上并没有收到款项转入要求，仍然将总计为 9 亿 7 000 万日元的款项汇入 X 所设立的账户（东京地八王子支判平成 2·4·23 判时 1351 号 158 页：青梅信金事件）；（3）操作与电话线相连的笔记本电脑，向银行的网络系统输入虚假的送款信息，从他人的账户中汇出合计 16 亿 3 000万日元的款项至其他共犯的账户（名古屋地判平成 9·1·10 判时 1627 号 158 页：东海银行事件）。

② 债务逃避型的事例：利用电信公司 KDD 的受话方支付话费服务器，在连通国外的电话线后，从笔记本电脑发出虚假信息，一边取消该连线申请，一边妨碍国外电话交换系统向 KDD 发送的取消信号，使得 KDD 与国外的电信公司都认为不应由己方收取话费，从而逃避支付话费。对此，东京地判平成 7·2·13 判时 1529 号 158 页认定构成本条前段。虽然并无利用受话方支付话费服务器的意思，但发送了具有这种意思的号码，故而相当于“不正当的指令”，因而制作了向 KDD 的收费系统发出受信方支付话费这一意思的资料，从而相当于“不真实的电磁记录”。

与此相关联，利用拾得的电话卡在公用电话上打电话的行为，尽管改变了电话卡的磁条信息（残存数），但那也只是利用的结果，而并不能将“不真实的电磁记录”制作本身看作财产性利得，因而并不构成本罪。

3. 后段行为

本条的后段行为，是指“提供有关财产权得失或变更的虚假电磁记录以供他人处理事务用”，因而获取财产性不法利益或使他人获取的行为。作成内容虚假的银行本账而替换正式本账的行为；作成、使用内容虚假的预付货款卡或IC卡，而不法接受服务并逃避付款的行为等就是其典型事例。例如，用伪造、变造的电话卡在公用电话上打电话的行为、利用伪造的乘车卡不正当地利用JR电车的行为等也属于此类情况。而利用伪造的橙色卡（预付款购票卡）从自动售货机上获取JR电车车票的行为则构成盗窃罪。

（四）着手、既遂时点

本罪的着手时点，就前段行为而言，是指提供虚假信息或发出不正当指令的行为的着手之时；而对于后段行为而言，则是指将虚假电磁记录提供给他人用于事务处理这一行为的着手之时。具体而言，就是为了替换存款而即将将伪造的CD卡插入ATM机之时、即将输入虚构的存款数据之时、即将将伪造的电话卡插入公用电话机之时。

既遂时点是指作出不真实的电磁记录或将虚假的电磁记录提供给他人用于事务处理，而获得了财产性不法利益之时。

首先，不正当地将款项汇入到自己的存款账户之时即认定既遂，这是没有问题的。即使在将款项汇入第三者的存款账户的场合，在持有第三者的印章、存折或CD卡之时，也可以认定既遂。与此相反，将款项汇入他人账户，如果不伪造印章、存折、CD卡便不能提款的场合，则根本不构成本罪，如果是从营业窗口取款则构成第1款诈骗；如果是利用伪造的CD卡提款则构成盗窃；只有在利用伪造的CD卡汇款之时，才可认为该行为构成本罪。

其次，不真实的电磁记录达到什么程度才可能称之为财产上的利得呢？例如，在篡改公司内部有关工资数额的资料（工资的等级、职务津贴、加班时间）之时还不能既遂，因为公司内部还要基于该资料再制作出交给银行用的磁条或磁盘，而由银行据此将工资分别汇入各个员工的账号，因而只有最终制作出该磁条或磁盘之时才达到既遂，该观点很有影响（米泽编〔的场〕119页）。该观点的理由在于，只要制作出该电磁记录，指定银行便必然根据所提供的数据相应改变行为人的账户余额。但是，如果对作为既遂要件的财产性利益的取得这一点作更为严密的考察，就必须存在行为人可以自由处分该款项的状态，因此，只有在改变反映行为人账户余额的电磁记录之时才构成既遂，笔者认为这种观点要更为合适。①

（五）与他罪之间的关系、罪数

1．前面已经谈到，本罪是第 246 条第 2 款诈骗利益罪的补充类型，因此，如能认定对控制计算机事务处理的职员实施了诈骗行为以及该职员实施了处分行为，则构成第 2 款诈骗罪。例如，伪造进款凭证以欺骗拥有处分权限的负责汇兑的职员，并使得该职员利用计算机进行了凭空的汇款处理，则并不构成本罪，而是构成第 2 款诈骗罪（大阪地判昭和 63·10·7 判时 1295 号 151 页）。

2．计算机进行入款或汇款的前提在于存在贷款、还款、票据贴现的事实，即便该贷款、还款、票据贴现行为构成背任罪，但如果该贷款、贴现行为本身在民事法上被认定为有效，那么，就不能说输入电子计算机的信息为虚假信息，因而也并不构成本罪（东京高判平成 5·6·29 时 1491 号 141 页）。此前，由于还没有设立本罪，有些案例是按照背任罪来处理的。今后，如果这种凭空处理是通过不正当操作计算机来实现的，则可依照本罪来处理。例如，银行的支店长为客户作已偿还债务的虚假的账目处理（松江地判昭和 33·1·21、一审刑集 1 卷 1 号 41 页）；银行中负责外汇业务的职员认定购入了客户的出口汇票，而在客户的活期存折本账中记入进款（东京高判昭和 53·10·20 高检速报 2316 号）。

3．不正当使用 CD 卡或凭空输入进款数据而改变存款余额记录时，成立第 161 条之 2 的第 1 款与第 3 款的不正当制作电磁记录、供用罪以及本条前段之罪，由于是由一个行为所引起的，因而构成观念的竞合（米泽·大解说 6 卷 185 页）。另外，在成立本罪之后，又从银行营业窗口或 CD 上取款，则另外构成诈骗罪或盗窃罪，与本罪构成概括的一罪（米泽编〔的场〕138 页）。例如，伪造、变造诸如电话卡一样的预付款卡，并利用公用电话打电话的行为，由于各行为是分阶段实施的，因而应构成第 161 条之 2 的第 1 款与第 3 款的不正当制作电磁记录、供用罪以及本条后段之罪的牵连犯（米泽编〔的场〕143 页）。但由于判例认定伪造、变造电话卡的磁条信息部分的

① 有关既遂时点的判例：使用变造的电话卡，利用公用电话向自己所开办的拨号 Q^2 节目打电话，以便达到让电信公司 NTT 将信息费打入自己账户的目的，在打电话阶段被发现，对此，“冈山地判平成 4·8·4 公刊物未登载”认定构成本罪的未遂。在被发现之时，NTT 的相关公司为了将信息费汇入该节目的开办人的账户，已将银行付款用的磁盘交至银行，该判决认定该磁盘就相当于“有关财产权的得失或变更的不真实的电磁记录”。

行为构成有价证券伪造、变造罪（最决平成3·4·5刑集45卷4号171页），因此，应成立有价证券伪造、变造（第162条）、行使罪（第163条）与本罪的牵连犯。

4. 凭空输入进款数据的行为相当于本条前段行为，如果在同一天多次实施这种相当于本条前段的行为，则构成概括的一罪；如果犯罪行为实施日并不相同，则构成并合罪（东京地八王子支判平成2·4·23判时1351号158页）。

四、准诈骗罪

利用未成年人的知虑浅薄或他人的心神耗弱，使之交付财物，或者获取财产性不法利益或使他人获取的，处10年以下惩役（第248条）。处罚其未遂（第250条）。

（一）含义

本罪是指即使没有诈骗罪中的诈骗行为，但如果实施了利用对方的知虑浅薄或心神耗弱而使之交付财物，或者获取财产性不法利益或使他人获取的行为，也将该行为与诈骗罪作相同处罚。因此，通说认为，如果是以诈骗行为为手段，则构成一般诈骗罪（大判大正4·6·15刑录21辑818页）；如果从完全没有意思能力的年少者或者心神丧失者处获取财物，则不构成本罪而构成盗窃罪（木村137页、植松430页认为构成本罪）。

（二）行为

“未成年人”是指未满20岁者（《民法》第3条）。从保护未成年人的角度出发，因婚姻所形成的成年拟制（《民法》第753条）这一规定应该并不适用本罪。所谓“知虑浅薄”，是指知识贫乏思虑不足；所谓“心神耗弱”，是指尽管有意思能力但精神并不健全，在判断事物之时并不完全具备一般人所应有的知识与能力这种状态（大判明治45·7·16刑录18辑1087页）。值得注意的是，这与第39条第2款的心神耗弱的含义并不相同。条文中的“乘”这一用语就是利用的意思，例如，抓住幼儿、精神薄弱者知识缺乏这一弱点，用点心或塑料模型来换取贵重手表或宝石，这种行为就构成本罪。

第五节　恐　吓　罪

恐吓他人使之交付财物的，处10年以下惩役（第249条第1款）。以前款方法，获取财产性不法利益或者使他人获取的，与前款同（第249条第2款）。处罚本罪的未遂（第250条）。

恐吓罪，[①] 是指恐吓他人并使之交付财物或财产性利益之罪。其手段是暴力、胁迫，但尚未达到抑制对方反抗的程度，因而尽管有瑕疵但也是基于任意性意思而移转财物、利益，从这一点上看，可以认为与诈骗罪一样同属交付罪。与诈骗罪一样，尽管其行为在民法上可以被取消（《民法》第96条第1款），但并不以行使民法上的取消权为处罚前提。

（一）客体

本罪的客体是他人所占有的财物（第1款）或财产性利益（第2款）。本条第1款（财物）还准用第242条、第245条，本条第1款、第2款也准用第244条。

这里的财物包括不动产（大判明治44·12·4刑录17辑2095页）。与诈骗罪的情况一样，如果以恐吓手段获取登记名义或权利书而使自己有可能处分不动产的，则构成第1款恐吓；如果仅仅获取了事实上的利用可能性，则构成第2款恐吓。关于财产性利益，可参照诈骗罪。

（二）恐吓

所谓恐吓，是指为了使他人交付财物或财产性利益而作为手段所实施，且尚未达到抑制被害人反抗程度的暴力、胁迫行为。最高裁判所的判例存在这样一种倾向，即将恐吓的手段限于胁迫，并认为在如果不答应要求就有可能受到暴力这一使人产生畏惧的意义上，暴力就相当于胁迫（最决昭和33·3·6刑集12卷3号452页。木村138页、便携式注释574页也将恐吓理解为胁迫）。这是因为，从渊源上看，恐吓罪是由实施告知对方要揭发有损其名誉的事实（名誉毁损性事实），从而使得对方交付财物的行为（chantage）发展而来（参照木村138页、植松433页）。但可以说现在的判例已从正面肯定暴力也可成为恐吓的手段（最判昭和24·2·8刑集3卷2号75页。团藤624页、植松433页、福田266页、大谷285页、小仓正三·大解说10卷243页以下）。在强盗罪这一节中便已经谈到，要区别强盗罪与恐吓罪，就应该根据在社会一般观念看来，作为其手段的暴力、胁迫是否已达到了抑制被害人反抗的程度这一客观标准来判断（前揭最判昭和24·2·8）。

暴力必须向被害人（交付财物之人）实施。但针对第三者的暴力在一定限度内也可成为针对被害人的胁迫。胁迫是指威胁对方，如不答应要求就会给对方造成危害，且该威胁必须足以让对方产生畏惧，但并不包括仅使对方困惑为难的场合（藤木323页、大塚273页。札幌地判昭和41·4·20下刑8

① 有学者也将本条译为“敲诈勒索罪”。但由于《日本刑法典》另外还规定了胁迫罪（第222条）与强要罪（第223条），因而并不准确——译者注。

卷4号658页)①。并不一定要求所威胁的内容本身违法，例如威胁对方让其提供钳口费，否则便向搜查机关告发这一行为也相当于本罪（最判昭和29·4·6刑集8卷4号407页）。不同于胁迫罪、强要罪（第222条、第223条）中的胁迫，并不限于将威胁内容告知对方或其亲属，还包括其朋友、其他相关人员（大判大正11·11·22刑集1卷681页。小仓·大解说10卷252页、大塚273页）。但是，为了明确区别于人质强要罪，对于那种威胁与被害人之间并不存在任何人与人之间关系的其他人的行为，由于一般并不能使其产生畏惧心理，因而并不属于本罪的胁迫。

（三）处分行为

同诈骗罪一样，要成立本罪，还必须存在以恐吓为手段使得被害人感到畏惧，并基于被害人的意思将财物或财产性利益移转至对方的处分（交付）行为。因此，被害人毫不畏惧，而是出于其他理由交付财物，则是本罪的未遂。接受交付者也可以是第三者，但并不包括与行为人毫无关系者。由于处分行为也可以是默示，因此，乘被害人感到畏惧而默认之机拿走财物的行为（最判昭和24·1·11刑集3卷1号1页）；尽管没有明示答应暂缓支付，但已经对收回钱款感到绝望的场合（最决昭和43·12·11刑集22卷13号1469页）也构成本罪。

但正如前面已经谈到的那样，暴力也可能成为恐吓的手段。并且，强盗与恐吓的区别标准就在于该暴力、胁迫是否达到了抑制一般人反抗的程度这一客观性标准，因此，本罪的处分行为这一要件在判例中似乎丧失了其原有的重要性。例如，因受暴力、胁迫而感到畏惧的被害人答应交付若干金钱而拿出了钱包，可行为人却乘机夺走了该钱包，对此，判例认为并不构成恐吓未遂与盗窃既遂的观念的竞合，而是只构成恐吓既遂（名古屋高判昭和30·2·16高刑8卷1号82页）；趁被害人不注意拾得该受恐吓的被害人遗落在现场的手表的行为仅构成恐吓既遂（浦和地判昭和36·7·13下刑3卷7、8号693页。小仓·大解说10卷258页认为该判例不妥）。在强盗的场合，即便并没有现实抑制住被害人的反抗，也可以认定成立强盗既遂；同样，在以恐吓为手段而夺取了财物的场合也可以认定恐吓既遂。如果向该方向追索下

① 准恐吓罪：《改正刑法草案》第346条新设了准恐吓罪，规定使他人困惑并使之交付财物的，构成准恐吓罪。就接连几天连续在报纸上登载有关医师的受欢迎程度的投票结果的事案，大判昭和8·10·16（刑集12卷1807页）认为，所谓恐吓，“并不包括以使用困惑为手段”的情况（但是，也有观点认为该事案属于畏惧的范畴，参照小仓·大解说10卷254页）。

去，那么其结果就是，强盗罪与恐吓罪之间并无实质性的差异，恐吓罪也便成了所谓的“微型强盗罪”。

(四) 权利行使与恐吓

1. 为了实现自己的正当权利而使用了恐吓手段（暴力、胁迫），是否构成恐吓罪呢（在通过诈骗行为而实现自己正当权利的场合，也存在同样的问题）？对此可以分为两种场合来考察：第一是在取回他人所不法占有的自己的所有物的场合，该问题的解决便最终归结为如何解释财物罪的保护法益，也就是如何解释根据第 251 条的规定而准用于恐吓罪的第 242 条；第二是拥有正当债权者通过恐吓手段而实现偿还的场合（例如，消费借贷的贷方从借方要回贷款的场合）。这作为“权利行使与恐吓”问题，一直以来争论不休，也可以说处于本权说与占有说之间的对立的延长线上（参照西田：“权利行使与恐吓”，刑法的争点〔新版〕285 页〔1987〕。町野·百选Ⅱ102 页则认为两者的立场并不相同）。

2. 对于此类问题，第二次世界大战前的判例否定成立恐吓罪。即（1）以行使权利为借口的场合另当别论，其他即使正当的权利人在行使权利之时使用了恐吓的手段，如果在权利范围之内，则并不成立恐吓罪（大连判大正 2·12·23 刑录 19 辑 1502 页）。（2）但是，如果手段超出了正当的范围，则构成胁迫罪（大判大正 13·11·29 新闻 2337 号 22 页）。

第二次世界大战后的最高裁判所也不时沿袭这种观点（最判昭和 26·6·1 刑集 5 卷 7 号 1222 页），但随着有关财物罪的保护法益问题的学术观点向占有说改变，判例也开始肯定成立恐吓罪。例如，在追讨 3 万日元的债务时，使用胁迫手段使被害人交付了 6 万日元，对于该事案，判例认为，权利的行使“必须在该权利的范围之内，并且其方法并没有超过社会一般观念所能容忍的程度，即便没有出现任何违法问题，如果超越了上述范围、程度，也构成恐吓罪”（最判昭和 30·10·14 刑集 9 卷 11 号 2173 页）。其后的下级审的判例遵照该昭和 30 年的判决，认为只要没有超过容忍限度就不成立恐吓罪（东京高判昭和 36·11·27 东时 12 卷 11 号 236 页、福冈地小仓支判昭和 47·4·28 判夕 279 号 365 页），再没有判例仅仅抓住手段违法这一点而肯定成立胁迫罪。

3. 与判例的这种变化相对应，恐吓罪说在学界也占支配地位。即只要交付了现在所持有的财物（现金等）就不能否定存在财产上的损害，因此，只有在满足（1）处于权利范围之内；（2）有实力行使的必要性；（3）社会通念看来手段相当这些要件的场合，才阻却恐吓罪的违法性（大塚 277 页、福田 270 页、大谷 289 页、前田 252 页以下、木村光江·基本讲座第 5 卷 212

页以下。町野·百选Ⅱ103页认为，违法阻却说也有可能认定只成立胁迫罪)。但是，除了债务人一方存在期限利益、同时履行抗辩权、清算利益等值得保护的利益之外，只要是在债权范围之内行使权利，就应该说债务人并未发生财产上的损害。认为只要存在财物交付就马上存在财产上的损害，这种观点只会使得损害概念有形无实、流于形式。因此，至少应该否定成立恐吓罪（泷川167页、内田335页、中森143页、曾根161页）。当然，也不能无视手段的违法性，按照其程度的不同应认定分别构成暴力罪、胁迫罪。但即使在这种情况下，如果存在手段的必要性与相当性，也应该肯定存在违法阻却的可能性。

还有，原则上，上述理论对于诸如以不法行为、债务不履行作为根据的损害赔偿请求权那样其内容并不确定的债权并不合适。这是因为，该情况之下的债务人还具有通过民事裁判来判定债务内容的正当权利。当然，如果手段尚未达到恐吓罪所规定的暴力、胁迫的程度，则也可以认定成立和解、调停，因而并不构成恐吓罪。

（五）与他罪之间的关系

作为恐吓罪手段的暴力、胁迫为本罪所吸收。如产生伤害结果，则构成本罪与伤害罪的观念的竞合（最判昭和23·7·29刑集2卷9号1062页）。如并用诈骗性手段与恐吓手段，被害人出于畏惧而交付财物或财产性利益，则构成本罪（最判昭和24·2·8刑集3卷2号83页）。如果通过恐吓手段收受贿赂，有判例认为构成本罪与贿赂罪的观念的竞合，也有可能构成行贿罪(大判昭和10·12·21刑集14卷1434页、福冈高判昭和44·12·18刑月1卷12号1110页)，学说一般也支持该立场（江家320页、内田339页、大谷287页、中森155页）。但是，公务员并无执行公务的意思，仅仅以执行职务为名而实则进行恐吓，对此，最高裁判所认定只构成恐吓罪（最判昭和25·4·6刑集4卷4号481页)，笔者认为，这一理论也适合于公务员有执行职务的意思的场合，原因如下：第一，根据公务员有无执行职务的主观意思来决定是成立受贿罪还是成立行贿罪，这并不妥当；第二，只要能认定恐吓罪，即使被害人还有一些意思决定的自由，但也只能说被恐吓、禁止行贿是勉为其难。这样，只要否定成立行贿罪，就不应该肯定构成受贿罪（小仓·大解说10卷297页）。

第六节 侵占罪

一、概说

刑法典第三十八章“侵占罪”，是指不伴有占有侵害行为而领得财物的犯罪，分为单纯侵占罪（第252条，也可称为委托物侵占罪）、业务侵占罪（第253条）、占有脱离物侵占罪（第254条），均无处罚未遂的规定。在均不伴有占有侵害这一点上，三罪相同。为此，有学说把单纯侵占罪理解为占有脱离物侵占罪的加重类型（木村164页、泷川142页，还可参照内田359页）。但是，占有脱离物侵占罪是最为单纯的领得罪，与此相反，单纯侵占罪、业务侵占罪则是领得自己基于委托而占有的属于他人的财物，具有背信性，因此，与其说占有脱离物侵占罪与单纯侵占罪、业务侵占罪是不同性质的犯罪，倒不如说后者与背任罪（第247条）一同属于背信罪的类型（团藤627页。《改正刑法草案》也将侵占罪与背任罪规定在一章中）。

单纯侵占罪的法定刑为5年以下惩役，比盗窃、诈骗还要轻。这是因为，本罪的客体是自己占有的他人之物，该物处于可以自由处分的状态，也并不是排除他人的占有而领得，在这一意义上，可以说在动机方面更具有诱惑性，因而责任非难的程度得以减轻，妨碍他人对物的利用的程度也有所减少，因此，其违法性得以减轻（泷川·刑法讲义改订版243页、团藤628页）。还有，占有脱离物侵占罪的法定刑为1年以下的惩役或者10万日元以下的罚金或科料，之所以明显减轻到如此程度，也就是因为考虑到该行为在动机方面的诱惑性更大而有责性更低。

本章之罪也准用亲族相盗特例（第244条、第255条）。由于委托物侵占罪的保护法益是该物的所有权，因此，不仅要求行为人与委托人之间存在亲属关系，还要求行为人与所有人之间也存在亲属关系（大判昭和6·11·17刑集10卷604页）。对占有脱离物侵占罪而言，由于并不存在委托关系，因而只要在行为人与所有人之间存在亲属关系即可。

二、单纯侵占罪

侵占自己所占有的他人之物的，处5年以下惩役（第252条第1款）。虽然是自己之物，但在公务机关命令其保管的情形下，仍侵占该物的，与前款同（第252条第2款）。

（一）主体

本罪的主体限于他人之物的占有人以及受公务机关的命令保管自己之物的保管人，因此，本罪属于第 65 条第 1 款所规定的（真正）身份犯（最判昭和 27·9·19 刑集 6 卷 8 号 1083 页）。由于是为了对本条所规定的情形之下的法益侵害（对于所有权以及其他值得法律保护的委托关系的侵害）可能性加以限定，因而属于违法身份（有关侵占罪中共犯与身份的问题，参照业务侵占罪）。

（二）客体

1. 物

本罪的客体是“物”，其含义与盗窃罪等中的“财物”相同，除了动产之外，还包括不动产。与盗窃罪、诈骗罪不同，本罪并不准用第 245 条，因而只要采取有体物说，电便不能成为本罪的客体。还有，由于权利与利益均不是本罪的客体（泷川 136 页、牧野 783 页则持反对意见），因而即便是基于委托而保管债权证书，却行使债权从债务人处获取金钱，也并不构成本罪（大判明治 42·11·25 刑录 15 辑 1672 页），也就是说，所谓第 2 款侵占① 是不可罚的（但也有作为背任行为而被处罚的情形，参见后述）。

2. 委托关系

本条第 1 款的客体是自己所占有的他人之物，考虑到与第 254 条之间的关系，该占有必须是基于所有人或其他权利人的委托。例如，对方错找零钱，或者误送商品或邮件之时，明知这一点却仍然受领并领得，则可以构成因不作为诈骗而成立的第 1 款诈骗罪；在受领之后产生错觉，而就此领得，则由于该金钱、商品、邮件的占有并不是基于委托信任关系，因此，并不构成侵占罪而仅成立占有脱离物侵占罪（关于错投邮件的案例，可参照大判大正 6·10·15 刑录 23 辑 1113 页）。

委托关系既可以是根据委任、寄托、租赁、使用租借等以物的保管为内容的合同，也可以是基于法定代理人或法人代表的地位、买卖合同中的卖方地位或雇佣关系。对于诸如双重买卖、指定债权的出让人接受债务人的偿还（最决昭和 33·5·1 刑集 12 卷 7 号 1286 页）、以收款为其业务的某人最初便

---

① 所谓“第 2 款侵占”，也就是指侵占财产性利益的行为——译者注。

出于领得的意思而收款①（东京高判昭和28·6·12高刑6卷6号769页）等情形，判例认定构成本罪。

3. 占有的含义

本罪的客体是自己所"占有"的他人之物。如取得他人占有之物或属于共同占有之物，则成立盗窃罪。关于其间的界限，参照盗窃罪一节中的论述。

在盗窃等罪中，占有是指事实上的支配，而本罪中占有的含义要更为广泛，不仅包括事实上的支配，还包括法律上的支配。例如，可以说不动产的登记名义人就占有着该不动产（大判明治44·2·3刑录17辑33页、最判昭和30·12·26刑集9卷14号3053页）、仓库提单或船运提单等物权性证明的持有人占有着该动产（大判大正7·10·19刑录24辑1276页）。这是因为，侵占罪中的占有只能是基于自己的占有具有处分可能性，而不动产的登记名义人、仓库提单、货运单的持有者，拥有处分该客体的可能性。如此，如果认为占有就是处分可能性，那么，在设定抵押权时，也可以认定受托拥有一切必要资料（已登记的权利证书以及印章等）者具有对该不动产的占有（福冈高判昭和53·4·24判时905号123页）。但对于并未登记的不动产而言，只能认定事实上支配或管理该不动产者才具有占有（最决昭和32·12·19刑集11卷13号3316页）。

有关作为法律性支配的占有，问题在于如何认定银行存款，即能否认定存款人对于与存款相当的（存放在银行的）金钱具有占有，判例、通说对此持肯定态度。即在乙银行存有100万日元的存款人甲对于该银行所拥有的现金中与自己的存款额相当的现金存在占有。因此，村长将由自己保管的该村所有的现金存入银行，该款项便相当于自己所占有的他人之物，如果出于不法领得的意思提取该款项，则构成侵占（大判大正1·10·8刑录18辑1231页。其他还可参照东京高判昭和51·7·13东时27卷7号83页、广岛高判昭和56·6·15判时1009号140页）。

但是，与上述观点相反，也有可能存在以下观点：银行存款在合同性质

① 收款诈骗：以收款作为其业务的某人最初便是出于领得的意思而收款，对此，也有可能将被收款者作为被害人而认定构成诈骗罪。事实上，对于违反公司内部有关收款手续的规定而收款的行为，也有判例否定具体的收款权限而认定成立诈骗罪（千叶地判昭和58·11·11判时1128号160页）。但是，(1)只要是拥有抽象收款权限者所实施的收款行为，则偿还就可以认为是有效的；(2)这种情况下的偿还可以作为向准占有人的偿还（《民法》第478条）而最终认定有效；(3)也应归责于这种收款人的雇佣者，出于以上理由，笔者以为，将偿还行为作为有效行为，而认定构成（业务）侵占罪更为合适。

上属于消费寄托（约定在期限之前返还同种、同等、同量之物的寄托（《民法》第666条），存款人不过是据此获得了存款的支付请求权而已，因此，所谓100万日元的存款债权人，对于银行内的100万日元的现金并不具有占有。按照这种观点，在上述村长的案例中，仅仅对提取之后的现金才会发生侵占的问题。例如，在转账付款情形下，是在存款债权的形式下进行处分，因而只能构成背任（片冈聪·围绕续民、商事的犯罪200问284页〔1990〕)。确实，侵占罪中的占有也包括法律上的支配，但在前述登记名义人、仓库提单的持有人的事案中，仅仅是对占有的概念作了些扩张解释，而对财物的概念则并没有作任何修正。认定基于存款的占有，其结果也就是认定对存款的占有，考虑到“这样难道不正是对财物概念也作了修正吗”这一点，也可以说上述观点存在充分的理由。但是，也不能无视下面这种批判意见：在出于保管的目的而将受托的钱款存入银行的场合，与在持有现金的情形之下实施领得行为构成侵占相比，在银行存款的情形之下实施处分行为则只构成背任，这并不合理（的场纯男·刑法的基本判例134页）。如果考虑到这一点，那么，仅仅对于委托侵占才认定存在基于存款的金钱占有（并非存款的占有）的观点则要更为妥当（在这一点上，修正了西田：“计算机的不正当操作与财产犯”，ジュリ885号16页中的观点）。①

4. 物之他人性

① 错误转账的处理：甲原本想将款项转入X银行的乙的账户，却误转到了名字很相似的丙的账户，丙把这当作是天上掉馅饼，于是，（1）丙从银行营业窗口取出该款项；（2）丙用卡从CD机上取出该款项；（3）丙利用ATM机将该款项又转入其他人的账户以偿还债务，对于丙的上述行为应分别追究构成什么罪责呢？如果在本案中也肯定“基于存款的占有”这一观点，则丙构成占有脱离物侵占罪（参照东京地判昭和47·10·19研修337号69页、大谷：“现金卡的不正当使用与财产罪”，判タ550号84页以下）。但是，如果认为仅仅对委托物侵占罪才能肯定“基于存款的占有”，那么，因错误转账所形成的金钱占有便属于X银行，因此，（1）成立第1款诈骗（札幌高判昭和51·11·11判タ347号300页）；（2）构成盗窃；（3）构成使用电子计算机诈骗罪。例如，由于送款银行将日元本位误认为是美元本位，而向某人的账户打入了多余款项，于是，该人便用卡从CD机上取走了该多余款项，对此，东京高判平成6·9·12（判时1545号113页）认为该款项的占有属于银行，而认定构成盗窃罪。但是，其后，最判平成8·4·26（民集50卷5号1267页）则认为，不论有无作为原因的法律关系，也存在错误转账领受人的存款债权。有关因错误转账所形成的存款的处理，该判决着眼于在银行答应了退还请求的情况下，对此如何救济，而并不是在刑法上正面肯定本来没有权限的受领人的所谓存款债权。因此，如果银行已经完全了解了错误转账的事实并答应退还则另当别论，应该说针对前述类型的刑法处理还是妥当的（西田：“批判”，判例セレクト98’30页）。

本罪的客体是自己所占有的“他人之”物，与他人共有之物也包含其中（大判明治44·4·17刑录17辑587页）。考虑到与民法之间的关系，在以下问题上必须研究物之他人性。

(1) 受委托的金钱

首先，像盖有封印的钱款一样，钱款是作为特定物而被委托的，不仅是其所有权，即使其内容物的占有也属于委托人，因而如果受托人领得该钱款，则构成盗窃罪。另外，如果委托是属于那种允许消费的消费寄托（例如，银行存款、公司内部存款），则该钱款的所有权当然移转至受托人，即使使用该钱款也不会出现侵占的问题。问题在于如何处理使用了已限定用途的受托钱款，或者原本受托催收债务却使用了催收而来的钱款等行为。

在民事法理论上，认为金钱的占有与所有一致的观点占支配地位（我妻荣、有泉亨·新订物权法185页以下〔1983〕）。例如，甲将100万日元委托给乙，则该100万日元的占有便移至乙，与此同时，其所有权也移至乙。那么，按照民事法的理论，如受托作为不特定之物的金钱，则成为自己所占有的自己之物，而并不构成侵占罪。但民事法之所以认为所有与占有一致，这是因为对于金钱这种流通性极高的交换、结算手段，为了保护交易安全、动态安全，即便不适用即时取得原则（《民法》第192条）也有必要认定所有权的移转。① 也就是说，即便乙不法将该100万日元交给了丙，丙并不需要出于善意、无过失，就可以当然取得所有权。与此相对，刑法则是保护甲与乙之间的静态权利关系。因此，通说、判例认为，在刑事法上，与其他动产一样，受托金钱的所有权仍然属于委托人（最判昭和26·5·25刑集5卷6号1186页。有关催收债务的委托，可参照大判昭和8·9·11刑集12卷1599页。参照西田·刑法判例百选Ⅱ各论〔第2版〕112页）。

另外，也不能把金钱当作完全的特定物来对待。如果不是这样，那么，在甲委托乙保管100万日元的场合，则乙另外拥有100万日元却使用了甲所委托的100万日元的行为，或者单纯的兑换行为客观上也构成侵占，这并不合理。因此，刑法肯定的并不是作为特定物的金钱的所有权，而是作为不特

① 民事法上的金钱的所有与占有：民事法认定金钱的所有与占有一致的理由在于，尤其是对于具有替代性的金钱而言，没有必要肯定有关特定金钱的物权性返还请求权，并且这也是不可能的。X谎称从Y处诈取的金钱是自己的，并提交给执行官，对此，最判昭和39·1·24（判时365号26页）认为，“除了特殊场合之外，一般可以认为金钱并不具有作为物的个性，而只是有价值之物，由于其价值与金钱时刻相随，因此，只要没有特殊事由，就应认定金钱的所有者与占有者是一致的”，从而驳回了Y所提出的第三者异议之诉（《民事执行法》第38条）。

定物的金额所有权（藤木 332 页）。下面的问题就是如何处理短时间的挪用行为。首先必须考察的是客观方面。某人受他人的委托购买某种特定物，且收受了 100 万日元的购物款，如果行为人实际上用掉了该 100 万日元，并且，即便具有不法领得的意思，但如果行为人另外拥有 100 万日元，或者有 100 万日元的银行存款，也就是维持着在购物期限为止自己仍实际拥有 100 万日元的现金这样一种状态，则只要对“金额所有权”这一观点持肯定态度，就应该说客观上并不存在侵占行为（还可参照后述“不法领得的意思”）。

(2) 双重买卖

按照民法的意思主义（《民法》第 176 条），买卖合同成立所有权便自卖方移转至买方，如果 A 将动产或不动产卖给 B 之后，又再卖给 C，并完成转让或已将登记名义移转至 C，则构成侵占罪，这是通说、判例的观点（关于动产，可参照大判明治 30·10·29 刑录 3 辑 139 页、名古屋高判昭和 29·2·25 判特 33 号 72 页；关于不动产，可参照最判昭和 30·12·26 刑集 9 卷 14 号 3053 页）。关于买卖尤其是不动产买卖中所有权的移转时间，民事法的学说也在变化。在刑法上，由于必须具备值得用侵占罪来予以保护的所有权的实质，因此，仅有 A、B 之间的买卖合同的成立，或者仅仅收受了保证金，则物之他人性尚不完全，并不构成侵占，应该要求货款的支付已经结束，或者至少也必须是大部分已经支付（藤木·经济交易 116 页、大塚 298 页、大谷 309 页、中森 160 页等认为必须已支付货款）。

A 所实施的双重买卖构成既遂的时点在于，向作为第二受让人的 C 的移转登记结束之时。而在此之前，A 与 C 之间买卖合同成立且收受了价款，因而不能说 A 的不法领得的意思还没有显现于外部，因此，当 C 具备对抗要件，且 B 已确定丧失所有权的阶段即告既遂（藤木·经济交易 115 页）。

关于第二受让人 C，有两个问题值得注意。第一，如果 C 出于善意，那么，A 是否成立对 C 的诈骗罪？如果向 C 的移转登记已经结束，C 便并未发生任何财产上的损害，不应该构成诈骗罪；并且，在这种情况下，由于 C 并没有处分 B 的财产的权利，因而将 C 作为处分行为人、将 B 作为受害人的三角诈骗也并不成立（因此，认定成立三角诈骗的大判昭和 2·9·10 新闻 2746 号 16 页并不妥当）。但如果 A、C 之间已经完成货款的收付，却首先完成向 B 的移转登记，则对 B 并不构成侵占罪，而是对 C 成立诈骗罪（参照东京高判昭和 48·11·20 高刑 26 卷 5 号 548 页）。第二，如果 C 出于恶意，那么，C 是否成立 A 的侵占罪的共同正犯？判例对此持否定态度（最判昭和 31·6·26 刑集 10 卷 6 号 874 页）。如果 C 只是出于单纯故意，则相当于

《民法》第177条的“第三者”，C在民法上可以有效取得所有权，因而可以说判例是为了取得两者之间的整合性。如此一来，如果C并不相当于《民法》第177条的第三者，而属于背信的恶意者，则由于C在民法上并未有效取得所有权，因此，可以得出C也可作为A的共犯予以处罚这一结论（福冈高判昭和47·11·22刑月4卷11号1803页）。

(3) 出让担保

A借给B 100万日元，而B则将自己的动产、不动产移转至A，在期限之前，可以在支付本息之后购回该动产、不动产，出让担保就是这样一种附带有特别约定条款的合同。也就是说，所谓出让担保，是指在形式上采取所有权移转这样一种形式，而实质上属于担保权的类型之一（称为“非典型担保”），为了预防出现不履行债务的情况，事先将担保目的物的所有权移转至债权人的一种制度。出让担保这种制度之所以被广泛利用，主要是因为其具有以下优点：就动产而言，担保物的占有仍属于债务人；就不动产而言，可以回避拍卖这种换款方式。

以前，将所有权自债务人移转至债权人的方式分为以下两种类型：①仅作外部性移转的类型（处分清算型：在债权额与担保物的价格之间存在差额之时，有必要进行清算）；②内外部均移转的类型（归属型：不必要进行差额清算的完全取得型）（大连判大正13·12·24民集3卷555页以②为原则）。按照这种区别，在①的情形下，如果债权人在期限之前将目的物转卖给他人，则构成侵占罪（大判昭和11·3·30刑集15卷396页）；而在②的情形下，债务人将目的物转卖的行为也构成侵占罪（名古屋高判昭和25·6·20判特11号68页）。但是，在出让担保的场合，只要所有权一旦移转至债权人，那么，债权人在期限之前所实施的处分行为就只能构成背信（大阪高判昭和55·7·29刑月12卷7号525页。还有，有关同样的事案，最判昭和35·12·15民集14卷14号3060页认定并不是不法行为，而是履行不能所引起的债务不履行）。

问题在于能否将债务人所实施的不法处分行为认定为侵占。如果考虑到出让担保的实质在于担保，则在支付本息之前，债务人仅仅是出于善意保管人的注意义务而具有保管目的物的义务，因此，也有可能认定只构成背任罪（平川381页）。并且，随着就出让担保原则上肯定清算义务的民事判例（最判昭和46·3·25民集25卷2号208页）的出现，背任罪说便更具有其合理性（神山敏雄·刑法的基本判例162页）。但这一判例将归属清算型作为出让担保的原则类型，倒不如说目的物的所有权属于债权人。如此一来，债务人所实施的不法处分就构成侵占罪。

(4) 所有权保留

A将货物（如汽车）以按月支付的方式卖给B，在B完全付清货款之前，该货物的所有权仍然属于A（A保留所有权），所有权保留就是这样一种合同，它是为了担保买卖合同中卖方的货款债权。问题在于，如何认定在货款结清之前买方B就将汽车转卖给他人这一行为的刑事责任。有这样一个案例，B以分期付款的方式从A处购得汽车，约定分24个月付清，并且在货款付清之前该汽车的所有权仍属于A，但B在仅付了3个月的货款之后，便因资金不足而将该汽车作为担保抵押给某金融业者，对此，判例认定成立侵占罪（最决昭和55·7·15判时972号129页）。对于B的这一行为，学界分为三种学说：①侵占罪说（通说）；②行为人的擅自提早处分行为构成侵占（中森160页）；③背任罪说（藤木·各论372页。有关民法学说，可参照米仓明："按月付款商品处分行为的刑法处理"，北大法学论集17卷1号27页）。尽管所有权保留实质上仍是担保行为，但卖方所保留的所有权仍值得受刑法保护，因此，学说①要更为妥当。但应该根据货款的支付情况，有时也应肯定缺少可罚的违法性（阿部纯二："分期付款买卖与侵占罪"，法学52卷3号13页则认为能阻却故意或责任）。

(5) 不法原因给付物、委托物

《民法》第708条的正文规定，凡因不法原因而实施给付行为者，不得行使不当得利的返还请求。例如，为了维持妻妾关系，A将房屋赠与给B，那么，A当然不得对B行使不当得利的返还请求。对此，判例认为，也不允许行使基于所有权的物权性返还请求权，作为其反面效果，目的物的所有权当然属于B（最大判昭和45·10·21民集24卷11号1560页）。A委托B杀死C，作为报酬的预付款而支付了100万日元，结果B并未杀C且用掉了这100万日元，按照上述观点，B并不构成侵占罪。

问题在于该观点是否也适用于基于不法原因的委托物。某人受托斡旋行贿却用掉了用来行贿的钱款，对于这一事案，判例认为，即使适用《民法》第708条，但"侵占罪的目的物仅以被告人所占有的他人之物为要件，而并不一定要求该物的给付人在民法上具有返还请求权"，因此，构成侵占罪（最判昭和23·6·5刑集2卷7号641页。大判明治43·7·5刑录16辑1361页也是这种观点。就出口走私品的购货款，可参照大判昭和11·11·12刑集15卷1431页）。学说的主要观点对判例持支持态度（藤木340页、内田363页、前田260页以下）。但是，如果肯定适用《民法》第708条，则由于不能肯定委托人的返还请求，因此，从保持法律秩序统一这一角度来看，某种所有权在民法上不受保护，却受到刑法保护，对此不能不抱有疑问（团藤

637 页、平野 224 页、中森 159 页。大塚 291 页、植松 444 页则认为这种情形下的委托物已不能称为，“他人之物”)。确实，在这种场合下，受托人的自主返还行为并不是非债偿还，委托人仍然具有受领返还品的权限，因而仅以此为处罚根据（藤木 340 页）并不充分。

但是，问题在于，基于不法原因的委托是否相当于《民法》第 708 条的“给付”。按照民法理论，所谓给付，是指终局性的利益移转（我妻荣·债权各论下Ⅰ1156 页〔1972〕、谷口知平·不法原因给付的研究〔第 3 版〕199 页〔1970〕)。如此一来，受托购买麻药或行贿而被托付金钱，则属于委托而不是给付，也有可能存在返还请求权（详细说明，参照林干人·财产犯的保护法益 169 页以下〔1984〕。佐伯仁志、道垣内弘人·刑法与民法的对话 48 页〔2001〕则认为民法学说并未采取这种区别)。按照这种观点，则仍有可能就不法原因委托而认定构成侵占罪（林干人·刑法的基本判例 153 页、大谷 282 页。江家 324 页否定该情形适用《民法》第 708 条，认为委托关系并不值得保护，因而可认定成立占有脱离物侵占罪)。对于这种解释，可以想见会有如下批判意见：这会促进行贿等不法行为，并不妥当。但认定委托人有返还请求权，则具有阻止不法行为的意义。也就是说，受托人之所以受到处罚，并不是因为没有行贿，而在于中止该行为后，没有将受托的金钱返还委托人。

(6) 盗窃赃物等的处分价款

对于盗窃赃物的受托保管人取得该赃物的行为，或者斡旋有偿处分赃物的斡旋人取得所卖钱款的行为，判例认定构成侵占罪（就取得所卖钱款的行为，可参照最判昭和 36·10·10 刑集 15 卷 9 号 1580 页。藤木 340 页、大谷 302 页、前田 261 页对此判例持支持态度)。确实，这种情况属于不法原因委托而并不适用《民法》第 708 条。但是，侵占罪是针对所有权的犯罪，既然作为本犯的委托人并没有所有权，那么，就应该理解为并不成立侵占罪。对此，有观点认为，既然对于第三者窃取盗窃犯所盗来的财物的行为也认定成立盗窃罪，即认为盗窃犯的占有也值得保护（参见前述“盗窃罪”)，那么，上述情形之下的委托信任关系也应值得保护，因而构成侵占罪（前田 261 页以下、大谷 302 页)。但是，侵占罪所要保护的却并不是委托信任关系本身。以下事例就很清楚地反映了这一点：例如，甲拾得占有脱离物而委托乙交给警察，即便乙取得了该物，也并不构成侵占罪而是仅构成占有脱离物侵占罪。还有，考虑到与本犯的被害人的关系，也可以构成占有脱离物侵占罪，但既然成立作为间接性所有权侵害的赃物保管罪、处分斡旋罪（第 256 条第 2 款)，则为后面的重罪所吸收而构成概括的一罪（大塚 292 页、曾根 170

页、中森182页。还有以前的判例，即大判大正11·7·12刑集1卷393页）。

(7) 受公务机关的命令而保管的自己之物

尽管是自己之物，但在公务机关命令其保管的场合，仍然是本罪的客体（第2款）。具体而言，例如，根据《民事执行法》或《国税征收法》，自己之物被强制执行或作为滞纳处分而被查封，国家机关命令债务人或滞纳人暂时保管该查封物（参照《民事执行法》第123条第3、4款；《国税征收法》第60条、第61条）。

(三) 行为

1. 越权行为说与领得行为说

关于侵占行为的含义，存在两种互相对立的观点：一是以不法领得为必要的领得行为说（通说）；二是不以不法领得为必要的越权行为说（牧野797页、木村158页、大塚296页、内田364页）。按照越权行为说的观点，凡受托人违反委托目的而对占有物实施越权行为则构成侵占。那么，毁弃、隐匿占有物的行为也构成侵占。但是，侵占罪并不是单纯的背信罪，而是背信利得罪，具有利欲犯的特征，因此，领得行为说更为妥当。判例采取的也是领得意思必要说，认为即便是对于占有物的越权处分行为，如果那是出于为了委托者本人的意思，则并不构成侵占罪。①

2. 不法领得的意思

(1) 按照判例的观点，本罪中的不法领得的意思，是指"他人之物的占有人违背委托任务，尽管对该物并无权限，却仍然具有实施非所有人则不能行使的处分行为的意思"（最判昭和24·3·8刑集3卷3号276页）。这一定义与盗窃罪中判例所采取的领得意思的定义相去甚远。其中的一个理由就在于由于缺少占有侵害，因而并没有排除权利人这一要素，但如果认为按照其经济性用法的利用、处分这一要件也不必要，则存在疑问。对于本罪中的领

---

① 出于为了本人的意思：寺院主持未经施主代理人的同意，也未经政府主管机关的认可，而将自己所保管的寺院器物以附带可购回的特别条款的形式卖给他人，但那是出于补充寺院建设费的目的（大判大正15·4·20刑集5卷136页）；农协负责人违反协会章程，未经总会或理事会决议而以协会名义经营货车运输业务，为此支出了协会资金，但那是为了协会的利益而实施（最判昭和28·12·25刑集7卷13号2721页）。对于以上事案，判例均认为缺少不法领得的意思，进而认定并不成立侵占罪。还有所谓缴款罢工行为，作为斗争手段，不缴付替公司所收的款项，并为了保管该款项而以工会会员的个人名义存入银行，对于该行为，判例也认定缺少不法领得的意思（最判昭和33·9·19刑集12卷13号3047页。对此，平野226页认为，应当以为了本人利益的占有仍在继续之中为理由）。

得意思，还是应该理解为基本上与盗窃罪中的领得意思相同，是指违反委托目的，按照该物的经济性用法而利用、处理自己所占有的他人之物的意思。因此，首先，毁弃、隐匿自己所占有的他人之物的行为由于缺少不法领得的意思，因而并不构成本罪（平野225页、大谷306页、中森164页。但是，如果出于消费使用的目的而隐匿则当然可以认定存在领得意思。参照大判大正8·6·7新闻1582号20页）。以前的判例对于隐匿自己所保管的公文书的行为认定构成本罪（大判大正2·12·16刑录19辑1440页）。将不法领得的意思理解为作为所有人而实施行为的意思的观点对本判决持支持态度（团藤630页），但笔者认为还是不妥当。

其次，关于违背委托宗旨的暂时使用（使用侵占行为），如果该利用达到了不为权利人所允许的程度、状态，则可以肯定存在领得的意思。因此，委托人要求妥善保管，却擅自驾驶该汽车的行为并不立即构成侵占，而那种连续8天驾驶只允许短时间使用的汽车的行为（大阪高判昭和46·11·26高刑24卷4号741页），还有，为了复印而把由自己保管的机密资料带出公司而后返还的行为（东京地判昭和60·2·13判时1146号23页：新泻铁工事件），可以想见权利人不会允许，因而即便存在返还的意思也构成本罪。

（2）通说、判例认为，使得第三者领得的意思也包含在不法领得意思之中（大判大正12·12·1刑集2卷895页）。但是，既然侵占罪属于利得犯，那么，使得与自己毫无关系的第三者领得的行为即使能构成背任罪、毁弃罪，也应该说并不构成本罪（平野226页）。即使认为包含第三者，那也应限于可以视为行为人自身领得的情形（关于诈骗罪，肯定该观点的判例，可参照大判大正5·9·28刑录22辑1467页）。判例认定第三者领得的事案，也是针对行为人作为代表人的合资公司（前揭大判12·12·1）以及行为人作为常务董事的公司（大判昭和8·3·16刑集12卷275页）的场合，实质上就可以说是自己领得。

（3）有关金钱侵占，还存在这样一个问题：收款人为了填补自己所用掉的资金窟窿，而依次用收到的钱款填补前次的窟窿（补漏侵占），那么，为了填补窟窿而利用的钱款是否也构成侵占罪呢？对此，判例持肯定意见，但也有学说认为那仅仅是罪行掩盖行为，缺少不法领得的意思（藤木·经济交易54页）。但是，尽管是出于填补窟窿的目的，但由于是通过自己的自由处分而实施，因此，应该肯定存在领得意思。这种情形下的实际损失金额当然少于被害金额，但那不过是事后情节而已。

（4）保管人暂时挪用自己所保管的已限定用途的金钱或不特定物，即便日后有填补该空缺的意思与能力，也仍然并不缺少不法领得的意思而构成侵占罪，这是已确定下来的判例观点（大判明治42·6·10刑录15辑759页、最判昭和24·3·8刑集3卷3号276页）。但在学界，针对确有填补空缺的意思与能力的场合，出于①该行为并不相当于领得行为（町野·刑法判例百选Ⅱ各论〔第2版〕117页、前田259页、平野223页）；②缺少可罚的违法性（藤木·经济交易44页。参照东京高判昭和31·8·9裁特3卷17号826页）；③缺少不法领得的意思（大塚304页。但大塚278页认为在挪用之时已发生金钱所有权的移转、大谷307页）等理由而否定成立侵占罪的学说很有影响。正如前面已经谈到的那样，金钱并不具有特定性，如果存在可以视为拥有与受托金钱等额的金钱的状态（例如，自己家里另外拥有的金钱、存款等），则可以说客观上并无领得行为。但如果仅有支票或其他确实存在的债权，则很难认定没有领得行为，只能根据挪用金额以及所能预想的填补空缺的确实程度来认定缺少可罚的违法性或不法领得意思（参照西田·刑法判例百选Ⅱ各论〔第2版〕113页）。

3. 侵占行为

领得行为说认为，所谓侵占行为，是指为实现不法领得自己所占有的他人之物这一意思，而实施的一切行为（关于将金钱交给共犯的行为，参照大判大正6·7·14刑录23辑886页）。既可以是买卖、典当、赠与、设定抵押等法律行为，也可以是消费、侵吞（转为为了自己的占有的行为）、拐走（拿着逃走）、扣留（不返还的行为）等事实行为，还包括不作为（有关警官对于自己所保管的他人之物不办理领置手续的事案，可参照大判昭和10·3·25刑集14卷325页）。如果质权人重新设定质权（转质），只要在原质权的范围之内，则并不构成侵占（最决昭和45·3·27刑集24卷3号76页）。

侵占并没有未遂处罚规定，[①] 通说、判例认为，只要不法领得意思显现在外部则立即达到既遂。例如，动产的出卖在作出出卖的意思表示之时即告既遂，而不需要对方作出买入的意思表示（大判大正2·6·12刑录19辑714页。因此，对方并不构成侵占罪的共犯，而是构成赃物受让罪）。还有，在质权设定之时，只要提出提供担保的申请即可（大判大正11·2·23刑集1卷69页）；在取出存款之时即达到既遂（大判明治43·7·26刑录16辑1431页）。作为自己的所有物而提起民事诉讼，也是侵占（大判昭和8·10·19刑

① 侵占罪的未遂：有学说认为，现行法之所以不处罚未遂，这是因为侵占在理论上不可能存在未遂（藤木333页）。但是，在不动产双重买卖的场合，如果针对第二受让人的买卖意思表示尚未达到既遂，则在理论上实际上也可认定侵占的未遂。在动产买卖的场合，判例认为只要作出了出卖的意思表示即构成既遂，这种观点还值得探讨。

集12卷1828页)。如同不动产的双重买卖或抵押权设定一样，如果以登记作为对抗要件，那么，登记结束即告既遂，这一学说较有影响(藤木·经济交易116页、120页、大塚300页、大谷309页)。另外，在侵吞侵占或拐走侵占的场合，则必须是通过收款人逃走或者期限届满而不缴款等事实，而在外部表面也能认识到存在不法领得的意思(藤木335页)。

(四) 与他罪之间的关系

首先，由于不能两次侵占同一物，因而他人的不动产的登记名义人利用其地位而不法设定、登记抵押权之时，便成立侵占罪；而其后设定、登记第二次抵押权的行为或者出卖该不动产的行为则属于不可罚的事后行为，并不再次构成侵占罪(大判明治43·10·25刑录16辑1747页、最判昭和31·6·26刑集10卷6号874页)。其次，由于侵占罪的客体是自己所占有的他人之物，因而即便使用诈骗手段以逃避返还，但由于没有占有移转，因而并不构成第1款诈骗罪(大判明治43·2·7刑录16辑175页、大判大正12·3·1刑集2卷162页)。但是，在理论上还是有成立第2款诈骗罪的可能(牧野806页、佐伯165页、藤木342页)。例如，不法出卖他人所委托之物并侵占之后，由于受到追讨而谎称已被盗走，试图逃避返还，在这种情况下，如果返还请求权也属于值得另行保护的财产性利益，则构成单纯侵占罪与第2款诈骗罪，前罪为法定刑更重的后者所吸收而构成概括的一罪，作如上理解也是极有可能的。但正如前述，单纯侵占罪的法定刑之所以低于盗窃罪与诈骗罪，这是因为考虑到其基于诱惑性要素的责任要轻。为了体现这一立法意图，就应该将为了确保侵占物而向与侵占罪相同的被害人所实施的诈骗行为理解为不可罚的事后行为。与此相反，谎称借来的他人的财物是自己的，并用于担保以借入金钱的行为，由于产生的是针对不同被害人的新的法益侵害，因而构成侵占罪与第1款诈骗罪的观念的竞合(东京高判昭和42·4·28判夕210号222页)。另外，有关与背任罪之间的关系，参照第七节背任罪。

三、业务侵占罪

侵占自己基于业务所占有的他人之物的，处10年以下惩役(第253条)。

(一) 概说

本罪以基于业务而占有他人之物者为主体，属于单纯侵占罪的加重类型。在必须具有他人之物的占有者这一身份(第65条第1款)的同时，还必须具有业务人员这一身份，属于双重意义上的身份犯。有关基于业务人员这一身份而加重处罚的根据，有观点认为，这是因为在以保管他人之物作为业务的情形之下，这种侵占行为有害于多数人的信赖，因而法益侵害范围更广（大塚308页、中森167页）。但由于这种理解对于个别的侵占行为并不合适，因而还是应该理解为是由于责任非难程度加重之故（中山313页、大谷311页、曾根174页）。因此，业务人员这一身份属于责任身份（第65条第2款）。

本罪的成立要件与单纯侵占罪大致相同，在此仅探讨业务的含义以及共犯、身份问题。至于与他罪之间的关系，特别是与背任罪之间的区别问题，参照第七节背任罪。

（二）业务的含义

所谓业务，一般是指根据社会生活地位而反复、继续进行的事务。本罪中的业务，按照其特征，是指接受委托，以保管金钱或其他财物作为其职业或职务内容。典当行、仓库业者、临时寄存业者当然属于这种业务者，而最多的则是在银行、公司、政府机关中，以保管金钱作为其职务的职员或公务员。也可以说拥有公司、团体的代表权的主要负责人员是该公司、团体的财产保管者（大判大正2·11·4刑录19辑1090页）。有观点认为，遗失物的保管业务也能成立本罪（中森167页），但由于并没有所有权人的直接、间接委托，因而认定构成单纯侵占罪与本罪，则不无疑问。

业务的根据，除了法令、合同之外，还包括惯例（有关根据惯例保管共有金的事案，参照大判明治44·10·26刑录17辑1795页；有关根据惯例负责收款的事案，参照札幌高判昭和28·6·9判特32号29页）。判例还认为，作为业务的附随事务而保管财物的情形也包括于此（大判大正11·5·17刑集1卷282页），但在这种情况下，则必须与本来的业务之间存在紧密关联性（团藤644页）。作为业务人员的保管责任，即便失去了作为业务人员的地位，也仍然存续于将事务移交给继任者为止（名古屋高判昭和28·2·26判特33号11页）。

（三）共犯关系

由于本罪是双重身份犯，在既非业务人员也非占有人的某人参与本罪的场合，这牵涉到第65条的适用，因此，如何处理也是一个问题。

对于非身份犯者，判例一直以来是根据第65条第1款认定构成本罪的共犯（包括共同正犯），并根据第65条第2款科以单纯侵占罪之刑（大判明治44·8·25刑录17辑1510页、大判昭和15·3·1刑集19卷63页）。关于第65条，有观点认为，第1款是针对真正身份犯、不真正身份犯的有关共犯成立的规定，而第2款则是有关对不真正身份犯中的非身份者仅科以通常之刑的规定。按照该观点，上述判例的处理是合适的（团藤643页、大塚311

页。但倒不如说该观点正是以上述判例为根据而提出的)。但是，这种观点承认罪名与科刑可以分离，并不妥当(最判昭和25·9·19刑集4卷9号1664页则认为，按照第65条第2款的规定，罪名也是单纯侵占罪)。其次，还有一种观点认为，由于非身份犯者并不具有占有者的身份，因而并不适用第65条第2款，而是应该根据第65条第1款的规定成立本罪的共犯(植松450页、香川575页)。但是，考虑到在参与者为占有人之时仅仅成立轻罪单纯侵占罪，因而并不合理。还有观点认为，为了矫正这一不平衡，还是判例的处理方式更为合适，但该观点在理论上并无说服力。通说认为，第65条第1款是有关真正身份犯、第2款是有关不真正身份犯的规定，按照该通说观点，应该作如下理解：根据第1款而成立单纯侵占罪的共犯，根据第2款的规定业务人员则构成重的本罪(大谷313页以下)。但是，根据真正、不真正或者构成性、加重性身份犯这一形式上的区别，也可以将单纯侵占罪理解为占有脱离物侵占罪的加重类型，因此，在这种情况下，根据第2款的规定，非身份者应构成轻的占有脱离物侵占罪(木村164页也支持该结论)。本书的观点为：第65条第1款、第2款分别规定的是违法身份的连带性、责任身份的个别性。按照本书的这一观点，占有人这一身份是违法身份，而业务人员这一身份则是责任身份，因此，业务人员与非身份者首先应根据第65条第1款构成单纯侵占罪的共犯，而业务人员还根据第65条第2款的规定构成重的本罪(参照西田："共犯与身份"，现代讲座3卷175页)。

四、占有脱离物侵占罪(遗失物等侵占罪)

侵占遗失物、漂流物或其他脱离占有的他人之物的，处1年以下惩役或者10万日元以下罚金或科料(第254条)。

(一) 客体

所谓"脱离占有的他人之物"，是指并非出于占有者的意思而脱离占有之物，并且不属于任何人的占有，以及并非出于委托关系而归属于行为人占有之物。遗失物、漂流物就是其典型例子，其他还包括因错误而多找的金钱(大判明治43·12·2刑录16辑2129页)、误送的邮件(大判大正6·10·15刑录23辑1113页)、误以为是自己之物而占有之物、从邻居家掉进来的洗涤衣物等。有关与盗窃罪相区别的占有的有无，参照前述盗窃罪。

他人放弃所有权之物与无主物并不是本罪的客体。但只要能认定是与他人的所有有关之物即可，而没有必要明确所有权的归属(最判昭和25·6·27刑集4卷6号1090页)。有关高尔夫球场的失球，判例根据无主物先占原则而认定其所有权与占有均属于球场经营者（最决昭和 62·4·10 刑集 41 卷 3 号 221 页）；从放置在大湖中的养殖用鱼笼中逃走的花鲤（最判昭和 56·2·20 刑集 35 卷 1 号 15 页），以及 1 500 多年以前的古墓中的埋藏物（大判昭和 8·3·9 刑集 12 卷 232 页）等，判例均认定并非无主物，可构成本罪的客体。

（二）行为

侵占，就是指领得行为。如果起初出于不法领得的意思而将占有脱离物置于自己的事实性支配之下，其时便构成既遂；如果起初并非出于领得的意思而取得了某占有脱离物，则在其实施隐匿持有等可以发现其存在不法领得的意思的行为之时，则达到既遂（大判大正 10·10·14 刑录 27 辑 625 页）。

（三）与他罪之间的关系

本罪虽然属于领得罪，但其法定刑却很轻，这主要是考虑到其诱惑性因素极强，因而其有责性便很轻之故。因此，对所侵占的财物所实施的通常性利用、处分行为，则并非共罚的事后行为，而是不可罚的事后行为，并不另外构成他罪。例如，如果认为损坏所侵占的占有脱离物的行为是共罚的事后行为，则构成法定刑更重的器物损坏罪（第 261 条）（林干人："罪数论"，芝原等编·刑法理论的现代的展开总论Ⅱ282 页。虫明满·包括的一罪的研究 257 页〔1992〕则认为应构成并合罪）。因此，还是应该理解为是本罪的不可罚的事后行为。对于利用拾得的国铁乘车券而取回现金的行为，判例否定成立诈骗罪（浦和地判昭和 37·9·24 下刑 4 卷 9、10 号 879 页），可以说也是出于这种考虑。但在该场合，由于伴有对于不同被害人的新的法益侵害，因而也可以认定构成诈骗罪。

第七节 背 任 罪

一、概说

（一）罪质

背任罪，是指为他人处理相关事务者，出于为自己或第三者谋取利益，或者出于给本人造成损害的目的，实施违背其任务的行为，并给本人带来财产上的损害，因而构成针对全体财产的犯罪。本罪的加重类型是《商法》第 486 条以下所规定的由股份公司的董事等所构成的特别背任罪（法定刑原为 7 年以下惩役或 300 万日元以下的罚金，但平成 9 年的改正则将其加重到 10 年以下惩役或 1 000 万日元以下的罚金），其成立要件除主体要件之外与本罪相同（另外，可参照《有限公司法》第77条、《保险业法》第322条以下）。

明治13年（1880年）的旧刑法并没有规定本罪，而是由明治40年（1907年）的现行刑法所增设。刑法典将本罪规定在第三十七章“诈骗与恐吓罪”中，但通说、判例均认为，在违背信任（背信）这一点上，倒不如说本罪与委托物侵占罪具有共同之处。为此，《改正刑法草案》将两者规定在同一章之中（第三十九章“侵占与背任罪”）。因此，当有可能成立背任罪与（业务）侵占罪两罪之时，则仅成立（业务）侵占罪（大判明治45·6·17刑录18辑856页、大判大正11·3·8刑集1卷124页。可以说，这一点就是在与平成9年改正后的《商法》第486条的关系问题上，也仍然是妥当的）；如果客体并非财物（例如，后述的双重抵押），则背任罪就发挥所谓第2款侵占罪的机能。

（二）背任的含义

有关将背任罪理解成何种财产犯这一点，存在权限滥用说（代理权滥用说）与背信说之间的对立。权限滥用说将背任罪理解为，因滥用委托人所授予的法律处分权限（代理权）而造成的财产侵害（泷川170页）。这一学说的长处在于，将主体（处理他人事务者）范围限于具有法定代理权者，其行为也仅仅针对法律行为，因而明确了本罪的成立范围。还有，将本罪与以诈骗、恐吓（强迫）等在民法上可以取消的法律行为为内容的犯罪类型置于同一章，因而更具有整合性。但是，该学说并不包括与委托者本人处于内部关系的背任行为、事实行为、权限超出行为，因而便无法处罚诸如受托保管财物者所实施的毁损财物的行为或者默认他人运走该财物的行为、企业营业秘密的保管人员所实施的泄露秘密的行为等那些广泛存在的当罚性行为，故并不合适。判例对于质物的保管者将质物还给债务人的行为（大判明治44·10·13刑录17辑1698页）、在账本上作虚假记录的行为（大判大正3·6·20刑录20辑1313页）、在账本上凭空填写收入的行为①（松江地判昭和33·1·21

① 凭空记入收入：债务人原本并没有清偿债务，但银行的支店长却在账本上为债务人凭空记入债务清偿（前揭松江地判昭和33·1·21）；并没有买入出口货物汇兑票据，但银行的外汇业务负责人员却凭空在卖方的活期存款本账里记入收入（东京高判昭和53·10·20高检速报2316号）。针对上述行为，由于无法以他罪进行处罚，因此一直以来均认定成立背任罪。但是，昭和62年（1987年）刑法改正增设了使用电子计算机诈骗罪，因此，今后凡通过不正当操作计算机而凭空进行收入处理的，都可以根据第246条之2来进行处罚，参照西田：“批判”，シュリ1021号95页。

第一审刑集1卷1号41页）、不正当输入计算机程序的行为①（东京地判昭和60·3·6判时1147号162页）等超越权限的行为也认定构成背任罪，因而可以说判例采取的是背信说。

最近，在学界有一种为了明确背任罪的成立范围而试图重新评价权限滥用说的动向。其一是背信的权限滥用说。该说将权限的含义不再限定于法律代理权，而扩大至他人财物的管理权限或事实上的事务处理权限，并将侵占理解为权限超越、将背任理解为权限滥用（植松458页、藤木354页、内田345页、前田281页以下）。但是，如果将权限的含义扩大到如此范围，则其实质内容便与背信说并无不同。还有，很显然，双重抵押行为属于权限超越，但由于其侵害客体并非财物，按照该说则只能是将其作为背任而认定具有可罚性，因此，尽管背信的权限滥用说是着眼于侵占与背任的区别，但作为对背任罪的理解却并不具有普遍性的妥当性。其二是意思内容决定说。该学说一边基本上维持原来的权限滥用说，一边将事务处理者理解为有关本人的财产处分的意思内容决定的受托者，进而将其范围扩大至尽管没有直接权限但参与了意思内容决定过程的参与者、意思内容决定过程的监督者（岗一高·背任罪理解的再构成238页以下〔1997〕。平川390页、山口200页以下也采取的是相似立场）。按照该观点，事实行为与双重抵押并不构成背任罪，尽管这明确了背任罪的成立范围，但在刑事政策上能否充分确保处罚范围，则尚存疑问。

（三）本罪除准用第242条、第245条之外，还准用第244条（有关亲族之间犯罪的特例）（第251条）。该亲族关系必须存在于行为人、事务受托人以及财产受害人之间（中森169页）。

二、背任罪

为他人处理事务者，出于为自己或第三者谋取利益，或者损害委托人利益的目的，实施违背其任务的行为，给委托人（本人）造成财产上的损害的，处5年以下惩役或者50万日元以下罚金（第247条）。处罚其未遂（第250条）。

（一）主体

1. 本罪的主体限于“为他人处理事务者”，因此，本罪属于第65条第1

① 综合计算机事件：“株式会社综合计算机”（公司名）规定只能在本公司所购人的计算机上输入本公司所开发研制的程序，但负责该项业务的某程序员却擅自在其他公司所设置的计算机上输入程序，给公司造成相当于输入金额的财产上损失。

款所规定的身份犯。“他人”是指事务处理的委托人，也就是本条中的“本人”。除自然人之外，还包括法人、不具有法人人格的社团，法人包括国家与地方公共团体。

2. 有观点认为，就所委托的事务的性质而言没有必要加以限定，只要其结果是最终对其施予了财产上的损害即可（植松454页），但考虑到本罪属于财产犯，还是应该限定为财产上的事务（通说）。因此，受托治疗的医师懈怠任务或泄露秘密的行为即便构成他罪（例如，泄露秘密罪），也并不构成本罪。判例认为，事务处理的原因在于除了依据法令、合同之外，也可以是依据事务管理（关于事实上的收入业务代理，参照大判大正3·9·22刑录20辑1620页），但连那些与本人没有直接、间接的信任关系的场合也认定本罪，则不无疑问。有关事务处理权限，除了独立拥有权限的人之外，还包括其辅助人员、代行人员（大判大正5·6·3刑录22辑874页）。但是，由于行为人限于直接负责该事务之人，因此，诸如负责保管、管理企业营业秘密的职员以外的其他职员，即便该职员泄露了其偶尔获知或以不正当手段获取的秘密，也仅可能构成其他罪（例如，盗窃罪），而并不构成本罪（神户地判昭和56·3·27判时1012号35页：东洋人造纤维事件）。有关事务处理的内容，要求具有某种程度的概括性、裁量性，而不包括利用监视器来实施监视或派遣使者等机械性事物，这一观点很有影响（团藤652页、大谷322页以下），但判例对于诸如质物的保管者、承担登记协助义务的抵押权设定者等并无裁量余地的事务处理，也认定构成本罪。

3. “事务”必须是他人的事务。处理他人的事务，是指代替本人实施其所固有的事务（大判大正3·10·12新闻974号30页）。因此，在买卖、消费借贷等合同关系中，卖方出让目的物的义务、买方支付货款的义务、借方的偿还义务等虽然是“为了”对方的事务，但由于仍然是自己的事务，因而违反该义务就只是单纯的债务不履行，并不构成本罪。还有，尽管财物的租借人对于保管该财物负有善意管理者的注意义务，但其不履行该义务的行为即便构成侵占也并不构成本罪。

但是，判例对于以下事案则认定构成背任罪（还有，就指名债权的双重转让认定构成背任罪，参照名古屋高判昭和28·2·26判特33号9页）：(1)以登录为对抗要件的电话加入权的双重转让（大判昭和7·10·31刑集11卷1541页）；(2)双重抵押（最判昭和31·12·7刑集10卷12号1592页）；(3)农地买卖如果没有县知事的许可，则不发生所有权移转的效力，卖方却在效力尚未发生期间向第三者设立了抵押权（最决昭和38·7·9刑集17卷6号608页）。对此，有学者提出了这样一个疑问：登记、登录的协助义务是基于买卖合同、抵押权设立合同的自己的义务，并不能称为他人的事务（平野229页、中山334页、芝原邦尔·刑法的社会性机能101页〔1973〕。还有，嵩前揭241页、平川392页、山口201页等则否认成立背任罪）。然而，以上判例的共通之处在于如果不具备登记、登录这一对抗要件便不能保全权利，对此可以理解为，(1) 事案通过赠与、(2) (3) 事案通过还清价款，则财产的实质性处分权便移转至合同对方（香城敏麿·刑法的基本判例156页）。如果限定于这种情形，那么，作为登录、登记名义人而处于能够处分对方财产之地位者，由于可以直接左右对方的财产，因而登录、登记协助义务就应该理解为他人的事务。不动产的双重买卖成立侵占罪，就是为了取得与这一点的平衡，上述解释也具有其合理性。判例还对以下判例认定成立本罪：(4) 股票质权的设定人在将股票交给质权人之后，欺骗裁判所而使之进行除权判决，并使得股票失效（东京高判平成11·6·9判时1700号168页）。正如前面已谈到的那样，只要将使之具备对抗要件的事务理解为他人的事务，则超越对抗权并使得质权失去效力的行为就更应该构成背任，因此，该场合下的质权保全义务就应相当于他人的事务。

(二) 任务违背行为

本罪的行为为“违背其任务的行为”。背信说并没有像权利滥用说那样对此加以限定，它认为本罪的行为是有违作为诚实的事务处理人所应实施的事项或者法律所期待的事项的行为。不仅包括诸如买卖、消费信贷、债务负担行为等法律行为，还包括毁损所保管之物、泄露秘密等事实行为，这一点前面已经谈到。

有没有违背任务，一般而言，根据各个事务的内容、事务处理人的地位与权限、行为当时的状况等来判断。具体而言，如果是违反法令、预算、章程、内部规定、合同等的行为，只要其具有能造成财产上损害的性质，便原则上是任务违背行为，然后只要考察对财产性加害的有无认识以及有无谋利加害目的（反言之，就是为了本人的意思）即可。对于股票交易、商品期货交易等具有一定风险的冒险交易而言，如果由金融机构等部门负责资金运作的专职人员进行操作，只要是在其裁量权范围之内则不属于违背任务，但如果由专职负责人员以外的包括董事会成员在内的其他人挪用其他用途的资金来进行操作，则有可能构成本罪。

典型的背任行为是以下类型：(1) 不良贷款，是指尽管没有回收的希望，银行等金融机构的董事会成员却在未让对方提供充足的担保或保证的情况下进行贷款。对信用度很低的票据进行贴现、将活期存款账户里并无资金保证的支票进行兑现等行为也属于此类型。(2) 粉饰决算（假决算），是指违反法令、章程进行虚假的决算，本来没有盈利却伪装盈利而向股东分红（也称为违法分红、动用资本金分红），或向董事会成员发放奖金等（《商法》第489条第3款规定了违法分红罪，但如果成立背任罪则不再成立该罪）。(3) 债务承担行为，是指公司的董事会成员滥用其职权，以公司名义实施开出期票或支票、对商业票据进行背书、进行债务担保等行为，从而让公司承担债务。(4) 自己与公司之间进行交易——违反《商法》第265条，董事会成员未经董事会认可而向公司出让自己的财产，或者从公司贷款等。

（三）谋利、加害的目的

要成立本罪，除了必须存在对违背任务以及财产性加害有认识这一故意之外，还必须是出于为自己或第三者谋取利益的目的（谋利目的）或者出于给本人造成损害的目的（加害目的）。第三者，是指自己与本人之外的其他人，共犯也包括其中（大判明治45·6·17刑录18辑856页）。因此，本罪具有利欲罪与毁弃罪的双重特性。

不良贷款中为借方谋取利益的目的、违法分红中为股东谋取利益的目的等属于为第三者谋取利益的目的，而不良贷款中收受回扣，或者通过粉饰决算而获取董事奖金的目的等就属于为自己谋利的目的。有观点认为，由于本罪属于财产犯，因而这里所说的利益限于财产性利益（团藤655页、大塚326页、大谷325页、曾根183页），但是，由于谋利目的是犯罪动机，因此，没有限定为财产性利益的必然性，还应包括诸如为了保全自己的地位、信用、面子等身份性利益（大判大正3·10·16刑录20辑1867页、最决昭和63·11·21刑集42卷9号1251页：东京相互银行事件）。所谓加害的目的，是指通过不良贷款、毁损所保管之物、泄露秘密等给本人造成损害的目的。这种场合下的加害内容也不限于财产性损害，还包括有失本人信用、面子的场合。

有观点认为，有关谋利、加害的目的，必须是就谋利、加害的事实存在确定性认识或意欲（藤木348页、大塚327页、大谷326页、曾根183页），判例却认为没有必要达到意欲或积极性容忍的程度（前揭最决昭和63·11·21：东京相互银行事件）。确实，由于本罪以财产性损害这一结果为必要，因而该认识就是故意的要件。如果认为加害的目的以存在未必的认识即已足够，那么，则只要存在本罪的故意就可以肯定同时存在加害目的，因而便失去了将加害目的作为不同于故意的其他主观性要件加以规定的意义，同时也便失去了选择性地规定谋利目的的意义。但是，谋利、加害目的这一要件最终就是为了反证该违背任务的行为并不是出于为本人谋利的意思（本人谋利目的）而实施这一要件（香城敏麿·基本讲座5卷265页、中森173页），因此，在不能认定存在本人谋利目的的场合，作为本罪要件的谋利、加害目的则只要是未必性的即已足够。

在谋利、加害目的与本人谋利目的并存的场合，则根据这两个目的的主从关系来决定是否成立本罪（有关违法分红的事案，参照大判大正3·10·16刑录20辑1867页）。例如，在违法分红的场合，出于从银行继续融资的目的，同时也出于保全股东利益和自己地位的目的而伪装公司业绩良好；在无担保追加融资的场合，既出于防止债务人倒闭进而使得债权回收变得可能的目的，同时也出于为借方谋取利益以及保全自己的目的等，这就要根据以哪个目的为主而实施该行为来决定是否成立本罪。

（四）财产上的损害

本罪是结果犯，以因违反任务的行为而造成财产上的损害为必要。所谓财产上的损害，是指“从经济性角度评价本人的财产状况，由于被告人的行为而使得本人的财产价值减少或本应增加而没能增加”（最决昭和58·5·24刑集37卷4号437页：信用保证协会事件）。例如，即使明明没有回收的希望却在无担保的情况之下贷款1 000万日元，此时，在贷出1 000万日元这笔金钱的同时也取得了等额债权，因此也可以说在法律上并无损失，而仅仅是存在损失的危险（最判昭和37·2·13刑集16卷2号68页，从这一观点出发，认为发生实害的危险也应包含在财产上的损害之中）。但是，如果从经济性角度对此行为进行评价，则只要没有回收的希望与担保，就可以说已经造成了损害。前述信用保证协会事件决定① 就从正面对此予以了肯定。因此，即便其后债务人用彩票能够偿还，那也只是犯罪之后的情节而已。有观点认为，这如果发生在债务履行期限之前，则构成背任未遂（冈本胜：“关于背任罪中的‘财产上的损害’，”庄子古稀·刑事法的思想与理论430页〔1991〕）。但是，如此一来，只要是在履行期限之前，就只能构成背任未遂，并不合理。在实施违背任务的贷款行为之时，如果能判定不可能回收，则达到既遂；只有在存在一定程度的回收可能性，并且在履行期限之前已经偿还了贷款的场合，才应认定为未遂。

通说认为，由于背任罪是针对全体财产的犯罪，因此，即便一方存在损

① 信用保证协会事件：某中小企业业主从银行等金融机构贷款之时，负责债务保证的信用保证协会的某支店长明知该业主处于倒闭边缘，却超出职权限额，独自决定承担债务保证。对此，最高裁认为，该企业业主“尚未到不履行债务的程度，因而该协会的财产也尚未因代位偿还而造成现实性损失，尽管如此，如从经济性角度来看，可以评价为该协会的财产价值已经减少”，从而肯定存在财产上的损害。

害，与此同时，如果另一方也存在对应给付，则应否定存在财产上的损害。但问题在于，什么场合才能称为存在“对应给付”。例如，因1亿日元的不良贷款而已被认定成立背任罪之时，再追加融资2亿日元，并根据与客户的事先协议，由客户将其中的1亿日元用来偿还前面的债务（对照“补漏侵占”，可称为“补漏背任”），那么，用来偿还贷款的1亿日元是否能称为财产上的损害，便是一个问题。在这种情况下，只要进行追加融资且将该资金汇入客户的账户，当时，就追加融资而言，已经产生不能回收的状态，构成背任罪的既遂，至于其后该资金用到何处，便只是犯罪成立之后的情节而已（新泻地判昭和59·5·17判时1123号3页：大光相互银行事件）。另外，在得以构成背任罪的贷款期限到来之前，在账面上记入已经还贷，同时又记上等额的新贷款，即在账面上将旧贷款转换为新贷款，此时由于没有发生资金的实际移动、流出，因而应该否定造成了财产上的损害（东京地判昭和40·4·10判时411号35页：第一相互银行事件）。还有这样一个案例：银行的某支店长明知某客户因透支而陷入过量债务，已无偿还能力，却仍以银行名义对该客户所开出的融通票据进行票据担保，该客户在获得票据贴现之后，为了偿还自己的活期存款的透支债务而将该贴现金额存入账户，并且上述票据担保、贴现、存款行为是在同一场所同一时间进行的。对此事案，最高裁判所认为，几名行为人处于具有其后仍继续透支的目的这一事实关系之下，并以“上述存款行为并不能使得与该票据保证相适应的经济性利益确实归属于该银行”为理由，进而肯定存在财产上的损害（最决平成8·2·6刑集50卷2号129页。但第一审判决则否定存在财产上的损害，佐伯仁志：“批判”，金融法务事情1460号78页也支持该观点）。与前述不良贷款的场合相比较，由于在债务承担行为的情形之下必须存在确实归属于银行的与贷款额相抵的对应给付，因此，最高裁判所的判断是妥当的（参照西田：“批判”，研修607号13页）。

已着手任务违背行为，但如果尚未造成财产上的损害，则构成未遂（第250条）。判例对于以下事案认定了未遂：在双重出让电话加入权的场合，将名义转换至第二受让人的手续尚未结束（大判昭和7·10·31刑集11卷1541页）；在双重出让农地的场合，在获得县知事的许可之前，已为第二受让人进行了所有权移转请求权保全的临时登记，但尚未进行正式登记（东京高判昭和42·9·14东时18卷9号249页）。

（五）共犯

判例认为，尽管相当于背任行为的不良贷款等行为在民事上属于有效的法律行为，其对方仍构成本罪的共同正犯（大判昭和8·9·29刑集12卷

1683页、最决昭和63·11·21刑集42卷9号1251页)。由于这种场合之下的对方具有不同于贷款事务处理人的利害关系，即使在对担保的评价上也可能存在不同的认识，因此，有判例认为，在追究其作为共同正犯的罪责之时，“对于违背任务这一点，其认识程度必须与任务人的认识程度大致相同”(东京高判昭和38·11·11公刊物未登载：千叶银行事件控诉审判决)。某非身份者参与了由董事所构成的特别背任罪，有判例对该非身份者判定根据第65条第1款构成《商法》第486条之罪的共同正犯，而根据第2款科以《刑法》第247条之刑(东京高判昭和54·12·11东时30卷12号179页)，但是，如果将特别背任罪作为责任加重类型，那么就应该根据第65条第1款认定成立《刑法》第247条的共同正犯，而该董事则根据第65条第2款成立重的《商法》第486条之罪。

(六)与他罪之间的关系

1.与诈骗罪之间的关系

判例认为，任务违背行为也包括针对本人的诈骗行为，在因此而使得本人交付财物、财产性利益的场合，则仅构成诈骗罪。例如，保险公司的推销员A谎称被保险人身体健康，而与保险公司订立了以A为受益人的保险合同，并让公司开具了保险票证(大判昭和7·6·29刑集11卷974页)；在买卖山林树木之时，作为买方的公司职员与卖方合谋虚报树木数量而购入，从而使得公司蒙受损失(最判昭和28·5·8刑集7卷5号965页)。对于以上事案，判例均认定构成诈骗罪，而驳回构成背任罪的主张(中森176页以背任罪为补充性财产犯为理由而支持判例立场)。对此，通说认为是诈骗罪与背任罪的观念的竞合。但是，这种对立并不是如此重要。倒不如从背任罪的法定刑要轻这一点加以判断，在这种场合也有必要考虑到单纯侵占罪与诈骗罪之间的关系，因而仅成立背任罪(小野275页)。存在对本人的诈骗行为与本人所实施的处分行为，行为人借此而自己领得财物或利益之时则构成诈骗罪；如果最终只是作为本人的事务处理而实施的任务违反行为，即便在其过程之中实施了诈骗手段(例如，不良贷款时的担保或夸大评价)，也只成立背任罪。

另外，就背任罪与使用电子计算机诈骗罪之间的关系，诸如通过操作计算机终端进行转账入款而实施不良贷款的场合，判例认为，即便存在背任，如果贷款在民事上依然有效，则该操作拥有资金实体，不能称为“虚假信息”，因此，并不构成使用电子计算机诈骗罪(东京高判平成5·6·29判时1491号141页)。

2.与侵占罪之间的关系

（1）区别的必要性

在财物租借人不法出卖该财物的场合，由于租借人不是他人事务的处理人，因而仅构成侵占罪。另外，诸如双重抵押那样，在以财物以外的权利作为客体的场合，并不构成作为财物罪的侵占罪，而是成立背任罪。但在他人事务的处理人不法处分自己所占有的他人财物的场合，则要成立同为背信罪的侵占罪与背任罪，对此，通说、判例认为两罪成立法条竞合关系，仅成立重的侵占罪（大判明治43·12·16刑录16辑2214页）。此时，（业务）侵占罪与背任罪的区别标准就成为问题。

（2）学说

有关两罪的区别标准，主要有以下几种学说：①背任罪是法律行为，是法律上的处分行为的滥用，而侵占罪则是因事实行为而造成的对特定物或特定的利益的侵害（泷川173页）；②应根据客体的不同来区别两罪，对于财物的背信行为是侵占罪，而对财物以外的利益的背信行为就是背任罪（牧野759页、小野274页、木村150页、江家321页、冈野166页）；③一般性权限的超越是侵占罪，一般性权限的滥用则是背任罪（植松458页、大塚320页、内田345页、藤木354页、前田281页以下、佐久间156页）；④对于财物的领得行为是侵占罪，而其他的背信行为则是背任罪（平野231页、曾根179页以下、中森175页、大谷330页）。

①说是试图在权限（代理权）滥用中寻求背任罪本质的权限滥用说的归结，正如前面已经谈到的那样，既然对因事实行为所引起的背任也应加以肯定，便不能采取该说。②说实质上是将背任罪理解为第2款（利益）侵占罪。背任罪具有第2款诈骗罪的机能，这的确是事实。但是，将构成要件存在很大不同的两罪分别简单地作为财物罪与利益罪来处置，这未免牵强。不可否认的是，即便是针对财物的场合，有时也应该认定成立背任罪。③说是有关侵占罪的越权行为说的归结。最近，也有领得行为说者主张此说（藤木354页、前田281页以下）。但是，首先，诸如双重抵押或泄露秘密行为那样，明显超越权限的场合，如果因为其侵害客体是利益而认定成立背任罪（参照内田347页），则应该说这种区别并不具有一般妥当性；其次，在客体为财物的场合，只要不将侵占罪简单地理解为针对财物的背信行为，而认为是背信性领得行为，那么，认为只有权限超越（越权行为）才构成侵占罪的观点便不妥当。由此看来，应该说④说更为合适。

（3）判例

首先，在背信行为的客体是所有权以外的其他权利、利益的场合，即便明显是权限超越，判例也认定成立背任罪。例如，就质物的保管人将质物返还给债务人这一事案，判例以侵害的对象是质权而非所有权为理由，肯定成立背任罪（大判明治44·10·13刑录17辑1698页）。除此之外，判例对于以下事案也认定成立背任罪：电话加入权的双重转让（大判昭和7·10·31刑集11卷1541页）；双重抵押（最判昭和31·12·7刑集10卷12号1592页）；在农地买卖中，由于没有得到县知事的许可而所有权移转的效力尚未发生，在此期间卖方却为第三者设立了抵押权（最决昭和38·7·9刑集17卷6号608页）。在这里，有关权利、利益的领得行为，背任罪是作为第2款侵占罪来运用的。在此限度内，可以说认为背任罪具有侵占罪的补充性机能的观点具有其合理性。

其次，在他人事务的处理人不法处分自己所占有的他人财物的场合，如果那是为了自己而消费，则即便其拥有一般性支付权限，也当然构成（业务）侵占罪（大判大正6·12·20刑录23辑1541页）。另外，有关为第三者谋取利益的场合，判例的主流是，如果是以本人的名义、账目实施，则构成背任罪；如果是以自己的名义、账目实施，则构成侵占罪。例如，某村负责保管收入的人员并非以该村的名义而将自己所保管的公款借贷给第三人，则构成业务侵占罪（大判昭和10·7·3刑集14卷745页）；村长将自己所保管的公款在村的账目之下借贷给第三人，则构成背任罪（大判昭和9·7·19刑集13卷983页）。这是因为，如果以本人的名义、账目进行处分，也就是如果作为本人的事务进行处理，则其经济性效果通过取得对应债权等而归属于本人，因而并不能称为领得行为；与此相反，如果以自己的名义、账目来实施，则可以理解为是将自己一度取得的财物交付给第三人（平野231页）。因此，即便名义上是以本人的名义而实施借贷行为，如果是在未履行正规手续也未记入账本的情况下所实施（广岛高冈山支判昭和28·6·25高刑6卷12号1631页）；还有，某信用协会的支店长为了提升业绩而支付了存款特别酬金，进而为了弥补空缺而在账本上凭空填写向协会会员发放了贷款，并将此用于填账的款项高息借贷给非会员（最判昭和33·10·10刑集12卷14号3246页。有关同样的凭空借贷事案，可参照东京地判昭和58·10·6判时1096号151页）。对于以上事案，判例认为，由于该行为的经济性效果并不归属于本人，因而应该认定为是以自己的账目所实施的行为，构成业务侵占罪。

但是，也有判例根据前述学说③认为，只要存在权限的超越就可认定成立侵占罪。例如，认定以下事案构成业务侵占罪的判例就属于此类：某董事为了行贿而动用保管金（大判明治45·7·4刑录18辑1009页）、街道的负责管理收入的职员用公款支付并非属于街道的行政事务的街道议会议员慰劳费

（大判昭和9·12·12刑集13卷1717页）、森林协会会长将禁止转贷给会员以外的政府贷款以协会名义借贷给作为第三者的地方公共团体（最判昭和34·2·13刑集13卷2号101页）。并非本人权限范围之内的处分行为，无论其名义、账目是谁，都当然构成侵占。但是，如果作为本人的事务而处理，并且是为了本人而实施的处分行为，由于缺少不法领得的意思，因此，对于认定该行为构成作为利欲犯的侵占罪这种做法便不无疑问。在这一点上，下一事案的最高裁判所的决定引人注目：行为人为了对抗股票屯购，用自己所保管的公司资金购入了自己公司的股票，该行为属于《商法》所规定的违法取得自己股票的行为，此案历经地方裁判所判决、控诉审判决、最高裁判所决定。地方裁判所认为缺少不法领得意思，判定并不构成业务侵占罪（东京地判平成6·6·7判时1536号122页：国际航业事件）；控诉审认为，因为目的违法，作为资金委托者的公司本身也不得实施该购入股票的行为，而该资金的占有者却实施了此行为，进而以该行为并不是为了本人为理由，而撤销了原判（东京高判平成8·2·26判タ904号16页）；尽管在结论上肯定了不法领得的意思，但最高裁判所认为，在完全出于为了公司这一意思而实施上述行为之时，并不能仅以违反了《商法》等法令这一点便来认定存在不法领得的意思（最决平成13·11·5裁时1303号3页）。

第八节 有关盗窃赃物等的犯罪（赃物罪）

一、概说

1. 本罪是参与事后处分“盗窃赃物或其他相当于财产犯罪的行为所领得之物”（以下简称赃物等或赃物）的犯罪。本书以下将本罪称为赃物参与罪。

在旧规定中，本罪的客体是“赃物”，由于其含义并不一定明确，故学界有（1）追索权说（通说）与（2）违法状态维持说（木村166页、伊东261页以下）之间的对立。（1）说认为本罪是使得财产犯罪的被害人难以实现其所拥有的对被害财物的恢复请求权（追索权）的行为，因此，所谓赃物，就是指被财产犯所领得之物；（2）说则认为，本罪是试图维持所有犯罪所造成的违法财产状态的行为，因此，该说主张赃物并不限于财产犯的被害物，也包括因财产犯以外的其他犯罪所获得之物。例如，受贿、赌博、特别法所规定的私自猎捕、走私等所获得的目的物也属于赃物。但考虑到本罪是作为财产犯的一种加以规定的，再者，特别法也另有准用本罪的规定（《森林法》第201条、《关税法》第112条、《狩猎法》第20条、第22条第1款等），应该说（1）说更为妥当。判例也认为本罪的“实质在于使得所有者对物之追索权难以实现”（大判大正11·7·12刑集1卷393页。最决昭和34·2·9刑集13卷1号76页也是这一意思），一贯采取（1）说的观点。

通过平成7年（1995年）的刑法改正，“赃物”这一用语改为前述“盗窃赃物或其他相当于财产犯罪的行为所领得之物”。据此，至少有关本罪的客体，在立法上明确规定采用（1）说。《改正刑法草案》第358条提出了将“赃物”用“盗窃赃物或其他针对财产的犯罪所获得之物”来代替这一提案。本次改正加上了“相当于……的行为”这一措辞，并将“所获得之物”改为“所领得之物”，而不同于草案的规定。前者表明，并不以针对财产之罪成立为必要（例如，无责任能力人所窃取的盗窃物）；而后者则表明，作为本罪客体的财物必须是因财产犯罪而直接领得之物。因此，将公司的机密资料暂时带出，复印之后又归还原处的行为即便构成了盗窃或业务侵占，但由于该复印件并非属于财产犯所直接获得之物，因而并不属于本罪的“赃物等”；用照相机拍摄公司的机密资料，然后出卖底片，即便该出卖行为相当于背任，但由于该底片并非背任行为的直接客体，因而也不属于本罪的“赃物等”。

2. 但是，在赃物参与罪中，有一种情况是仅凭追索权的侵害无法说明的，即针对第256条第2款的类型，刑法规定处以10年以下惩役与50万日元以下罚金的并科，处刑比盗窃、诈骗等还要重。对此，仅凭有害于追索权这一点难以说明其间的法定刑差异。对本罪的本犯所盗取的赃物实施保管、销赃等事后帮助行为，这在制度上有助于财产犯罪，可以说立法者正是考虑到了本罪的这种特性（本犯助长性、事后共犯性特性）。这一特性，在以下层面上可以得到认定：职业盗窃犯通常多以现金为盗窃对象，而避开宝石等容易被发现的财物，但如果存在购买赃物者或斡旋销赃者，宝石等便也能成为其盗窃的对象，因此可以说这些行为具有助长财产犯的特性。还有，这些赃物参与行为要么是从财产犯处无偿获取财物，要么是通过参与处分财物而自己获取利益，因而也具有获利的一面（利益参与性特性）。正因为赃物参与罪具有本犯助长性特性与利益参与性特性，因而更有必要从类型上加以预防。这也是对本罪予以重罚的刑事政策上的根据。考虑到本罪所具有的这种复合性特性，有学说认为，不应仅从追求权的侵害这一点来说明本罪，而应该在财产犯的范围之内谋求与违法状态维持说的折中乃至结合，该观点在学界很有影响（例如，团藤660页以下、大塚333页以下、中谷291页、前田286页以下）。最近，甚至有观点对于作为个人法益的追索权的保护这一侧面予以否定，而把本罪作为针对“禁止财产领得罪的刑法规范的实效性”这一抽象法益的犯罪来把握（井田良：“赃物罪”，现代的展开 257 页以下）。确实无法否认这种复合性特性对本罪的解释论存在影响，但只要将本罪定位于针对作为个人法益的财产的犯罪的一种类型，上述观点妥当与否就值得慎重探讨。

二、赃物参与罪

无偿受让盗窃赃物或其他相当于财产犯罪的行为所领得之物的，处 3 年以下惩役（第 256 条第 1 款）。搬运、保管或有偿受让前款规定之物，或者就该物的有偿处分进行斡旋的，处 10 年以下惩役及 10 万日元以下的罚金（第 256 条第 2 款）。①

（一）赃物等的含义

1. 追索权说认为，所谓赃物，是指因财产罪而领得之物，被害人在法律上可以追索（大判大正 12·4·14 刑集 2 卷 336 页）。虽然不包括权利，但不仅包括动产还包括不动产。也有观点认为，由于不动产并不会移动位置，因而无害于追索权，不能成为赃物（便携注释 596 页。还可参照平野 234 页以下）。但是，只要承认基于登记的不动产占有，那么便会有基于登记名义移转而形成的无偿收受、保管、有偿受让（对此的斡旋行为），因而从追求权说的观点出发当然也能认定其可以成为赃物。作为本犯的财产犯只要符合构成要件且违法即可，不必具有有责性（大判明治 44·12·18 刑录 17 辑 2208 页），这是因为有无追索权与有责性无关。还有，即便本犯因亲族相盗特例而被免除刑罚（大判大正 5·7·13 刑录 22 辑 1267 页）、已过公诉时效（大判明治 42·4·12 刑录 15 辑 435 页）、因享有免责特权而不受我国裁判权的管辖（福冈高判昭和 27·1·23 判特 19 号 60 页），也仍然成立本罪。但本犯必须达到既遂，即便答应企图盗窃的某人，到时为其斡旋销赃，那也只应构成盗窃帮助罪（最决昭和 35·12·13 刑集 14 卷 13 号 1929 页）。本犯为外国人，且在外国实施，而不适用我国的财产犯规定，但在将赃物带入我国的情况下，该赃物是否属于本条所规定的赃物呢？从国际范围加以管制这一角度出发的肯定说虽然很有影响（团藤 663 页以下、藤木 359 页、大谷 335 页、前田：“有关赃物的含义”，ジュリ1003 号 90 页以下、井田·前揭现代

---

①　旧规定：本条的旧规定如下：“收受赃物的，处 3 年以下惩役（第 1 款）；搬运、隐藏、明知而购买或进行买卖中介的，处 10 年以下惩役及 10 万日元以下的罚金（第 2 款）。”

的展开261页等），但是，对于“由财产罪所领得的财物”这一用语的解释并不应限于“我国的财产罪”，因此，笔者认为否定说更为妥当（河上和雄·大解说10卷445页）。

2. 追索权说认为，本罪的客体为被害人在法律上可以追索之物。在被害人没有追索权，或者丧失了追索权之时，则失去赃物性。例如，在第三者善意取得（《民法》第192条）赃物之时，则其后失去赃物性（大判大正6·5·23刑录23辑517页）。但根据《民法》第193条的规定，在遭受盗窃或遗失的场合，在两年之内存在返还请求权，因而在此期间并不丧失赃物性（大判大正15·5·28刑集5卷192页）。还有，相当于《民法》第246条的加工的场合，也不丧失赃物性，但尚未看到有判例认定相当于加工（大判大正4·6·2刑录21辑721页、最判昭和24·10·20刑集3卷10号1660页）。对于不法原因给付的情况，学界学说不一：有学说认为应一律肯定赃物性（藤木359页）；也有学说一律否定赃物性（中山概说Ⅱ163页）；还有学说认为应该与本犯的财产犯是否成立相对应来加以区别，对于侵占罪应该否定，而对于诈骗罪、恐吓罪则应该予以肯定（大塚336页、中森178页）。正如前面已谈到的那样，就侵占罪而言，只要相当于不法原因“给付”，就不成立犯罪，也应该否定赃物性。另外，就诈骗罪而言，有观点一边肯定相当于不法原因给付，一边仍认定成立诈骗罪，但是，根据《民法》第708条的规定，应当否定返还请求权，因此，难以认定成立本罪。在不法原因给付的场合，尽管存在返还请求权，但有学说认为，《民法》第708条本文只是否定通过裁判来强制性实现而已，并以此为理由，肯定赃物性（大谷337页），但能否将追索权的含义扩张到如此程度，尚存疑问。如果在不法原因给付与诈骗的场合可以适用《民法》第708条的但书规定，则可以认定成立本罪。

（二）追索权的含义

一般认为追索权是物权性返还请求权，但严格而言，则不限于此。例如，前面已经谈到，在善意取得的场合，被害人在两年之内通过支付价款可以追回目的物。判例认为这是物权性返还请求权（大判大正10·7·8民录27辑1373页），但在学界，认为这属于债权性返还请求权的学说很有影响。在本犯为诈骗、恐吓的场合也会出现类似情况。也就是说，在被害人并未因受诈骗、强迫而作出取消的意思表示阶段，在行为人从本犯手中购入的场合之下，在购买之时，由于所有权属于本犯，被害人因而并无物权性返还请求权。但是，即便是在上述场合，只要应该认定成立赃物参与罪，那么，追索权就不应只限于严格意义上的物权性返还请求权，而应该理解为被害人具有法律上的追索可能性。判例也认为，追索权没有必要限于物权性返还请求权

(前揭大判大正12·4·14)。

(三) 赃物等的同一性

由于追索权是针对该赃物等的，因此，当该赃物等丧失了同一性之时，则同时丧失追索权。例如，如果获取所窃取的金钱，则可能构成无偿受让；但如果是用所窃取的金钱请客吃咖喱饭，则咖喱已不能称为赃物（平野234页）。但是，兑换所侵占来的纸币而换取的金钱（大判大正2·3·25刑录19辑374页）、将诈取来的支票现金化而获取的金钱（大判大正11·2·28刑集1卷82页），判例对于上述金钱也肯定了赃物性。就前者而言，根据前面已经谈到的金钱所有权的观点得以肯定；而就后者而言，换成现金的行为本身就构成诈骗罪，因而也应该肯定赃物性（内田384页、大谷338页、前田288页。而中森180页则持反对意见)。将机密资料拿出去复印之后，返还原本而仅将复印件卖给第三者，即便拿出资料的行为构成盗窃，但由于复印件并不属于“领得之物”，因而不能称为赃物，这一点前面已经谈到。

(四) 行为

本罪的行为是无偿受让（第1款)、搬运、保管、有偿受让、有偿处分的斡旋行为（第2款)。① 这些行为有一个共性，那就是通过将赃物从被害人或本犯处移转，而使得恢复更为困难。原则上都以行为之时知道是赃物(知情）为必要（但有关保管，参照后述)。只要对赃物性存在未必性的认识即可（最判昭和23·3·16刑集2卷3号227页)，即只要认识到是因某种财产罪所领得之物即可。也没有必要知道被害人、本犯是谁。赃物等的移转也没有必要是直接从本犯处移转，从受让人、斡旋人处知情购买的行为也属于有偿转让。但是，如只限于知情移转赃物等，则从本犯处窃取，或侵占本犯所遗失的财物的场合就不构成本罪（有关遗失物侵占，参照最判昭和23·12·24刑集2卷14号1877页)，因为这种场合缺少本罪所特有的本犯助长性、事后从犯性特征（平野234页)。

1. 所谓无偿受让，是指无偿接受交付并取得。仅有约定还不够，必须是移转赃物等。之所以与第2款相比其法定刑要轻，这是因为本行为只是得益于他人的犯罪行为而已。

2. 搬运是指接受委托将赃物等作场所性的移动，不问有偿还是无偿。按照判例的观点，也不问移动距离长短（最判昭和33·10·24刑集12卷14

---

① 与旧规定之间的对应：在平成7年的刑法改正中，将第256条第1款的收受改为无偿受让，将同条第2款的隐藏、明知而购买、进行买卖中介则分别改为保管、有偿受让、对有偿处分进行斡旋。

号 3368 页)。但是，将赃物搬运到被害人处的行为并不构成本罪。即便是在这种场合，判例也认为，如果是作为本犯与被害人之间的中介，而让被害人支付价款，则也属于使得赃物等的“正常恢复”变得更困难的情形，进而认定构成本罪（最决昭和 27·7·10 刑集 6 卷 7 号 876 页）。尽管这是出于重视本罪的事后从犯性特性，但只要缺少追索权的侵害这一要素，就并不合适（大塚 338 页、大谷 399 页以下、曾根 191 页、林美月子·刑法的基本判例 166 页。而前田 291 页、井田·前揭现代的展开 262 页以下则对判例持支持态度）。

3. 保管是指接受委托保管赃物等，不问有偿还是无偿（大判大正 3·3·23 刑录 20 辑 326 页）。并不知道是赃物而接受委托予以保管者，如果其后知情仍保管，对此，判例认为，在知情之后则构成本罪（最决昭和 50·6·12 刑集 29 卷 6 号 365 页）。因而本罪便成为继续犯。① 对此，存在诸多批判意见（平野 235 页、曾根 192 页、前田 291 页、中森 181 页)。其理由在于：其他的赃物参与罪以移转赃物之时对赃物性存在认识为必要，并且，如着眼于追索权这一侧面，则正因为接受委托而移转了赃物等的占有才使得追索更为困难，因此，在占有移转之时就必须对赃物性存在认识。持这种观点者将本罪理解为状态犯（但可参照中森 181 页)。但是，不仅仅是接受委托移转赃物的行为，可以说，移转之后的保管行为在防止发现赃物、让本犯更容易处分赃物这一点上也使得追索权更难实现。在此基础上，再考虑到保管行为所具有的本犯助长性特性，应该说肯定说更为妥当（大谷 340 页、西田：“批判”，警研 56 卷 2 号 68 页）。

4. 有偿受让，是指有偿取得。买卖、交换、用替代物清偿债务等各种

① 继续犯与状态犯：一般而言，继续犯就像监禁罪一样，在行为的继续过程中，法益侵害也在继续；而状态犯则像盗窃罪一样，行为结束犯罪也结束，其后只是法益侵害状态仍在继续而已。但仅凭这种定义，还不能清楚地区别两者。因而出现了下面一种观点：与最初的法益侵害程度相等的侵害状态继续之时，是继续犯（在监禁罪中，剥夺自由这一法益侵害一直处于程度相等的继续状态）；否则就是状态犯（在盗窃罪中，与最初的占有侵害相比，其后不能利用目的物这一不利益的程度则要轻）（平野龙一·刑法总论 I 132 页［1972］）。另外，也有学说以究竟是构成要件该当行为在继续（监禁处于继续之中，也可以说是监禁行为在继续），亦或只是法益侵害状态在继续（在盗窃的场合，为了符合构成要件，必须同时存在占有侵害与利用妨害这两者，而既然在行为之后缺少占有的夺取这一部分，则构成要件该当行为便已经结束）为标准来进行说明（林美月子：“状态犯与继续犯”，神奈川法学 24 卷 3、4 号 1 页以下、町野·刑法总论讲义案 I［第 2 版］148 页［1995］）。

形态均可。仅仅是合同成立还不够，还以赃物等的移转为必要（大判大正12·1·25刑集2卷19页）。

5. 有偿处分的斡旋，是指对买卖、典当等处分赃物的行为进行中介。处分行为本身必须有偿，而不问斡旋行为是有偿还是无偿（最判昭和25·8·9刑集4卷8号1556页）。判例认为，仅仅是接受斡旋请求当然不能成立本罪，但只要实施了斡旋行为便成立本罪，而不以赃物等的移转或合同的成立为必要。作为其理由，最初的判例只是提出了只要存在实施斡旋行为这一事实，便已经使得被害人追索权的行使更为困难这一点（最判昭和23·11·9刑集2卷12号1504页），可能也正是考虑到该理由未免牵强，其后的判例在提出只要存在斡旋行为便足以成立本罪这一形式性理由的同时，也进一步强调本罪的本犯助长性特性（最判昭和26·1·30刑集5卷1号117页）。对此，学说并不一致。有学说对判例持支持态度（前田292页），也有学说认为应以合同成立为必要（内藤·注释刑法⑹567页、大塚339页、中谷299页、大谷341页、佐久间161页），还有学说提出应以赃物已从本犯移转至斡旋的对方为必要（曾根191页）。从追索权的侵害这一观点出发，还是应该以已经移转为必要。

（五）与他罪之间的关系

1. 在本犯为侵占的场合，知情购买目的物的行为是构成侵占罪的共犯，还是属于有偿受让？判例以不必等到作出购买的意思表示，而是基于出卖的意思表示便可发现存在不法领得的意思，进而以侵占罪构成既遂为理由，认定仅成立有偿受让罪（大判大正2·6·12刑录19辑714页）。而在双重买卖不动产的场合，如果第二受让人是背信性恶意者，则能认定构成侵占罪的共同正犯，因此，上述理解并不能一般化（大谷336页）。正如后面所要谈到的那样，这种情况下便会产生如何理解本犯的共犯与赃物参与罪之间的关系这一问题。

2. 判例认为，在对有偿处分进行斡旋的场合，由于从不知情的对方手中收受价款的行为是斡旋行为的当然结果，因而并不构成诈骗罪，而仅成立斡旋罪（大判大正8·11·19刑录25辑1133页）。在目的物为动产的场合，对方是善意取得，就是在不动产的场合，由于善意的买方因《民法》第96条第3款而受到保护，因而应支持该结论（河上·大解说10卷482页以存在《民法》第193条为理由而持反对意见）。但是，这些都属于前面已经谈到的以赃物等的移转作为斡旋罪成立要件的场合。如果以合同成立作为斡旋罪构成既遂的条件，那么，尽管卖方已收受了价款，却由于没有占有动产或没有进行不动产的登记移转而缺少对抗要件，买方因而蒙受损失这种场合也是有可能存在的，因此，认为一律不构成诈骗罪的观点并不妥当。这一点也可证明以赃物等的移转为必要的学说的妥当性。

3. 本犯并不构成赃物参与罪。例如，甲与乙共同搬运自己所窃取的财物，则只有乙构成搬运罪。从本罪的本犯助长性考虑，这种场合下的甲原本便不能成为搬运罪的主体。因此，这并非共罚的事后行为，而是不可罚的事后行为（对此，大谷211页认为是共罚的事后行为）。否则的话，在盗窃犯委托第三者保管赃物的场合，如果认为保管罪是继续犯，那么，即便盗窃行为本身已过诉讼时效，则仍作为保管罪的共犯而具有可罚性，显然不妥当。

4. 本犯的共犯行为与赃物参与罪构成并合罪，这是已经确立下来的判例，例如，盗窃教唆与赃物的有偿受让（大判明治44·5·2刑录17辑745页、最判昭和25·11·10裁集35号461页）、盗窃教唆与赃物的有偿处分斡旋（最判昭和24·7·30刑集3卷8号1418页）、盗窃帮助与赃物保管（最判昭和28·3·6裁集75号435页）。在学界，尽管有并合罪说（植松469页、大谷343页、河上·大解说10卷480页、井田·现代的展开264页）与牵连犯说（大塚340页、曾根189页、中森182页）之间的区别，但均认定成立这两种罪。其理由在于两罪的罪质不一，即如果重视本罪的本犯助长性特性，那么，这就可以在赃物参与行为里存在超出了本犯共犯行为的不法行为这一点中探求得到（中森181页）。但是，如从追求权的侵害这一角度来考察，由于本犯的参与行为是对占有、所有权侵害的直接参与，因而只要认为本犯的共同正犯并不构成本罪，那么，其他参与行为便也不能按本罪来处罚。尤其是如果肯定成立共谋共同正犯，则根据望风行为究竟是构成共同正犯还是构成帮助犯而来决定其后的赃物参与行为的可罚性，这并不合理。

5. 赃物的保管人领得该赃物，或者有偿处分的斡旋人领得购物款，对此行为，判例认定成立侵占罪（有关购物款的事案，参照最判昭和36·10·10刑集15卷9号1580页。藤木340页、前田261页对此持支持态度）。但是，这种情况仅限于成立占有脱离物侵占罪，且为作为间接性所有权侵害的保管、斡旋罪所吸收。详细说明参照本章第六节“侵占罪”。

三、亲族之间的特例

配偶之间或者直系血亲、同居的亲属或这些人的配偶之间犯前条（第256条）罪的，免除其刑罚（第257条第1款）。前款规定不适用于非亲属的共犯（第257条第2款）。

有关本条的含义，有学说站在彻底贯彻追求权说的立场上，认为该条与第244条的亲族相盗特例是同一含义，以本犯的被害人与赃物参与罪的罪犯之间存在亲属关系为必要（植松470页、香川592页。曾根193页以下、中山概说Ⅱ165页认为第257条第1款也有可能适用该场合）。但是，如此一来，则只要准用第244条即可，而且从本条的文理来看，这种解释也难免牵强。不如说本条与第105条宗旨相同，并且从本罪的事后共犯性特性来看，其理由在于，在一定亲属之间实施之时，期待可能性即责任得以减轻。可以说第2款是基于限制从属性说而规定了责任的个别性。因此，本犯与赃物参与罪的罪犯之间必须存在本条所规定的亲属关系（通说、最决昭和38·11·8刑集17卷11号2357页）。问题在于，在赃物参与罪的罪犯之间存在本条所规定的亲属关系之时是否能适用本条，换言之，赃物参与罪的罪犯能否也称为本犯。通说、判例（前揭最决昭和38·11·8）对此持否定态度。对此，肯定说的理由在于，赃物参与罪本身也是财产犯，责任减轻这一立法理由对该情况同样适合（曾根194页、前田293页、中森183页）。但是，考虑到本罪的本犯助长性特性，赃物参与行为原本就是以本罪以外的领得罪为对象，因而否定说更为妥当。

第九节　毁弃、隐匿罪

一、概说

1. 第四十章"毁弃及隐匿罪"，是指因毁弃、隐匿行为而灭失财物的效用，妨害其利用之罪。除了毁弃公用文书罪、损坏建筑物罪、损坏器物罪、隐匿书信罪之外，随着昭和35年（1960年）新增侵夺不动产罪（第235条之2），也增设了损坏境界罪。还有，作为昭和62年（1987年）针对计算机犯罪的刑法改正的一环，在毁弃公用文书罪、毁弃私用文书罪里也加入了电磁性记录这一内容。

毁弃财物，有时候会使得财物永久性无法利用，可以说其法益侵害性比盗窃罪还要高，但在缺少不法领得的意思这一点上，属于粗暴犯，再者，考虑到一般预防的必要性并不大，因而其法定刑甚至还要低于领得罪。

2. 毁弃、损坏并不限于物理性损坏，而是指有害于物之效用的一切行为（效用侵害说）。因此，诸如向餐具撒尿的行为（大判明治42·4·16刑录15辑452页）、放走鱼池内鲤鱼的行为（大判明治44·2·27刑录17辑197页）、拿走并藏匿拍卖记录的行为（大判昭和9·12·22刑录13卷1789页）、拿走招牌并藏匿的行为（最判昭和 32·4·4 刑集 11 卷 4 号 1327 页）那样，使其在心理上再不能使用的行为、使之丧失占有的行为以及藏匿行为也相当于损坏，这是通说、判例的立场。这种解释之所以妥当，其主要理由如下：第一，如限定于物理性损坏，则处罚范围过于狭窄；第二，在盗窃罪中，将缺少不法领得意思的场合（例如，拿走拍卖记录）有必要作为毁弃罪来把握。① 认为盗窃罪不以不法领得的意思为必要的观点对此理解为，由于出于毁弃、隐匿的意思而夺取占有的行为也包含于盗窃之中，因而将毁弃概念予以扩张并无多大必要，而应该限于物质性损坏（曾根 196 页、也可参照木村 174 页），或将其理解为是通过不夺取占有而隐匿来妨害使用（大塚 346 页、内田 396 页）。物质性损坏说尽管明确了处罚范围，但不仅对于盗窃罪的理解存在问题，而且无法把握诸如向餐具撒尿的行为、放走鱼池内的鲤鱼的行为、放走小鸟的行为等那种没有取得占有的场合，因而有失狭窄。

二、毁弃公用文书罪

毁弃供公务机关使用的文书或电磁记录的，处 3 个月以上 7 年以下惩役（第 258 条）。

1. 客体是"供公务机关使用的文书"，它必须与第 155 条的公用文书区别开来。这里是指公务机关在其事务处理上所保管的文书均可成为客体，而不同于公务机关所应制作（应以公务机关为制作名义人）的文书。为此，即便是私人文书或伪造的文书，如果警察出于搜查的目的而将其置于保管之下，也可成为本罪的客体。判例认为，征税官员所扣押的账本（最决昭和 28·7·24 刑集 7 卷 7 号 1638 页）、保管在村公所的伪造的征税书（大判大正 9·12·17 刑录 26 辑 921 页）、国铁助理用粉笔所写的记载列车指南的紧急告示牌（最判昭和 38·12·24 刑集 17 卷 12 号 2485 页）等就属于此类。即使是尚未完成的文书，如果已经具备作为文书的意思内容，就相当于公务所现在正在使用的文书（有关缺少嫌疑人、司法警员的署名且尚未盖章的辩解记录，参照最决昭和 32·1·29 刑集 11 卷 1 号 325 页）。

本罪也具有妨害公务罪的特性（《改正刑法草案》第 148 条将本罪置于

---

① 夺取财物罪：如果一边认为盗窃必须存在不法领得的意思，一边又试图将毁弃、损坏的概念限定于物质性损坏，就只能像瑞士刑法第 143 条、澳大利亚刑法第 135 条一样，增设财物夺取罪（Sachentziehung），以专门处罚侵害财物占有妨害利用的行为。也可参照原联邦德国刑法 1962 年草案第 251 条。

妨害公务罪一章），但与第95条不同，并不一定以公务的合法性为要件。为此，即便警察的调查行为是违法行为，但只要正在制作的笔录已具备作为文书的意思内容，公务所将来便有合法使用该笔录的可能性，则该笔录就属于公务所应予保管的文书，因而构成本罪（最判昭和57·6·24刑集36卷5号646页）。

有关“电磁性记录”的含义，参照第7条之2。所谓供公务机关使用的电磁性记录，从其性质上看，不仅包括现处于公务所保管之下的记录，还包括尽管在公务所外部，但能以连接方式而处于公务所支配、管理之下的记录（米泽编〔的场〕152页）。具体而言，汽车登记文档、居民登记文档、不动产登记文档、专利原本等就属于此类。

2. 本罪的行为是毁弃。除了物理性损坏之外，还包括隐匿。损坏也包括那种剥离粘贴在公证证书之上的印纸而并不有害于文书的实质性部分的行为（大判明治44·8·15刑录17辑1488页）。有关电磁性记录，损坏媒体或消除记录的行为也相当于此。就文书、电磁性记录而言，如果消除或改变其内容的行为产生了新的证明力，则出现伪造文书、电磁性记录的问题。

三、毁弃私用文书罪

毁弃他人有关权利或义务的文书或电磁性记录的，处5年以下惩役（第259条）。本罪为亲告罪（第264条）。

所谓“有关权利或义务的文书”，是指为了证明权利、义务存在与否，或者有关其得失变更的文书。不同于伪造私用文书罪（第159条），不包括仅仅“有关事实证明的文书”。除了债务证书、公务员的退职申请（大判大正10·9·24刑录27辑589页）之外，还包括有价证券（最决昭和44·5·1刑集23卷6号907页）。所谓“他人的文书”，是指不问其名义人如何，凡属于他人所有的文书。但是，即便是自己之物，如果被扣押、承担物权或已租赁出去，也属于本罪客体（第262条）。银行的账户余额文档、电话费的收费文档、预付货款卡的磁条信息部分等就相当于电磁性记录。

四、损坏建筑物罪、损坏建筑物致死伤罪

损坏他人的建筑物或者船舰的，处5年以下惩役。因而致人死伤的，与伤害罪比较，依照较重的刑罚处断（第260条）。

1. 所谓“建筑物”，是指房屋或与此类似的建造物，有房檐，用墙壁或

柱子支撑而固定在地上，至少是人能够出入其中（大判大正3·6·20刑录20辑1300页）。因此，只完成上梁的（大判昭和4·10·14刑集8卷477页）、带小便门的大门、围墙等就不属于建筑物。损坏与形成建筑物骨架的柱、屋檐、墙壁等连在一起不易拆掉之物（门槛、门楣、屋檐瓦等）的，构成本罪；而即便损坏可以拆卸的窗户玻璃、隔扇、拉门、滑窗等，也只是损坏器物。“船舰”是指军舰与船舶。所谓“他人的”，是指建筑物等的所有权属于他人，但即便是自己的建筑物，如果被扣押、承担物权或已租赁出去，也属于本罪客体（第262条）。有关他人性的判断，判例认为“他人的所有权没有必要达到即使将来经民事诉讼也没有被否定的可能性这一程度”（最判昭和61·7·18刑集40卷5号438页）。因此，甲将房屋卖给乙，并且进行了登记移转，但在以诈骗为理由而解除合同之后（《民法》第96条），如再损坏该房屋也有可能构成本罪。也就是说，与有关盗窃罪的保护法益的情形一样，本决定对于刑事案件中的民事权利关系的判断站在消极立场上。这基本上是妥当的，但在诸如一眼就可明白存在诈骗解除等事由的场合，就应该肯定存在否定他人性的余地。① 本决定之所以附带保留了长岛敦裁判官的“在没有应该否定民事法上的所有权的明确事由之时”这一补充意见，也是出于同一宗旨。

2. 损坏不限于物理性损坏，还包括效用的灭失。正是出于这种观点，判例对于以下事案作出了不同的判决：对于在建筑物的墙壁、玻璃门、窗户玻璃等地方，分3次，每次张贴500至2 500张广告的行为，认定构成本罪（最决昭和41·6·10刑集20卷5号374页）；而对于在木板墙、裙板上张贴34张广告的行为否定成立本罪（最判昭和39·11·24刑集18卷9号610页）。在下级审的判例中，有判例认为建筑物的美观、仪容也属于作为建筑物的效用，并从这种观点出发认定张贴广告的行为构成本罪（名古屋高判昭和39·12·28下刑6卷11、12号1240页），但是，对于并不具有文化价值的建筑物持如此观点，不无疑问。应该以恢复原状的难易程度以及在采光、通风等方面是否影响对于建筑物的利用作为标准。

3. 损坏他人的建筑物，结果致人死伤的，与伤害罪相比，以较重的刑

---

① 第262条的解释：同样的问题也存在于第262条。房东甲在出于正当理由拒绝乙所提出的更新租借合同的要求之后，损坏了出租用的房子，那么，按照该决定，在刑事案件中就不应该根据民事上有无正当事由来进行判断，进而应认定成立本罪。但是，在考察私力救济的违法阻却之前，在明确存在正当事由的场合，也应该认定存在否定适用第262条的余地。

罚来处断。这属于结果加重犯。

五、损坏器物罪

除前三条规定的以外，损坏或损伤他人之物的，处3年以下惩役或者30万日元以下罚金或科料（第261条）。本罪是亲告罪（第264条）。

1. 本罪客体是除毁弃公用文书罪（第258条）、毁弃私用文书罪（第259条）、损坏建筑物罪（第260条）的客体之外的所有财物。这里的财物，除去第262条的情形，当然是指他人之物。除动物、植物等动产之外，还包括土地等不动产。判例认为，违反《电信法》的电信设施中的器物（最判昭和25·3·17刑集4卷3号378页）、违反《公职选举法》的宣传广告（最决昭和55·2·29刑集34卷2号56页）等其他违反法规之物也可成为本罪的客体。

2. 有关损坏的含义参照概说。开挖他人的用地并在上面种植作物的行为（大判昭和4·10·14刑集8卷477页）、在学校庭院的宽6间、长20间的范围内打桩的行为（最决昭和35·12·27刑集14卷14号2229页），相当于损坏不动产。所谓伤害，是指杀伤、放走动物或损害其效用的行为（除前揭大判明治44·2·27刑录17辑197页之外，有关放走他人所捕获的海豚的行为可参照静冈地沼津支判昭和56·3·12判时999号131页）。

六、损坏境界罪

损坏、移动、除去境界标志，或者以其他方法导致不能辨认土地境界的，处5年以下惩役或者50万日元以下罚金（第262条之2）。

尽管将本罪定位于毁弃罪中的一种，但应从土地关系的明确性中探求其保护法益（中森190页）。该权利关系可以是私法上的也可以是公法上的，并且不仅仅包括所有权，还包括地上权、租地权等。

本罪的行为是指一切使得土地境界不明确的行为。境界标志的损坏、移动、除去只是其例示。作为“其他方法”，也可以是填没界沟的行为、改变河流走向的行为等。要成立本罪必须是发生无法识别境界这一结果，如果尽管损坏了境界标志，但尚未达到境界不明的程度，则即便成立损坏器物罪，也并不构成本罪（最判昭和43·6·28刑集22卷6号569页）。只要事实上造成境界不明即可，至于根据登记簿等可能重新确定境界，也并不妨害成立本罪（团藤679页）。

七、隐匿书信罪

隐匿他人书信的，处6个月以下惩役、监禁或者10万日元以下罚金或科料（第263条）。本罪为亲告罪（第264条）。

所谓“他人的书信”，是指由特定人向特定人传达意思的文书，属于他人所有。

本罪的行为是隐匿，如果认为隐匿原本便包含于毁弃之中，则可将本罪理解为是仅对隐匿书信的行为较第261条从轻处罚的规定（平野236页）。对此，将毁弃限定于物质性损坏的观点则认为，本罪是区别于毁弃书信的行为，单独处罚隐匿行为（曾根202页以下）。还有观点尽管认为隐匿也是损坏的一种类型，但只有达到使得书信不可能利用这一程度的隐匿行为才相当于损坏，而仅达到妨害被害人发现书信这一程度的隐匿行为则构成本罪（团藤680页、大塚355页）。但笔者认为，这种区别是否可行尚有疑问，再者，仅仅针对书信扩大其处罚范围也并不妥当。

第三编　针对社会法益的犯罪

第一章　公共危险罪

第一节　概　　说

所谓公共危险罪，是指侵害不特定或者多数人的生命、身体、财产的犯罪。其特征在于，其中大多数属于抽象性危险犯。作为公共危险罪，刑法规定了基于从众心理而实施的骚乱罪，还分别规定以火或水为工具所实施的放火罪、决水罪。因侵害公共交通工具而妨害交通的犯罪、有害于公众健康的有关鸦片烟的犯罪以及有关饮用水的犯罪也属于公共危险罪。

第二节　骚　乱　罪

一、概说

《刑法》第八章“骚乱罪”（旧规定中称为“骚扰罪”）规定了作为集团性暴力、胁迫行为的骚乱罪（第106条），以及作为其前一阶段的多众不解散罪（第107条）。在第二次世界大战前到第二次世界大战后昭和20年代（20世纪40年代），多次适用骚乱罪，①而在对昭和43年（1968年）发生的

① 第二次世界大战后的主要骚乱事件：昭和24年（1949）年的平事件、昭和27年（1952年）的劳动节事件、吹田事件、大须事件被称为第二次世界大战后四大骚乱（骚扰）事件。(1) 平事件：昭和24年（1949年）6月，在福岛县平市，共产党员以及劳动协会（工会）会员为了抗议拆除共产党报纸的招贴板而闯入并占据平市警察署。230余人遭逮捕，其中159人以骚扰罪被起诉。前揭最判昭和35·12·8作了有罪判决。(2) 劳动节事件：昭和27年（1952年）5月1日，以禁止使用皇宫前广场为导火线，部分游行队伍大约7 000人与警察发生冲突、打斗。1 232人遭逮捕，其中261人以骚扰罪被起诉，以否定存在集团的同一性与静谧侵害性为理由，前揭东京高判昭和47·11·21确定无罪。(3) 吹田事件：昭和27年（1952年）6月，在朝鲜动乱两周年纪念前夜，参

新宿火车站骚乱事件适用本罪之后，至今便未再适用。①

有关骚乱罪的保护法益，判例认为是公共的静谧或平稳（最判昭和 35·12·8 刑集 14 卷 13 号 1818 页：平事件）。学说也大多支持该观点（团藤 173 页、大塚 348 页、大谷 359 页）。但是，究竟什么是公共的平稳，其含义未必明确。而且，按照该观点，针对特定少数人的集团性暴力行为或针对官方的抗议行为，也很容易被认定为骚乱罪。从宪法保障集会自由（《宪法》第 21 条）这一角度来看，也不应该轻易地适用于管制集团行动的本罪。因此，本罪属于公共危险罪，只有产生危害不特定、多数人的生命、身体、财产的危险之时，才能适用本罪，笔者认为该观点更合适（平野 241 页、中山 369 页、内田 415 页、中森 194 页、平川 91 页）。下级审判例仍以针对警察队伍的集团性暴力行为尚未达到危及一般居民的生命、身体、财产的程度为理由，而否定成立骚乱罪，可以说也是出于这种考虑（东京高判昭和 47·11·21 高刑 25 卷 5 号 479 页：劳动节事件、福冈高那霸支判昭和 50·5·10 刑月 7 卷 5 号 586 页：宫古农民骚乱事件）。

二、骚乱罪

多众聚集实施暴力或者胁迫的，是骚乱罪，分别按照下列区别予以处断：(1) 首谋者，处 1 年以上 10 年以下惩役或者监禁；(2) 指挥他人或者率先助势的，处 6 个月以上 7 年以下惩役或者监禁；(3) 附和随行的，处 10 万日元以下罚金（第 106 条）。

(一) 主体

1. 多众

本罪的主体是聚集起来的多众。按照判例的观点，所谓"多众"，是指

(接上页注文) 加纪念仪式的群众中，大约 1 000 人的游行队伍闯入吹田操车站、吹田火车站，与警察发生冲突。大约 250 人遭逮捕，其中 111 人以骚扰罪被起诉，大阪高判昭和 43·7·25 判时 525 号 3 页以否定存在共同意思为理由，而确定不成立该罪。(4) 大须事件：昭和 27 年（1952 年）7 月，在名古屋市大须球场所举行的中苏议员访问团报告会结束之后，大约 1 000 人的游行队伍向该球场外进发，因投掷火焰瓶等而与警察发生冲突。最决昭和 53·9·4 刑集 32 卷 6 号 1077 页确定成立骚扰罪。

① 新宿火车站骚乱事件：昭和 43 年（1968 年）10 月 21 日"国际反战日"的当天，大约 1 500 人的游行队伍占据新宿火车站，在数万群众的观望之下与机动队发生冲突。734 人遭逮捕，其中 21 人以骚扰罪被起诉。最决昭和 59·12·21 刑集 38 卷 12 号 3071 页确定有罪。

在某一地方实施暴力、胁迫行为足以危害公共静谧的人数相当的多数人（大判大正2·10·3刑录19辑910页、前揭最判昭和35·12·8：平事件）。另外，从将本罪理解为公共危险罪的角度出发，也有学者主张以下观点：所谓多众，是指“达到隶属于此的各个个人的意思所无法支配的程度的集团”（平野241页、中森194页），或者是指“一眼看上去，人数无法把握的大集团”（曾根208页、小暮编〔冈本〕266页）。尽管无法说明具体的规模、人数，但还是应该理解为，考虑到集团成员的性质、聚集的场所、时间、有无凶器等因素，应该是达到有可能危及相当多数的一般居民、行人或其他人的生命、身体、财产这一程度的多数人。对于不能认定存在该危险的集团性暴力行为，应该认定仅构成《有关处罚暴力行为等的法律》第1条所规定的集团性暴力、胁迫、毁弃罪。

集团，没有必要达到内乱罪（第77条）所要求的组织化的程度，即便是偶发性的乌合之众亦可。因此，也可以是缺少共同目的或首谋者的场合。如果起初和平的集团中途开始暴徒化，也可成立本罪（大判大正4·11·6刑录21辑1897页）。

2. 集团犯

参与本罪者，按照其所起作用分别处罚。所谓首谋者，是指首先提出、策划骚乱行为，或聚集多人利用其合力实施暴力、胁迫者（最判昭和28·5·21刑集7卷5号1053页：佐世保事件）。所谓指挥者，是指指挥、诱导、煽动骚乱行为参与者的全部或一部分者（大判昭和5·4·24刑集9卷265页）。所谓率先助势者，是指独出于众人而实施增大骚乱之势的行为者（前揭最决昭和53·9·4：大须事件）。所谓附和随行者，是指其他随声附和参与者，其不必亲自实施暴力、胁迫行为（大判大正4·10·30刑录21辑1763页）。通说、判例认为，首谋者、指挥者、率先助势者并不一定必须在骚乱现场。

3. 是否成立共犯

有观点认为，本罪属于必要性共犯之一的集团犯，就本条所规定的各参与行为，并不适用刑法总则有关共犯的规定，该观点很有影响（团藤181页、大塚351页、内田427页。大判明治44·9·25刑录17辑1550页认为谋议参与者不可罚）。但是，如果教唆、帮助首谋者等人，本人却并未赶到现场，对这类人不予处罚则并不合理，因而应肯定适用共犯规定（藤木81页、大谷366页、曾根212页、中森196页）。

（二）行为

本罪行为是集团实施的暴力、胁迫行为。但是，这种暴力、胁迫必须是基于“众人的合力”而由集团整体所实施的。因此，尽管不需要集团全体成员均实施暴力、胁迫行为，但不能只是集团的部分成员因偶发事件而实施暴力、胁迫行为。暴力在此具有最广义的含义，也包括诸如损坏器物、闯入建筑物等对财物实施有形力的行为（前揭最判昭和35·12·8：平事件）。

由于判例在公共的平稳、静谧中寻求本罪的保护法益，因而判例要求本罪的暴力、胁迫必须达到“足以有害于某一地方的平稳的程度”（前揭大判大正2·10·3、前揭最判昭和35·12·8：平事件）。其结果就是，本罪属于只要多人实施了暴力、胁迫行为即告既遂的抽象危险犯，就是以特定个人或警察队伍为目标所实施的集团性暴力，也可成立本罪（最判昭和28·5·21刑集7卷5号1053页：佐世保事件、大判大正12·4·7刑集2卷318页）。这大概是因为考虑到即便这种行为也已经侵害到了公共的平稳即治安，但是如将本罪理解为公共危险犯，则暴力、胁迫就必须达到足以危及不特定、多数人的生命、身体、财产的程度（平野242页）。因此，在以特定的个人或警察队伍为目标的场合，该暴力的对象范围必须扩大，必须有可能危及附近的一般居民或行人。从这一意义上看，本罪属于具体危险犯。并且，站在该观点的立场上，可以说以新宿火车站及其周边地带相当于“某一地方”为理由而认定成立本罪的最高裁判所决定（前揭最决昭和59·12·21：新宿火车站事件）是妥当的。

（三）共同意思

通说、判例认为，作为本罪的主观性要件，除了对集团所实施的暴力、胁迫以及自己所起作用存在认识之外，还必须存在共同意思（大判明治43·4·19刑录16辑657页、大判大正2·10·3刑录19辑910页、前揭最判昭和35·12·8：平事件。平场安治：“骚乱罪的构造”，法学论丛71卷5号1页以下则认为不必要）。判例认为，共同意思分为“自恃有众人合力而亲自实施暴力或胁迫行为的意思，或者使得众人实施该行为的意思”以及“对该暴力或胁迫行为表示同意，并加入该合力的意思”，因而“所聚集的人群由具有前一意思者与具有后一意思者所组成之时，则存在该人群的共同意思”（前揭最判昭和35·12·8：平事件）。当时，“并不一定需要对各个暴力、胁迫存在确定且具体的认识”，而且，“并不以全体之间存在意思联络或相互交换认识为必要”（前揭最判昭和35·12·8：平事件）。但是，“要认定存在共同意思，则其加担骚扰行为的意思必须是确定无疑的”（前揭最决昭和53·9·4：大须事件）。

该共同意思既是认定暴力、胁迫是由“众人的合力”即集团全体所实施的要件，也是得以将集团成员所实施的暴力、胁迫行为的结果归责于其他成员（主要是附和随行者）的条件。这是因为，由于骚乱罪是集团犯，属于非严格意义上的共同正犯的一种，尽管加入集团本身对集团的行动存在一定的影响力，但要对此追究罪责，还至少必须存在加担意思。为此，尽管已经开始了实施集团性暴力、胁迫行为，但由于为了制止该行为而已停止的人或试图脱离集团的人缺少加担意思，因而这些人并不成立本罪。

（四）与他罪之间的关系

由于本罪的行为是暴力、胁迫，因而暴力罪、胁迫罪便为本罪所吸收。因此，在附和随行者实施了暴力、胁迫行为的场合，对其反而从轻处罚，这就是因为考虑到其行为是基于群众心理而得以减轻责任之故（团藤181页）。判例以本罪的暴力、胁迫不必达到触犯其他罪名的程度为理由，肯定本罪与侵入建筑物罪、损坏建筑物罪、妨害执行公务罪之间构成观念的竞合（前揭最判昭和35·12·8：平事件）。对此，学说并不一致。有学说认为，以指挥者、率先助势者之刑为标准，较其要轻的罪则为本罪（附和随行）所吸收（团藤181页）；还有学说认为，与法定刑并无关系，凡骚乱罪本身所预定之罪则被吸收（西原389页、大谷367页）。但考虑到附和随行者的行为有可能多种多样，因而可以说判例的立场是妥当的（中森197页）。

三、多众不解散罪

在多众为了实施暴力或者胁迫行为而聚集的情形下，尽管有权公务员三次以上发出了解散命令，而仍不解散的，对首谋者处3年以下惩役或者监禁，对其他人则处10万日元以下罚金（第107条）。

本罪处罚骚乱罪的预备阶段，属于真正不作为犯。即便已成立本罪，如果其后还成立骚乱罪，则本罪为骚乱罪所吸收。要成立本罪，必须存在实际实施暴力、胁迫行为的急迫危险。

作为发出解散命令的根据，第二次世界大战前有《治安警察法》（该法第8条第1款规定，如出于维持安宁秩序之必要，警官具有解散集会的解散命令权），但该法已为新宪法所废止。为此，通说认为，现在的根据在于《警官职务执行法》第5条所规定的警官制止权（团藤185页、大塚356页、藤木82页）。尽管批判意见也很有影响（平野242页），但为了能使本条发挥作用，还是通说更为妥当。“三次以上”，是指在第三次发出解散命令之后，经过解散所必要的时间，即应该认定构成既遂（团藤185页、中森197页认为第三次就构成既遂）。

第三节　放火罪、失火罪

一、概说

1. 放火罪、失火罪，是因火而造成的公共危险罪。对建筑物放火或建筑物失火，并不限于烧损其客体，还有可能会延烧到其他很多建筑物，从而给不特定或多数人的生命、身体、财产带来极大的损害。这种危险不仅仅是制定现行刑法之时，即使在现在，我国仍以木结构建筑为主，其危害仍然很明显。

2. 首先，根据其客体的不同，放火罪可以分为三种基本类型：第一，是“现在供人居住的”建筑物等（以下称“现住建筑物”），或者是“现在有人在内的”建筑物等（以下称“现在建筑物”）（第 108 条“对现在建筑物等放火罪”）；第二，是“现在非供人居住，而且现在无人在内的”建筑物等（第 109 条“对非现住建筑物等放火罪”）；第三，是“前两条规定以外之物”（第 110 条“对建筑物等以外之物放火罪”）。其中，现住建筑物、现在建筑物放火罪，具有浓重的针对特定个人的生命、身体之罪的特征。要理解第 109 条第 1 款与第 108 条之间所存在的法定刑差异，以及为何第 108 条的法定刑比杀人罪还要重，只有先认识到该罪既具有针对直接客体即在建筑物之内的人的危险，又具有公共危险，才有可能理解。另外，在因火而损坏建筑物、器物这一意义上，放火罪也具有针对个人法益即属于财产侵害犯的一面。这一点通过第 109 条第 2 款、第 110 条第 2 款，即放火的客体为自己的所有物之时减轻刑罚而体现出来。

3. 放火罪还可以区分为抽象危险犯与具体危险犯。第 109 条第 2 款与第 110 条在文理上要求发生“公共危险”，以存在延烧至其他物件的具体性危险为必要；而没有这种用语的第 108 条、第 109 条第 1 款则属于抽象危险犯，只要实施了所规定的行为，就通常存在“公共危险”，也就是拟制存在延烧的危险，这是通说、判例的观点（团藤 187 页、大判明治 44·4·24 刑录 17 辑 655 页）。

4. 失火罪是过失犯，可分为失火罪（第 116 条）与业务失火罪、重失火罪（第 117 条之 2）。与放火罪一样，根据客体的不同还可区分为抽象危险犯与具体危险犯。除此之外，刑法典还规定了作为第 109 条第 2 款、第 110 条第 2 款的结果加重犯的延烧罪（第 111 条）与妨害灭火罪（第 114 条），也还规定了视为放火罪、失火罪的使爆炸物破裂罪（第 117 条）、泄漏煤气等罪（第 118 条）。

二、对现住建筑物等放火罪

放火烧损现在供人居住或者现在有人在内的建筑物、火车、电车、船舰或者矿井的，处死刑、无期或者 5 年以上惩役（第 108 条）。处罚本罪的未遂（第 112 条）与预备（第 113 条）。

（一）客体

1. 建筑物的含义

本罪的客体是现住建筑物等或现在建筑物等，这一点前面已经谈到。有关建筑物的含义，参照损坏建筑物罪（第 272 条）。这里的“火车”还包括汽油机车（有关妨害交通罪，参照大判昭和 15·8·22 刑集 19 卷 540 页）与柴油机车，但公共汽车与航空器不在其中（有关这一点，参照《改正刑法草案》）。“船舰”是指军舰与船舶，“矿井”是指煤矿等用于采掘地下矿物的设备。

建材等其他房屋的从物，只有在不将其毁损则无法拆卸之时才属于建筑物的一部分（最判昭和 25·12·14 刑集 4 卷 12 号 1548 页）。因此，被子、草席、拉门、隔窗等就不是建筑物，即便将其烧损也只是构成本罪的未遂。所谓“人”，是指犯人（包括共犯。大判昭和 9·9·29 刑集 13 卷 1245 页）以外的其他人，如果犯人有家属或同居在一起的人，则也可以成为本罪的客体；但如果犯人单独居住，房屋内现在并无其他人，则并非本罪客体，而是第 109 条的客体（大判昭和 4·6·13 刑集 8 卷 338 页）。杀害全体居住人员之后再放火的行为，判例认为并非本罪而是相当于第 109 条（大判大正 6·4·13 刑录 23 辑 312 页）。因此，即便有偶尔外出者，如果行为人误信已杀害全部居住人员并放火，则根据《刑法》第 38 条第 2 款的规定，并不构成本罪而是构成第 109 条（团藤 197 页、青柳 165 页则对此判例抱有疑问）。

2. 现住建筑物

（1）现住性的含义

相比第 109 条而言，本条对于现在建筑物与现住建筑物均同样加重刑罚。为此，现住建筑物的含义便成为一个问题（详细请参照西田：“放火罪”，现代的展开 280 页以下）。判例认为，所谓现住建筑物即居所，是指现在作为人的饮食起居的场所而日常使用之地，并不要求昼夜均不间断有人（大判大正 2·12·24 刑录 19 辑 1517 页）。通说、判例还认为，如果是这种供人日常生活之用的建筑物，则并不要求放火之时有人在里面（大判明治 44·

12·25 刑录 17 辑 2310 页、大判昭和 4·2·22 刑集 8 卷 95 页)。其理由可以从以下两点中找到：现住建筑物处于与现在建筑物相对应的地位这一文理，以及一般认为现住建筑物放火均伴有危及他人生命的危险（大判大正 14·2·18 刑集 4 卷 59 页)。也就是说，只能说“这是因为考虑到如果是居所，则也许不时会有人在里面或者有人来访，而放火行为就会给生命、身体造成危险”(香城敏磨·最判解刑平成元年度 249 页)。对此，有关现住建筑物放火加重处罚的根据，有观点认为在于夺走了“居所”即“生活之本”（平野龙一：“刑法各论的诸问题”，法セミ221 号 46 页)，但判例对于学校的值班室（前揭大判大正 2·12·24)、(与主建筑物分离的）会客室（最判昭和 24·6·28 刑集 3 卷 7 号 1129 页）也认定现住性，而并未采用上述观点。还有学说主张，在将全体居住人员撤离并确认无人的情况下，则不应按照第 108 条来处罚（内田 443 页)，但从现住建筑物处于与现在建筑物相对应的位置这一文理来看，该观点也未免牵强，再者，如此一来，对于“以为已没有任何人居住”这一错误便会轻易地否定适用第 108 条，因而并不妥当（井田良：“围绕放火罪的最近的论点”，基本讲座 6 卷 184 页)。

按照判例的观点，现住建筑物放火罪不仅是抽象的公共危险犯，对于建筑物内部可能存在的人的生命、身体也是一种抽象的危险犯，即在双重意义上具有抽象的危险犯的特性。在此，惟有“现住性”才可能具有惟一限定性的机能，因而应非常慎重地解释“现在供人居住”这一措辞的含义。为此，在放火之时，如果该建筑物并未现实且继续作为饮食起居的场所来使用，就应该否定其“现住性”。从这一观点出发，诸如因季节已过而关闭的别墅、因长期海外出差而关闭的房屋等就并非现住建筑物（藤木 89 页、小暮编〔冈本〕285 页、村濑均·大解说 5 卷 52 页。而植松 100 页、大谷 376 页则持反对意见)。在这一点上，对于罪犯妻子已离家出走的房屋，判例以该妻子尚有“作为自己居所的意思”为理由而肯定“现住性”(横滨地判昭和58·7·20 判时 1108 号 138 页)，笔者对此尚有疑问。另外，某人为了妨害拍卖自己所有的房屋而让 5 名职员住在里面，之后为了诈取保险金，便带这 5 名职员出去旅行，让共犯在旅行途中放火烧毁该房屋，对此事案，应该说判例认定存在“现住性”(最决平成 9·10·21 刑集 51 卷 9 号 755 页）是妥当的。

(2) 复合建筑物的现住性

问题在于，如果认定复合建筑物的一部分存在现住性，则能否将整个建筑物视为现住建筑物（详细说明参照西田·前揭论文 283 页以下)。判例对于以下情况一直以来均认定存在现住性、现在性：两层校舍的一楼的一间为值班室，对于其二楼部分（大判大正 2·12·24 刑录 19 辑 1517 页)；对于隔开后几户合住的长栋房子的空房（大判昭和 3·5·24 新闻 2873 号 16 页）；对于用隔板、走廊连接起来的几栋建筑物的无人部分（东京高判昭和 28·6·18 东时 4 卷 1 号 5 页，但对于白铁皮屋顶的木制结构的过道则予以了否定）。还有，平安神宫的结构是用很长的走廊连在一起的几幢建筑物，其中一部分是神社的办公、守卫用房，某人在夜间向神殿放火，对于该事案，最高裁判所认为，“可以将该神殿看作是向其一部分放火则会危及全体的一体性结构，而且，也可以认定整个建筑合为一体，日夜供人居住”，从而肯定了“现住性”（最决平成 1·7·14 刑集 43 卷 7 号 641 页）。

这些判例无一不是从建筑物的构造、物理性能上的一体性来考虑而认定有向现住部分延烧的可能性，并以此为根据而肯定了“现住性”，应该说在这一限度之内是妥当的。但问题在于能否如前揭平成 1 年的决定那样，考虑利用上的机能的一体性。确实，如同卫生间、厨房那样，即便是另外独立于现住部分的建筑物，也无法否认其是供日常生活之用。向几乎没有可能延烧至现住部分的阻燃性集体住宅的公用部分电梯放火的行为，最高裁判所决定对此也认定为向现住建筑物放火，可以说这也是重视这种机能一体性的。还有，裁判所与值班室是不同的建筑物，值班人员居住在该区域之内并负责巡视裁判所，对于这种情况，判例认定裁判所本身为现住建筑物（大判大正 3·6·9 刑录 20 辑 247 页），可以说也是基于同样的考虑。但是，在日常生活中是否与居住部分连为一体而使用，这种标准并不明确，因而上述解释并不妥当。前面已经谈到，现住建筑物这一概念在很大程度上含有抽象性危险，并且，按照机能一体性这一标准，对于扩张该概念更应非常慎重（中森 202 页、井田·前揭论文 194 页）。

(3) 阻燃性建筑物的现住性

某房间属于作为阻燃性（难燃性）建筑物的集合住宅的专用部分，而并未作为住宅使用，向此类房屋（包括空房）放火的行为是否成立现住建筑物放火罪，这是与上述 (2) 相同的问题。在这种情况下，尽管在结构上连为一体，但由于各个专用部分具有耐火构造，很难延烧至其他居住部分，为此，放火的客体是包括居住部分在内的作为整体的一幢现住建筑物，还是应该将非居住部分视为独立的非现住建筑物，这就是一个问题。下级审的判例观点并不一致：某幢十层钢筋混凝土公寓建筑的一层为医院，被告人向该医院放火，判例认为，该建筑物“具有在一般情况下不易延烧至其他区域的非常良好的放火结构”，而认定仅构成非现住建筑物放火罪（仙台地判昭和58·3·28 刑月 15 卷 3 号 279 页）；向某幢钢筋混凝土三层公寓建筑的空房放火，结果未遂，对此事案，判例则认为，从其具体构造来看，“尽管是耐火结构，但仅仅是不容易延烧至其他房间，在某些情况下，火势也并不是绝对没有延烧至其他房间的可能”，而认定构成现住建筑物放火罪未遂（东京高判昭和58·6·20判时1105号153页）。结论妥当与否另当别论，但其所采用的判断方法应当说还是合适的。也就是说，即使在这种情况之下，也应该从该集合住宅的具体耐火结构来判断延烧至其他居住部分的可能性程度，进而从中寻求解决问题的标准。

（二）行为

“放火”，原则上是说向目的物点火。不仅是向目的物直接点火，也包括向媒介物（如报纸等）点火。即便没有实施点火行为，如果洒下汽油等引火性很高的物质，也可以认定存在实行的着手（广岛地判昭和49·4·3判夕316号289页、横滨地判昭和58·7·20判时1108号138页）。放火行为既可能是作为也可能是不作为。对于因过失而产生火苗，很容易扑灭却置之不理的情形，判例有一种在大的范围之内认定不作为放火的倾向（参照西田：“不作为犯论”，芝原等编·刑法理论的现代的展开总论Ⅰ90页以下〔1988〕）。

（三）既遂时点

1. 烧损的含义

在将客体“烧损”① 之时，本罪构成既遂。有关烧损的含义，有四种学说：(1) 独立燃烧说：只要达到在离开火这种媒介物之后，目的物能继续保持燃烧状态即可（团藤194页、藤木88页）；(2) 效用丧失说：要求因火力而烧毁了目的物的重要部分，并丧失了其本来的效用（木村189页、曾根216页以下）；(3) 重要部分开始燃烧说（燃起说）：要求目的物已经燃烧起来，也就是只要重要部分已经开始燃烧，并且达到不易熄灭的程度（小野75页、福田87页）；(4) 毁弃说：要求因火力而使得目的物达到毁弃罪所要求的“损坏”程度（大塚362页、大谷373页）。对此，判例以放火罪是公共危险罪为根据认为，“所谓烧毁，是指犯人所点着的火离开媒介物而移至作为燃烧目的物的建筑物等本条所列举的其他物体，并且该物体能继续燃烧这一事实”，而一贯采用（1）说（大判大正7·3·15刑录24辑219页）。对于以下情况认定达到既遂，就是其具体的适用案例：烧掉宽4尺长1间的屋檐（大判明治43·3·4刑录16辑384页），烧掉3尺4方的屋顶，并熏烧

① 烧毁与烧损：平成7年（1995年）的刑法改正之前，旧规定使用了将客体“烧毁者”这一用语，由于限制汉字而将烧毁改为烧损。从语感上讲，可以说增强了效用丧失说、毁弃说的语意，但这次改正并无此意思（参照松尾·刑法的平易化48页）。

了其上面大约2坪的屋檐（大判昭和7·12·9新闻3508号15页），烧掉1尺4方的地板，以及橱柜地板和其上部各3尺4方（最判昭和25·5·25刑集4卷5号854页）。

在（2）至（4）说看来，（1）说认定既遂过早而没有认定中止犯的余地，并且这三种学说也正是为了修正判例的理论而提出的。（3）说以（1）说为基本但延迟了既遂时点，而（4）说则以（2）说为基本但提早了既遂时点。但是，在（3）说中何为"重要部分"并不明确；在（4）说中，只要建筑物达到独立燃烧状态，则可以说也同时损坏了建筑物，因此，（4）说能否限制（1）说，值得怀疑。（2）说要求建筑物已经全部烧毁或者一半已经烧毁，因而很明显延迟了既遂时点，但（2）说又过于重视放火罪作为财产犯的特性。由于放火罪是公共危险罪，再者，在仍以木结构为建筑物主流的我国，只要作为放火行为客体的建筑物达到能独立继续燃烧的状态，至少可以说其时已产生了延烧至其他物件的抽象性危险。因此，应该说判例的独立燃烧说是合理的。但值得注意的是，所谓独立燃烧，终究只是指"火离开媒介物而烧至该目的物，之后火达到能维持独立燃烧的状态"（东京地判昭和59·6·22刑月16卷5、6号467页：东京交通会馆事件），从这一意义上看，独立燃烧原本便预计了某种程度的继续可能性。因此，应该理解为仅仅是客体着火、燃烧尚不够（参照丸山雅夫："作为判例理论的所谓'独立燃烧说'〔下〕"，判时1397号148页以下）。

2. 阻燃性建筑物的既遂时点

最近，有关烧损概念的论争围绕阻燃性建筑物也产生了新的争议。对于最近不断增加的阻燃性（难燃性）建筑物，根据媒介物火力的大小不同，很多情况下尽管建材或混凝土墙壁剥落，从而失去了作为房屋的效用，但却并未达到独立燃烧的程度。为此，又有学者提出了新效用说：放火行为尽管尚未达到建筑物本体独立燃烧的程度，但如果因媒介物的火力而使得建筑物丧失效用，也应该认定达到既遂（河上和雄："有关放火罪的若干问题"，搜查研究26卷3号36页以下）。

学界也有对该观点持接近态度者。例如，有观点认为应"并用"独立燃烧说与效用丧失说（团藤195页）；还有观点认为，在有可能存在与因火力而损坏目的物，且燃烧时产生了与有毒气体同样的公共危险之时，则构成既遂（大谷373页以下）。但是，这种观点并未被判例所接受。例如，在钢筋混凝土造楼房的地下两层有一间废物处理场，某人点着多余的纸屑，造成该处理场的混凝土内墙的泥浆剥离、脱落，也损坏、剥离了天花板表面的石棉，对于这一事案，东京地裁驳回检察机关所主张的新效用丧失说，认为

"离开火这种媒介物……尽管燃至建筑物本身，但并未达到维持独立燃烧的程度"，而从独立燃烧说的立场出发认定仅成立现住建筑物放火未遂（前揭东京地判昭和 59·6·22：东京交通会馆事件）；其他的下级审判例对于阻燃性建筑物，也站在独立燃烧说的立场来判断既遂或未遂（东京高判昭和 49·10·22 东时 25 卷 10 号 90 页、东京高判昭和 52·5·4 判时 861 号 122 页）。

对新效用丧失说进行实质性考虑，不能否认其也存在可赞同之处。这是因为，即便建筑物本身并未燃烧，但媒介物的火力以及作为非建筑物的室内物品的燃烧，也会损毁建筑物的效用，危及室内的人的生命、身体，并且，也还会出现延烧至其他建筑物的危险。该学说的难点在于，没有满足因"烧损建筑物"而产生公共危险这一放火罪构成要件。无论采用效用丧失说还是采用独立燃烧说都无法摆脱这种限制。只有在无视建筑物的"烧损（燃烧）"这一根本上的文理限制之时，才有可能出现新效用丧失说以及支持该学说的实质论。因此，新效用丧失说的问题在现行法上还是应该通过第 110 条来解决（村濑·大解说 5 卷 21 页）。

（四）罪数、与他罪之间的关系

由于本罪属于公共危险罪，在以一个或数个行为向建筑物放火的场合，如果能够认定所产生的公共危险只有一个，则概括起来只构成本罪一罪（曾根 214 页、中森 201 页）。实施一个或数个行为，除烧损了现住建筑物之外，还烧损了第 109 条的物件或第 110 条的物件，同样也可以概括起来而认定仅构成本罪一罪（大判昭和 8·4·25 刑集 12 卷 482 页）。其次，出于本罪的故意，而向所邻接的第 109 条物件、第 110 条物件放火之时，即使没有烧损第 109 条物件、第 110 条物件，也成立本罪的未遂。

三、对非现住建筑物等放火罪

放火烧损现在非供人居住而且现在无人在内的建筑物、船舰或矿井的，处 2 年以上有期惩役（第 109 条第 1 款）。处罚其未遂（第 112 条）与预备（第 113 条）。前款（第 109 条第 1 款）之物属于自己所有的，处 6 个月以上 7 年以下惩役；但未发生公共危险的，不处罚（第 109 条第 2 款）。

（一）概说

根据第 109 条第 1 款的规定，在客体为他人所有的非现住建筑物等之时，属于抽象危险犯，由于对建筑物内部的人员的生命、身体并不存在危险，因而其法定刑比第 108 条要轻很多。其次，根据本条第 2 款的规定，在客体属于自己所有之物时，考虑到缺少财产侵害，在属于具体性危险犯的同时，其法定刑更轻。因此，在征得所有人同意或者属于无主物之时，也应同样考虑。还有，在本条第 1 款的情形之下，处罚其未遂与预备；而在第 2 款的情形之下，则并不处罚其未遂与预备。但是，即便属于自己之物，如果“被扣押、承担物权、已租赁，或者已参加保险”，则应根据本条第 1 款予以处罚（第 115 条），并且其未遂、预备也具有可罚性（大判昭和 7·6·15 刑集 11 卷 841 页）。这是因为，这种情况含有侵害他人财产的一面，并不具备第 2 款所预定的刑罚减轻理由。就既遂时点而言，在第 1 款的情形之下，为客体烧损之时；而第 2 款则为产生具体的公共危险之时。

（二）客体

本条第 1 款的客体为现在并非供人居住而且现在无人在内的建筑物、船舰或矿井。与第 108 条不同，由于并不包括火车、电车，因此，向火车、电车所实施的放火行为适用第 110 条。第 109 条的典型物件为存放物质的小屋、仓库、杂物房等，正如前面已经谈到的那样，判例认为，杀害全部居住人员之后的住宅也属于第 109 条的客体。

有下级审的判例认为，尽管某构造物与建筑物相类似，而且人也有可能在此起居出入，但如果其性质属于完全无法预料会有人在此出入的猪屋、犬屋、肥料屋等，则并不属于本条的建筑物（东京高判昭和 28·6·18 东时 4 卷 1 号 5 页；前田 318 页对此予以支持）。但由于本罪以对建筑物内部的人员的生命、身体并不存在危险为前提，因此，以是否完全无法预料有人出入这一点来判断本罪客体的建筑物性，应该说并无合理根据。从延烧至其他建筑物的抽象性危险这一本条的处罚根据来看，只要该构造物具有人有可能在此起居出入的规模，则即便属于供动物所用的小屋之类，也仍然相当于建筑物（藤木·注释刑法〔3〕166 页，植松 99 页也是同一意思）。

（三）公共危险的认识

本条第 2 款的向自己所有的非现住建筑物放火，以发生具体的公共危险为必要。那么，就产生了这种具体的公共危险是什么，以及是否以对此存在认识为必要的问题。同样的问题也存在于第 110 条，在此一并说明。

判例将公共危险定义为“可以想见有发生延烧至第 108 条以及第 109 条的物件这一结果之虞的状态”（有关第 110 条，参照大判明治 44·4·24 刑录 17 辑 655 页），这实际上就是指延烧至第 108 条、第 109 条物件的危险。如果作如此理解，就与以下观点相符合，即第 111 条是作为第 109 条第 2 款、第 110 条第 2 款的结果加重犯而处罚延烧至第 108 条、第 109 条第 1 款物件的行为。判例对于以下事案也否定成立第 109 条第 2 款、第 110 条第 1 款：向远离人家而处于山内的烧炭用小屋放火，并无延烧危险（广岛高冈山支判昭和 30·11·15 裁特 2 卷 22 号 1173 页)；向他人的汽车车罩放火，并无延烧至附近建筑物的危险（浦和地判平成 2·11·22 判时 1374 号 141 页)。

问题在于，作为第 109 条第 2 款、第 110 条的主观（故意）要件是否需要对该具体公共危险存在认识。在这一点上，判例与学说针锋相对。

关于第 110 条第 1 款，判例认为，“在该条的解释上很清楚，尽管以使之发生公共危险为其犯罪构成要件，但只要认识到如果实施放火行为就会烧毁该条所规定的物件，而并不需要对产生公共危险存在认识”（大判昭和 6·7·2 刑集 10 卷 303 页)，此后，判例几乎一直采取的是不要说（但名古屋高判昭和 39·4·27 高刑 17 卷 3 号 262 页则持必要说)。并且，最高裁判所在下述判例中也明确坚持不要说的立场：甲命令下属乙等人烧损丙的摩托车，乙等几人在丙的院子里向丙的摩托车放火，既烧损了丙的摩托车，还延烧到丙家，对此，最高裁判所认为，“要成立第 110 条第 1 款的放火罪，必须对实施放火行为而烧毁该条所规定之物存在认识，但没有必要认识到烧毁的结果，即发生公共危险”（最判昭和 60·3·28 刑集 39 卷 2 号 75 页)。

与判例相反，在学界持不要说者只是少数（藤木 92 页、香川 144 页以下、村濑·大解说 5 卷 13 页)，而必要说则占支配地位（团藤 199 页、大塚 367 页、大谷 382 页、曾根 219 页、中森 203 页、平川 107 页)。其理由在于：(1) 第 109 条第 2 款、第 110 条第 2 款中烧损自己之物的行为原本并非违法行为，只有出现公共危险才会构成犯罪，因此，应以存在该认识为必要。(2) 第 110 条第 1 款构成比器物毁损更重的公共危险罪的理由就在于发生了具体的公共危险，因此，也应以存在该认识为必要。

不能否认这种认识必要说也存在其合理性，但是，如果将公共危险的内容理解为前面已经谈到的延烧至其他物件的危险，则要求对其存在认识，倒不如说只能是要求存在第 108 条、第 109 条第 1 款的故意。就作为结果加重犯的伤害致死罪中的致死这一结果，如果要求对具体的危险存在认识，其结果就只能是认定是否存在杀人罪的故意，前面谈到的认识与此相同。对此，必要说主张“尽管对公共危险的发生存在认识，但并无放任延烧的心理状态”（植松 104 页，曾根 219 页以下也是同一意思)，或者“尽管没有延烧的危险，但仍然对此幻觉感到恐惧，一般是指对这种情况存在认识”（中 207 页，中森 203 页也是同一意思)，也就是主张对这种内容存在认识，但是，这种心理状态究竟是否有存在的可能，也还是一个疑问。即便有存在这种心理状态的可能，但将毫不在意公共危险而向自己所有的房屋放火的行为认定为失火罪，而对于认识到公共危险或者已经想到一般人会对延烧存在畏惧感之人以第 109 条第 2 款加重处罚，应该说这样做并不合理。

如此看来，似乎还是不要说更为妥当。但是，正如已经谈到的那样，应该以对延烧至作为第109条第2款、第110条第2款的结果加重犯的第110条，以及第108条、第109条第1款的物件这种结果存在预见可能性作为前提条件。这样一来，即便是对于第109条第2款、第110条，也要求对公共危险、延烧危险存在预见可能性即过失。在这一意义上，第109条第2款、第110条是由故意犯与过失犯所构成的复合性犯罪类型。前揭昭和60年判决对于共犯过剩这一事例，站在必要说的立场上说明了必要说在理论上的正当性，然而，如果根据共犯对于具体性公共危险是否存在过失来进行区别，那么，不要说也有可能得出合适的结论。也就是说，在指示烧损摩托车之时，如果严格交代要在离开房屋之处进行焚烧，便可以否定存在过失，而仅仅成立器物损坏罪的共犯（共同正犯）。

四、对建筑物等以外之物放火罪

放火烧毁前两条（第108条、第109条）规定以外之物，因而发生公共危险的，处1年以上10年以下惩役（第110条第1款）。前款之物属于自己所有的，处1年以下惩役或者10万日元以下罚金（第110条第2款）。

（一）客体

本罪的客体是第108条、第109条所规定的客体以外之物即非建筑物。本条第2款是在客体为自己所有物的情形之下，考虑到缺少财产侵害这一点而减轻法定刑。因此，在征得所有人同意或者属于无主物的场合（大阪地判昭和41·9·19判タ200号180页），也可以作同样考虑。但是，即便属于自己所有物，如果该物“被扣押、承担物权、被租赁，或者已投保”，则根据本条第1款处罚（第115条）。

（二）公共危险

无论客体属于自己所有还是属于他人所有，本罪只有在“因而发生公共危险”之时，才予以处罚。因此，本罪属于具体的公共危险罪，以产生延烧至第108条、第109条第1款物件的危险为必要，并在产生该危险之时达到既遂。

正如就第109条第2款所已经谈到的那样，如果以对延烧危险存在认识为必要，则应认定存在向第108条、第109条第1款物件放火的故意，因此，这里也不需要对产生公共危险存在认识，而只需要对危险发生存在过失。但是，在给自己的香烟点火，因没有处理好火苗而延烧至自己房屋的情形下，理所当然是失火罪（第116条），而并不会适用第110条第2款、第

111条。因此，为了与这种场合区别开来，第110条里所谓的建筑物以外之物，就应该限定于烧损该客体，以及其形态本身便具有与延烧至第108条、第109条第1款物件直接相关的危险性的场合（便携注释279页、藤木92页也表示出这一倾向）。

五、延烧罪

犯第109条第2款或者前条（第110条）第2款之罪，因而延烧至第108条或者第109条第1款规定之物的，处3个月以上10年以下惩役（第111条第1款）。犯前条第2款之罪，因而延烧至前条第1款规定之物的，处3年以下惩役（第111条第2款）。

本条第1款是结果加重犯，是为了对由第109条第2款、第110条第2款的放火罪而造成延烧至第108条、第109条第1款物件这一结果加重处罚。之所以并不包括烧损第110条第1款他人所有的非建筑物的情形，是因为本款的法定刑相对要重。延烧至因适用第115条而被视为他人所有的物件之时，也可以认定适用本款（内田463页、中森205页。但大塚369页、大谷385页、平川113页则持反对态度）。要成立本罪，必须发生直接延烧的结果，以及对该结果的发生存在过失（预见可能性）。

本条第2款也是结果加重犯，是为了对由第110条第2款的放火罪所引起的延烧至该条第1款的他人所有的非建筑物这一结果加重处罚。

六、妨害灭火罪

在火灾之际，隐藏或损坏灭火用具，或者以其他方法妨害灭火的，处1年以上10年以下惩役（第114条）。

本罪是在发生火灾之际，妨害灭火行为的犯罪（相关事项参照《消防法》第38条以下、《轻犯罪法》第1条第8项）。本罪也是抽象的公共危险犯，只要实施了妨害行为即可，而不以灭火行为实际遭到妨害为必要（团藤203页、大塚371页）。

所谓“火灾之际”，是指不问火灾发生原因，在火灾已经发生或即将发生之时，但以已发生了火势猛烈延烧的危险为必要。所谓“灭火用具”，是指消防车、消防水管、灭火器等。而作为“其他方法”，可以考虑妨害消防车出动的行为、妨害消防员活动的行为等。

七、失火罪

因失火而烧损第108条规定之物或者属于他人所有的第109条规定之物的，处

50 万日元以下罚金（第 116 条第 1 款）。因失火而烧损属于自己所有的第 109 条规定之物或者第 110 条规定之物，因而发生公共危险的，与前款同（第 116 条第 2 款）。

第 116 条的行为是出于懈怠了业务上的必要注意，或者是出于重大过失的，处 3 年以下禁锢或者 150 万日元以下罚金（第 117 条之 2）。

“因失火”是指因过失而着火。因失火而造成烧损第 108 条、第 109 条第 1 款物件的结果时，属于抽象危险犯，而造成烧损第 109 条第 2 款、第 110 条物件的结果时，则属于具体危险犯，两者均以发生公共危险即发生延烧至第 108 条、第 109 条第 1 款物件的危险为必要。就第 116 条第 1 款而言，这里也应认定适用第 115 条（中森 206 页）。

第 117 条之 2 是昭和 16 年（1941 年）所新增的条文，是有关业务失火罪与重失火罪的加重规定。所谓“业务”，是指“处于作为职务行为而应当考虑用火安全的在社会生活中的某种地位”（最决昭和 60·10·21 刑集 39 卷 6 号 362 页）。因此，诸如吸烟或做饭等家庭之内的行为，即便反复继续，也并不属于职务行为，因而并不包含于业务之内（大塚 372 页）。本条所谓的“业务”，可以有以下三种类型（大谷 389 页）：（1）从事直接用火的工作（例如厨师等。有关电焊工，参照名古屋高判昭和 61·9·30 高刑 39 卷 4 号 371 页）；（2）从事直接接触容易着火的物质、器具、设备的工作（有关液化气销售人员，参照最决昭和 42·10·12 刑集 21 卷 8 号 1083 页；有关负责桑拿浴的人员，参照最决昭和 54·11·19 刑集 33 卷 7 号 728 页；有关负责加油的人员，参照最决昭和 57·11·8 刑集 36 卷 11 号 879 页；有关负责管理聚氨酯泡沫的人员，参照前揭最决昭和 60·10·21）；（3）从事发现并防止火灾的工作（有关夜警，参照最判昭和 33·7·25 刑集 12 卷 12 号 2746 页）。其次，所谓“重大过失”，是指疏忽程度严重，对于盛夏晴天在加油站的油罐近旁使用打火机的行为（最判昭和 23·6·8 裁集 2 号 329 页）、在油炉燃料里加入汽油的行为（东京高判平成 1·2·20 判タ 697 号 269 页）等，判例就认定了存在重大过失。

八、使爆炸物破裂罪、过失使爆炸物破裂罪

使火药、锅炉或者其他有可能爆炸之物爆裂，而损坏第 108 条规定之物或者属于他人所有的第 109 条规定之物的，准照有关放火的规定；损坏属于自己所有的第 109 条规定之物或者第 110 条之物，因而发生公共危险的，亦同（第 117 条第 1 款）。前款行为出于过失的，准照有关失火的规定（第 117 条第 2 款）。

对于使爆炸物破裂而损坏物品的行为，本条规定准照放火罪、失火罪予以处罚。

所谓“有可能爆炸之物”，是指因急剧膨胀、破裂而具有破坏物品之力的物质。除条文所列举的火药、锅炉之外，高压气体、液化气等也属于此类。《爆炸物管制罚则》里的“爆炸物”也是本条所谓爆炸物的一种，该罚则可以视为本条的特别法。因此，如果使用了爆炸物，则应仅成立该罚则的使用爆炸物罪（第1条：法定刑为死刑或者无期或7年以上惩役或者禁锢）（大塚374页。但判例认为构成观念的竞合，大判大正11·3·31刑集1卷186页）。

九、泄漏煤气等罪

> 使煤气、电气或蒸气泄露、流出或者将其截断，因而使他人的生命、身体或者财产发生危险的，处3年以下惩役或者10万日元以下罚金（第118条第1款）。使煤气、电气或蒸气泄漏、流出或者将其截断，因而致人死伤的，与伤害罪比较，依照较重的刑罚处断（第118条第2款）。

由于本条中所谓的“人”，是指犯人以外的特定且少数人，因而本罪是针对个人法益的犯罪，属于具体危险犯，但该行为同时也可能会给不特定、多数人的生命、身体、财产造成危险，因而也属于一种抽象的公共危险罪。与第109条第2款、第110条那样，这里也不需要对具体的危险存在认识（藤木107页。通说则持相反意见）。

本条第2款是第1款行为的结果加重犯。有关“与伤害罪比较，依照较重的刑罚处断”的含义，参照前述“不同意堕胎罪（第215条）、不同意堕胎致死伤罪（第216条）”。

第四节　决水罪、妨害水利罪

一、概说

决水罪是因水而引起的公共危险犯，与放火罪、失火罪具有大致相同的构成（第119～122条）。由于妨害水利罪（第123条前段）以财产权的一种即水利权作为保护法益，因而并不直接属于公共危险罪，但由于其手段与决水罪相通，于是便将其并入第十章“有关决水与水利之罪”，一同加以规定。

二、浸害现住建筑物等罪

决水浸害现在供人居住或现在有人在内的建筑物、火车、电车或矿井的，处死刑、无期或3年以上惩役（第119条）。

本罪属于抽象的公共危险犯，相当于放火罪中的对现住建筑物等放火罪（第108条）。

（一）客体

与第108条相同，但船舰除外。

（二）行为

所谓使之“决水”，是指打开由人所管理、控制的水力并使之泛滥。不问是流水还是蓄水。决开水坝或堤防的行为、堵住水流的行为等就属于此类行为。所谓“浸害”，是指因水而造成客体流失、损坏，或者使其丧失效用。即便只是暂时丧失效用亦可。

三、浸害非现住建筑物等罪

决水浸害前条（第119条）规定以外之物，因而发生公共危险的，处1年以上10年以下惩役（第120条第1款）。被浸害之物属于自己所有之时，只要该物已被查封、已承担物权、已被出租或者已投保，仍按照前款规定处断（第120条第2款）。

本罪相当于放火罪中的对非现住建筑物放火罪（第109条）、对建筑物等以外放火罪（第110条）。属于具体的公共危险犯，需要发生浸害第119条物件的具体的危险，且在该时点达到既遂。但在将浸害第109条第1款物件的行为认定为具体的公共危险犯这一点上，两者并不相同。在浸害自己所有的非现住建筑物、非建筑物的场合，按照本条第1款处断的情形仅限于该物已被查封、已承担物权、已被出租或者已投保。如果这里也要求对具体的公共危险存在认识，则会归结为要认定存在第119条的故意，因此，应该理解为不需要对公共危险存在认识（大塚379页、大谷396页、中森210页持反对意见）。

四、妨害防汛罪

在水灾之际，隐匿或损坏防汛用物，或者以其他方法妨害防汛的，处1年以上10年以下惩役（第121条）。

本条相当于放火罪、失火罪中的妨害灭火罪（第114条）。有关本条的解释，参照妨害灭火罪。

五、过失浸害建筑物等罪

过失决水浸害第119条规定之物，或者因浸害第120条规定之物而发生公共危险的，处20万日元以下罚金（第122条）。

本条相当于失火罪（第116条），但在过失浸害第109条物件的场合也要求发生公共危险，以及没有针对业务过失、重过失的加重规定这两点上又不同于失火罪。

六、决水危险罪

决坏堤防、破坏水闸，或者实施其他确有决水危险的行为的，处2年以下惩役、禁锢或者20万日元以下罚金（第123条后段）。

所谓“确有决水危险的行为”，是指实施了有可能发生水患的行为，决坏堤防、破坏水闸等就是其例子。并不要求已发生了浸害的结果或危险。因此本罪具有处罚决水罪的未遂、预备的机能。

七、妨害水利罪

决坏堤防、破坏水闸，或者实施其他确有妨害水利的危险的行为的，处2年以下惩役、禁锢或者20万日元以下罚金（第123条前段）。

本罪属于侵害水利权的犯罪。水利权是指将河流的流水作为工业用水、灌溉用水、自来水用水而加以利用的权利。所谓“确有妨害水利的危险的行为”，除了条文所列举决坏堤防、破坏水闸之外，堵塞、改变水流的行为，以及使蓄水流失的行为等也属于此类行为（大塚381页）。并不以已妨害了水利为必要，在此意义上应将本罪理解为具体危险犯。只是由于妨害水利的行为的手段往往与决水罪相同，且多伴有决水的危险，刑法才将本罪与决水罪规定于同一章之内。

第五节　妨害交通罪

一、概说

刑法典第十一章“妨害交通罪”规定的是向道路等交通设施、铁路等交通工具做手脚，侵害交通安全的犯罪。这种行为利用交通工具而给不特定、多数人的生命、身体、财产带来危险，因而与放火罪等一样属于公共危险罪。

鉴于立法当时的交通情况，刑法典仅仅规定了针对道路、铁路、船舰安全的犯罪，应该说并不充分。其后，随着汽车、航空器等交通手段的发达，为了对其安全也加以保护，还制定了不少特别法。例如，有关铁路交通，制定了《铁道营业法》、《有关处罚妨害新干线列车运行安全的行为的特例法》；有关道路以及汽车交通，制定了《道路法》、《高速汽车国道法》、《道路交通法》、《道路运送车辆法》；有关航空交通，制定了《航空法》、《有关处罚劫机行为的法律》、《有关处罚造成航空危险的行为的法律》等。

二、妨害交通罪、妨害交通致死伤罪

损坏或堵塞陆路、水路或桥梁，以致妨害交通的，处2年以下惩役或者20万日元以下罚金（第124条第1款）。处罚其未遂（第128条）。犯前款之罪，因而致人死伤的，与伤害罪比较，依照较重的刑罚处断（第124条第2款）。

本罪属于妨害陆路、水路交通的犯罪。

1.所谓“陆路”，其意思是指道路。所谓“水路”，是指供船舶、竹筏等航行之用的河流、运河、港口等。“桥梁”包括陆桥、栈桥，但铁路专用桥则属于第125条（交通危险罪）的客体。其所有权属于公有还是私有一概不问，但必须是供公众交通之用（大判昭和11·11·6新闻4072号17页）。

2.本罪行为限于损坏与堵塞。因此，假立禁止通行的招牌以妨害车辆通行的行为不属于本罪行为。通说认为，“损坏”限于炸坏道路或桥梁等物理性损坏，因而并不包括诸如抛撒脏物而让人心理上认为不能通行的行为（香川177页持反对意见）。“堵塞”是指利用障碍物而堵住道路等。“妨害交通”是指实施损坏、堵塞行为而使得人或车辆不能通行或者通行非常困难（团藤223页、大谷400页以下）。但由于本罪属于具体的危险犯，因而并不需要实际发生妨害交通的结果。判例认为，在道路上放置招牌，但如果只要稍加注意就可以避开或者可以清除，则该行为并不构成本罪（名古屋高判昭和35·4·25高刑13卷4号279页）。另外，诸如占据了宽6米的道路中的4米，在路上焚烧车辆，产生了只要触及燃料就会着火、爆炸的危险的场合，尽管只是部分堵塞道路，但这种行为产生了交通危险，因而成立本罪（最决昭和59·4·12刑集38卷6号2107页）。

3.本条第2款是第1款妨害交通罪的结果加重犯。由于是以妨害交通罪达到既遂为前提，因此，并不包括损坏行为或堵塞行为本身（例如，爆炸行为）造成死伤结果的场合（通说。前田 333 页持反对意见）。“与伤害罪比较，依照较重的刑罚处断”的含义，参照“不同意堕胎罪、不同意堕胎致死伤罪”中的说明。

三、交通危险罪

损坏铁道或其标识，或者以其他方法使火车或电车的交通发生危险的，处 2 年以上有期惩役（第 125 条第 1 款）。损坏灯塔或浮标，或者以其他方法使船舰的交通发生危险的，与前款同（第 125 条第 2 款）。处罚本条第 1 款、第 2 款的未遂（第 128 条）。

本条是针对使得作为重要交通工具的火车、电车、船舰的交通发生危险的行为，较一般的妨害交通罪加重处罚的规定。

1. 所谓“火车”、“电车”，是指在轨道上运行的交通工具，作为具有同样构造的交通工具，火车里还包括柴油机车、汽油机车，电车里还包括轻轨、(电) 缆车（大塚 387 页），但不包括公汽、无轨电车、(空中) 索道车、航空器（《改正刑法草案》第 194 条加入了索道车、公汽、航空器)。“浮标”是指浮筒，是用来指明暗礁所在以及航路的水上标识。

所谓“铁道”的损坏，不仅是指线路，还指凡火车、电车运行所必须的一切设施、设备，包括枕木、道钉、隧道等。“其他方法”可以是在线路上放置障碍物的行为、表示错误信号的行为、使无人驾驶的电车乱开一气的行为（最判昭和 30·6·22 刑集 9 卷 8 号 1189 页：三鹰事件）、不按照正规运行时间运行电车的行为（最判昭和 36·12·1 刑集 15 卷 11 号 1807 页：人民电车事件）等。

2. 本罪要达到既遂，必须发生“交通危险”，也就是必须产生火车、电车撞车、脱轨、颠覆或船舰相撞、沉没的危险状态，因而属于具体危险犯。已着手实施能发生交通危险的行为，但如果尚未发生具体危险，则为本罪的未遂。有关本罪的故意，通说、判例认为，应以对具体危险存在认识为必要（大判大正 13·10·23 刑集 3 卷 711 页），但如果考虑到第 127 条是处罚本罪的结果加重犯、第 126 条是处罚其故意犯，则对此不无疑问（参照藤木 114 页）。

四、颠覆火车等罪、颠覆火车等致死罪

颠覆或者破坏现在有人在内的火车或者电车的，处无期或 3 年以上惩役（第

126 条第 1 款)。颠覆、沉没或者破坏现在有人在内的船舰的，与前款同（第 126 条第 2 款)。处罚本条第 1 款、第 2 款的未遂（第 128 条)。犯前两款（第 126 条第 1 款、第 2 款）之罪，因而致人死亡的，处死刑或无期惩役（第 126 条第 3 款)。

本条第 1 款、第 2 款之罪是针对利用火车、电车、船舰的不特定、多数人的生命、身体的抽象危险犯。

（一）客体

本罪客体是犯罪人以外的其他人现在所在的火车、电车、船舰。可以是处于停车、停泊状态的，但诸如正处于修理之中的那样，停止了作为交通工具机能的则不包括在内（大塚 389 页、大谷 406 页、中森 215 页)。关于有人在内的时间，有观点认为，应该是在发生颠覆、破坏等结果之时在内，即便是在车船里安放定时炸弹之时在内而爆炸之时人并不在内的情形，也只是构成本罪的未遂（团藤 231 页)。但是，考虑到本罪属于抽象危险犯这一点，还是应该理解为，只要在从实行开始到结果发生的时段内的任何一个时间有人在内即可（大塚 388 页、大谷 405 页、中森 216 页。还有，大判大正 12·3·15 刑集 2 卷 210 页认为，只要在实行开始之时存在即可，与上述观点并不对立)。

（二）行为

本罪行为是指颠覆、破坏现在有人在内的火车、电车，以及颠覆、沉没、破坏现在有人在内的船舰的行为。所谓火车、电车的“颠覆”，是指掀翻、掀倒火车、电车，如果仅仅是脱线并不包括其中，笔者对于这一通说观点尚存疑问。所谓“破坏”，是指“有害于火车或电车的实质，而达到使其丧失作为交通工具的全部或部分机能的程度的损坏”（最判昭和 46·4·22 刑集 25 卷 3 号 530 页是有关炸掉列车的一节车厢的顶棚以及部分座位，而使得列车无法继续安全运行的案例)。因此，扔石头砸伤电车车体，或破损车窗玻璃的这种程度就不属于破坏（大判明治 44·11·10 刑录 17 辑 1868 页)。船舰的“沉没”并不包括触礁。然而，在严寒期使得渔船在千岛列岛的海岸触礁之后，又拔掉船栓让海水流入，进而使得无法继续航行，对于这一事案，判例认为在该事实关系之下，即便船体本身并无破损，也仍属于“破坏”（最决昭和 55·12·9 刑集 34 卷 7 号 513 页)。

（三）结果加重犯

本条第 3 款规定的是第 1 款、第 2 款的结果加重犯。由于是以颠覆、破坏火车、电车、船舰而造成人员死亡这一结果为前提，因而在第 1 款、第 2 款之罪归于未遂之时，则并不适用本款。因此，在因颠覆、破坏行为（例如，爆炸行为）本身而造成死亡结果之时，也并不包含在本款之内（平野244页、大谷407页、中森217页。但东京高判昭和45·8·11高刑23卷3号524页则持反对态度）。其次，作为颠覆、破坏的结果，是否还包括电车等之内的人以外的其他人，例如，车站月台上的乘客、沿线的居民等。判例持肯定态度（前揭最判昭和30·6·22：三鹰事件。团藤232页、大塚391页、大谷408页、前田336页等也是此意思）。尽管否定说也很有影响（中山406页、曾根230页、中森217页、平川132页），但因电车颠覆而造成沿线居民等死亡的情形也是可以预见的，因而笔者认为肯定说更为妥当。

在出于杀人的犯意而颠覆电车等，进而造成人员死亡的场合，本款与杀人罪之间的关系也是一个问题，如果仅仅考虑法定刑的均衡，则只要认定本款即可。但如果并未造成死亡的结果，则为本条第1款、第2款之罪与杀人未遂罪之间的观念竞合。

五、交通危险致使火车颠覆等罪

犯第125条之罪，因而颠覆或破坏火车，或者颠覆、沉没或破坏船舰的，依照前条处断（第127条）。

本罪属于交通危险罪（第125条）的结果加重犯。例如，因线路损坏而使电车颠覆，并造成乘客死亡的结果（第126条第3款）就属于此类，但限于对电车的颠覆并无认识、预见的场合。

问题在于，因交通危险而造成无人电车等颠覆的情形是否也按照第126条第1款处断，还有，（理所当然地）造成电车外的人死亡的结果的情形又能否按照第126条第3款来处断。判例在三鹰事件① 中，对两者均加以了肯定（前揭最判昭和30·6·22）。有学说从本条并未特别规定必须现在有人在内这一文理出发而支持判例，该学说在学界很有影响（内田488页、大谷410页）。但是，由于第127条规定依照第126条处断，因而本条至少以其客体是有人在内的电车等为前提（团藤229页、平野244页、前田338页、中森218页）。那么，在运行无人电车的场合，只有在因此造成其他有人在内的电车颠覆之时才依照第126条处断。如果造成车内的人或者车外的人死亡之时，则应适用第126条第3款（但如果将该款解释为不包含车外的人在

① 三鹰事件：昭和24年（1949年）7月，为了妨害电车出入车库，而胡乱驾驶停在中央线三鹰车站车库内的无人电车7辆，并冲破三鹰车站第一号线的停车闸且使得电车脱线颠覆，不仅损坏了警亭与民宅，还造成6名行人死亡。

内，则仅限于造成车内的人死亡的情形）。还有观点认为，在这种情况下，本条仅就电车等的颠覆作出了规定，因而应否定适用第126条第3款（曾根231页以下、平川134页认为本条客体限于有人在内的场合，大塚393页认为也包括无人的场合在内，但均否定适用第3款），但是，从“依照前条处断”这一用语来看，难免牵强。在颠覆无人电车而造成车外的人死亡的结果的场合，应构成交通危险罪（第125条）与杀人罪、过失致死罪等的观念的竞合（平川133页）。

六、过失交通危险罪

由于过失，使得火车、电车或船舰发生了交通危险，或者颠覆或破坏了火车、电车，或者颠覆、沉没或破坏了船舰的，处30万日元以下罚金（第129条第1款）。从事交通业务者犯前款之罪的，处3年以下禁锢或50万日元以下罚金（第129条第2款）。

本罪是为了处罚因过失而造成的交通危险罪、颠覆火车等罪。该场合下的火车、电车等也包括无人在内的情形。例如，汽车驾驶员在铁道路口造成汽车熄火的就属于此类。因而造成死伤结果的，与（业务）过失致死伤罪构成观念的竞合。

所谓“从事交通业务者”，是指火车、电车、船舰运行业务的直接或间接参与者（大判昭和2·11·28刑集6卷472页），驾驶员、列车长、船长、保线员等就属于此类人员。

第六节 有关鸦片烟之罪

刑法典第十四章“有关鸦片烟之罪”是鉴于鸦片的有害药理作用及其依存性，而试图通过禁止其进口、销售，以保护不特定、多数人的健康。

所谓鸦片烟，是指将罂粟的液汁凝固之后，再予以加工使之适合于用烟嘴、管子来吸食之物（鸦片烟膏）（对于由凝固罂粟液汁而形成的生鸦片，由《鸦片法》第3条第2款、第51条来规制其生产）。刑法规定了进口鸦片烟等罪（第136条）、进口吸食鸦片烟用的器具等罪（第137条）、海关职员进口鸦片烟等罪（第138条）、吸食鸦片烟罪以及提供场所罪（第139条）、持有鸦片烟等罪（第140条）。但现在《鸦片烟法》设置了较为概括的管制规定，除了进口吸食鸦片烟用的器具等罪（《刑法》第137条、第138条以及第140条的一部分）之外，基本上都可以根据《鸦片烟法》来处罚。还有，由于现在的药物犯罪的主流是麻药、兴奋剂、大麻，因而可以说刑法中有关鸦片烟之罪的规定几乎没有得到适用。为此，本书省略对本章的说明。

但是，有害于身体并且具有依存性的药物的滥用及其助长行为本身是极其严重的社会问题，为了规制这类犯罪，除了上述《鸦片烟法》之外，还有《兴奋剂管制法》、《麻药以及精神药品管制法》、《大麻管制法》即所谓的药物四法，关于信纳水等有机溶剂，还制定了《毒物以及剧物管制法》。另外，在平成3年（1991年），在国际合作的框架之内，为了防止助长有关限制药物的不正当行为，还制定了《有关麻药以及精神药品管制法的特例的法律》（一般称之为《麻药特例法》），新设了作为职业所实施的不法进口等罪（第8条）、隐匿不法收益罪（第9条）、收受不法收益罪（第10条），并且，整理、完善了有关不法收益的没收、追征制度，新设了有关没收、追征的保全程序，除此之外，还规定了“漂游”搜查（让犯人在监控之下活动，以便掌握更多罪证）这种搜查手法。

第七节　有关饮用水的犯罪

一、概说

刑法典第十五章“有关饮用水的犯罪”属于抽象危险犯的一种，是指侵害利用饮用水的不特定、多数人的生命、身体的安全。刑法分别规定了污染净水罪（第142条）、将毒物混入净水罪（第144条）、由此而引起的污染净水致死伤罪（第145条）与污染水道罪（第143条）及其致死伤罪（第145条）、将毒物混入水道罪、致死罪（第146条），由于后者的受害范围可能牵涉很广，因而加重其刑罚。尽管损坏水道罪（第147条）属于与以上犯罪特性不同的妨害水道利用罪，但由于同是有关水道的犯罪，因而规定在本章之内。

二、污染净水罪

污染供人饮用的净水，因而致使净水无法使用的，处6个月以下惩役或者10万日元以下罚金（第142条）。

所谓“供人饮用的净水”，是指预备供人饮用之水，且达到了适合饮用程度的清洁、清净。因此，不包括山涧流动的溪水。由于本罪属于公共危险罪，因而“人”是指不特定、多数人（大判昭和8·6·5刑集12卷736页）。

那么，也不包括为供特定人饮用而装入杯中的水等。但是，第143条规定对污染“供公众饮用的净水”的行为加重处罚，通说认为，为了与第143条区别开来，本条尽管要求达到多数，但只要达到一定程度的多数即可，也包括供一家人饮用的水缸或水井中的净水（团藤239页、大塚488页、大谷414页。但平野·法セミ221号49页则持反对意见）。

本罪行为是指因污染而使得物理上、心理上无法再使用。除投入泥巴、粉尘，搅拌底土等行为之外，向井中投入食用红粉而使得心理上不能再将其作为饮用水使用的行为也属于本罪（最判昭和36·9·8刑集15卷8号1309页）。

三、污染水道罪

污染由水道供公众饮用的净水或者其水源，因而导致不能饮用的，处6个月以上7年以下惩役（第143条）。

本罪对于污染通过水道以供不特定或者多数人饮用的饮用水或其水源的行为规定加重处罚，这是因为该行为所造成危害有可能波及甚广。“水道”是指用于供给饮用净水的人工设备，“水源”是指进入水道之前的水，即蓄水池、净水池等之中的水。有关污染的含义，参照“污染净水罪”。

四、将毒物混入净水罪

将毒物或者其他足以危害他人健康的物质混入供人饮用的净水内的，处3年以下惩役（第144条）。

有关净水的含义，参照“污染净水罪”。“其他足以危害他人健康的物质”是指如果饮用会足以有害于他人健康的有害物。病原菌、寄生虫等属于此类，其他因日常饮用而蓄存于体内，结果有害于健康的物质也包含其中。

五、污染净水等致死伤罪

犯前三条（第142、143、144条）之罪，因而致人死伤的，与伤害罪比较，依照较重的刑罚处断（第145条）。

本罪是污染净水罪（第142条）、污染水道罪（第143条）、将毒物混入净水罪（第144条）的结果加重犯。有关“与伤害罪比较，依照较重的刑罚处断”的含义，参照“不同意堕胎罪、不同意堕胎致死伤罪”。如果对死伤结果存在故意，则分别构成污染净水罪、污染水道罪、将毒物混入净水罪与伤害罪、杀人罪的观念的竞合。

六、将毒物混入水道罪、将毒物混入水道致死罪

将毒物或者其他足以危害他人健康的物质混入由水道供公众饮用的净水或者其水源的，处2年以上有期惩役；因而致人死亡的，处死刑、无期或者5年以上惩役（第146条）。

有关本罪的客体与行为，参照污染水道罪、将毒物混入净水罪。结果加重犯仅限于产生死亡结果之时。如果产生伤害的结果，则从其法定刑来看，仅构成本条前段之罪。如果对于死亡结果存在故意，则只要认定成立本条后段之罪即可。但在未遂的场合，则构成本条前段之罪与杀人未遂罪之间的观念的竞合。

七、损坏水道罪

损坏或者堵塞供公众饮用的净水的水道的，处1年以上10年以下惩役（第147条）。

本条是为了处罚那种通过损坏或者堵塞水道设备，而使得向不特定或者多数人供给饮用水变得不可能或者极其困难的行为。《水道法》第51条是本条的特别法。

第二章 针对交易安全的犯罪

在现代资本主义社会，必须保护经济交易安全以及经济交易秩序。为此，刑法典规定了伪造通货罪（第十六章）、伪造文书罪（第十七章）、伪造有价证券罪（第十八章）、伪造印章罪（第十九章）等一系列伪造罪。其中，通货与有价证券作为经济交易的决算手段，具有相当的重要性。在经济交易中，文书与印章作为合同中有关权利、义务事实关系的证据，也具有相应的重要性。一旦通货、有价证券、文书等因被伪造而不为人们所信赖，就会造成经济停滞，并导致经济秩序的混乱。因此，刑法典通过处罚这些伪造行为而力图保护对此的公共信用。然而，文书作为身份关系与其他事实关系的证明手段也相当重要，在这一意义上可以说，文书不仅关系到经济交易的安全，而且作为公共信用对象，与通货、有价证券具有相同的保护价值。

第一节 伪造通货罪

一、保护法益

刑法典第十六章“通货伪造罪”分别规定了伪造通货罪、行使伪造的通货罪（第 148 条）、伪造外国通货罪、行使伪造的外国通货罪（第 149 条）、取得伪造的通货罪（第 150 条）以及取得后知情行使罪（第 152 条）等。

这些犯罪的保护法益为对于通货的真正性的公共信用，这不存在问题。问题在于，国家的通货发行权（通货额权）是否也是本罪的保护法益。通说对此予以否定，而判例以及部分学说却持肯定态度（最判昭和 22·12·17 刑集 1 卷 94 页、木村 232 页、植松 130 页、大塚 411 页）。如果将国家的通货发行权理解为国家的威信与权力，确实将其作为保护法益并不妥当（平川 426 页），但如果将其理解为通货发行量（money supply）的调节这种国家的金融政策权限，则也有可能将其作为第二性的法益。①

二、伪造通货罪

以行使为目的，伪造或者变造通用的货币、纸币或者银行券的，处无期或3年以上惩役（第148条第1款）。处罚其未遂（第151条）。

（一）客体

本罪的客体为“通用的货币、纸币或者银行券”。所谓“通用”并不是指事实上的流通，而是指具有强制性通用力。货币、纸币是指由政府发行的通货，银行券是指取得政府许可而由特定银行所发行的货币代用证券。现在，在我国，只有由政府制造并发行的货币（硬币）与由日本银行发行的银行券（日本银行券）才属于通货（参照《有关通货单位以及货币发行等的法律》〔昭和62年法42号〕第2条、第4条）。

（二）行为

本罪行为是指出于行使目的的伪造或变造。处罚所有国外犯（第2条第4项）。所谓“伪造”，是指无制作权限人制作出具有与通货相似的外观之物。通过彩色复印的制作就是其典型例子。必须达到使得一般人误认为是真正的通货的程度（大判昭和2·1·28新闻2664号10页、最判昭和25·2·18判例体系32卷596页），凡未达到该程度的，只能作为“模造”而构成《通货以及证券模造管制法》（明治28年法28号）的对象。所谓“变造”，是指无制作权限人对真正的通货进行加工而制作出具有与通货相似外观之物。例

① 新币兑换事件：昭和21年（1946年）实行新币兑换，所采用的方法是发给每位国民相当于100日元的证纸，然后由国民将证纸粘贴在旧币上使用。行为人从不需要证纸的人手中购得该证纸，最终粘贴在旧币上的金额超过了100日元这一限额，对此，行为人以伪造通货罪被起诉。最高裁认为，“伪造通货罪是通过保障通货发行权人的发行权而力图确保通货的社会信用，因此，只要该制作人不具有通货发行权限”，其制作行为就构成伪造通货罪（前揭最判昭和22·12·17）。对此，否定说颇有影响。该学说批判如下：由于这种情况下所违法制作的新币无法与合法制作的货币区别开来，因而只能是作为有效货币而通用，因此，该行为并未损害对于货币真正性的信用，认定构成本罪并不合适（平野256页、中森226页）。在这种情况下，由于不能宣布违法制作的新币无效，并且也并未超过国家的预定发行额度，认定构成通货伪造罪的确并不妥当。例如，伪造了与真币同一材质、形态的10万日元的纪念硬币，一旦进入流通，与日本银行券所不同的是，要认定哪种硬币是无效硬币几乎不可能，因而也只能是认定有效，但如果将这种行为认定为不可罚的行为，则并不妥当，而如果要认定其可罚性，则只能以侵害了国家的通货发行权作为根据。

如，将两张千日元纸币表里剥离进行切断、加工，制作出六张具有看似四折或六折的外观之物的行为（最判昭和50·6·13刑集29卷6号375页）就属于此类。不论伪造还是变造，均按照本条款进行处罚，其中的差别并不重要。

（三）目的

本罪行为必须是出于“行使的目的”而实施（目的犯）。所谓“行使”，是指将伪造的通货作为真正的通货置于流通。只有出于行使的目的，才会产生有害于对于通货真正性的公共信用。在此意义上说，该目的属于主观性违法要素。因此，诸如出于作为演出的小道具而行使的目的的情形便并不构成本罪。凡缺少该目的的伪造行为只能按照模造来处罚。

三、使用伪造的通货罪

行使伪造或变造的货币、纸币或银行券，或者以行使为目的，将伪造或变造的货币、纸币或银行券交付给他人或者进口的，与前款（第148条第1款）同（第148条第2款）。处罚其未遂（第151条）。

（一）客体

本罪的客体是伪造或变造的货币、纸币或银行券（总称为假币）。不必要是出于行使的目的而伪造，也不问由谁所制作。例如，将他人为了用作道具而制作之物作为真正的通货而使用的，也构成本罪。

（二）行为

本罪行为是行使假币，以及出于行使目的的交付或进口。处罚所有的国外犯（第2条第4款）。所谓行使，是指将假币作为真正的通货置于流通。除了用于支付买卖价款与偿还债务之外，还包括赠与。由于在自动售货机上使用的行为最终也会进入流通，因而构成本罪（东京高判昭和53·3·22刑月10卷3号217页）。由于并不以行使方法合法为要件，因而用作赌资的行为也构成本罪（大判明治41·9·4刑录14辑755页）。作为所谓“亮相金”①而出示的行为，或者委托保管的行为，因为其款项并未进入流通，因而并不构成本罪。

其次，所谓“交付”，是指告知对方是假币，或者在对方已经知道是假币的情形之下交给对方，不问有偿还是无偿。对于将假币交给并不知情的某

① 所谓“亮相金”，是指为了取得对方信任而故意亮出给对方看的钱款——译者注。

人去购物的行为，尽管有观点认为相当于交付（大判明治 43·3·10 刑录 16 辑 402 页、平野 258 页），但还是应该理解为与在自动售货机上购物的情形一样，相当于行使（团藤 252 页、大塚 416 页、中森 231 页）。所谓“进口”，有观点认为只要运入领海、领空之内即可（植松 136 页、大塚 416 页）。但是，同药物等走私行为一样（参照最判昭和 58·9·29 刑集 37 卷 7 号 1110 页），还是应该理解为在船运的情形下必须卸货、在空运的情况下必须着陆。

（三）罪数、与他罪之间的关系

在伪造、变造通货者犯本罪之时，构成牵连犯。在用假币购入物品的场合，除本罪之外，似乎也成立诈骗罪，但通说、判例认为诈骗罪为本罪所吸收（大判明治 43·6·30 刑录 16 辑 1314 页）。其理由正如后面所要谈到的那样，如果认定成立诈骗罪，则会抹煞从轻处罚取得后知情行使罪（第 152 条）这一立法意图。

四、伪造外国通货罪、行使伪造的外国通货罪

以行使为目的，伪造或者变造正在日本国内流通的外国货币、纸币或者银行券的，处 2 年以上有期惩役（第 149 条第 1 款）。处罚其未遂（第 151 条）。行使伪造或者变造的外国货币、纸币或者银行券，或者以行使为目的，将伪造或者变造的外国货币、纸币或者银行券交付给他人或者进口的，与前款同（第 149 条第 2 款）。处罚其未遂（第 151 条）。

（一）客体

伪造外国通货罪的客体是“正在日本国内流通的外国货币、纸币或者银行券”。所谓“日本国内”，是指在日本的主权所及范围之内。判例认为，根据《日美安保条约》而允许在驻日美军设施之内流通的美元表示军票也属于本罪客体（最决昭和 28·5·25 刑集 7 卷 5 号 1128 页。平川 431 页则对此持反对意见）。所谓“正在流通”，并不是指具有强制性通用力，而是指处于事实上的流通状态。其他方面可参照“伪造通货罪”。

行使伪造的外国通货罪的客体是“伪造或者变造的外国的货币、纸币或者银行券”。尽管没有明文规定，但在该场合之下当然也应该是“正在日本国内流通”的外国通货的假币（大塚 418 页）。

（二）行为

有关伪造外国通货罪、行使伪造的外国通货罪的行为，参照“伪造通货罪、行使伪造的外国通货罪”。

五、取得伪造的通货罪

以行使为目的，取得伪造或者变造的货币、纸币或者银行券的，处3年以下惩役（第150条）。处罚其未遂（第151条）。

本罪的客体为伪造或者变造的货币、纸币或者银行券。尽管并无明文规定，但由于是承接前两条的规定，因此，通说认为，所谓“货币、纸币或者银行券”，不仅仅是指日本的通货，还包括正在日本国内流通的外国通货，但并不需要是出于使用的目的而伪造的通货。本罪行为是指明知是假币仍然出于使用的目的而取得。“取得”是指将假币收为己有的一切行为。不问有偿还是无偿，凡买入、接受交付、拾得、窃取、诈取等都属于此类行为。由于本罪是使用的前阶段行为，也包含侵占（中森232页）。在取得之后再使用，则成立使用罪，与本罪构成牵连犯。

六、取得后知情行使罪

取得货币、纸币或者银行券后，知道是伪造或者变造的而行使，或者以行使为目的交付给他人的，处面额3倍以下罚金或者科料，但不得少于2 000日元（第152条）。

收到假币之后方知其为假币，尽管如此却仍然使用，或者出于行使的目的而交付给他人，对于上述行为，本罪规定以极轻的法定刑予以处罚。其理由在于，将取得假币之后所受到的损失转嫁给他人这一行为，从类型上讲，要求行为人实施合法行为的期待可能性很低。因此，在成立本罪的情况下，排除适用诈骗罪（通说）。比照该立法意图，应该说本罪中的取得仅限于通过合法手段，而应排除窃取或诈骗等违法手段（通说）。出于行使目的的“交付”的含义，与行使伪造的通货罪（第148条第2款）中的交付相同。明知是假币仍然接受交付的行为构成取得伪造的通货罪（第150条），如果再行使，则成立一般的行使罪。因为在这种情况下，不能认定其期待可能性很低。

本罪是身份犯，主体限于收到假币之后方知其为假币者。并且，由于该身份能减轻责任，因而属于第65条第2款的身份（参照西田：“共犯与身份”，现代讲座3卷257页以下）。如此一来，根据第65条第2款的规定，教唆收到假币者知情使用的教唆者构成通常的行使伪造的通货罪的共犯。

所谓“处面额3倍以下罚金”，意思是指如果取得的假币为1万日元，则处以 3 万日元以下的罚金。

七、伪造货币准备罪

以供伪造或者变造货币、纸币或者银行券之用为目的，准备器械或者原料的，处 3 个月以上 5 年以下惩役（第 153 条）。

在伪造、变造通货罪的预备行为中，本罪仅处罚准备器械或原料的行为。应该说，除了对于自己的伪造行为的准备行为（自己预备行为）之外，还包括为了帮助他人的伪造行为而实施的准备行为（他人预备行为）（大判昭和 7·11·24 刑集 11 卷 1720 页、团藤 255 页、大塚 420 页、大谷 434 页、中森 229 页）。由于本罪属于预备罪中的一种，因而除了故意之外，还必须以出于“供伪造或者变造之用为目的”。另外，是否要求实施准备行为者自身也存在“行使的目的”，这还是一个问题。如果是自己预备行为当然需要，但即便是他人预备行为，由于行使的目的属于主观性违法要素，因此，只要认识到正犯存在使用的目的即可。

对于本罪的准备行为本身的帮助行为，例如，提供购买器械或原料的货款的行为是否根据第 62 条的规定，作为本罪的帮助犯而具有可罚性，存在争议。通说、判例肯定成立帮助犯（大判昭和 4·2·19 刑集 8 卷 84 页）。还有观点从否定预备犯的共犯以及帮助的帮助这一观点出发，否定成立帮助犯（大塚 422 页、中山 424 页）；也有观点以本罪属于独立预备犯为根据而有条件地肯定成立帮助犯（团藤 256 页、福田 88 页）。有一种观点将有关共犯的规定（第 60～62 条）中的“实行”、“正犯”这种用词的含义限定于符合基本构成要件的行为，而认为并不包含共犯行为与预备行为，否定说正是这种规定的归结。但是，共犯行为与预备行为本身是符合修正的构成要件的行为，就对于共犯规定的解释而言，也可以说是实行行为，因此，对此予以帮助的行为当然应该是帮助犯（详细说明参照西田：“实行与正犯的概念以及与共犯成立的界限”，香川古稀·刑事法学的课题与展望 341 页以下〔1996〕）。

第二节　伪造有价证券罪

一、概说

刑法典第十八章“伪造有价证券罪”是为了处罚伪造、变造有价证券，或在有价证券上作虚假记载的行为，其保护法益是对于有价证券的真正性的公共信用。由于有价证券也属于一种有关权利、义务的文书，因此，刑法典在伪造文书罪（第十七章）之后规定了本章。但是，有价证券从其机能上看相当于通货，因而在这一意义上说，与伪造的通货一样，对于出于使用的目的而交付、进口伪造的有价证券的行为，刑法典也规定予以处罚。为此，本书将伪造有价证券罪置于伪造通货罪之后加以说明。

二、伪造、虚假记载有价证券罪

以行使为目的，伪造或者变造公共债券、政府证券、公司股票或其他有价证券的，处3个月以上10年以下惩役（第162条第1款）。以行使为目的，在有价证券上作虚假记载的，与前款同（第162条第2款）。

（一）客体

本罪的客体为有价证券。公共债券（例如，国债证书）、政府证券（例如，大藏省证券）、公司股票等就是其例示。所谓有价证券，在商法意义上是指所有有关权利的发生、移转、行使，均以该证券为必要；而本罪中的有价证券的含义更广，判例认为应该是表示财产权的票据，凡有关权利的行使或移转均以占有该票据为必要（大判明治42·3·16刑录15辑261页、最判昭和34·12·4刑集13卷12号3127页）。因此，作为设权票据、提示票据的期票、支票当然属于有价证券。另外，以下各种票据也属于本罪中的有价证券：其他诸如行使之时以该票据为必要的取货单（大判大正10·2·2刑录27辑722页）、船运货单等、行使权利以票据为必要的车票（最判昭和25·9·5刑集4卷9号1620页）、定期车票（月票或季票）（最判昭和32·7·25刑集11卷7号2037页）、商品票、彩票（最决昭和33·1·16刑集12卷1号25页）、赛车的车票（名古屋高判昭和27·12·22判特30号23页）、赌马的马票（东京高判昭和34·11·28高刑12卷10号974页）等。还有，啤酒票与出租车票等也可以说是有价证券。判例还判定，诸如与电磁记录部分连为一体的电话卡那样的预付卡也相当于有价证券（最决平成3·4·5刑集45卷4号171页），有关这一点参照后述“电话卡的伪造、变造”。与此相反，银行存折与邮政存折（大判昭和6·3·11刑集10卷75页）、不记名定期银行存折（最决昭和31·12·27刑集10卷12号1798页）则属于证据票据而并非权利转化之物，因而并不属于有价证券。还有，鞋子存取单、手提行李存取单也仅仅是免责票据，同样也不属于有价证券。有关高尔夫俱乐部的入会保证金预付证书，下级审意见不一（东京高判昭和53·2·16高刑31卷1号22页持否定说，而东京地判昭和53·3·28判时911号166页则持肯定说），但最高裁认为，考虑到与受贿罪中的没收、追征之间的关系，不能认为该证书代表了高尔夫俱乐部的会员权，因而应否定属于其有价证券性（最决昭和55·12·22刑集34卷7号747页）。还有，由于印花、邮票属于金券（可以兑换成现金的票据），而并非私法上的权利的转化体，因而也不属于有价证券。对此，参照《印纸犯罪处罚法》以及《邮政法》第84条、第85条。

（二）行为

本罪行为是指伪造、变造有价证券、在有价证券上作虚假记载。

首先，所谓“伪造”，是指无制作权限人以他人名义或者以并不存在的某人的名义制作有价证券。必须具有足以使一般人误认为是真正的有价证券的外观，但不以完全具备法律所规定的要件为必要（例如，没有写明开具地的期票亦可。东京高判昭和58·5·26东时34卷4、5、6号18页）。其次，所谓“变造”，是指无权限人对真正的有价证券进行篡改。例如，篡改支票金额（最判昭和36·9·26刑集15卷8号1525页）。最后，有关虚假记载的含义，判例与学说相互对立。判例认为，所谓虚假记载，既包括针对基本证券行为的无形伪造（有权限人制作出内容虚假的证券），例如，实际上并无货物交付而开具提货单的行为（大判大正15·9·18刑集5卷413页），还包括针对附随证券行为的无形伪造与有形伪造（由无权限人所实施的行为），例如，在票据、支票上背书或写上保证。对此，学界通说认为，无论是基本证券行为还是附随证券行为，只有无形伪造才属于虚假记载，而有形伪造即便是针对附随证券行为，也是相当于本条第1款的伪造。但结果都是成立本罪，因而其间的区别并不重要。要成立本罪，必须存在使用的目的。有关使用的含义，参照行使伪造的有价证券罪。

（三）权限的超越与滥用

问题在于，在由法人或自然人的代表人或代理人制作有价证券的场合，对其制作权限就目的、限度以及方式等进行了一定限制之时，违反上述限制所实施的制作行为是否构成本罪。

判例认为，即便是诸如代表董事等享有一揽子权限的人开具支票、票据，如果该行为是出于行贿的目的（大判明治45·7·4刑录18辑1009页），或者是出于为自己或第三人谋取利益的目的（大判大正3·12·17刑录20辑2426页），就成立本罪。但其后的大审院则对判例观点作了改变，对于银行支配人为了自己个人的利益而以银行名义开具支票的案件，认为如果该行为客观上是在其权限范围之内，则并不构成本罪（大连判大正11·10·20刑集1卷558页）。另外，某人并无制作有价证券的一般性权限，仅仅是在有权人的承诺范围之内作为机械性辅助人员可以制作有价证券，如果该人在上述范围之外制作了有价证券，则应认定构成本罪（大判大正11·12·6刑集1卷736页、大判昭和18·3·31新闻4837号10页）。因此，可以说判例是以究竟是作成权限的滥用还是超越为根据来决定是否构成本罪的。但问题在于，即便某人享有一揽子权限，但在对其权限有内部限制规定的情况下如何处理。某人担任渔业共同工会的参事，分管期票开具业务，尽管内部规定在开具可转让票据之时必须事先得到专务理事的许可，但该参事在未得到许可的情况下仍然开具了可转让票据。对此案件，最高裁判所认为，就可转让票据而言，“其作成权限全部属于专务理事，被告人仅仅是作为单纯的提案人、协办人而参与作成上述票据”，因此，“并不仅仅限于对该被告人如何行使票据作成权限存在内部限制这一程度，而应该视为该被告人实质上并无上述票据的作成权限”，从而认定构成本罪（最决昭和43·6·25刑集22卷6号490页）。对于上述情况，可以想见也有下述观点：准用《商法》第38条第3款的规定（参照《水产业协同工会法》第46条），对于代理权所作的限制不可对抗善意第三人，因而据此在支票等在私法上有效的情况下，就没有必要认定成立本罪（可以认为町野312页持该观点）。但是，尽管可以说有关保护善意人的规定是为了保护交易安全，但也仅仅是限于个别救济，在更多场合下，则让有价证券的受领人承担善意（有时候更是无过失）的举证责任。在此限度之内，即便在上述场合，也只能说仍然有害于对于有价证券的公共信用。事实上，对于某株式会社的董事在退职之后登记之前以董事名义开具期票的行为（按照《商法》第12条的规定，退职的事实并不能对抗善意第三人，公司仍然对票据承担责任。最判昭和35·4·14民集14卷5号833页就是基于该趣旨的判例），判例认定成立本罪（大判大正15·2·24刑集5卷56页）。但如此看来，应该说是否成立本罪不应当为私法上的相对有效性所左右。因此，是否成立本罪，应该根据是否实质上拥有有价证券的作成权限来决定，在内部限制可表明否定该权限的场合，则成立本罪，如果只是针对权限行使方法的程序性限制，则并不成立本罪（参照藤木·注释刑法（4）198页、冈田雄一·大解说6卷211页、鬼塚贤太郎·最判解刑昭和43年度203页）。还有，对于尽管并无一揽子权限，但被授予在一定限度之内可开具支票的权限的诸如财务部长等人的情况，也会引起争议。如果能够认定该行为人是根据业务处理程序而负责保管开具支票所必须的印章等，并且未经上司决定而擅自开具支票，那么，即便对上限金额存在限制，也应肯定具有作成权限（藤木·经济交易278页。对于在金额并无限制的情况下的总务部长的行为，广岛高判昭和56·6·15判时1009号140页判定并不成立本罪）。

(四)电话卡的伪造、变造

1. 问题点

篡改电话卡背面的磁条信息部分(电磁性记录)行为,例如将电话刻度由50度变造至500度,构成何种犯罪?根据以电磁性记录并不属于刑法意义上的文书这一点为前提而在昭和62年(1987年)所作的刑法改正的规定,篡改磁条信息的行为符合第161条之2的第1款(不正当制作私用电磁记录罪),在公用电话上使用所变造的电话卡的行为则符合该条第3款(提供使用罪),与此同时,也作为第246条之2的后段所规定的使用电子计算机诈骗罪来处罚,这一点想必并无异议。但最初引起争议的变造电话卡事件则是将已篡改了磁条信息部分的通话刻度的电话卡卖给兑换商,并告知对方是变造的电话卡这一案件。第161条之2的第3款并未规定交付罪,而要处罚上述行为,便只能适用第163条第1款的交付变造的有价证券罪,并且东京地方裁判所也肯定了此结论(东京地判平成1·8·8判时1319号158页)。由此便引发了有关变造、伪造电话卡的行为是否构成伪造、变造有价证券罪这一问题的争论。

2. 判例

当初的下级审判例考虑到1987年刑法改正的来龙去脉,以诸如电话卡之类的电磁记录并不能称为有价证券(文书)为理由,而否定成立本罪(千叶地判平成1·11·2判时1332号150页),但最高裁判所则肯定成立本罪,即采取了以下立场:在将有价证券定义为"是以证券来表示财产性权利,而就所表示的财产性权利的行使而言,应以占有该证券为必要"的基础上,认为"从电话卡的磁条信息部分以及其卡面上的记录与外观成为一体这一点来看,可以认定接受电话提供业务的这一财产性权利就表示在该证券之上,并且是通过将其插入卡式公用电话机来使用,因此,将电话卡理解为有价证券的观点是合适的",1987年的刑法改正也无碍于这一解释。并且,最高裁判所的这一决定还附有补充意见,该意见提出了卡面上完全没有写明是电话卡的"白卡"的问题,认为即便按照法庭意见,对于白卡也不能认定构成伪造、变造有价证券,但在利用可能性这一方面,"白卡"又与通常的电话卡并无不同,那么,认为伪造、变造"白卡"的行为不可罚便有失均衡,因此,就电话卡等预付卡而言,还是通过整体考虑而以立法形式来解决为善(最决平成3·4·5刑集45卷4号171页)。

3. 学说

关于上述问题的学说大致可以分为三种观点:第一,认为所谓有价证券,只要是财产权的载体即可,而电磁记录当然相当于有价证券,因此,电话卡显然也属于有价证券，就是“白卡”也可以（以下称此观点为无限定说）（古田佑纪：“批判”，研修495号41页）；第二，认为有价证券没有必要一定是可视性文书，磁条信息部分与电话卡上的记录（写明是电话卡，并表示出可使用刻度）连为一体便构成有价证券，在电话机上使用的行为也相当于是出于行使的目的，但“白卡”并不属于有价证券（以下称为一体说）（大谷489页、前田362页、大塚426页、冈野222页）；第三，以有价证券属于文书为当然的前提，认为就通常的文书而言，既然1987年的刑法改正已认定电磁记录并不属于文书，那么，含有磁条信息的电话卡也便并不属于有价证券（以下称为文书限定说）（山口：“批判”，ジュリ951号52页、西田：“批判”，研修537号3页、团藤259页、中森258页、曾根261页、平川435页）。可以说，上述最高裁判所的决定就是以第二种观点为基础并融入了第一种观点的某些理论。

4. 探讨

首先，无限定说的特征在于，一贯不要求有价证券具有可读性，甚至并不要求所变造的电话卡具有让人误认为是真正的电话卡的可能性，因而即便是制作“白卡”的行为也有可能成立本罪。也就是说，即便是出于自己在公用电话上使用的目的而伪造“白卡”，也在转让给他人、欺瞒NTT公司方面毫无争议，当然成立本罪。但问题在于是否超越了作为文书犯罪之一种的本罪的范围，尤其是是否超越了本罪的保护法益的范围。文书犯罪所预先设想的情况是指由于伪造、变造文书的流通，而有害于对于文书的社会信用，并由于流通陷入停滞状态而使得制度难以维持。但在电话卡的场合，其过程并不侵害预付卡制度，只是因变造的电话卡的使用行为而特别使得电讯公司NTT蒙受财产损失，从而才使制度受到侵害。如此看来，即便无限定说特别抓住了妨害NTT的业务处理这一电话卡伪造行为的实质，也只能说该理论超出了作为一种文书犯罪类型的有价证券变造罪的范围。

其次，一体说是通过排除“白卡”的情形，而试图将变造电话卡的行为最终定位于文书犯罪的范围之内，前述最高裁决定也是如此。然而，只要将券面上的记录内容作为有价证券的要件之一，那么，就只会限于人的认识可能性，也就是可视性、可读性这一问题。但正如前述最高裁判所的决定一样，如果一方面采取一体说，另一方面却对于出于行使的目的这一要件完全不考虑使人误信的可能性，那么，就一定会受到质问：在有价证券的场合，又为什么要以具有有价证券的外观为必要呢？尽管如此，对于将券面上的记录内容也作为有价证券要素之一的一体说的理论，只能说其内部本身就互相矛盾。

通过上述分析可以看出，要将电话卡的伪造、变造行为纳入本罪之中，尚显牵强，在此意义上可以说文书限定说要更为妥当。正如后面所要谈到的那样，这一问题是通过立法形式来解决的。即通过平成13年（2001年）的刑法改正，增设“有关支付用磁卡的电磁记录的犯罪”（刑法典第十八章之二），而使得前述最高裁判所的决定丧失作为判例的效力。

三、行使伪造的有价证券罪

行使伪造、变造的有价证券或者存在虚假记载的有价证券，或者以行使为目的而交付他人或者进口的，处3个月以上10年以下惩役（第163条第1款）。处罚其未遂（第163条第2款）。

本罪的客体是伪造、变造、存在虚假记载的有价证券，不以自己亲自作成为必要，也不以出于行使的目的而作成为必要。

所谓行使，是指将伪造等的有价证券作为真正的或者内容真实的有价证券来使用。判例认为本罪不同于行使伪造的通货罪，并不以置于流通之中为必要（大判明治44·3·31刑录17辑482页）。因此，为了掩盖自己对所管理的财产的浪费行为而谎称存在票据借贷，并将伪造的票据向亲属出示的行为（前揭大判明治44·3·31），为了票据贴现而出示伪造的汇票的行为（大判昭和13·12·6刑集17卷907页），为了让对方误信自己的资产状态而作为出示票据而使用的行为（大判昭和7·5·5刑集11卷578页）等就相当于行使。其理由在于“在供他人阅览之时就已经发生了有害于公共信用的危险”（前揭大判昭和13·12·6。将片假名改为了平假名）。尽管通说对该判例的观点持肯定态度，但笔者认为，既然伪造通货都以置于流通为必要，伪造有价证券等就更应以置于流通为必要。至于作为出示票据而使用的行为，如果该行为是作为诈骗罪的手段而使用，那么，难道不是只要认定成立诈骗罪即可吗？就行使伪造、变造的电话卡的行为中的行使目的，参照前述二的第4点。就交付以及进口的含义，参照“行使伪造的通货罪”。

第三节　有关支付用磁卡的电磁记录的犯罪

一、概说

（一）含义

平成13年（2001年）的刑法改正（法第97号）通过增设刑法典第十

八章之二“有关支付用磁卡的电磁记录的犯罪”，而新设了《刑法》第163条之2至第163条之5。该改正自2001年7月2日起开始施行，其内容为对不正当制作、提供使用以电磁记录为构成部分的信用卡等支付用卡的行为、持有不正当制作的磁卡的行为、为不正当制作作准备的行为等进行处罚。同时，对于《刑法》第2条进行改正，就上述犯罪，对一切国外犯予以处罚。根据该改正法附则第2款的规定，对《关税定率法》第21条第1款第3项进行改正，除了将不正当制作的支付用磁卡认定为禁止进口品之外，还作了相关必要的改正。

（二）立法背景

随着诸如信用卡等以电磁记录为构成部分的支付用磁卡的广泛普及，并且在面对面的交易之中作为支付清算手段而使用，近来，通过机械性手段秘密窃取磁卡中电磁信息而被称为“速读”的行为大为横行，并且利用所窃取的信息伪造各种磁卡，或者使用所伪造的磁卡来购买商品、兑换现金的行为也随之频繁发生。因伪造的信用卡所造成的受损金额在2000年一年就高达140亿日元。对于信用卡的伪造行为本身，原本根据《刑法》第161条之2的第1款所规定的不正当制作私用电磁性记录罪也可以进行处理，但基于下述理由，还是有必要进行新的立法：（1）与伪造有价证券罪相比，其法定刑要轻；（2）并未规定交付罪与进口罪；（3）也有必要处罚不正当获取磁卡信息的行为；（4）从比较法的角度来看，对于伪造的磁卡的持有行为本身也有必要加以处罚。

二、不正当制作、提供使用、出让支付用磁卡罪

以使他人的财产性事务处理出现错误为目的，不正当制作供该事务处理之用的电磁记录，且该电磁记录构成信用卡或者其他有关价款或费用的支付用磁卡的，处10年以下惩役或者100万日元以下的罚金。不正当制作用于提取存款之用的磁卡的电磁记录的，作同样处罚（第163条之2第1款）。

出于第1款的目的，将不正当制作的前款电磁记录提供给他人用于处理其财产性事务的，与前款同（同条第2款）。

出于第1款的目的，出让、出借或者进口以不正当制作的第1款的电磁记录为其构成部分的磁卡的，与第1款同（同条第3款）。

处罚其未遂（第163条之5）。

（一）保护法益

根据本法的起草机关的说明，本罪的保护法益为对于构成支付用磁卡的电磁记录的真实性，以及使用这些支付用磁卡的支付体系的社会信赖。因

此，与现行的伪造通货罪、伪造有价证券罪相并列，将本罪定位为伪造罪的一种（长濑敬昭："有关改正部分刑法的法律"，警论 54 卷 9 号 107 页）。在使用不正当制作的伪造的信用卡而诈取商品或者兑换现金的场合，在有损对于信用卡的真实性的社会信赖方面，可以说本罪确实具有伪造罪的特征。但正如后面所要谈到的那样，本罪的客体还包括诸如预付卡以及现金卡等不针对人使用，而仅仅针对机械使用的支付用磁卡。正因为如此，对于不正当制作那种不具有真正的磁卡外观的磁卡的行为，例如仅在"白卡"上粘贴电磁记录的行为，也应当认定构成本罪。如此，就应该将本罪罪质理解为与伪造罪相并列，或者超出伪造罪的，以电磁记录为构成部分的支付用磁卡所形成的支付清算系统的安全且圆满的运行。

（二）客体

1. 支付用磁卡的含义

本条第 1 款前段所谓以电磁记录为构成部分的"有关价款或费用的支付用磁卡"，除了所列举的信用卡（后付款方式）之外，还包括诸如预付卡（先付款方式）等以支付清算商品的货款以及接受服务的价款为目的的磁卡。另外，第 1 款后段所谓"提取存款之用的磁卡"，是指为了提取或储存邮政存款以及在各种金融机构里的存款用的磁卡，也就是所谓的现金卡。在后段独立规定现金卡的结果就是，附加了转账（即时转账结算）功能的现金卡，即转账卡也便成为支付用磁卡的一种，从而使得不正当制作转账卡的行为不属于前段所规定的行为，而属于后段所规定的不正当制作现金卡的行为。相反，贷款经营者所发行的贷款卡（loan card）、各种超市或餐饮店所发放的积分卡（point card）、作为除存款之外的有关金钱交易的 ATM 卡的人寿保险卡（投保人在 ATM 机上用来借贷合同贷款额，或者提取累计红利的磁卡）、证券卡（证券综合账户的利用人在 ATM 机上用来提取或存入现金的磁卡）等就不属于支付用磁卡之列（长濑·前揭 108 页。有关在后段独立规定现金卡的立法背景与过程，可参照西田："磁卡犯罪与刑法改正"，ジュリ 1209 号 11 页）。

2. 预付卡

本条第 1 款前段所规定的支付用磁卡里还包括各种预付卡，卡式电子金也包含其中。有观点认为，预付卡的金额很少且难以想象会出现"速读"磁条信息的情况，因而应排除在规定之外，但鉴于预付卡已在国民生活中广泛普及，最终还是将其纳入到本罪的客体之中。

针对篡改电话卡的磁条信息的行为，最高裁判所认为，由于卡面上的记录与磁条信息部分连为一体而相当于《刑法》第 162 条所规定的有价证券，因而篡改磁条信息的剩余刻度的行为应构成伪造有价证券罪（最决平成 3·4·5 刑集 45 卷 4 号 171 页）。就预付卡而言，与该最高裁判所的决定的关系问题尤其引人注目。这是因为，本罪的法定刑为“10 年以下惩役或者 100 万日元以下罚金”，而伪造有价证券罪的法定刑则为“3 个月以上 10 年以下惩役”，如果继续维持该判例，那么，就不正当制作的电话卡等预付卡而言，就应该优先适用伪造有价证券罪。但是，应该认为这次立法已经对该判例作出了修正。其原因就在于，预付卡通常在公用电话机等机械上使用，其中很重要的一点就是这里的电磁记录是使得利用机械成为可能的电磁记录，因此，凡篡改或不正当制作该电磁记录部分的行为今后就应该成为第 163 条之 2 以下的规定的规制对象（长濑·前揭 110 页）。考虑到不正当制作预付卡的行为所造成的个别受害金额相对较少，而本条的法定刑中还规定了罚金刑，因而这一点也可以进一步佐证上述解释。因此，就包括仅在“白卡”上粘贴磁条信息部分的行为在内的伪造预付卡的行为，今后都应适用本条的规定。

另外，即便作以上解释，如何处理以下两种行为仍易引起争议：(1) 既不正当制作了预付卡卡面上的记载内容（图案、发行名义人、标志等），也制作了预付卡里面的电磁记录部分；(2) 所不正当制作的磁卡虽然伪造了卡面上的记载内容，但在里面并未印任何电磁记录。笔者认为，就 (1) 而言，应成立本罪与伪造私用文书罪（《刑法》第 159 条）或者侵害商标罪（《商标法》第 78 条），两罪处于观念竞合的关系；而就 (2) 而言，则只要成立伪造私用文书罪或者侵害商标罪即可。

（三）行为

1. 目的犯

本罪行为为不正当制作支付用磁卡的电磁记录（第 1 款）、将不正当电磁记录磁卡提供给他人使用（第 2 款）、出让、出借、进口不正当电磁记录的磁卡（第 3 款），上述行为均必须以“使他人的财产性事务处理出现错误”为目的。从这一意义上看，这些犯罪均属于目的犯，其真实目的就在于在支付程序中针对机械使用所不正当制作的支付用磁卡。本条第 3 款所规定的出让、出借、进口不正当电磁记录磁卡罪以及第 163 条之 3 所规定的持有不正当电磁记录磁卡罪也必须存在该目的。与一般的伪造罪那样，即便本人并无提供给他人使用的目的，但如果能认识到最终会有某人提供给他人使用，则可以认定存在该目的。不仅仅是指作为支付用磁卡提供给他人使用这一目的，利用信用卡以及现金卡所具有的现金贷款功能的目的也包含在上述目的之中。然而，出于证明身份的目的，或者出于向朋友显示的目的等场合则应排除在外。

2. 不正当制作

所谓不正当制作，是指并无制作权限或者滥用制作权限而制作有可能提供给他人在支付系统上使用的支付用磁卡的电磁记录。由于条文用语为“……之用的电磁记录，且该电磁记录构成信用卡或者其他有关价款或费用的支付用磁卡的”，因此，其仅仅是指与磁卡连为一体的电磁记录，当不正当地制作出与磁卡连为一体的电磁记录，且该磁卡为完成品，处于支付系统提供使用可能的状态之时，构成既遂。那么，仅仅是不正当地制作出了与磁卡处于分离状态的电磁记录（例如，磁条信息部分），而尚未粘贴到磁卡之上时，则仅构成不正当制作的未遂（第163条之5）或准备（第163条之4）。

由于不正当制作的客体是与磁卡连为一体的电磁记录，因此，本罪不同于伪造有价证券罪，所制作的磁卡没有必要具备作为正规磁卡的外观，即便一眼看上去就可以发现是伪造、变造的磁卡，只要制作出可能提供使用的支付用磁卡，就构成本罪的既遂。如果电磁记录的内容不真实，也就是实际上无法提供使用，便毫无意义，那么，在制作起初就明白是无法使用的虚假的电磁记录的行为，由于缺少“使得他人的财产性事务处理出现错误的目的”，因而并不构成本罪的既遂、未遂。相反，属于真实的信息，只是在制作电磁记录之时，在印磁阶段其内容部分发生错误，因而所制作的磁卡无法提供使用，这种情况就应构成本罪的未遂。另外，支付用磁卡的正当持有人为了防止遗失而复制了磁卡，这种情况下尽管可以理解为缺少目的，但如果是出于出让给他人的目的，则应该说仍然构成本罪。

对不正当制作行为的未遂予以处罚（第163条之5）。例如，某人试图向与磁卡连为一体的电磁记录部分印入磁卡信息，却最终归于失败的情形。

3. 提供使用

所谓提供使用，是指将不正当制作的支付用磁卡的电磁记录提供给他人作财产性事务处理之用。例如，在电话机使用预付卡、在信用卡的加盟店的CAT（信用对照端子）上使用信用卡、在CD机或ATM机上使用现金卡（转账卡）、在转账卡的端子机上使用转账卡等行为就属于提供使用。对本罪的未遂行为也处罚。试图将磁卡插入公用电话机或ATM机之时被抓获等就构成未遂；插入之后，电磁记录的内容处于可能读取的状态，则构成既遂。

4. 出让、出借、进口

本罪的客体为以不正当制作的电磁记录为构成部分的支付用磁卡。出让与出借均属于交付磁卡的行为，所谓出让，是指将磁卡的处分权限移转至对方的行为；所谓出借，则是仅许可对方使用磁卡的行为。交付伪造的通货罪

(第 148 条第 2 款）与交付伪造的有价证券罪（第 163 条第 1 款）中的“交付”是指将伪造的通货等的占有移转至对方的行为，要求对方明知该通货等属于伪造物；而本罪则根本不问对方是否知情即可构成。因此，本罪行为也包括将真正的支付用磁卡出让或出借给对方的行为。本罪之所以将出借行为也纳入规制的对象之列，这是因为对于行为人所实施的虽然并未出让所不正当制作的磁卡，而是利用多数人（行为人所雇佣的采购人员）用卡去购买商品的行为也有必要加以规制。

其次，进口是指将不正当制作的磁卡从外国运入我国的行为。前面已经谈到，根据这次的改正法，本条第 1 款所规定的不正当制作的电磁记录支付用磁卡也追加规定在《关税定率法》所规定的禁止进口品之中，对于进口该磁卡的行为，也可以构成《关税法》第 109 条第 1 款所规定的进口禁制品罪(处 5 年以下惩役或 3 000 万日元以下的罚金或者其并科)；如果成立本罪，则应理解为进口禁制品罪被本罪所吸收。然而，要构成本罪与进口禁制品罪，就必须以不正当制作的支付用磁卡已经完成为要件，因此，进口未完成品的行为便并不构成本罪。在这种情况下，根据未完成品的状态，可以成立侵害商标罪、无许可进口罪（《关税法》第 111 条），或者成立第 163 条之 4 第 3 款所规定的不正当制作准备罪。

就出让罪、出借罪而言，当然可以想见存在受让、受借行为，问题在于并未将受让、受借行为规定为处罚对象。《兴奋剂管制法》第 30 条之 9 以及第 41 条之 2 规定兴奋剂的出让与受让行为均为可罚行为，与此规定相比照，受让行为与受借行为就可以根据必要共犯的理论而认定为不可罚。但是，如果受让行为与受借行为是在明知该支付用磁卡属于不正当制作的磁卡的情况下所实施，那么，只要持有这种伪造的磁卡，就构成第 163 条之 3 所规定的持有不正当电磁记录磁卡罪。这一点与伪造通货罪相同，尽管伪造的通货的接受“交付”人作为交付罪的共犯不可罚，但仍然构成取得伪造的通货罪(《刑法》第 150 条)。这种情况下的争议在于，对于知情实施出让与受让的斡旋、中介行为的行为人的罪责如何认定。作为出让、出借一方的共犯具有可罚性，而作为受让、受借一方的共犯却并不具有可罚性，尽管如此，但在实施中介行为之时，只要一旦持有伪造的磁卡便可构成持有罪的正犯，即便并未持有，但如果受让方、受借方成立持有罪，则作为其共犯仍具有可罚性。对于本罪，也处罚其未遂。

三、持有不正当电磁记录磁卡罪

出于前条（第 163 条之 2）第 1 款的目的，持有该条第 3 款的磁卡的，处 5 年以下惩役或者50万日元以下罚金（第163条之3）。

（一）含义

本罪是为了规制“以使他人的财产性事务处理出现错误为目的”，而持有“以不正当制作的……电磁记录为其构成部分磁卡”的行为。从刑法典的伪造罪中并没有处罚伪造的通货、伪造的文书、不正当制作的电磁记录的持有行为的规定这一点来看，本罪属于不正当制作支付用磁卡电磁记录罪所特有的规定。其立法理由主要有以下几点：（1）由于伪造的支付用磁卡有反复使用的可能，因而由持有行为而造成法益侵害的可能性很大；（2）由于不正当制作的支付用磁卡其内容和外观均与真正的磁卡并无不同，在机械上使用时难以发现与拘捕；（3）另外，其他各国有关伪造支付用磁卡的立法均对于持有罪科以较重的法定刑。

（二）行为

所谓“以使他人的财产性事务处理出现错误为目的”，是指提供使用这一目的。只要认识到不仅仅是自己提供使用，他人也会提供使用即可。不正当制作的磁卡必须是所谓完成品，因而即便持有未完成品也并不成立本罪，仅限于可能成立第163条之4第3款的准备罪。有关持有的含义，由于药物犯罪中的持有概念相对合适，因而应理解为“保管不正当制作的支付用磁卡的实力支配关系”。与药物犯罪的情况一样，持有罪的共犯也包括共谋共同正犯。

四、为不正当制作支付用磁卡电磁记录作准备罪

以供第163条之2第1款的犯罪行为之用为目的，获取该款的电磁记录信息的，处3年以下惩役或者50万日元以下罚金。知情提供上述信息的，处同一刑罚（第163条之4第1款）。

出于前款的目的，保管不正当获取的第163条之2第1款的电磁记录信息的，与该款同（第163条之4第2款）。

出于第1款的目的，准备器械或者原料的，与该款同（第163条之4第3款）。

处罚本条第1款的未遂（第163条之5）。

（一）含义

本罪是为了规制不正当制作支付用磁卡所必不可少的准备行为，即获取磁卡信息的行为，以及为制作磁卡准备器械或原料的行为。本条第1款、第2款分别规定处罚磁卡信息的获取、提供与保管行为，这是因为考虑到自获取磁卡信息到不正当制作电磁记录这一期间有多人参与这一事实，并力图分别确实恰当地处罚发生在各阶段的不正当行为。

（二）客体

本条所谓的“电磁记录信息”是指概括性的磁卡信息，由于该信息与真正的磁卡信息相同，因而只要利用写卡机进行印磁，就有可能立即不正当地制作出可能提供使用的磁卡。因此，诸如磁卡表面的花样信息等仅属于磁卡信息的一部分的信息并不包含在本条所谓的“信息”之中。通过对作为客体的“信息”的含义作如此限定，那么，信息的获取与保管的含义也自然受到限定。

（三）行为

本罪的行为是指磁卡信息的获取、提供、保管，以及器械与原料的准备。获取行为的典型例子就是所谓的“速读”行为，也就是在加盟店的CAT（信用比照端子）或转账卡的端子机上偷偷地设置读取、储存信息用的器械（扫描仪）以获取信息的行为，另外，接受利用这种方式所获取的信息的行为也属于获取行为。对于通过设置扫描仪而获取信息，以及提供所获取的信息的行为，在储存于扫描仪内的信息回收之前，也有可能就已经被拘捕，因此，对于本条第1款的犯罪，特别规定处罚其未遂（第163条之5）。本条第2款所谓的保管，是指保管前面已经提到的“磁卡信息”，其行为形态多为作为数字信息保管在扫描仪中，或者下载到FD中加以保管，但也有作为数字信息记录在纸张上加以保管的情形。有关本条第3款的出于伪造磁卡的目的而准备器械、原料的行为，可以参照《刑法》第153条中有关伪造通货准备罪中的解释，这里所说的器械，泛指为不正当制作支付用磁卡所必需的一切器械，包括扫描仪、写卡机、图案机、标志印刷机等（但长濑·前揭116页认为，销售、购买为了“速读”而用的机械、装置的行为属于准备罪的准备行为，并不构成本罪）。原料包括原始卡、未制成的卡、印刷用的材料等。由于本条也处罚国外犯，因而对于在国外制作尚未完成的磁卡，然后运入日本国内的行为，前面已经谈到并不成立第163条之2第3款的进口罪，但作为本条第3款之罪具有可罚性。

五、罪数

本章之罪通常按照准备罪、不正当制作罪、持有罪、提供使用罪的顺序实施，其罪数关系如下所述。首先，第163条之4的不正当制作准备罪中的信息的不正当获取与保管、提供分别构成牵连犯；其次，当由准备罪转化到不正当制作的阶段之时，准备罪则为不正当制作所吸收，仅仅成立第163条之2的不正当制作罪；再次，不正当制作罪、持有罪、提供使用罪处于牵连犯的关系。还有，提供使用罪与作为其结果的诈骗罪也处于牵连犯关系。例如，不正当制作出10张支付用磁卡，然后持有并提供使用，再从10家店铺分别诈取商品，在这种情况下，有可能成立10个不正当制作罪与诈骗罪，但由于持有属于概括性一罪，且持有与提供使用、诈骗又处于牵连犯关系，因此，依照所谓挂钩现象，持有与10个诈骗罪作为牵连犯而按照处刑上的一罪来处断。

第四节　伪造文书罪

为了保护对于公用文书（公文）以及私用文书的公共信用，刑法典第十七章“伪造文书罪”分别规定了伪造诏书罪（第154条）、伪造公文罪（第155条）、制作虚假公文罪（第156条）、公正证书原本不实记载罪（第157条）、行使伪造的公文罪（第158条）、伪造私用文书罪（第159条）、制作虚假诊断书罪（第160条）、行使伪造的私用文书罪（第161条）、非法制作、提供电磁记录罪（第161条之2）。公文与私用文书相比较，公文的证明力与社会信用更高，因此，刑法规定对于伪造与制作虚假公文的行为均加以处罚，而就私用文书而言，则是以处罚伪造行为为原则，对于制作虚假私用文书的行为则只是例外处罚。还有，同样是伪造行为，如果文书上有制作名义人的印章、署名，则该文书的社会信用更高，因此，刑法对于有印伪造的处罚要重于无印伪造。随着公证事务与民间事务的处理中电脑化的广泛普及，有必要在刑法上保护电磁记录的证明功能，因而昭和62年（1987年）的刑法改正新设了第161条之2，同时，第157条与第158条也作了相应改正。

一、概说

（一）保护法益

一般认为，伪造文书罪的保护法益是对于文书的公共信用。其具体内容如下所述。在我们的日常社会生活中，作为证明权利、义务关系以及一定事实的手段，文书发挥着重要的作用。例如，合同、出生证明、毕业证明、纳税证明、印章证明等各种证明书、付款通知单、发票等。由于名义人的意思表示内容得以固定化，因而这些文书具有很强的证明效力，也便具有相当的证明价值（川端287页、川端·文书伪造罪的理论〔新版〕6页〔1999〕）。我们将这些文书作为真实的文书加以信赖，并以此为基础而形成新的权利、义务关系、身份关系。如果需要对文书的真实性逐一加以调查确认，则社会生活就会陷入停滞状态。其时，如果文书的制作名义人能够对于制作了该文书这一事实，即文书成立的真实性加以担保，那么，人们就会相信该文书属于内容真实的文书，该文书从而也会在社会上流通。当然，文书之中也会存在内容虚假的部分。但即便是这种情况，只要文书的制作主体即名义人本身实际存在，就至少有可能追究名义人的法律责任。因此，对于虚构文书的制作主体的行为，也就是使得文书制作的责任所在无法落实的行为，尤其有必要运用刑法来加以禁止。从此意义上说，伪造文书罪的保护法益实际上是文书所具有的证据功能，该功能也会因文书的内容虚假而受到侵害，从更为实质的意义上看，该功能还会因文书的责任明示功能的受侵害而受侵害（川端297页、中森238页、平川441页、山口241页、今井猛嘉："有关围绕文书概念的解释的现在的动向"，松尾浩也先生古稀祝贺论文集上卷461页〔1998〕。详细内容可参照今井："对于文书伪造罪的一点考察〔三〕〔四〕〔六·完〕"，法协114卷7号72页以下；116卷6号88页以下·8号160页以下）。

（二）文书的含义

1. 可读性

所谓文书，是指利用文字或其他具有可视性、可读性的符号，以可以在一定期间之内永久保存的状态，在某个物体之上表示意思或观念之物（大判明治43·9·30刑录16辑1572页）。因此，通过凸字、速记符号、条形码等作出的表示也可以称为文书。还有，向竞标用的陶瓷所作的记载（前揭大判明治43·9·30）、用粉笔在黑板上所作的记载（有关毁弃公用文书，参照最判昭和38·12·24刑集17卷12号2485页）也属于文书。相反，录音带、录像带、电磁记录等就不属于文书。有关电磁记录，前面已经谈到，昭和62年（1987年）在立法上作了处理，其后，包括磁条信息部分在内的电话卡的有价证券性问题引起了争议。另外，要能称为文书，就必须具有一定的含义，因而单纯的号码牌等便不是文书。但是，诸如邮局所盖的日期邮戳等尽管已经被简化，但仍然具有一定的含义，因而也属于文书（省略文书）（有关反对意见，可参照第五节"伪造印章罪"之二）。宾馆寄存行李用的号码牌也是如此。

2. 社会重要性

前面已经谈到，伪造文书罪是为了保护文书在社会生活中所具有的证据功能，因而要称其为文书，其所表示的意思与观念就必须是有关社会生活中的重要事实的证据（最决昭和33·9·16刑集12卷13号3031页）。伪造私用文书罪之所以将其客体限定为"有关权利、义务或事实证明的文书"，就是出于上述理由。在这一意义上，学术论文与小说就不属于刑法上的文书。公文虽然没有类似用语，但笔者认为也应作同样的限定。

3. 名义人的存在

文书作为证据的价值，至少反映在就其表示的意思与观念的内容可以追究制作名义人的责任。因此，如果文书没有作为责任主体的名义人的意思表示，或者无法确定名义人，则该文书的信用度大为降低，也便不值得运用刑法来加以保护，那么也就不属于伪造罪所说的文书（有关以甲町会议员代表的名义所发出的记载了虚假事实的明信片，参照大判昭和3·7·14刑集7卷490页）。即便没有直接写明名义人为何人，但如果通过文书的内容、形式、笔迹、附属物等能够确定名义人，则可以肯定其具有文书性（就标有甲酒造株式会社这一公司名称的烧酒瓶上贴有虚假的酒精含有量证明书的案件，参照大判昭和7·5·23刑集11卷665页。大谷440页认为，必须能从文书本身可以判明）。

名义人可以是自然人、法人，也可以是无法人人格的社团。也不要求名义人实际存在。如果名义被随意使用（称之为制作名义的冒用），则受到某种损失者确实只会限定于实际存在者。但对于这种名义被冒用的名义人的利益的保护，则属于妨害业务罪（第233条）与背任罪（第247条）所要论及的问题。而伪造文书罪所要保护的则是对于名义人实际存在且该名义人会对文书的内容承担责任这一点的一般人的信赖。为此，即便是虚构的名义人，如果在一般情况下会使人误信该名义人实际存在，则也可以作为伪造文书罪来加以处罚。判例最初认为名义人不必实际存在（大判明治45·2·1刑录18辑75页），现在则认为也可以是虚构的名义人（有关私用文书，参照最判昭和28·11·13刑集7卷11号2096页；有关公用文书，参照最判昭和36·3·30刑集15卷3号667页）。

4. 原本性

文书必须是由名义人直接表示其意思或观念，或者必须是名义人所直接表示的意思或观念。因此，就文书的副本而言，尽管其可以表示存在该文书这一观念，但只要没有另外用文字来认证该复印件与原本同一无误，以及没有署名或盖章，则表示名义人并不存在，也便不属于文书。篡改真正成立的文书的某一部分，然后再制作复印件的情形也同样如此。对于这种情况，判例认为，由于复印件在内容、笔迹、形状等方面与原本完全相同，具有正确再现的外观，因而对于存在与该复印件相同的原本这一问题便具有强有力的证明力，并以此为理由判定“作为含有原本制作名义人的印章、署名的文书，可以成为伪造文书罪的客体”（最判昭和51·4·30刑集30卷3号453

页、最决昭和 54·5·30 号刑集 33 卷 4 号 324 页)，支持该判例的学说也很有影响（藤木 144 页、西原 264 页、川端 304 页、前田 376 页。大塚 444 页还肯定无印伪造)。最近，对于用传真传送已被篡改的公用文书，然后作为副本使用的案件，也有下级审判例肯定成立伪造公文罪（广岛高冈山支判平成 8·5·22 判时 1572 号 150 页)。但是，已被篡改的文书可以称为原本文书的伪造、变造的情形与将复印件作为原本行使的情形并不相同，在利用尚未达到伪造、变造程度的文书制作副本的场合，无论该副本制作得如何精妙，要将其理解为原本，这都应该作为类推解释而加以否定（平野·犯罪论的诸问题〔下〕413 页、团藤 273 页、中山 429 页、大谷 443 页、中森 237 页、曾根 245 页、平川 444 页、町野 324 页、山口 243 页、今井·前揭松尾古稀 463 页)。

（三）伪造的概念

1. 伪造的含义

所谓伪造，是指在并无权限的情况下制作他人名义的文书，其结果就是所制作的文书被称为不真正文书、伪造的文书。与此相对应，具有文书制作权限者制作内容虚假的文书的行为称为虚假制作，其结果就是所制作的文书被称为虚假文书。在授课中，伪造这一概念包括上述两种含义，并将狭义的伪造称为有形伪造，而将虚假制作称为无形伪造。广义的伪造还包括变造。所谓变造，是指对真正成立的文书加以变更的行为，无权限者实施的变更行为称为有形变造，而由有权限者实施的变更行为则称为无形变造。对于公文，刑法既处罚有形伪造、变造（第 154 条、第 155 条）也处罚无形伪造、变造（第 156 条)；而对于私用文书，刑法则是以处罚有形伪造、变造为原则（第 159 条)，对于无形伪造则仅处罚例外（第 160 条)，而对于无形变造则不予处罚。

2. 形式主义与实质主义

以处罚伪造的文书的制作行为，即处罚有形伪造为原则的立场称为形式主义；而以处罚虚假的文书的制作行为，即以处罚无形伪造为原则的立场则称为实质主义。之所以如此称呼，这是因为前者重视文书的真正成立（形式的真实)，而后者则重视文书内容的真实（实质的真实)。正如前述，刑法典对于公文是并用形式主义与实质主义，而对于私用文书则是以形式主义为原则。对此，持实质主义立场的学者认为，由于伪造文书罪的处罚根据在于如果以内容虚假的文书作为证据就会有害于事实的真相。因此，他们主张即便属于无权制作的文书，只要其内容与真实相符，就应该不可罚（牧野 151 页。泷川 245 页、平野 261 页、曾根 241 页则对此观点持部分支持的态度)。

那么，在这一立场看来，如果甲借给了乙100万日元，即便甲因遗失了乙所出具的借条而随意制作乙名义下的借条，由于没有发生实际损害，因而便不构成伪造。但我们认为这是一种逆转理论。该借条只有在甲、乙之间就权利关系发生纠纷之时才具有意义，其时，该借条在法庭上最终就成为有关权利关系的有无、范围的重要证据。那种认为如果文书的内容真实便不属于伪造的观点只是一种结果论，是将证明的对象与证明的证据混为一谈。如果真正重视文书所具有的证据价值，那么，就应该采取重视文书成立的真实性的形式主义（参照民诉法第228条）。

3. 有形伪造的含义

所谓狭义的伪造即有形伪造，是指明明没有制作权限却随意使用他人名义制作文书，而冒用文书制作责任主体的行为（制作名义的冒用）。但最近也采用有形伪造是指冒用文书的名义人与制作人的人格同一性的行为这一定义（最判昭和59·2·17刑集38卷3号336页认为，伪造是指制作名义的冒用，其本质就在于冒用文书的名义人与制作人的人格的同一性，进而将两者结合在一起）。上述两种定义最终都是一个意思，之所以出现后一种定义，是因为在以一定范围之内所通用的通称来制作文书的情况下，相对于判断是否冒用了制作名义这一问题，考虑制作人是否试图将与自己并不相同的人格作为名义人而为人所认识，要更容易被理解。

所谓名义人，是指一般人通过该文书所认识到的意思与观念的表示主体。而就制作人的含义，则可能存在两种学说：一是行为说，即制作人就是物理性地制作文书者；二是意思说，即制作人就是在文书上表示意思与观念的某人或者所表示的某人（详细内容可参照林干人·现代的经济犯罪103页以下〔1989〕、伊东研祐："伪造罪"，刑法理论的现代的展开311页以下、今井·前揭论文〔四〕法协116卷6号79页以下）。按照行为说的观点，在秘书按照社长的命令制作社长名义的文书之时，秘书所实施的制作行为就符合伪造文书的构成要件，只是因为得到了作为名义人的社长的承诺才得以阻却违法性。但是，在上述情况下，由于秘书只是表示出了作为名义人的社长的意思，因而文书的制作人还是社长本身，因此，该文书的制作人与名义人为同一人，并不成立伪造。笔者认为意思说的这种观点要更为妥当。

4. 伪造的程度

要成立狭义的伪造罪，以他人名义制作的文书就必须具有足以使一般人误认为是真正制作的文书的外观。在制作出具有这种外观的文书之时，伪造罪就达到既遂（大判明治44·9·14刑录17辑1531页）。成立伪造罪所必要的文书外观，不应因该文书的使用方法的不同而发生变化。为此，即便出示由复印件所制作的副本的行为有可能相当于行使，但其前提在于原本本身必须具有可能称为伪造的外观。某人为了向高利贷业者① 借款，从他人的执照复印件上剪下姓名等部分而放置在自己的执照上，然后用胶带将整个执照粘贴固定，并通过扫描将制作的执照显示在电脑屏幕上，对于这一案件，也有下级审判例认为这种间接行使形态也相当于伪造（大阪地判平成 8·7·8 判タ960 号 293 页）。对此，笔者认为尚需探讨。

二、伪造诏书罪

以行使为目的，使用御玺、国玺或者御名伪造诏书或者其他文书，或者使用伪造的御玺、国玺或者御名伪造诏书或者其他文书的，处无期或者 3 年以上惩役（第 154 条第 1 款）。

变造盖有御玺、国玺或者署有御名的诏书或者其他文书的，与前款同（第 154 条第 2 款）。

本罪是有关严厉处罚伪造、变造天皇文书的规定。

御玺是指天皇的印章，国玺是指日本国印章，御名是指天皇的署名。诏书是指天皇就一定的国事行为公示其意思表示的文书，并被冠以诏书这一名称，例如国会的召集诏书、众议院的解散诏书等。其他文书是指诏书以外的天皇文书，例如法律的公布文书、内阁总理大臣、最高裁判所长官的任命文书、有关国务大臣任免的认证文书等。

三、伪造公文罪

以行使为目的，使用公务机关或者公务员的印章或者署名伪造应由公务机关或者公务员制作的文书或者图画，或者使用伪造的公务机关或者公务员的印章或者署名伪造应由公务机关或者公务员制作的文书或者图画的，处 1 年以上 10 年以下惩役（第 155 条第 1 款）。

变造经公务机关或者公务员盖章或者署名的文书或者图画的，与前款同（第 155 条第 2 款）。

除前两款规定之外，伪造应由公务机关或者公务员制作的文书或者图画，或者变造已由公务机关或者公务员制作的文书或者图画的，处 3 年以下惩役或者 20 万日元以下罚金（第 155 条第 3 款）。

（一）客体

本罪的客体是应由公务机关或者公务员制作的文书（公文）、图画（公

① 这里是指以工薪阶层为对象的高利贷业者——译者注。

用图画)。所谓公务机关，是指“官公厅以及其他公务员执行职务的场所”(第7条第2款)。具体而言，是指国家或者地方公共团体的官署等。所谓公务员，是指“国家或者地方公共团体的职员，以及其他依照法令从事公务的议员、委员与其他职员”(第7条第1款)。也包括视为公务员者（详细内容参照后述“妨害执行公务罪”)。公文、公用图画是指公务机关或者公务员依据其制作权限，以该公务机关或者公务员为名义人而制作的文书、图画。但是，即便该公务机关或者公务员并无制作权限，如果具备足以使一般人相信此文书为公务机关或者公务员在其职权范围之内所制作的形式、外观的，则该文书包含在本罪的公文之内（有关大分县议会事务局名义的工程委托书案件，参照最判昭和28·2·20刑集7卷2号426页)。另外，即便是由公务员所制作，但如果不能说是基于其职权、有关其职务而制作的文书，则不能包含在本罪的公文之中（有关村公所书记员的退职申请书，参照大判大正10·9·24刑录27辑589页；有关以公务员名义向政党机关报发出的“祝贺发展”的广告文，参照最决昭和33·9·16刑集12卷13号3031页)。驾驶执照、纳税证明、外国人登录证明书、印章证明、邮政存折等就属于公文。邮政局的日期邮戳作为证明事实之物，也相当于公文（大判昭和3·10·9刑集7卷683页。但团藤301页、大塚495页则持反对意见)。所谓图画，是指以象形符号所记载的意思或观念表示。例如，旧专卖公社所发售的“光”牌香烟的烟盒（最判昭和33·4·10刑集12卷5号743页)、地方法务局的土地台账所附带的地图（最决昭和45·6·30判时596号96页)、尸体检查报告里的人体图等就属于公用图画。下面仅论述公文。

(二) 行为

本罪的行为为：(1) 伪造有印公文（第1款)；(2) 变造有印公文（第2款)；(3) 伪造、变造无印公文（第3款)。由于在有印的情况下，也就是在使用了公务机关或者公务员的印章、署名的情况下的社会信用更高，因而对于该伪造行为加重处罚。

(1) 所谓伪造有印公文，是指以行使为目的，①使用公务机关或者公务员的印章或者署名，而伪造本应由公务机关或者公务员制作的文书的行为；②使用伪造的公务机关或者公务员的印章或者署名，而伪造本应由公务机关或者公务员制作的文书的行为。有关行使的目的的含义，参照后述“行使伪造的公用文书罪”之(二)。

如果印章是象征公务机关或者公务员之物，则不问究竟是公章、私章、职务章，还是一般印章，但印章不是印鉴（图章)，而是印影（印迹)(判例认为也包括印鉴)。认为署名仅限于自己签名的观点很有影响（团藤302页、大塚469页、大谷456页），但由于公务机关不可能自己签名，因而也应包括记名（通过印刷、胶印等方式来表记名称）（大判大正4·10·20新闻1052号27页、平野260页、中森247页。详细内容参照后述第四节）。

欺骗拥有职权的公务人员，使之误认为是其他文书，并在不让该公务员认识到文书内容的情况下制作了公文，① 对此，判例认为，由于不能说该拥有职权的公务员具有制作该文书的意思，因而构成本罪（东京高判昭和28·8·3判特39号71页）。但如果拥有职权的公务员对文书的内容存在认识，即便属于虚假内容，也并不成立本罪，而是制作虚假公文罪的间接正犯的问题。

（2）所谓变造有印公文，是指以行使为目的，在没有职权的情况下，对已经真正成立的公文的非本质部分施以篡改与变更。如果对公文的本质部分加以篡改，则不是变造而是伪造（对于将驾照的照片换成他人的照片，并且更改出生时间的案件，最决昭和35·1·12刑集14卷1号9页认定构成伪造罪）。对于篡改邮政存折的存款日期的行为，判例认定属于变造（大判昭和11·11·9新闻4074号15页）。

（3）所谓伪造、变造无印公用文书，是指伪造、变造公务机关或者公务员的无盖章或者无署名的公文。例如，旧国铁的站名牌（大判明治42·6·28刑录15辑877页）、物品税证纸（最决昭和29·8·20刑集8卷8号1363页）等。

（三）公务员助理的制作权限

现在的实际情况是由于公务机关组织庞大，事务量巨大，公文的制作时常由本来的制作权限人委托给代决人，甚至委托给下一级别的公务员助理来完成。这里的助理人员可以分为以下三种情况：（1）仅仅是进行事实上的文书制作的机械性助理人员；（2）受托起草文书，但最终由职权人进行裁决的负责文书起草的人员；（3）受托保管职务印章，负责实施制作文书的一切行为，而事后由职权人进行裁决的准代决人。但是，对于上述公务员助理制作内容虚假的公文的行为，如果是随意使用公章，判例一直以来均一律认定构成本罪（大判大正5·12·16刑录22辑1905页、最判昭和25·2·28刑集4卷2号268页。对于利用上司的错误的行为，参照后述“制作虚假公用文书罪”之（二））。市民课调查系长由于没有履行提交申请书、比照印影、交付手续费等手续，因而在没有作为代决人的市民课长的事后裁决的情形下便制

① 该判例的标题为《利用不知情的公务员制作公文》，主要是被告人在公务员并不知情的情况下让该公务员在运输合同上盖上职务印章，从而制作了公文——译者注。

作了印章证明书，但印影属于真正之物，对于这一案件，最高裁撤销了认定构成本罪的原判决，并作出了“在确保内容正确、并遵守授权给被告人的一定基本条件的限度之内”可以认定被告人具有制作权限这一判断（最判昭和51·5·6刑集30卷4号591页）。但是，既然刑法已经将伪造公文行为（第155条）与制作虚假的公文行为（第156条）区别开来，那么就应该说，只要内容正确就具有制作权限的这种解释有违其基本前提。只要认定其在一定限度之内具有独立的制作权限，那么，在形式主义的观点看来，再附加所谓内容的正确性这种要件便并不合适。如果认定本案无罪，可以说就应该已经是从正面认定了存在制作权限（参照西田：“批判”，警研52卷11号48页）。

四、制作虚假公文罪

公务员在与其职务相关的情况下，以行使为目的，制作虚假的文书或者图画，或者变造文书或者图画的，依据有无印章或者署名加以区别，分别按照前两条（第154条、第155条）的规定处断（第156条）。

（一）含义

本条是为了处罚具有该公文制作权限的公务员（身份犯）出于行使的目的，制作内容虚假的公文、公用图画的行为（无形伪造）以及其所实施的变造已经真正成立的公文、公用图画的行为（无形变造）。与后述私人文书的情况不同，对公文的无形伪造行为进行全面处罚。其理由在于，一般而言，公文的社会信用度比私人文书要高（大塚471页、大谷457页）；还有，国家以及地方公共团体无法就虚假内容承担相应的法律责任可能也是理由之一。

具体而言，就是与第154条、第155条相对应，针对（1）制作、变造虚假的有印的天皇文书的行为；（2）制作、变造虚假的有印的公文的行为；以及（3）制作、变造虚假的无印的公文的行为，分别按照各自所规定的法定刑予以处罚。有关出于行使的目的的含义，参照后述。本条所说的“变造”，是指具有制作权限的公务员对于真正的公文、公用图画，加以变更，使之成为内容虚假的公文的行为。下面仅就制作虚假的公文书的行为进行探讨。

（二）公文无形伪造的间接正犯

本罪属于身份犯，考虑到与公正证书等原本不实记载罪（第157条）之间的关系，非身份者（私人或者无制作权限的公务员）能否构成本罪的间接正犯还是一个问题。

第二次世界大战前的判例对非身份者构成本罪的间接正犯可以说持肯定态度：(1) 村助理让不知情的选举长（村长）在作了虚假记载的选举记录上署名的案件（大判昭和 11·2·14 刑集 15 卷 113 页）。(2) 村助理让不知情的村长在作了虚假记载的军事扶助调查书上署名盖章的案件（大判昭和 15·4 刑集 19 卷 181 页），对此，判例均认定一般成立间接正犯。但在第二次世界大战后，最高裁判所则转为否定说。(3) 某人向村公所提交虚假申请，而使得村公所以村长名义制作了在日本未曾服过兵役这一虚假的证明书，原判对此认定成立第 156 条，而最高裁判所则撤销原判宣判无罪（最判昭和 27·12·25 刑集 6 卷 12 号 1387 页）。其理由在于，从刑法"设置第 157 条的处罚规定，并且比第 156 条的处刑明显要轻就可以看出，在非公务员构成伪造虚假公文的间接正犯的场合，除了属于该法第 157 条的情形之外不予处罚这一立法意图"。但是，最高裁判所其后又进一步改变了态度。(4) 对于地方事务所中负责建筑的人员让不知情的所长在作了虚假记载的现场审查合格证上署名盖章的案件，最高裁判所认为，就负责辅佐有制作权限的公务员的公文立案起草人员也可以认定成立本罪间接正犯（最判昭和 32·10·4 刑集 11 卷 10 号 2464 页）。

在学界，有观点认为，除了具有制作权限的公务员之外均无法构成本罪的间接正犯，即持全面否定说（植松 167 页、香川 234 页）；但自上述 (4) 的判例以后，修正否定说占据了主导地位，该观点将本罪的主体扩大到负责立案起草的公务员，认为除此以外的其他人均不能构成间接正犯（团藤 296 页、平野 263 页、大塚 474 页、大谷 459 页、曾根 252 页、町野 350 页）。但与此相对，肯定说也很有影响（泷川幸辰·刑事法判决批评 2 卷 128 页〔1937〕、牧野 224 页、柏木 274 页、川端 304 页），肯定说认为，一般可以认定非身份者也能构成间接正犯，但如果其行为同时也符合第 157 条，则构成法条竞合，仅成立第 157 条所规定之罪。

否定说的论据主要有以下两点：第一，既然第 157 条已将一定的公文独立于第 156 条的间接正犯实行形态，并予以大幅度减轻刑罚，那么，如果再就其他的公文认定构成第 156 条的间接正犯，则有失刑之均衡，也会使得第 157 条失去存在理由；第二，由于第 156 条是身份犯，即便非身份者可以构成间接正犯，但也无法构成正犯。但是，首先，第 157 条的刑罚减轻根据在于，"虚假申报"这一行为形式在日常生活中极为常见，也具有诱惑犯罪的因素，因而应理解为是责任减轻。于是，对于未采取这种"虚假申报"这一手段，而利用不知情的具有制作权限的公务员（包括立案人）制作虚假公文的行为，应该说还是可以作为第156条的间接正犯而具有可罚性。

其次，本罪属于身份犯这一点也不能成为否定说的充分根据。的确，由于间接正犯也是正犯，因而也必须符合第156条的构成要件，但是，这里的构成要件该当性是指构成要件的实现，即便是非身份者，只要其利用不知情的具有制作权限的人（身份人）而有可能实现公文的内容真实性的伪造这一构成要件性结果，就应该说非身份者也有可能成为本罪的间接正犯。

另外，肯定说在认定构成第156条的间接正犯之时不加任何限制，对此也抱有疑问。正如前面已经谈到的一样，第157条的减轻处罚根据就在于由“虚假申报”这一行为形式所引起的责任的减轻，只要是采取这种行为形式，那么，除了是针对第157条所规定的公文之外，第156条的间接无形伪造便均不可罚，可以说这也是立法者的意图所在。笔者认为，一直以来的肯定说也有必要在此限度之内进行修正（详细论述可参照西田典之：“关于公文无形伪造的间接正犯”，西原春夫先生古稀祝贺论文集第3卷261页以下〔1998〕)。站在以上的立场上考虑，再来看判例（3）的无罪宣判这一结论，如果考虑到该案是出于虚假申报这种行为形式，也可以说并无不妥。相反，如果某人夜间潜入公务机关，将内容虚假的文书塞进具有制作权的公务员的办公桌上的一堆公文之中，而使得该公务员在不知情的情况下在上面署名盖章，则还是应该认定构成本罪的间接正犯。

五、公正证书[①] 原本等不实记载罪

向公务员进行虚假申报，致其在登记簿、户口簿及其他有关权利或义务的公正证书原本上作不实记载，或者致其在作为有关权利或义务的公正证书原本使用的电磁记录上作不实记载的，处5年以下惩役或者50万日元以下罚金（第157条第1款）。

向公务员作虚假的申报，致其在资格证、执照或者护照上作不实记载的，处1年以下惩役或者20万日元以下罚金（同条第2款）。

处罚前两款的未遂（同条第3款）。

---

① 按照《广辞苑》的解释，“公正证书”是指公务员基于其权限而制作的证书，特别是指公证人所制作的有关私权的证书，可以认定其在法律上具有完全的证据力。考虑到日文中除了“公正”一词之外，还专门存在“公证”、“公证人”等词汇，对照《刑法》第157条所规定的事项，译者认为这里的“公正证书”并不仅指由公证机关所出具的公证书，故仍使用刑法原文，而不译为“公证证书”——译者注。

（一）含义

本条处罚公正证书原本等不实记载罪（第1款）、资格证等不实记载罪（第2款），以及两罪的未遂罪（第3款），其实质为第156条的公文无形伪造的间接正犯的实行形式的一部分。前面已经谈到，考虑到基于虚假申报这种行为形式的诱惑性因素而使得责任减轻，故减轻了刑罚。

（二）客体

作为第1款犯罪的客体的“有关权利或义务的公正证书的原本”，是指公务员基于其职务权限而制作的文书，该文书对于有关权利义务的事实具有证明效力（最判昭和36·6·20刑集15卷6号984页）。不动产登记簿、户籍簿就是其典型例子，其他还有公证人所制作的公证证书、土地台账（最判昭和36·3·30刑集15卷3号605页）、居民证（前揭最判昭和36·6·20）、外国人登录原票（名古屋高判平成10·12·14高刑51卷3号510页）等。以上均要求必须是原本，不包括抄本与副本。考虑到这种公证事务正逐渐步入电子化这种现状，昭和62年（1987年）的刑法改正追加规定了作为公正证书原本使用的电磁记录。汽车登记文档、专利原簿文档、居民基本台账文档等就属于这种电磁记录。现在正处于试行之中的不动产登记文档、商业登记文档等也可以认为包括其中。两款犯罪的客体是资格证、执照、护照。所谓资格证，是指由公务所或公务员所制作的赋予特定的人从事一定行为的权利的证明书（大判明治41·9·24刑录14辑797页），各种驾驶证、医师证、狩猎许可证等就是其例。所谓执照，是指用以证明已经公务所许可或者已向公务所登记的票证，例如，养犬证（《狂犬病预防法》第4条）、行船证（《船执照规则》第1条）等。

（三）行为

本罪行为是指向公务员作虚假申报，而使其在本条所规定的公文中作不实记载的行为。在公务机关本身作为交易主体的情形之下，公务机关所实施的登记托付行为也属于申报行为（最决平成1·2·17刑集43卷2号81页）。所谓“虚假”、“不实”，是指申报、记载的重要部分有违客观事实。因此，中间省略登记（省略中间流转过程的登记）并不构成本罪（通说）。认定成立本罪的很多情况在于，与外国人假结婚的结婚申请；在只是出示资金证明而实际并未出资的情况下，所提交的股份公司设立登记、变更登记等。

（四）与他罪之间的关系

对于与具有制作权限的公务员相互合谋而进行虚假申报的行为，判例认为，公务员构成第156条所规定的制作虚假公文罪（在电磁记录的情形下，则构成第161条第2款的非法制作公用电磁记录罪），而申报人则根据第65

条第1款的规定构成该罪的共同正犯（大判明治44·4·27刑录17辑687页），但考虑到本罪的减轻处罚的立法意图，申报人应仅构成本罪（藤木149页、中山442页）。在并未共谋，但公务员单方面知道该申报为虚假申报的情形之下，如果该公务员有进行实质性审查的权限，则构成第156条之罪；如果只有进行形式性审查的权限，则不具有可罚性，这种观点有一定影响（福田101页、大塚478页）。但是，在明知内容虚假的情况下，由于并无受理申报的义务，因此，还是应该构成第156条之罪（小野110页、大谷462页、中森248页）。

判例认为，由于本罪已经将接受记载有虚假内容的公正证书或执照等虚假申报行为的结果包括在内，并加以了处罚，因而并不另外成立诈骗罪（最判昭和27·12·25刑集6卷12号1387页）。因此，采取虚假申报这种行为形式而接受本条所规定的公文以外的其他公文的行为，便当然并不构成本罪，同时也并不构成诈骗罪。但不可罚的范围应该限定在类似于证明文件的公文，至于国民健康保险证等那些具有财产性价值的公文，则还是应该认定构成诈骗罪。

六、行使伪造的公文等罪

行使自第154条至前条（第157条）的文书或图画，或者将前条（第157条）第1款的电磁记录供作公正证书原本使用的，与伪造或变造该文书或图画、制作虚假文书或图画，或者使公务员作不实记载或记录的，处同一刑罚（第158条第1款）。

处罚本条的未遂（同条第2款）。

（一）含义

对于行使自第154条至第157条的伪造、变造的公文、公用图画、虚假制作的公文、公用图画的行为，以及将第157条第1款的电磁记录供作公正证书原本使用的行为（供他人使用），本条规定应予处罚。按照各自客体的不同，分别与伪造、变造、虚假制作、不实记载行为处以同一刑罚。对于未遂犯，也予以处罚。之所以对电磁记录作另外规定，是因为电磁记录并不针对人使用，而是用于通过电脑处理的公证事务。有关“供他人使用”的含义，参照后述。以下仅就行使伪造的文书、虚假的文书的行为进行说明。

（二）行使的含义

所谓行使，是指将伪造的文书作为真正的文书，或者将虚假的文书作为内容真实的文书而使用的行为。所谓使用，是指让他人认识到文书的内容，或者置于他人可能认识到的状态（最大判昭和44·6·18刑集23卷7号950页）。只有将伪造的文书或虚假的文书置于他人可能认识的状态之下，才会有害于公共信用。因此，各种伪造罪所要求的“行使的目的”，是将法益侵害结果作为主观要素的形式予以纳入，属于主观违法要素。并不要求行使人自身实施伪造、虚假制作的行为，也不要求出于行使的目的而制作。

不问行使方法如何，出示、提交、供以阅览等均可。对于供公众阅览之用的户籍簿、登记簿等，在使得公务员让不实记载存档于公务所之时，便达到既遂（称之为“存档使用”）（大判明治42·3·25刑录15辑324页）。在伪造或变造达到可使得一般人误信为真正的文书的程度之下，出示该复印件的行为（东京高判昭和52·2·28高刑30卷1号108页）、在消费者金融机构所设置的无人借贷机上通过形象扫描而显示在屏幕上并向人展示的行为（大阪地判平成8·7·8判夕960号293页）等也属于伪造的文书的行使行为之一。相反，仅仅是携带伪造的驾驶证的行为还不属于行使（前揭最大判昭和44·6·18。最决昭和36·5·23刑集15卷5号812页认定携带也属于行使，该判例对此予以了变更）。应该说，仅仅是携带的话，则属于行使的预备行为，连未遂也尚未达到。在邮寄的情形下，则在到达对方之时方构成既遂（大判大正5·7·14刑录22辑1238页）。

行使行为的对象必须是并不知道该文书为伪造的文书、虚假的文书者。因此，即使向伪造的共犯出示，也并不构成行使（大判大正3·10·6刑录20辑1810页）；认为对方不知情而向对方出示，如果对方已经知情，则仅构成本罪的未遂（大塚459页、大谷451页。有关伪造的有价证券的行使，可参照东京高判昭和53·2·8高刑31卷1号1页）。部分学者认为，即便行使对象对于伪造等并不知情，也必须是与该文书具有某种利害关系者，因而诸如委托某人保管而交付给某人的行为，或者为了哄老母亲高兴而向母亲出示伪造的邮政存折等行为便并不构成行使（大塚458页），但是，通说则认为，如果将文书内容的社会重要性作为文书的要件之一的话，那么便没有必要作上述限制。对于为了让父亲高兴而向父亲展示伪造的公立高中毕业证书的行为，判例认定构成本罪（最决昭和42·3·30刑集21卷2号447页）。

（三）罪数

本罪与伪造公文罪、制作虚假的公文罪构成牵连犯。公正证书原本不实记载罪与存档行使也是如此（大判明治42·11·25刑录15辑1667页。而牧野235页、大塚482页、大谷478页则认为构成观念竞合）。通说、判例认为，本罪与诈骗罪也属于牵连犯（最决昭和42·8·28刑集21卷7号863页。但大塚483页、中森245页则认为构成观念竞合）。

七、伪造私用文书罪

出于行使的目的，使用他人的印章或署名，伪造有关权利、义务或有关事实证明的文书或图画，或者使用伪造的他人印章或署名，伪造有关权利、义务或有关事实证明的文书或图画的，处3个月以上5年以下惩役（第159条第1款）。

变造他人已经盖章或署名的有关权利、义务或者事实证明的文书或图画的，与前款同（同条第2款）。

除前两款规定的情况之外，伪造或变造有关权利、义务或者事实证明的文书或图画的，处1年以下惩役或者10万日元以下罚金（同条第3款）。

（一）含义

本条处罚出于行使的目的而伪造、变造私用文书、私用图画的行为。与公文的情况一样也区分有印与无印，而加重处罚社会信用度更高的前者。所谓变造，是指对私用文书的非本质部分施以篡改、变更，从而改变其证明力。例如，在借条金额的旁边再写上另外的金额（大判明治44·11·9刑录17辑1843页）。然而，篡改自己名义的私用文书的行为属于无形伪造，因而并不构成本罪，但有可能构成毁弃文书罪（第258条、第259条）（有关改变自己名义的辞职书的日期的行为，参照大判大正10·9·24刑录27辑589页。今井："文书伪造的一点考察（五）"，法协116卷7号141页以下）。有关行使的目的以及图画的含义，参照前述。以下仅就伪造私用文书的行为予以说明。

前面已经谈到，就私用文书而言，除了制作虚假的诊断书罪（第160条）以外，刑法并不处罚虚假制作行为（无形伪造），而仅处罚伪造行为（有形伪造）。其理由在于，例如，尽管甲对乙并无债务，但在以甲名义制作了100万日元的借条的情形之下，只要甲是出于自己的意思而制作了该内容虚假的文书，就有可能追究甲的法律责任，有时还有可能让甲实际承担这100万日元的债务。但就有关事实证明的文书而言，情况则有所不同。例如，在甲以自己的名义制作了"谨证明乙与丙为夫妻关系"这一内容虚假的文书的场合，该虚假内容无法现实化，从这一意义上说，甲难以承担责任。尽管如此，该行为之所以不可罚，是因为刑法所采取的立场为，只要对该文书制作的责任主体——名义人能够追究某种法律责任（例如，不法行为责任）即可。

（二）客体

就以私人为制作名义人的文书，本罪的客体限定在有关权利、义务以及有关事实证明的文书。所谓有关权利、义务的文书，是指以私法或公法上的权利、义务的发生、消灭、变更为目的的意思表示为内容的文书。例如，委托汇款的电报委托书（大判大正11·9·29刑集1卷505页）、请求再次进行辩论的申请书（大判昭和14·2·15刑集18卷46页）、无记名定期存折（最决昭和31·12·27刑集10卷12号1798页）等就属于这种情况。判例认为，所谓有关事实证明的文书，是指对社会生活中存在争议的事项进行证明的文书（最决昭和33·9·16刑集12卷13号3031页）。有学说认为判例的这种定义过于宽泛，应该限定在“能够就社会生活中有关重要利害关系的事实进行证明的文书”（大塚484页、大谷467页），该学说在学界较有影响，但这也仅仅是程度之差而已。以下文书就属于有关事实证明的文书：向邮政局提交的迁居申请（大判明治44·10·13刑录17辑1713页）、捐款赞助人名录（大判大正14·9·22刑集4卷538页）、证明书画为真迹的书画鉴定（大判大正14·10·10刑集4卷599页）、发向政党机关报的“谨祝发展——佐贺县劳动基准局长N”这种广告文（前揭最决昭和33·9·16）、私立大学的成绩单原本（东京地判昭和56·11·6判时1043号151页）、有关汽车登记事项证明书的交付申请书（东京高判平成2·2·20判时1342号157页）、私立大学入学考试的答案（最决平成6·11·29刑集48卷7号453页）、用于求职的履历表（最决平成11·12·20刑集53卷9号1495页）等。但对其中的某些判例则存在批判意见：（1）就证明书的交付申请书而言，由于任何人均可以提出申请，因而并不值得本罪保护（冈野光雄·刑法判例百选Ⅱ各论〔第3版〕158页、大谷445页）；（2）入学考试的答案并非有关法律交易之物（伊东研祐、重判平成6年度147页）。但是，可以说（1）是有关谁、出于什么理由申请交付证明书这一社会重要事实的文书；而就（2）而言，由于本罪在有关权利、义务的文书之外，还另外将有关事实证明的文书也作为客体，因而没有将其限定为有关法律交易之事实的必然性。

（三）行为

本罪行为为伪造，即冒用他人（包括虚无之人）名义而制作本条所规定的文书，其本质就在于虚构名义人与制作人的人格的同一性。这种情况下的伪造，正如已经谈到的一样，应该按照意思说的含义加以理解。因此，具有代理权限者，以及受名义人承诺者制作文书的行为并不属于伪造。但是，经常引起争议的问题在于，从文书的性质角度如何把握具有可罚性的有形伪造与不可罚的私用文书之间的界线。下面就此进行探讨。

1. 代理名义的冒用

并无代理权、代表权的某甲以“乙之代理人甲”的名义制作文书，或者并非支店长的某甲以“乙银行支店长甲”的名义制作文书的行为是否构成本罪呢？在这种情况下，由于甲本人的姓名也写在文书上，因此，文书的接受人可以向甲追究该文书的制作责任。因而这种情况仅仅是头衔与资格的冒用，而作为无形伪造并不具有可罚性，这在理论上也是有可能的（牧野 164 页、木村 250 页认为构成无形伪造，但构成本条第 3 款之罪）。

对此，通说、判例认为，由于其效果归属于受代理的本人（乙），因而其名义人也为本人（乙），也正是出于该理由而认定成立有形伪造（最决昭和 45·9·4 刑集 24 卷 10 号 1319 页）。但是，只要是代理名义的文书，其效果便归属于本人，仅以此为理由还难以否定意思表示的主体是称为代理人的甲。另外，即便是甲为了炫耀而在结婚请帖上署名为乙银行支店长甲，也没有必要认定构成本罪。是否构成本罪，应该从文书的性质以及法律上的根据出发，看代理人这一头衔、资格是否形成对该文书的公共信用的基础，是否成为名义人表示的一部分来进行判断。成立本罪者应该是从文书的性质与受领人的关系来看，代理资格与代理人的姓名合为一体的名义人（乙之代理人甲），然而，由于实际的制作者是并无代理权的某甲，因而存在名义人与制作者的人格同一性的虚构（植松 155 页、福田 96 页、宫泽浩一：“伪造罪之客体”，刑法讲座之 5 的 144 页〔1964〕、川崎一夫·百选Ⅱ170 页、今井·前揭论文五的 97 页以下）。因此，尽管可以追究到事实上的制作者，还是可肯定成立有形伪造。

2. 名义人的承诺

正如前面已经谈到的一样，在有关有形伪造的意思说看来，如果存在名义人的事先承诺，则即使以其名义制作文书也并不构成本罪。然而，判例对于下面的案件却判定成立本罪：某甲因无证驾驶而当场被抓，由于甲事先已征得拥有驾照的朋友乙的同意而在交通事故记录本（违章记录卡）上以乙的名义填写了相关事项，对此，判例认为，“交通事故记录本中的供述栏，从其作为文书本身的性质上看，法令不允许制作名义人以外的其他人进行填写，故在以他人名义填写上述供述栏的情形下，即便事先已征得该他人之承诺，亦构成私用文书伪造罪”（最决昭和 56·4·8 刑集 35 卷 3 号 57 页。最决昭和 56·4·16 刑集 35 卷 3 号 107 页也是同一趣旨）。下级审判例也基于同样的理由，认定以下情况构成本罪：事先征得某人的承诺而以其名义制作私立大学的入学考试答卷（也就是所谓“冒名顶替考试”）（东京高判平成 5·4·5 判タ828 号 275 页，但属于旁论。有关驾照申请书，可参照大阪地判昭和 54·8·15 刑月 11 卷 7、8 号 816 页）、填写一般护照领取申请书的行为（东京地判平成 10·8·19 判时 1653 号 154 页）。

对此，学界有两种观点相互对立，一种认为只要有名义人的承诺便不构成伪造罪（平野·犯罪论的诸问题（下）408页、林干人：“围绕有关有形伪造的两个新判例”，曹时45卷6号1页、佐伯·百选Ⅱ177页、曾根255页、平川451页），另外的观点则支持判例的结论。支持判例的理由如下：（1）出于违法目的承诺无效，因而肯定存在基于承诺的制作权限（除了可以认为最高裁的理由也是如此之外，还可参照木村248页、福田98页）；（2）这些文书的性质本身要求必须自己署名（这也是最高裁的理由之一。前揭最决昭和56·4·16中的谷口裁判官的补充意见、大谷472页。另外，川端：“判批”，判时1445号〔判评410号〕228页也可能是同样意见）；（3）无法将责任转嫁于表示内容的名义人（中森240页、大谷472页。前田393页想必也是同样意见）。但是，针对上述理由，可能会有以下批判意见：就（1）而言，即便是出于违法目的的文书制作，但也不会因此而丧失该文书的制作权限，承诺也是如此；按照（2）的观点，就是因受伤而请人代笔也不被允许，再者，自笔证书遗言的代笔行为也会构成本罪，其实这种情况只是违反了民法的要式规定而仅限于归于无效（参照《民法》第968条），只要是基于名义人的意思，那么，认定其成立本罪便并不合适；就（3）而言，本罪当然已经预想到名义人不可能就内容虚假的事实证明文书的内容本身承担相应的责任。

但是，尽管可能会存在上述批判意见，但在最终结论上，还是应该支持判例的观点。这是因为，从立法意图（参照《道交法》第126条、《护照法》第3条）以及这些文书本身的性质来看，当然已经预想到是在特定场所下制作：交通事故记录本是在交通违章现场、入学考试答卷是在考场、护照申请书是在公务所提交。那么，这些文书的名义人就不再是单纯的乙，而必须是被警察认定违反交通规则的乙、实际参加考试的乙、亲自到公务所提交申请书的乙。因此，即便甲所实施的制作文书的行为确实是基于乙的意思，按照意思说的观点乙是制作人，但由于名义人与制作人的同一性仍然被虚构，因而也可以认定成立本罪（今井·前揭论文四法协116卷6号106页以下）。

如果作上述考虑，那么，承诺他人使用自己姓名者并不是文书制作的名义人，而是与实际的制作者一同侵害文书公共信用的侵害者，因而可以构成本罪的教唆犯、帮助犯或（共谋）共同正犯（毛利晴光：“名义人的承诺与伪造文书罪的成立与否〔下〕”，警论43卷5号62页也是同一意见，前揭东京地判平成10·8·19就是这种判例。角田正纪：“名义人的承诺与伪造私用文书罪成立与否”，中山善房判事退官纪念论文集513页〔1998〕，则从应将共同正犯限定于实行行为人的观点出发持反对意见）。

3. 通称名的使用

在使用通称（艺名、笔名、化名）制作文书的场合，只要在与受领人之间的关系上不是虚构文书制作责任主体，就不构成本罪。但是，如果因使用通称而存在让对方误认为是不同于自己本人的其他人的危险，并且，在认识到该危险的情况下，则成立本罪（就交通事故登记本，参照最判昭和56·12·22刑集35卷9号953页）。某甲偷渡到日本之后，在长达25年的时间之内，一直以具有合法在留资格的乙的名义生活，（为了出国到朝鲜而）根据《出入境管理令》（即现在的《出入境管理以及难民认定法》）第26条的规定以乙的名义填写了再次入境许可申请书（并提交给了入境管理事务所事务官员）。对此案件，最高裁判所撤销了以“不存在人格同一性的虚构”为理由而宣判无罪的原判（但原判判定构成《外国人登录法》第3条、第18条所规定的重新登记不申请罪），认为由于该文书的名义人是具有合法在留资格的乙，而乙与并无在留资格的甲具有不同的人格，因此，“该文书的名义人与制作人之间在人格同一性上出现了不一致”，因而判定构成本罪（最判昭和59·2·17刑集38卷3号336页）。

对于这一案件，有一种观点在学界很有影响：因为乙这一通称作为识别甲的标志已经确定下来，因此不应构成本罪（林·前揭论文16页、清水一成：“判批”，警研61卷2号45页、田中利幸·百选Ⅱ173页、曾根246页、平川453页）。但是，如要认定成立本罪的话，在进行第一次申请之时就同样可以认定，因而考虑该通称的确定程度来认定是否构成本罪并不妥当。入境管理官员确实可以该文书为线索而实际追踪到“乙即甲”，但从该文书所被认知的名义人可以简单迅速地办理出入境手续这一文书性质，以及法律意图来判断的话，甲并不具有能填写“具有合法在留资格者”这种资格、属性。在此意义上，正如判例所说的那样存在对于人格同一性的虚构（山口256页、今井猛嘉：“判批”，法教166号129页、今井猛嘉·前揭论文〔六·完〕法协116卷8号114页、137页以下）。如果就代理名义的冒用认定有形伪造的话，那么，这里也应该肯定成立本罪。

4. 头衔的冒用

非法学博士或非律师者，即便随意使用（冒用）此类头衔、资格而制作私用文书，除去存在因此而使得文书制作的主体会表示为其他人格的危险，以及对此危险存在认识的情况，并不构成本罪。大阪的某甲尽管知道东京有同名同姓的律师，仍使用律师这一头衔从事律师业务，并且制作律师报酬请求书等文书。对此案件，最高裁判所认为“很清楚，在本案中，各种文书所表示的名义人是隶属于东京第二律师协会的律师甲，该甲与并不具有律师资格的本案被告人具有不同的人格，因此，应该说本案中的各种文书的名义人与其制作人之间在人格同一性上出现了不一致”，从而判定成立本罪（最决平成5·10·5刑集47卷8号7页）。与上述1、2、3的情况不同，本案中的文书并非是没有律师这一头衔、资格便不能制作，因此，不能以冒用头衔的行为为理由而立即认定构成本罪。但是，以“东京第二律师协会律师甲”的名义制作文书这一行为，很显然可以说是创造了另外一个人格，因而能够认定成立本罪（今井·前揭论文〔六·完〕149页以下。林干人·重判平成五年度175页、平川454页则持反对意见）。

八、制作虚假诊断书罪

医师在应向公务机关提交的诊断书、检验书或死亡证明书上作虚假记载的，处3年以下禁锢或者30万日元以下罚金（第160条）。

本条规定处罚私用文书的无形伪造行为，属于例外规定。① 之所以作此特别规定，是因为医师所出具的诊断书在很多情况下与权利、义务的得失、变更有重大关系。

本罪的主体是医师（身份犯）。应该说牙科医师也包括在内（大塚487页）。但如果该医师同时也是公务员的话，则不构成本罪，而是构成第156条之罪。

本罪的客体是应向公务机关提交的诊断书、检验书与死亡证明书。所谓“应向公务机关提交”，有观点认为应限定为属于法律义务的情形（藤木155页），但笔者认为还是应理解为计划向公务机关提交的情形。为了取得安葬许可而向市机关提交的死亡诊断书、为了入学而向国立学校提交的健康诊断书等就属于这种情况。当然不要求一定是医师本人亲自提交。所谓检验书，就是指验尸报告。所谓死亡证明书，是指由主治医师所开具的死亡诊断书（《医师法》第20条）。

所谓虚假，是指有违客观事实，在就病情、死因、死亡日期等作不同于真实情况的记载之时，即构成本罪。

九、行使伪造的私用文书等罪

行使前两条（第159条、第160条）的文书或图画的，与伪造、变造该文书或图画，或者作虚假记载者处同一刑罚（第161条第1款）。

---

① 特别法：在特别法中，针对私用文书的处罚规定很多。可参照《政治资金规制法》第25条、《所得税法》第242条、《国家公务员法》第110条第1款第5项。

处罚本条的未遂（同条第 2 款）。

本条规定对于行使伪造、变造的私用文书、私用图画，或者向公务机关提交虚假诊断书的行为，与伪造行为、变造行为、虚假记载行为作相同处罚。有关行使的含义，可参照行使伪造的公文等罪中的相关解释。本罪与伪造、变造私用文书罪、诈骗罪分别构成牵连犯。但对于银行职员在诈取了对方金钱之后，再向对方交付伪造的质权设定承诺书的行为，也有判例判定构成本罪与诈骗罪的（混合性）概括一罪。

十、非法制作、提供电磁记录罪

以使他人的事务处理出现错误为目的，非法制作供该事务处理之用的有关权利、义务或者事实证明的电磁记录的，处 5 年以下惩役或者 50 万日元以下罚金（第 161 条之 2 第 1 款）。

前款之罪与应由公务机关或公务员制作的电磁记录有关的，处 10 年以下惩役或者 100 万日元以下罚金（同条第 2 款）。

出于第 1 款之目的，将非法制作的有关权利、义务或者事实证明的电磁记录，提供给他人作事务处理之用的，与非法制作该电磁记录者处同一刑罚（同条第 3 款）。

处罚本条的未遂（同条第 4 款）。

（一）含义

本条是在 1987 年刑法改正之时所新设的。刑法修正之前，存在两个问题：(1) 汽车登录文档是否相当于旧《刑法》第 157 条的公正证书原本；(2) CD 卡的磁条部分是否相当于第 159 条的私用文书。就（1）而言，最高裁没有说明理由而认定具有原本性（最决昭和 58·11·24 刑集 37 卷 9 号 1538 页）；而就（2）而言，下级审判例以有可能通过读取机而再生磁条信息部分为理由，肯定其具有私用文书性（大阪地判昭和 57·9·9 判时 1067 号 159 页：近畿相互银行事件）。但是，以文书应以可视性、可读性为要件作为理由，而予以反对的反对说在学界反响很大。同时，在实际的检察业务中，对于在“白卡”上粘贴伪造的磁条信息并从 CD 机上取款的行为（札幌地判昭和 59·3·27 判时 116 号 143 页：北海道银行事件），也并没有以伪造私用文书罪进行起诉。面对这种状况，本条就以立法形式解决了这一问题。本条规定了非法制作私用电磁记录罪（第 1 款）、非法制作公用电磁记录罪（第 2 款）、提供他人使用非法制作的电磁记录罪（第 3 款），以及其未遂罪（第 4 款）。其保护法益为电磁记录的证明机能。该规定的实际内容基本上与伪造文书罪相对应，但不同于文书的是，电磁记录在制作过程之中，需要有多人参与，并且需要在一定的程序之下使用，从而才能实现其证明机能，因此，很难设定与文书相同的制作名义，于是，没有使用伪造、变造、虚假制作等概念，而使用了非法制作这一概念。

（二）客体

本罪客体为供他人处理事务之用的有关权利、义务或事实证明的电磁记录（私用电磁记录）。所谓电磁记录，是指“利用电子方式、电磁方式或其他不为人的知觉所能认识的方式而制作的记录，以供电子计算机处理信息之用”（第7条之2），例如，磁带、磁盘、IC储存卡等。不问事务处理的性质如何。“有关权利、义务或事实证明”的含义，与伪造私用文书罪（第159条）相同。银行的存款本账文档、乘车券、赛马券反面的电磁信息部分（甲府地判平成1·3·31判时1311号160页就是有关马券的判例）等就属于有关权利、义务的电磁记录。诸如电话卡之类的预付款卡应该说也包含在本条第1款的电磁记录之中，但正如前面已经谈到的一样，判例将其认定为有价证券（参照前述“电话卡的伪造、变迁”）。现金卡的电磁信息记录（东京地判平成1·2·17判タ700号279页、东京地判平成1·2·22判时1308号161页）、应收款等其他会计账册文档记录、电脑通讯的主机内储存的客户信息文档（京都地判平成9·5·9判时1613号157页）等就属于有关事实证明的电磁记录。在上述情况下，程序仅仅是针对电脑的指令组合记录而已，并不属于本条所谓的电磁记录（米泽编〔鹤田、横龟〕86页）。

当该电磁记录应由公务机关或公务员制作之时（公用电磁记录），则与伪造公文罪相对应，加重其刑罚。这是因为考虑到与私用电磁记录相比，公用电磁记录的社会信用更高，其发挥的作用也更大（米泽编〔鹤田、横龟〕82页）。汽车登录文档、不动产登记文档、驾驶员管理主文档、居民票文档（仙台地判平成2·9·11刑事裁判资料273号197页）等就属于公用电磁记录。

（三）行为

本罪行为是出于使他人事务处理发生错误的目的（目的犯），而非法制作前述（客体）电磁记录的行为（非法制作）。

所谓“使他人的事务处理发生错误的目的”，是指在事务处理中，由于使用了非法制作的电磁记录而出现错误这一结果。因此，非法复制他人电磁记录的行为（非法获取信息的行为），只要内容相同便不会使事务处理出现错误，故排除在本罪之外（米泽编〔鹤田、横龟〕82页）。之所以没有使用伪造文书罪中的“行使的目的”这一用语，也正是考虑到了这一点。

按照本条的提案机关的解释，所谓非法制作，是指没有制作权限，或者滥用制作权限而制作电磁记录的行为（米泽编〔鹤田、横龟〕87页）。也就是说，即便是具有一定制作权限者，如果制作有违该电脑设置运营主体之意思的虚假电磁记录，也作为权限的滥用而认定属于非法制作。为此，在银行被安排负责进出款输入者所实施的输入虚假的进款数据的行为，由于违反设置运营主体即银行的意思，也属于非法制作。相反，设置运营主体本身制作虚假的电磁记录之时，例如，个体经营者为了逃税而制作虚假的账本文档的行为就不属于本罪（米泽编〔鹤田、横龟〕88页），应该说本罪只限于极为有限的场合。

如果就非法制作的意思作如此理解的话，那么，就公用文书而言，本罪与一直以来的处罚范围正好相对应，相反，对于私用文书而言，则将一直以来原则上不可罚的无形伪造也纳入其中（山口厚："电磁性记录与文书犯罪规定的改正"，ジュリ885号8页、中森喜彦："电脑犯罪与刑法的部分改正"，法教81号91页）。为此，本罪便具有侵害通过电脑所实施的情报处理的正确性的特性。对此，有学说认为，应该将本罪中的非法制作限定于并无权限的场合（大谷480页、曾根257页、平川457页），但是，如此一来，对于与虚假制作公用文书相对应的场合则反而无法按照本罪来处罚，因而该学说并不妥当（中森254页）。进一步而言，如果"凡违反义务而制作虚假记录者，均可以作无权制作解"（大谷："电脑关联犯罪与刑法的部分改正〔中〕"，判タ645号38页）的话，则归结为将权限滥用包含于非法制作之中。

迄今为止，判例对于下述情况判定成立了本罪：对未中奖的马券的反面的磁条信息部分进行篡改的行为（前揭甲府地判平成1·3·31）、篡改现金卡的磁条部分的存款信息的行为（前揭东京地判平成1·2·17）。判例对这两种情况判定成立第1款犯罪；而对于市机关职员不实记载居民票文档的行为则判定成立第2款犯罪（前揭仙台地判平成2·9·11）。

（四）提供使用

本条第3款规定，出于使他人的事务处理出现错误之目的，将非法制作的有关权利、义务或者事实证明的电磁记录，提供给他人作事务处理之用的，与其客体相对应，与非法制作该电磁记录者处同一刑罚。也处罚该行为的未遂（第4款）。

本罪的客体为非法制作的电磁记录。既不需要是提供者本人所非法制作的电磁记录，也不需要在非法制作之时已存在使他人的事务处理出现错误的目的。所谓供他人事务处理之用，是指将非法制作的电磁记录置于他人的电脑可以使用的状态之下。提供行为开始之时便为实行的着手，终了之时即构成既遂。例如，将非法制作的现金卡开始插入CD机或ATM机之时，便为着手；在插入之后处于其记录可为电脑所读取之时，则构成既遂。至于诸如银行的客户本账文档或居民票文档等那种属于存档性的电磁记录，在非法将虚假信息输入终了之时，则该提供使用行为也达到既遂。但即便是存档性电磁记录，如果是在其他地方非法制作的话，则只有开始将该记录设置于他人的电脑之时，才为实行的着手，也只有在设置完了之时，才达到既遂。

第五节 伪造印章之罪

一、概说

为了保护对于印章以及署名的真实性的公共信用，刑法典第十九章规定了伪造、非法使用御玺等罪（第164条）、伪造、非法使用公章等罪（第165条）、伪造、非法使用公用记号等罪（第166条）、伪造、非法使用私章等罪（第167条），以及上述各非法使用罪的未遂罪（第168条）。作为处罚对象的行为无一不是伪造印章等、非法使用印章等、使用伪造的印章等行为。印章或署名是用来表示人以及公务机关、公务员的同一性之物，即表示文书的名义人与制作人的同一性、书画的制作者的同一性、与特定的物、人以及公务机关之间的关系，因而在社会生活与交易关系中发挥着极为重要的作用。因此，保护印章或署名的真实性，对于保护事实证明与交易安全也非常重要。从伪造文书罪加重处罚伪造有印公文罪、伪造有印私用文书罪这一点便可看出，印章以及署名的伪造多作为伪造文书罪的一部分而行使。在这种情形之下，如果伪造文书罪达到既遂的话，则伪造印章等罪便被吸收而不再构成单独的犯罪。由于伪造文书罪以及伪造有价证券罪均不处罚未遂，于是，"伪造印章之罪"便具有处罚其未遂罪的机能（团藤301页）。

二、印章、署名、记号的含义

所谓印章，是指用以证明人之同一性的一定的象形。一般是姓名，除此之外，拇指印、花押①（大判昭和12·12·14刑集16卷1603页）、雅印（大判大正3·6·3刑录20辑1108页）也属于印章。有关印章的含义，判例与学说的观点大相径庭。判例认为，印章包括印鉴（图章、印形）与盖有印鉴的

① 也就是在用楷书写上姓名之后，再用草书签名——译者注。

印影两种（大判明治43·11·21刑录16辑2093页、大判大正3·10·30刑录20辑1980页）。那么，在出于行使的目的而伪造公务员或他人的印鉴的阶段，便构成伪造印章罪。也有学说出于（1）作为自第165条以下的非法使用罪的文理解释，具有其合理性（小西秀宣·大解说6卷233页）；（2）印鉴在我国社会生活中占有非常重要的地位等理由而支持判例的观点（植松184页、携带注释396页、香川259页）。但是，能证明人之同一性者，并不是印鉴本身而只是印影；再者，如果印鉴也包括三文印①的话，则在购买三文印之时也不难构成伪造印章罪；还有，考虑到伪造印鉴的行为还只是伪造印影行为的预备阶段等情况，笔者认为，还是应该按照通说的观点，认为印章仅仅是指印影。

所谓署名，是指通过可以代表自己的文字而来表记自己的姓名或其他称呼（前揭大判大正5·12·11）。在标记商号（大判明治43·3·10刑录16辑414页）、堂号②（大判明治43·9·30刑录16辑1572页）、雅号（大判大正2·3·10刑录19辑327页）等之时，也属于署名。判例还认为，通过盖橡皮图章或者通过印刷而记名，也属于署名（大判大正2·9·5刑录19辑853页）。学说分为只限于自己亲自书写的观点与也包括记名的观点两种。考虑到只要能表示主体的同一性即可、所谓公务机关的署名（第165条第1款）是记名、股票等的署名实际上也是印刷记名等情况，笔者认为，本条的署名还是应该包括记名在内。

尽管上述印章、署名不必要一定关系到有关权利、义务的证明，但必须在法律上或交易中具有相当的重要性（通说）。判例认为书画的落款（大判大正14·10·10刑集4卷599页）、信封反面的姓名（大判昭和8·12·6刑集12卷2226页）等也属于印章、署名。

有关印章、署名与省略文书之间的区别也是问题。例如，邮局的日期邮戳从其形态上看，可以说是印章，但如果是用以证明在一定日期授受这一事实的话，则不再是单纯用来表示人之同一性，而应该认为是超越了这一内容的文书。判例正是从这一观点出发，认定邮局的日期邮戳属于公文（大判昭和3·10·9刑集7卷683页）。用来表示该物品属于应税之物的物品税表示证纸也是如此（最决昭和35·3·10刑集14卷3号333页）。那么，按照这种观点，同样是在书画上的署名，但由于“甲作”与“甲描”的含义完全不同，则不应该作为署名，而是应该作为私用文书来对待（平野264页）。对此，有观

① 所谓三文印，是一种俗称，意思是粗制滥造的印章——译者注。

② 是指商家或者歌舞伎演员等人的家的称号——译者注。

点认为，如果该文书的简略程度达到可以视为仅有印章、署名的情形的话，则应该与仅有印章、署名的情形作同样处理（团藤 301 页、平川 470 页），这种观点在学界非常有影响。但是，只要超越单纯表示人之同一性这一内容，并具有一定含义的话，则不论省略到何种程度，仍然应认定为文书。

另外一个问题是如何区别印章与公用记号（第 166 条）。通说认为，印章是用来表示人之同一性，而记号则是用来证明、表示一定的事实。判例最初也持这种观点（有关没有海关名称的日期印记，参照大判明治 42·9·23 刑录 15 辑 1155 页；有关树木砍伐完毕的检验标记，可参照大判明治 43·6·20 刑录 16 辑 1225 页）。但其后判例观点改变，认为在使用的目的物为文书的情况下则是印章，而在其他情况下则为记号（大判大正 3·11·4 刑录 20 辑 2008 页。有关选举管理委员会在选举海报上盖的检验印记，可参照最判昭和 30·1·11 刑集 9 卷 1 号 25 页）。考虑到伪造公用记号的行为比伪造印章等的行为处罚要轻，笔者认为，还是通说的观点更为妥当。

三、伪造、使用的含义

本章诸罪的行为为出于行使的目的而伪造印章等，或者非法使用印章等、使用伪造的印章等行为。所谓伪造，是指明明没有权限，却在某物体上显现他人的印鉴等的印影、他人的署名、公务机关的记号。除了使用伪造的印章或三文印之外，应该还包括盗盖他人的真印鉴的行为（团藤 305 页）。判例认为，制作假印章的行为本身也属于伪造印章的行为（大判昭和 8·8·23 刑集 12 卷 1434 页）。但前面已经谈到，如果将伪造限定于将印章予以印影的行为的话，那么，制作假印章的行为就仅仅是伪造印章行为的预备行为。所谓使用，是指针对他人使用，也就是置于他人可能阅览的状态之下。在这种情形下，处罚其未遂行为。判例认为，仅仅是将印影等显现出来的行为即便构成伪造印章，也还不足以构成使用罪等的未遂（大判昭和 4·11·1 刑集 8 卷 557 页）。使用罪分为两种情况：一是在并无权限的情况下非法使用真印章的印影；二是使用伪造的印影等。

四、伪造、非法使用御玺等罪

出于行使的目的，伪造御玺、国玺或御名的，处 2 年以上有期惩役（第 164 条第 1 款）。

非法使用御玺、国玺或御名的，或者使用伪造的御玺、国玺或御名的，与前款同（同条第 2 款）。

处罚本条第 2 款的未遂（第 168 条）。

御玺是指天皇印章的印影，国玺是指日本国印章的印影，御名是指天皇的署名。其他说明参照前述。

五、伪造、非法使用公章等罪

出于行使的目的，伪造公务机关或公务员的印章或署名的，处三个月以上 5 年以下惩役（第 165 条第 1 款）。

非法使用公务机关或公务员的印章或署名的，或者使用伪造的公务机关或公务员的印章或署名的，与前款同（同条第 2 款）。

处罚本条第 2 款的未遂（第 168 条）。

有关公务机关的含义，参照本章第四节之三“伪造公文罪”。有关公务员的含义，参照本章后述“妨害执行公务罪”。这里的印章也是指印影。所谓公务机关的署名，前面已经谈到，仅限于记名。其他说明参照前述。

六、伪造、非法使用公用记号罪

出于行使的目的，伪造公务机关记号的，处 3 年以下惩役（第 166 条第 1 款）。

非法使用公务机关记号的，或者使用伪造的公务机关记号的，与前款同（同条第 2 款）。

处罚本条第 2 款的未遂（第 168 条）。

有关本条的含义，参照前述。

七、伪造、非法使用私章罪

出于行使的目的，伪造他人的印章或署名的，处 3 年以下惩役（第 167 条第 1 款）。

非法使用他人的印章或署名的，或者使用伪造的印章或署名的，与前款同（同条第 2 款）。

处罚本条第 2 款的未遂（第 168 条）。

所谓“他人的印章或署名”，是指除公务机关或公务员的印章或署名，以及自己的印章或署名之外的其他人的印章或署名。判例认为，本罪的印章还包括记号（大判大正 3·11·4 刑录 20 辑 2008 页）。但既然刑法典已经将记号与印章加以区别，因此，对判例的这一观点应该加以否定（通说）。其他说明参照前述。

第三章　针对风俗的犯罪

为了维持性生活、经济生活以及宗教生活中的社会风俗、习惯，刑法典将一定行为规定为处罚对象。第二十二章“猥亵、奸淫以及重婚之罪”、第二十三章“有关赌博和彩票的犯罪”、以及第二十四章“有关礼拜场所以及坟墓的犯罪”就是实例。可以说这是为了保护一种社会精神环境（团藤 309 页）。值得注意的是，由于其同时也具有强制维持一定的社会伦理、道德的一面，因而也有观点主张应将其作为“无被害人的犯罪”而非犯罪化。

第一节　有关猥亵以及重婚的犯罪

一、概说

1. 刑法典第二十二章“猥亵、奸淫以及重婚之罪”也包括强制猥亵罪（第 176 条）、强奸罪（第 177 条）等针对性的自己自由决定的犯罪，由于这些犯罪应该纳入针对作为个人法益的自由的犯罪之列，故本节对象仅限定于第二十二章中针对性风俗的犯罪，即公然猥亵罪（第 174 条）、散发猥亵物罪（第 175 条）、劝诱淫行罪（第 182 条）、重婚罪（第 184 条）。另外，通奸罪（第 183 条）仅处罚由婚姻关系存续中的女方所实施的通奸行为，由于其有违男女平等，因而昭和 22 年（1947 年）的刑法改正将其删除。

2. 通说、判例认为猥亵罪的保护法益是维持健康的性风俗、性道德、性秩序（团藤 310 页、最大判昭和 32·3·13 刑集 11 卷 3 号 997 页：查特莱[①] 事件）。有观点认为，在价值观日益趋向多样化的现代社会，以刑法来强制维持一定的性道德并不合适，因而只要是基于成年人的自由意思，猥亵罪便应该属于不可罚；仅仅是从该行为侵害了不愿意看的人的自由，以及保护性发育尚未健全的青少年的角度出发，处罚猥亵罪才具有正当化的理由（平野 271 页）。该观点虽然基本妥当，但作为对现行法的解释则难免牵强（作为解释论，有以下学者采取了该观点：田中久智·媒体判例百选〔第 2

---

① 即英国作家劳伦斯于 1928 年发表的长篇小说《查特莱夫人的情人》（*Lady Chatterley's Lover*）——译者注。

版〕32页、内田文昭、长井圆："性表现与刑法"，石原一彦等编·现代刑罚法大系4卷〔1982〕257页以下、林美月子："有关性的自由、性表现之罪"，现代的展开58页以下）。判例也明确否定了该观点，指出"《刑法》第175条只要没有采取所讨论的那种仅适用于侵害了他人的不愿意看的权利的场合以及对于未成年人有欠考虑的销售行为的场合这种限定解释，就并不违宪"（最判昭和58·10·27刑集37卷8号1294页）。

二、猥亵的含义与判断方法

判例将猥亵的含义定义为"完全是为了兴奋或刺激性欲，且有害于普通人的正常的性羞耻心，并有违善良的性道德观念"（最判昭和26·5·10刑集5卷6号1026页：SUNDAY娱乐事件、前揭最大判昭和32·3·13：查特莱事件），其判断标准应该是社会一般观念，即平均的一般人的意识（前揭最大判昭和32·3·13：查特莱事件）。

还有，就猥亵性的判断方法，前述查特莱事件的判决采取了部分性、绝对性猥亵概念。也就是说，即便文书与图画中仅有部分地方存在猥亵的表现，该文书尽管也具有高度的艺术性、科学性，但仍然并未丧失猥亵性。但其后的判例考虑到《宪法》第21条规定了表现的自由，在一定限度之内对猥亵性的判断趋向缓和：首先，在"恶德的荣事件"判决中，判例采取了整体考察的方法，认为文书所具有的艺术性、思想性可以减少并缓和性刺激，也有可能将猥亵性降低到能作为刑法处罚对象的程度之下（最大判昭和44·10·15刑集23卷10号1239页）；其次，在"四块半塌塌米大小的糊隔扇用底纸事件"判决中，判例认为应从性表现的程度与手法、在整个文书中所占的比重，以及文书的思想性与艺术性在多大程度上可以缓和性刺激等方面出发，根据"将文书作为一个整体来看待之时，能否认定其主要在于引起读者的好色兴趣"来进行判断（最判昭和55·11·28刑集34卷6号433页。最判昭和58·3·8刑集37卷2号15页也是同样意思）。

可以说，判例倾向于限定处罚猥亵。但是，其标准还难以明确；再者，对于某些主要是为了引起读者的好色兴趣的娱乐作品中的性表现物的处罚范围试图加以限定的理论也可以说并不具有有效性。在这一点上，下级审判例以社会一般观念的可变性为根据，将猥亵性的判断归于事实认定问题，并以警察所实际实施的管制状况以及社会的受容程度作为判断标准，应该说这种观点值得关注（从该观点出发，否定成立猥亵罪的判例有：东京地判昭和

50·11·26判时951号28页：日活[①] 艳情电影事件、东京地判昭和54·10·19刑月11卷10号1247页：爱之克丽妲[②] 事件）。现在，在学界有一种观点很有影响，该观点认为，猥亵性的认定应仅限于那些极端的春宫图书、春宫画（所谓“黄色电影”、“露骨的色情电影”）（藤木·各论117页、大谷513页、中森268页。还可参照前揭最判昭和58·3·8中的伊藤正己裁判官的补充意见）。应该说该观点在确保猥亵性判断的客观性明确性的同时，作为通用于文艺作品与娱乐作品的限定处罚理论，也基本指出了合适的方向。但是，其同时又存在这样一个矛盾，即对于那些尚未达到如此程度的准黄色电影，则会容忍其广泛展现在青少年以及那些不想看的人的眼前。考虑到这一点，对于那些准黄色电影，笔者认为以下方向更为合适，也就是说，应该首先肯定其具有猥亵性，然后再考虑其销售、展示、广告的方式方法，以及其对象范围、购买层、顾客层等因素，而认定其阻却可罚的违法性（参照西田：“判批”，警研53卷7号45页以下）。

三、公然猥亵罪

> 公然实施猥亵行为的，处6个月以下惩役或30万日元以下罚金，或者处以拘留或科料（第174条）。

所谓“公然”，是指猥亵行为处于不特定或多数人能认识之状态（最决昭和32·5·22刑集11卷5号1526页）。例如，全裸状态在马路上行走、让多数观众观赏猥亵行为等就属于其典型（参照《轻犯罪法》第1条第20项）。即便是只让特定且少数人看见猥亵行为，但如果导致了劝诱不特定多数人之结果的，判例认定这种情况具有公然性（最决昭和31·3·6裁集112号601页。对此，大谷508页、中森269页要求存在行为的反复意思）。对此，也有观点站在猥亵罪的保护法益是不想看的人的自由这一立场出发，认为在对看见猥亵行为表示同意的场合，对于成年人应否定成立本罪（还包括贩卖猥亵物罪等）（内田、长井·前揭论文282页、林美月子·前揭论文65页）。前面已经谈到，作为对现行法的解释，这种观点难免牵强。

让人观赏猥亵电影等行为构成刑罚更重的陈列猥亵物罪（第175条），

---

① “日活”是日本一家电影公司的名称，该公司自1971年开始拍摄了一系列的色情片，以展示性风俗、性行为来招揽观众——译者注。

② “爱之克丽妲”是一部由大岛渚所导演的日法合作电影，该影片及其宣传画中有一定的性场面——译者注。

考虑到与这种行为之间的平衡，有观点认为，对于在剧场让人观赏猥亵场面的行为，也同样应该认定构成陈列猥亵物罪（植松 206 页），但总不能将人作为猥亵“物”来看待吧（平野 271 页）？

四、散发猥亵① 物等罪

散发、贩卖或公然陈列猥亵的文书、图画或其他猥亵物的，处 2 年以下惩役或者 250 万日元以下罚金或科料。出于贩卖的目的而持有该类物品的，亦同（第 175 条）。

（一）客体

本罪客体为猥亵的文书、图画、其他猥亵物。判例判定，猥亵图画还包含尚未显影的电影胶片（名古屋高判昭和 41·3·10 高刑 19 卷 2 号 104 页）、录像带（最决昭和 54·11·19 刑集 33 卷 7 号 754 页）；其他猥亵物也包括录音带（东京高判昭和 46·12·23 高刑 24 卷 4 号 789 页）、用与拨号 Q^2 相连接的数字信号而制成的录音再生机（大阪地判平成 3·12·2 判时 1411 号 128 页）。最近甚至有下级审判例不断将记忆、储存了电脑网络中的猥亵图像的电脑硬盘本身认定为猥亵图画（东京地判平成 8·4·22 判时 1597 号 151 页、大阪高判平成 11·8·26 高刑 52 卷 42 页），或者认定为猥亵物（京都地判平成 9·9·24 判时 1638 号 160 页）（有关其他判例的情况，可参照圆田寿：“关于猥亵物的电子存在”，关西大学法学论集 47 卷 4 号 1 页、山口厚：“电脑网络与犯罪”，ジュリ1117 号 73 页、佐久间修：“网络犯罪中的猥亵物公然陈列”，西原春夫先生古稀祝贺论文集第 3 卷 217 页〔1998〕、前田雅英：“高科技犯罪的现状与课题”，ジュリ1140 号 92 页等）。一直以来的判例最终也只是限于将某种有体物认定为猥亵物，但最近有观点认为，就电脑硬盘而言，“由于作为有体物的电脑硬盘本身并不具有猥亵性，因而将其认定为猥亵物不仅不自然，也过于取巧”，于是，有下级审判例直接从正面认定“作为信息的图像数据”本身就相当于猥亵物（冈山地判平成 9·12·15 判时 1641 号 158 页〔确定〕。该判例同时还判定，即便是已经过马赛克处理的图像数据，如果马赛克很容易被消除的话，则仍相当于猥亵图画。同样判旨的还有，横滨地川崎支判平成 12·7·6 公刊物未登载）。而且，支持这种判例的学说也很有影响（掘内捷三：“网络与色情作品”，研修 588 号 3 页、前田雅

---

① 在本罪中，本可以将“猥亵”译为“淫秽”，但为了保持前后一致，也为了尽可能使用原法律用语，故仍直译为“猥亵”——译者注。

英："判批"，都立大学法学会杂志 38 卷 1 号 607 页）。但是，既然本条明文规定为猥亵"物"，那么，将"作为信息的图像数据"也包括其中，尽管对结论没有影响，也应该说已经超越了解释的限度（圆田·前揭论文 9 页、佐久间·前揭论文 223 页）。而且，这种观点也无法区别猥亵物的公然陈列行为与猥亵图画的贩卖行为。

（二）行为

本罪行为为散发、贩卖、公然陈列以及以贩卖为目的而持有猥亵物的行为。至于散发、贩卖、公然陈列的相对行为，当然可以预想到是相关行为，尽管如此，却仍然没有规定加以处罚，因而属于不可罚行为。①

散发，是指无偿交付给不特定或多数的人。认为贩卖是指有偿交付的观点属于多数说（大塚 504 页、大谷 513 页、曾根 269 页），但这里将有偿借贷也包含于贩卖之中则难免有些牵强，因此，应该理解为，贩卖是指有偿出让，而散发则是指其他交付行为，不问有偿还是无偿（团藤 329 页、植松 205 页、中森 270 页、前田 412 页）。要成立散发、贩卖罪，必须实际交付了猥亵物（最判昭和 34·3·5 刑集 13 卷 3 号 275 页）。但在出于反复继续的意思而实施该行为时，即便对方是特定、少数的人亦可（大判大正 6·5·19 刑录 23 辑 487 页）。将属于自己所有的录像带里的猥亵画面转录到客人拿过来的空白录像带中，然后再交还给客人的行为也属于散发（大阪地堺支判昭和 54·6·22 判时 970 号 173 页则判定成立贩卖罪）；但将属于客人所有的录像带的猥亵画面转录到客人拿过来的空白录像带中时，由于还不能说已移转、散布了该猥亵物，因此，并不属于散发行为（新庄一郎·大解说 7 卷 51

---

① 必要性共犯：当然可以预见有复数人参与的犯罪类型，称为必要性共犯。必要性共犯还可以分为两种类型：一是像内乱罪、骚乱罪那样，将指向同一方向的共同行为予以类型化的场合（集团犯），二是像行贿、受贿罪那样，将对向性共同行为予以类型化的场合（对向犯）。对向犯还可以进一步区分为：（1）同等处罚参与者的场合（重婚罪）；（2）各参与者之间在法定刑上有差异的场合（行贿、受贿罪）；（3）对于当然可以想见的对向性行为的某一方不予处罚的场合。问题在于（3）这种场合。尽管在理论上有可能肯定其适用刑法总则，但通说认为，对于在立法之时便当然可以想见的参与行为，并未作出处罚规定，这本身就是不可罚这一立法者意见的体现，因此，应该认为必要性参与行为不具有可罚性（立法者意思说），判例对此结论亦持肯定态度（最判昭和 43·12·24 刑集 22 卷 13 号 1625 页是有关违反律师法案件的判例）。因此，在本罪中，要求购买猥亵物的购买者不可罚。但在学界也有观点认为，在必要性参与行为超过了通常所预想的程度之时，例如，不依不饶地要求对方卖给其猥亵物，对此则应认定成立教唆犯（团藤 433 页），但其处罚范围并不明确，因而并不妥当。

页。但前揭大阪地界支判昭和54·6·22则认定构成贩卖罪)。

所谓公然陈列，是指将猥亵物置于不特定或多数的人可以看到的状态之下。因此，即便让朋友等具有特别关系的特定的16人观赏猥亵电影，也并不构成本罪（广岛高判昭和25·7·24判特12号97页)。让人观赏电影以及录像带的行为是陈列的典型行为，其他诸如以下行为也属于陈列：只要用录音再生机接通拨号Q^2并打进电话，便最多可以让15人同时收听到猥亵录音的行为（前揭大阪地判平成3·12·2)；将记忆、储存于电脑网络主机硬盘内的猥亵图像设定为通过电话连线便可以在电脑上再生、阅览的行为（前揭大阪高判平成11·8·26）等。由于本罪并没有处罚国外犯的规定，那么，对于从日本国内将猥亵图像储存于外国的某网站服务器，并设定为从日本国内可以直接联网的行为是否有可能加以处罚呢？如果认为作为公然陈列罪的结果，即使得不特定、多数的人可以阅览猥亵物这一状态的设定已经涉及到日本（山口76页)，或者，认为向外国服务器加载的行为构成本罪实行行为的一部分（佐久间·前揭论文226页、前田·前揭论文96页)，则有可能肯定其具有可罚性（山形地判平成10·1·22〔未登载于公开刊物〕便已经实际认定这种行为有罪)。但是，就受贿罪而言，显而易见，在外国受贿的结果，即有损对于公务公正性的国民信赖这一法益侵害会发生在日本国内，《刑法》第4条仍然特别规定处罚其国外犯，与此作对比，以及考虑到也可以将加载行为理解为是本罪的预备行为而不是实行行为的一部分（参照圆田前揭："判批"，167页)，因此，仍然留有疑问。

所谓出于贩卖目的的持有，是指出于贩卖的目的而将猥亵物置于自己的支配之下，这是为了处罚贩卖罪的预备行为。前面已经谈到，贩卖仅限于有偿出让，因此，不包括以有偿出借为目的的持有。有判例对于以贩卖复制品为目的而持有猥亵录像带母带的行为也认定成立本罪（富山地判平成2·4·13判时1343号160页、东京地判平成4·5·12判タ800号272页。前田413页、大谷515页支持判例的这种观点)，但如此一来，则是处罚预备行为之预备行为，应该说并不合适。另外，由于第175条规定，"为了维持我国健康的性风俗"，因而判例认为，并不包含出于在国外贩卖的目的的场合（最判昭和52·12·22刑集31卷7号1176页)。

五、劝诱淫行罪

出于营利的目的，劝诱并无淫行常习的女子，使其与他人发生性行为的，处3年以下惩役或30万日元以下罚金（第182条)。

本罪是处罚那种以营利为目的，而劝诱并无淫行常习的女子，使其与他人发生性交的行为。就本罪的罪质，有一种观点很有影响，该观点认为，本罪是针对以女子的性的自由与情操为保护法益的个人法益的犯罪（团藤 489 页、大谷 123 页、中森 69 页），但是，考虑到本罪以营利目的为要件、性交对方不可罚、并非亲告罪等因素，还是应该认为，本罪是为了处罚以营利为目的而充当男女间的性交媒介的行为，属于风俗犯的一种。因此，本罪与防止卖春法中的周旋卖春罪等具有同样的立法意图（龟山继夫·大解说 7 卷 98 页），实际上，可以说由于该法的制定而使得本罪实质上已丧失了存在的意义。

六、重婚罪

有配偶而又结婚的，处 2 年以下惩役。与之相婚的，亦同（第 184 条）。

本罪是为了保护《民法》第 732 条所规定的一夫一妻制的婚姻制度。通说认为，本条所谓“婚姻”，是指法律婚姻而非事实婚姻。也有观点认为，为了保护因先前的法律婚姻所建立的家庭生活，应该包括事实婚姻（牧野 293 页），但考虑到事实婚姻的范围界定并不明确，应该说上述观点并不合适。因此，成立本罪的行为应该限定为，户籍管理人员由于失误而受理后来的婚姻登记的场合，以及在提交虚假的离婚申请之后再申请后来的婚姻登记并使得相关人员受理的场合（名古屋高判昭和 36·11·8 高刑 14 卷 8 号 563 页）。

第二节 有关赌博以及彩票的犯罪

一、概说

判例认为有关赌博以及彩票的犯罪的处罚根据在于，“非因勤劳等其他正当之原因，意欲仅凭偶然之情事以侥幸获得财物而相互竞争，显然，会使国民产生懒惰浪费之弊习，并有害于作为健康且文化之社会基础的勤劳美风”（最大判昭和 25·11·22 刑集 4 卷 11 号 2380 页）。通说对此亦持支持态度。赌博罪是为了处罚那种期待侥幸而赌钱，结果造成财产上的损失，或者，抓住他人的侥幸心理而让人蒙受财产损失的行为，在此意义上，也有观点认为本罪是针对财产之罪（平野 251 页）。即便是站在法律家长制的立场上，对于自己财产的加害行为，也很少有合理的处罚根据，因此，至少作为现行法的解释，应该说这种观点不免有些牵强。

本罪的特别法有《证券交易法》第201条、《商品交易法》第157条。相反，使得本章之罪正当化的根据法有《彩票法》、《赛马法》、《自行车比赛法》、《赛艇比赛法》以及《足球彩票法》等。

二、单纯赌博罪

赌博的，处50万日元以下罚金或者科料。但只是为了博取供一时娱乐之物的，不在此限（第185条）。

所谓赌博，是指根据偶然的胜负而争夺财物或财产性利益的得失的行为。麻将赌博、将棋赌博、骰子赌博等就是其典型。这里所说的偶然性，只要存在于赌博人的主观意思之中即可，因此，即便是就过去的某一事实（例如，1年之前1月1日的天气状况）等客观上可以确定的事实，只要该事实对当事人来说是不确定的，就可以认定存在偶然性（大判大正3·10·7刑录20辑1816页）。还有，像围棋、将棋一样，尽管当事人之间存在技艺上的差异，但只要存在偶然因素，就构成本罪。另外，由于诈骗赌博缺少偶然性因素，因而仅成立诈骗罪一罪而并不构成本罪（大判昭和9·6·11刑集13卷730页、最判昭和26·5·8刑集5卷6号1004页）。

在为了博取“供一时娱乐之物”的场合，并不构成本罪。这是因为，赌注极小的赌博行为属于日常娱乐的范围之内，不具有可罚性违法性。例如，以饮料、香烟为赌注。判例认为，以金钱为赌注之时构成本罪（大判大正13·2·9刑集3卷95页）；但由于允许以餐费为赌注，因此，即便不是当场消费之物，而用同样的价值金额，还是应该理解为符合本条但书的规定（平野252页、中森273页）。

一旦着手赌博行为，本罪即告既遂，不必要实际分出胜负，或者实际上有财物的往来（最判昭和23·7·8刑集2卷8号822页）。

本罪不处罚国外犯。因此，共谋或者教唆去国外某允许赌博之处（例如，美国的拉斯维加斯）进行赌博，该行为并不具有可罚性（关于其理由，町野·刑法总论讲义案Ⅰ〔第2版〕101页、山口厚：“跨国犯罪之刑法适用”，松尾浩也先生古稀祝贺论文集（上卷）423页〔1998〕认为是不适用刑法规定；而古田佑纪·大解说7卷74页则认为是阻却违法性）。

三、常习赌博罪

常习赌博的，处3年以下惩役（第186条第1款）。

1. 本罪因行为人的常习性这一身份而加重其刑，属于单纯赌博罪的加重身份犯。所谓常习性，是指反复实施赌博行为的惯习（大判大正 3·4·6 刑录 20 辑 465 页），并不要求是所谓的赌徒、游手好闲之类的人。认定是否具有常习性，除了根据有无赌博罪前科之外，一般是基于有无反复实施赌博行为的事实，以及赌博的性质、方法、赌资等各种因素来决定（最判昭和 24·2·10 刑集 3 卷 2 号 155 页），但最终还是取决于裁判官的自由心证（大判昭和 6·3·9 新闻 3254 号 12 页）。某人出于长期营业的意思，投入 5 200 万日元资金用以购买赌博游戏机，至被揭发为止，已营业 3 天（客人为 140 人次，营业额达 70 万日元），对此，判例认定具有常习性（最决昭和 54·10·26 刑集 33 卷 6 号 665 页；但该决定中的塚本裁判官持反对意见，以及团藤 354 页、大塚 514 页对此决定则抱有疑问）。由于本罪属于集合犯，即使存在数个赌博行为，也作为概括性一罪而仅构成本罪一罪；相反，只要发现存在惯习，即便行为只有一次，也仍然构成本罪。因此，对于本罪，还可以适用累犯加重（第 56 条）（大判大正 7·7·15 刑录 24 辑 975 页）。

2. 有关常习性的法律特性，存在以下三种观点：（1）是行为人属性，属于责任要素（最大判昭和 26·8·1 刑集 5 卷 9 号 1709 页、团藤 355 页）；（2）是行为属性，属于违法要素（平野 252 页、内田 524 页）；（3）既是行为人属性也是行为属性（大塚 515 页、小暮·注释刑法〔4〕342 页）。笔者认为，由于常习性属于行为人的惯习，只要实施了一次行为就有可能构成本罪，因此，（1）说更为妥当。

3. 前一点的争议事关共犯与身份这一问题。通说以常习性这一身份是形式上的加重身份为理由，认为：①非常习者教唆常习者赌博的，为单纯赌博的教唆犯；②常习者教唆非常习者赌博的，为常习赌博的教唆犯。尽管该结论妥当，但应该说，这是认为第 65 条第 2 款规定的是责任身份的个别性，并且认为常习性属于加重责任身份这一观点的归结。对此，如果站在上述②的立场上，根据肯定违法身份连带性的第 65 条第 1 款的规定，在①、②的情况下，则应该分别构成常习赌博的教唆犯、单纯赌博的教唆犯。另外，也有观点一方面认为常习性属于责任身份，另一方面却对于②这种情形，以常习性并非行为定型要素而是行为人定型要素为理由，认为构成单纯赌博的教唆犯（团藤 356 页）。但是，如果认为属于行为人定型要素，则更应该认定构成常习赌博的教唆犯。这是因为，即便是在教唆、帮助这种共犯行为里也有可能发现作为赌博惯习的常习性（参照大连判大正 3·5·18 刑录 20 辑 932 页、西田："共犯与身份"，现代讲座第 3 卷 269 页以下）。

四、开设赌场、聚集赌徒罪

开设赌场或者聚集赌徒，以图谋利的，处3个月以上5年以下惩役（第186条第2款）。

所谓开设赌场罪，是指自己主持并提供赌博场所，例如设立“铁火场”或“卡即诺”① 等赌博场所。对于诸如以接受电话投注的方式进行赌博，而参与者并不集中在一起的情况，判例也认定构成本罪（最决昭和48·2·28刑集27卷1号68页就是有关棒球赌博的判例）。所谓“以图谋利”，是指以从中获利为目的，例如，以进场费、手续费、抽头等名义从参与赌博者处获取财产性利益的就属于这种情况，但不以实际获得了利益为必要。如果赌博主持人自己亦参与了赌博，则构成本罪与赌博罪的并合罪（数罪并罚）（大判明治42·5·27刑录15集665页）。

聚集赌徒罪中的“赌徒”，是指那些具有赌博惯习或以赌博为业的人；所谓“聚集以图谋利”，是指与赌徒之间形成老大、下属之间的关系，为这些人在一定区域之内（划分底盘）进行赌博提供便利，并意欲从中获取对价（团藤358页）。

五、彩票罪

发售彩票的，处2年以下惩役或者150万日元以下罚金（第187条第1款）。

代售彩票的，处1年以下惩役或者100万日元以下罚金（同条第2款）。

除前两款规定之外，授受彩票的，处20万日元以下罚金或者科料（同条第3款）。

彩票，与中奖一样，是指以事先发售号码牌的方式而聚集金钱或其他财物，然后通过抽签或其他具有偶然性的方法，在购买者之间进行不平等的利益分配（团藤358页）。与赌博之间的差别在于，发售彩票者并不承担丧失财产的风险。判例认为，只要未被抽中者并未丧失财物，便不构成本罪；至于无法获得出资的利息等，则并不包含在内（大判大正3·7·28刑录20辑1548页）。但是，按照该判例的观点，则允许贪图侥幸性极高的金融商品（例如，采取抽签的方式，凡抽中者给以高利息，而未抽中者则没有利息）存在，值得商榷。在悬赏定期存款的情形下，只要该赏金是由资金筹集成本

---

① “铁火场”与“卡即诺”均为赌场的一种形式——译者注。

(利息）以外的其他特别资金来承担，则并不构成本罪。

本罪行为为发售、代售、授受彩票的行为。所谓代售，是指在发售者与购买者之间进行周旋的行为；所谓授受，是指除彩票购买行为之外的不包括发售与代售行为的其他授受行为。

第三节　有关礼拜场所与坟墓的犯罪

一、概说

刑法典第二十四章“有关礼拜场所与坟墓的犯罪”是为了保护国民宗教生活中的风俗、习惯，以及国民对死者所一般具有的虔诚、尊崇之情。由于并不是保护特定的宗教，因而并不违反《宪法》第20条所保护的信教自由。本章规定了不敬礼拜场所、妨害传教等罪（第188条)、挖掘坟墓罪（第189条)、损坏尸体等罪（第190条)、挖掘坟墓损坏尸体等罪（第191条)、以及密葬非正常死亡者罪（第192条)，其中，第192条之罪属于行政管制规定，而不同于其他犯罪。

二、不敬礼拜场所罪

对神祠、佛堂、墓地以及其他礼拜场所公然实施不敬行为的，处6个月以下惩役或禁锢或者10万日元以下罚金（第188条第1款)。

本罪客体为神道、佛教的礼拜场所、墓地以及其他（例如基督教）的礼拜场所。尽管并非某特定宗教的相关设施，但诸如原子弹爆炸慰灵碑、姬百合塔等一样，只要是基于一般宗教感情而被尊崇之物，就可以认定相当于礼拜场所（岩村修二·大解说7卷298页)。但并不包括附属于礼拜场所的办公场所、仓库等设施。

所谓“公然”，是指为不特定或多数的人所能察觉之状态。判例重视结果的公然性，例如，凌晨两点左右，行为人在并无行人经过的公共墓地推倒了大约40块墓碑，判例认定此行为构成本罪（最决昭和43·6·5刑集22卷6号427页)。所谓“不敬行为”，是指有辱礼拜场所之神圣并有害于一般宗教感情的行为。除了损坏、除去、掀倒礼拜场所、礼拜物（佛像等）以及墓石等行为之外，扔脏物、乱涂乱画等行为也属于不敬行为。对于作出向墓地小便的姿势的行为，就有判例认定构成本罪（东京高判昭和27·8·5高刑5卷8号1364页)。

三、妨害传教等罪

妨害传教、礼拜或葬礼的，处 1 年以下惩役或禁锢或者 10 万日元以下罚金（第 188 条第 2 款）。

本罪是妨害传教、礼拜或葬礼之罪。妨害手段除语言、动作之外，还包括诈骗手段。通说认为并不需要实际造成了妨害，但笔者认为，至少需要造成了外观上的混乱。

四、挖掘坟墓罪

挖掘坟墓的，处 2 年以下惩役（第 189 条）。

所谓“坟墓”，是指埋葬人的尸体、遗骨、遗物等而成为礼拜对象的场所。通说认为，尸体也包括具备人体的形状的死胎（参照《有关墓地、埋葬等的法律》第 2 条第 1 款）。至于并非祭祀对象的古坟，则不属于本罪所谓的坟墓（大判昭和 9·6·13 刑集 13 卷 747 页），但有时可依据《文化遗产保护法》（第 107 条之 2）予以处罚。所谓“挖掘”，判例认为，是指“全部或部分除去覆盖在坟墓上的土，或者破坏并解体墓石等，以损坏坟墓的行为”，并不要求达到将坟墓内的棺材、遗骨、遗体等显露在外的程度（最决昭和 39·3·11 刑集 18 卷 3 号 99 页）。

五、损坏尸体等罪

损坏、遗弃或者侵占尸体、遗骨、遗发或者藏置于棺内之物的，处 3 年以下惩役（第 190 条）。

通说、判例认为，除了尸体的一部分之外，尸体还包括具有人体形状的死胎（大判昭和 6·11·13 刑集 10 号 597 页）。所谓“藏置于棺内之物”即入棺物，是指陪葬品。损坏，是指物理性损坏。遗弃，是指将尸体等移动之后予以抛弃、隐匿。通说、判例认为，按照法令、习惯并无埋葬祭祀义务者在并未将尸体移动位置，而仅仅是放置不管的情况下，其行为也作为不真正不作为犯构成遗弃（大判大正 6·11·24 刑录 23 辑 1302 页）。侵占，是指取得对尸体等的占有，从侵占尸体的犯人手中购买尸体的行为也属于侵占。问题在于，在侵占了陪葬品的情况下，如果行为人具有盗窃罪中的非法占有的意思之时，除本罪之外是否还成立盗窃罪。肯定说很有影响（小野 154 页、团藤 363 页），但考虑到本条的法定刑要轻于盗窃罪，笔者认为，还是只应成立本罪（大判大正4·6·24刑录21辑886页、平野267页、中森278页）。杀人罪、伤害致死罪分别与本罪构成并合罪，这是业已确定的判例观点（大判昭和8·7·8刑集12辑1195页、最判昭和34·2·19刑集13卷2号161页）。

六、挖掘坟墓损坏尸体等罪

犯第189条之罪，损坏、遗弃或者侵占尸体、遗骨、遗发或者其他藏置于棺内之物的，处3个月以上5年以下惩役（第191条）。

本罪是挖掘坟墓罪（第189条）与损坏尸体等罪（第190条）的结合犯，这是着眼于挖掘坟墓的目的多在侵占尸体与陪葬品这一点上而规定的。挖掘坟墓的犯人只有在侵占了尸体等之后才构成本罪，但从挖掘坟墓、侵占尸体等的犯人手中购买尸体等的行为则并不构成本罪，而是仅构成第190条一罪。

七、密葬非正常死亡者罪

未经尸检便埋葬非正常死亡者的，处10万日元以下罚金或者科料（第192条）。

本罪是为了实现警察目的或调查犯罪的目的而规定的一种行政管制法规。因此，本罪所谓“尸检”，并不包括那种针对显然不属于因犯罪事件而死亡的自杀、旅途病逝而实行的行政尸检，而仅仅是指刑事诉讼法第229条所规定的司法尸检。判例认为，所谓“非正常死亡者”，是指死因不明的非自然死亡者（大判大正9·12·24刑录26辑1437页）。但是，考虑到本罪还具有确保调查头绪的目的，应该说，除了刑诉法第229条所谓“有非正常死亡之嫌的尸体”之外，还包括尽管死因清楚，但显然是因犯罪事件而死亡的情形（大谷533页、中森279页）。

第四编 针对国家法益的犯罪

第一章 针对国家存在的犯罪

第一节 内 乱 罪

一、概说

刑法典第二编第二章“内乱罪”，是试图以暴力改变日本国宪法所规定的国家基本政治组织的犯罪，在否定宪法这一意义上，属于重大犯罪。第二章规定了内乱罪（第 77 条）、预备、阴谋内乱罪（第 78 条）、帮助内乱等罪（第 79 条），其法定刑均为禁锢刑，其理由在于，这些犯罪均是基于爱国心等的政治犯、确信犯（即所谓非破廉耻罪）（小野 10 页）。另外，由于犯罪重大，以高等裁判所为第一审（《裁判所法》第 16 条）。

二、内乱罪

以破坏国家的统治机构，或者在其领土之内排除国家主权以行使权力，以及以其他破坏扰乱宪法所确定的基本统治秩序为目的而实施暴动的，为内乱罪，按照下列区别分别处断：(1) 首谋者，处死刑或者无期禁锢；(2) 参与谋议或者指挥群众的，处无期或者 3 年以上禁锢，其他从事各种职务的，处 1 年以上 10 年以下禁锢；(3) 附和随行以及其他仅参与暴动的，处 3 年以下禁锢（第 77 条第 1 款）。

处罚前款的未遂。但对于同款第 3 项所规定的人员，则不在此限（同条第 2 款）。

本罪属于目的犯，以“破坏扰乱宪法所确定的基本统治秩序”为目的而实施暴动才成立。在这一点上区别于骚乱罪（第 106 条）。所谓“破坏国家的统治机构”，是指废止宪法所确定的代表民主制度与议院内阁制度等基本统治制度，并不包括以打倒各个具体的内阁、政府为目的的情形（大判昭和 10·10·24 刑集 14 卷 1267 页：五·一五事件）；所谓“在其领土之内排除国家主权以行使权力”，是指在日本国的部分地区成立独立国家，排除我国的领土主权，以上均属于“破坏扰乱宪法所确定的基本统治秩序”的行为。

所谓“暴动”，是指由多数人所实施的集团性暴行、胁迫行为，通说认为，该行为应达到有害于某一地方的平稳的程度（团藤17页、大塚532页。相反，内田597页、大谷539页、中森284页则认为必须是达到动摇国家基本组织的程度的强力行为）。已经开始了作为集团行动的暴动，但尚未达到有害于某一地方的平稳的程度之时，则为本罪的未遂。与骚乱罪一样，作为本罪手段的暴行、胁迫是最广义的暴行、胁迫，但通说认为，作为暴动的内容之一所实施的杀人、放火行为等不再构成他罪，而为本罪所吸收（前揭大判昭和10·10·24）。

本罪属于必要共犯中集团犯的一种，将参与者区分为：（1）首谋者；（2）参与谋议者、指挥群众者；（3）从事各种职务者；（4）附和随行者而分别处罚，但不处罚附和随行的未遂。与骚乱罪不同，本罪要求是在某种程度上组织化的集团。参与谋议者，是指参与计划谋议而辅佐首谋者的人；指挥群众者，是指在暴动之际指挥群众者；从事各种职务者，是指在内乱实行之时，从事除参与谋议、指挥群众等行为以外的其他重要职务（例如，准备粮食、弹药）者。至于处于集团外部的其他人能否构成本罪各行为人的共犯这一问题，以本罪是必要性共犯（集团犯）这一点为理由的否定说很有影响（团藤18页、大塚534页）。就帮助行为而言，由于可以适用后述的帮助内乱罪，确实没有必要适用总则的帮助犯规定。但是，笔者认为，对于教唆内乱、教唆参与内乱的行为，并无排除适用总则的共犯规定的理由（大谷541页、中森285页。参照《防止破坏活动法》第38条）。

三、预备、阴谋内乱罪

预备或者阴谋内乱的，处1年以上10年以下禁锢（第78条）。

所谓预备内乱，是指以实行内乱犯罪为目的，为其作准备，诸如筹集武器、弹药、粮食，召集参与者等就属于预备行为。所谓阴谋，是指2人以上为实行内乱犯罪而进行计划并且达到合意，但其计划不必是具体计划。犯本罪者在暴动之前自首的，必要性地免除其刑罚（第80条）。

四、帮助内乱罪

供给武器、资金或粮食，或者以其他行为帮助前两条（第77、78条）之罪的，处7年以下禁锢（第79条）。

本罪将帮助实施内乱罪，预备、阴谋内乱罪的行为规定为独立的犯罪类型。所谓“其他行为”，是指为阴谋提供场所等行为。就本罪的成立要件，有以下两种观点相互对立：(1) 以作为正犯的内乱罪或其预备、阴谋罪的成立为必要（团藤21页、大塚535页、曾根278页）；(2) 不以正犯的成立为必要（小野13页、大谷542页、中森508页、前田431页）。应该说，在预备、阴谋罪成立之前，没有必要独立处罚其帮助行为，因此，笔者认为 (1) 说更为妥当。

犯本罪者在暴动之前自首的，必要性地免除其刑罚（第80条）。

第二节　有关外患的犯罪

一、概说

刑法典第三章“有关外患的犯罪”，是为了处罚使外部势力向日本国行使武力，或者在外部势力向日本国行使武力之时予以协助，从而危及我国之存在的行为。由于具有背叛祖国的性质，其法定刑与内乱罪不同，均为惩役刑。由于《宪法》第9条规定了“放弃战争”，因而在昭和22年（1947年）大幅改正了本章之罪，除修正了第81、82条的用语之外，还删除了第83～86条的为敌对国谋利的行为、为敌对国实施间谍的行为，以及第89条的针对战时同盟国的行为等相关处罚规定。

二、外患诱致罪

与外国通谋，致使其对日本国行使武力的，处死刑（第81条）。

处罚本条的未遂（第87条）、预备、阴谋（第88条）。

所谓“外国”，是指外国的政府、军队、外交使节等国家机关，不包括作为个人的外国人以及外国的私人团体。所谓“致使其行使武力”，是指致使其行使军事力量，从而危及我国安全，并不一定限于国际法上的战争。其法定刑仅为死刑一种，并不认可其他选择刑，这也是本罪的特征所在。

三、外患援助罪

当外国对日本国行使武力时，予以协助，服务于其军务或者提供其他军事上的利益的，处死刑、无期或2年以上惩役（第82条）。

处罚本条的未遂（第87条）、预备、阴谋（第88条）。

本罪是处罚在“当外国对日本国行使武力时”这一构成要件性状况之下，对此予以协助的行为。“服务于其军务”，包括非战斗人员的行为。所谓“提供军事上的利益”，是指供给武器、弹药、粮食，以及提供情报等行为。

第二章　有关国交的犯罪

第一节　概　　说

刑法典第四章“有关国交的犯罪”规定了损坏外国国章罪（第92条）、预备、阴谋私战罪（第93条）、违反中立命令罪（第94条）。就其保护法益，有观点认为该章之罪是针对外国国家法益的犯罪（团藤164页、大塚627页）。但是，日本刑法仅仅保护外国法益，实属疑问，笔者认为，还是应该理解为保护日本的外交利益（平野292页、大谷546页、中森289页）。另外，刑法典曾经规定就针对逗留在日本的外国君主、总统的暴力、胁迫、侮辱（第90条）、针对派遣至日本的外国使节的暴力、胁迫、侮辱（第91条）等行为予以处罚，但1947年的刑法改正删除了针对皇室之罪（第73～76条），考虑到两者之间的平衡，也同样删除了第90条与第91条。

第二节　有关国交的犯罪

一、损坏外国国章罪

> 以侮辱外国为目的，损坏、撤除或者污损该国国旗等其他国章的，处2年以下惩役或者20万日元以下罚金（第92条第1款）。
>
> 前款之罪，非经外国政府请求不得提起公诉（同条第2款）。

以对外国施以侮辱为目的而损坏其国章等构成本罪。其性质具有两面性，既有毁损器物罪的一面也有针对外国的侮辱罪的一面，但最终是以我国外交利益为其保护法益。

本罪客体为外国的国章。通说认为，本罪所谓的“外国”包括我国尚未承认也并无外交关系的国家。即便是尚未承认的国家，但只要将来有与我国建交的可能性，就应包括在本罪的“国家”之中，应该说通说的观点是妥当的（小暮编〔佐伯〕604页）。但并不包括联合国等超国家组织。所谓“国章”，是指象征该国权威之物件，除了国旗之外，还包括陆海空军旗、大使馆徽章等。就本条所谓“国章”是否应限于公开悬挂之物，存在争议。将本罪的成立仅限于该国国家机关所公开悬挂的情形，尽管有失偏狭，但考虑到本罪具有针对外国的侮辱罪的含义这一点，在私人悬挂的情形下，也应限于作为象征国家权威之物而在公共场所（例如，国际运动场）悬挂的场合。

本罪行为为损坏、撤除、污损国章的行为。损坏，是指物理性损坏；撤除，除了移动位置之外，还包括用胶合板等予以遮挡的行为（最决昭和40·4·16刑集19卷3号143页）；污损，是指涂抹油漆或其他脏物而使之污秽不洁。

在与他罪的关系问题上，与损坏器物罪（第261条，法定刑为3年以下惩役或者30万日元以下罚金或科料）之间的关系容易引起争议。有观点认为与本罪之间构成观念竞合（大塚629页、内田404页、前田503页），但笔者认为，还是只应成立本罪一罪（中山497页、大谷548页、中森290页）。尽管本罪当然相当于损坏器物行为，但仍然只是规定了相对较轻的法定刑，其理由可能就在于，本罪具有针对外国的侮辱罪这种特性，以及国章本身的财产性价值一般较低。尽管如此，如果仍然坚持构成观念竞合，则通常优先适用损坏器物罪的法定刑，那么，也便丧失了本罪规定较轻法定刑的意义。

二、预备、阴谋私战罪

以私自对外国实施战斗行为为目的而进行预备或阴谋的，处3个月以上5年以下禁锢。但是，自首的，免除刑罚（第93条）。

以私自对外国作战为目的而进行预备或阴谋的，本罪规定予以处罚。这里所谓“外国”，是指作为国家权力肩负者的外国。因此，并不包括在外国杀伤外国人或实施抢夺行为的情形。所谓“私自”，是指非经我国国家意志。单纯的暴动行为尚不足以构成“战斗行为”，这里的战斗行为是指有组织的武力攻击、防御。本罪仅处罚预备、阴谋，而不处罚私自战斗行为本身（《改正刑法草案》第126条规定处罚私战本身，第4条还规定处罚其国外犯）。因此，按照杀人罪、放火罪予以处罚（但是，在国外实施该行为之时，限于第3条所规定的国外犯处罚范围）。

三、违反中立命令罪

在外国交战之际，违反有关局外中立之命令的，处3年以下禁锢或者50万日元以下罚金（第94条）。

在外国交战之际，有违我国的中立立场而为交战国一方谋利的，本罪规定予以处罚。究竟什么是所禁止的对象，只有根据具体的局外中立命令才得以确定，因此，本条属于空白刑罚法规。但由于政府的命令无法直接设置刑罚规定，因而本条的“命令”是指法律或基于法律的命令（政令）。

第三章　针对国家职能的犯罪

刑罚典为了保护立法、司法、行政等国家统治机能，作为妨害执行公务的犯罪（第五章），规定了妨害执行公务罪、职务强要罪（第95条）、破弃封印等罪（第96条）、妨害强制执行罪（第96条之2）、妨害拍卖等罪（第96条之3）；作为主要针对司法机能的犯罪，规定了脱逃犯罪（第六章、第97～102条）、藏匿犯人以及隐灭证据等犯罪（第七章、第103～105条之2）、伪证犯罪（第二十章、第169～171条）、虚假告诉犯罪（第二十一章、第172、173条）；作为渎职犯罪（第二十五章），规定了由公务员实施的滥用职权犯罪（第193～196条）、受贿罪（第197条以下）、行贿罪（第198条）。其中，妨害执行公务的犯罪与针对司法机能的犯罪是从外部侵害国家机能，相反，渎职犯罪则是从内部侵害国家机能的行为。另外，这些犯罪之中，有些犯罪不仅将国家而且也将地方公共团体的机能作为其保护对象（例如，妨害执行公务罪、职务强要罪、妨害拍卖等罪、虚假告诉的犯罪、渎职的犯罪）。

第一节　妨害执行公务的犯罪

一、妨害执行公务罪

在公务员执行公务时，对其实施暴行或者胁迫的，处3年以下惩役或者禁锢（第95条第1款）。

（一）保护法益

尽管本罪行为的客体是公务员，但其立法意图并不在于着重保护公务员的身体与自由，其保护法益最终还是公务员公务的顺利执行（因此，并不违反《宪法》第14条。最判昭和28·10·2刑集7卷10号1883页）。这里所谓公务，包括国家以及地方公共团体的立法、司法、行政的所有机能。

（二）公务员

本罪的保护法益为公务的执行，其范围在于公务员的职务，因而公务员的含义值得探讨。就公务员的含义，《刑法》第7条第1款作了如下定义，即“国家或地方公共团体的职员以及其他依据法令而从事公务的议员、委员等其他职员”，其实质在于“依据法令而从事公务的职员”。“议员”、“委员”是其例示，“国家或地方公共团体的职员”也同样是其例示。议员，是指参众两院的议员以及地方公共团体议会的议员等（另外，诸如皇室会议、安全保障会议的成员也称为议员）；委员，是指依据法令被委以一定公务的非常勤的职员，各种审议会的委员、劳动委员会委员、教育委员会委员、调停委员等就属于此（相反，公正交易委员会委员、证券交易等监察委员会委员等则属于一般的公务员）。所谓国家或地方公共团体的职员，是指国家公务员法、地方公务员法意义上的职员。当然不包括外国的公务员（最判昭和27·12·25刑集6卷12号1387页）。

所谓“依据法令”，是指有关其任用与职务，均有命令、条例上的根据（大判昭和12·5·11刑集16卷725页）。公务，是指国家或地方公共团体的事务。问题在于，出于一定的国家目的而设立的公共组合（例如防止水灾组合）、公团、金库、公库等公用法人的职员的事务是否属于本条所谓的公务。对于公用法人的职员的事务，判例一般倾向于认定为公务（例如，有关水利组合的判例大判昭和5·3·13刑集9卷180页），但学界的主要观点则认为，应该根据该公用法人的事务的性质（公法色彩的强弱）分别判断（团藤39页、大塚559页）。但是，公用法人的事务的性质现在日益多样，即便具有公法色彩，但其界限并不明确。再者，就多数公用法人的职员而言，已规定将其“视为公务员”①，因此，没有必要对并未规定为“准公务员”者也认定其具有公务员性质（平野277页、大谷553页、中森294页）。就“职员”的含义，大审院认为，不能称为官制、职制或法令上的职员者，则不是公务员，那么，旧宪法中除官吏、公吏以外，政府所征雇的负责实际业务的邮政收发人与一般的工匠、民工便并无不同，因而并不构成妨害执行公务罪，而仅构成妨害业务罪（大判大正8·4·2刑录25辑375页）。相反，最高裁认

---

① 视为公务员：所谓“视为公务员规定”，是指以特别法的形式，规定将公用法人的职员等相关人员“视为依据法令从事公务的职员”或者“就刑法等其他罚则的适用，视为依据法令从事公务的职员”。对于基于这种规定被视为公务员者，认定其在刑法上与公务员受相同的保护（妨害执行公务罪等），也承担相同的责任（受贿罪等）。例如，准起诉程序中的指定律师（刑诉法第268条第3款）、日本银行的董事、职员（《日本银行法》第30条）、日本道路公团的董事、职员（《日本道路公团法》第18条）、住宅金融公库的董事、职员（《住宅金融公库法》第16条）、国家公务员互助组合的事务性职员（《国家公务员互助组合法》第13条）等。（在本书中将“视为公务员者”译为“准公务员”——译者注。）

为，尽管“单纯从事机械的体力性劳务者”并不属于职员，但根据民事诉讼法、邮政法等的规定，邮政收发人的事务也担负着一定精神性劳务，最高裁判所并以此为理由而认定其属于公务员（最判昭和35·3·1刑集14卷3号209页）。对于最高裁判例的这种观点，学界有一种批判观点影响很大，该观点认为，即便是从事机械的体力性劳务者，如果其事务具有权力性或者是作为国家或地方公共团体的事务而实施，则仍应认定其属于公务员（平野277页、大谷555页、曾根283页、中森294页）。这种批判确实是妥当的，而且，从最高裁判所判例使用“单纯”机械的体力性劳务这一措辞也显然可以证实，最高裁并无否定这种观点的意思。如果这样理解的话，那么，作为“公务”的要保护性的要件，最高裁判所提出的上述限定也应该是妥当的。

（三）职务的范围

有关本罪所谓职务的范围，判例认为，除了单纯机械的体力性劳务之外（前揭最判昭和35·3·1），“公务员所处理的各种事务均包括在内”（最判昭和53·6·29刑集32卷4号816页：长田电报局事件、以及有关旧国铁职员业务的判例最判昭和59·5·8刑集38卷7号2621页）。对此，“公务区分说”在学界很有影响，该说认为，只对公务作妨害执行公务罪（第95条）与妨害业务罪（第233、234条）这种双重保护并不具有合理性，应该区别对待：对于私企性质的①、（非管理性的）现场操作性质的公务认定只构成妨害业务罪，而对除此之外的其他公务则仅认定构成妨害执行公务罪（团藤48页、中山503页、曾根283页、中森296页）。但是，首先，贡献于社会福利事业的公务理应着重保护；其次，对于非现场操作性公务（例如，议会内的议长的公务）仅在受到暴行、胁迫之时才予以保护，则对公务的保护并不充分，因此，判例的立场更为妥当（平野275页、大塚563页、大谷557页也是同样意见），应该采取“限定积极说”，即仅仅将对于妨害具有自己排除力的公务从妨害业务罪的业务中加以排除。

（四）执行职务的范围

由于本罪保护的是公务而非公务员，因此，针对公务员实施的暴行、胁迫也必须加上“在执行职务时”这一限制条件。有关其含义，最高裁判所认为，应该限定在“开始执行具体的、个别的、特定的职务之后，直至执行完毕为止的时间范围之内，或者，因马上便要开始执行该职务而与该职务的执

① 这里的“私企性质”，是指诸如铁路运营等，主要由官方负责，但同时也可以由民营企业单独经营的为公众利益服务的业务，这里所要探讨的是这种由民营企业经营的为公众服务的业务是否具有“公务”的性质——译者注。

行在时间上紧紧相连无法分割并可以将两者视为具有一体性关系的范围之内的职务行为”，那么，对于旧国铁的车站职员在上班集合点名之后而前往交接班工作地点的途中，对职员施以暴行的行为，最高裁判所以这两种职务之间并不具有一体性为理由，而否定成立本罪（最判昭和45·12·22刑集24卷13号1812页：国铁东滩车站事件）。按照最高裁判所的这种观点，则除了职务执行之中的行为以及准备马上着手执行职务的行为之外的其他行为，均应排除在“职务的执行”的范围之外。例如，下面这些情形就应否定属于执行职务：前往职务执行地点的行为以及执行的准备行为（大阪高判昭和50·6·4高刑28卷3号257页持否定意见，认为并不属于执行职务；而高松高判昭和48·10·30高刑26卷4号512页则持肯定态度）、中途休息时间以及待命状态（对于正当班执勤而处于中途在值班室休息状态的警官，大阪高判昭和53·12·15高刑31卷3号333页否定属于执行职务之中；对于派出所内正处于如厕状态的警官，大阪高判昭和51·7·14刑月8卷6、7、8号332页则肯定属于执行职务）、职务刚执行完毕等。

上述最高裁判所判例所作的限定性解释应该说基本上是合适的，但所谓与执行职务在时间上具有连续性以及具有一体性，这并不是形式上的标准，对此应根据具体情况进行实质性判断，对于上述判例的情形，如果对于在集合点名之后与交接班执行职务进行实质性考察，也能认定两者之间具有一体性，因此，也有认定构成本罪的余地。同样，与职务行为紧密相连的准备行为、为执行职务而处于待命状态的情形，也应该属于本罪的保护对象。正是出于这种考虑，其后的最高裁判所判例对于执行职务的认定有所变化：以电报局长这种统括性职务在性质上具有一体性、继续性为理由，对于为了应对被告人而只得暂时中断执行职务的局长施以暴行的行为，判定构成本罪（前揭最判昭和53·6·29：长田电报局事件）；旧国铁的司机在乘务交接完毕之后，而前往事务人员处进行下班点名的途中，对该司机施以暴行的行为，最高裁判所以下班点名属于与乘务密切相连的职务为理由而判定成立本罪（最决昭和54·1·10刑集33卷1号1页：国铁小牛田车站事件）；因被告人等的抗议而使得议会无法议事，县议会委员长只得宣布委员会暂时休会休息，在该委员长正要走出议会之时对其施以暴行的行为，最高裁判所认为，委员长是在执行维持委员会秩序并处理争议这一职务，因而成立本罪（最决平成1·3·10刑集43卷3号188页：熊本县议会事件），应该说这些判例都是妥当的。

（五）职务的合法性

1. 是否需要具有合法性

本条并未明文规定必须具有职务合法性，为此，曾有观点认为成立本罪并不一定以合法执行职务为必要（小野20页，但现在的通说、判例均认为必须具有合法性大判大正7·5·14刑录24辑605页。东京高判昭和33·7·28裁特5卷9号370页、鹿儿岛地判平成2·3·16判夕726号239页更是明确指出了这一点）。对于违法执行职务的行为没有必要运用刑法来加以保护，而且对于违法执行职务的行为甚至有可能实施正当防卫，因此，公务合法应该属于当然的要件，可将其理解为“不用叙明的构成要件要素”（通说。对此，团藤51页、内田612页、中森299页认为是违法要素；香川39页则认为是客观性处罚条件）。但是，问题在于在此之前，即首先必须探究具备何种条件才属于合法执行公务，以及应该由谁在什么时点来对此进行判断。

2.合法性的要件

对于执行职务的合法性要件，学说、判例认为必须具备以下三点：(1)该职务的执行属于该公务员的抽象性职务权限之内；(2)该公务员具有执行该职务的具体职务权限；(3)执行该职务之时，履行了作为公务有效要件的法律程序、方式的重要部分。

首先，基于法治主义的原理，应由法律来确定并授予公务员的职务权限，因而理所当然地要求具备要件(1)。判例认为，警官从事入场费的支付调解斡旋的行为只要不属于其抽象性职务权限，便不能说是合法的职务行为（大判大正4·10·6刑录21辑1441页）。

其次，要件(2)的宗旨就在于，具体的职务行为必须具备法律上的要件。例如，执行官尽管具有强制执行的抽象性权限，但也仅限于在得到具体委任之时，才可以合法地实施强制执行行为（《执行官法》第2条）。还有，在不具备《刑事诉讼法》第212条所规定的具体要件的场合，不允许实施逮捕现行犯的行为（大阪地判昭和31·11·8判时93号25页）；如果不具备《警官职务执行法》第2条第2款所规定的具体要件，则要求派出所同行的行为属于违法行为（静冈地沼津支判昭和35·12·26下刑2卷11、12·26下刑2卷11、12号1562页）。相反，因对方涉嫌酒后驾车而进行职务讯问时，由于对方试图发动汽车而关掉对方汽车引擎的行为，便属于合法职务行为（最决昭和53·9·22刑集32卷6号1774页）；被委以整理交通的警察为了进行职务讯问，抓住向其吐痰者的胸口并将其带至人行道的行为，便属于合法职务行为（最决平成1·9·26判时1357号147页）。另外，如果超越任意搜查所允许的实力行使界限，则作为违法要件(2)的行为，而否定其具有合法性。

最后，对于并不完全具备法律所规定的执行公务的手续与方式的公务执行行为，在什么限度之内通过本罪对该行为予以保护呢？要件（3）解决的是这种行为的要保护性的问题。有学说认为，合法性的认定仅限于违反任意规定或训示规定的情形（大塚565页、曾根285页）；但从协调保护公务与保护国民人权的观点出发，只要没有违反有关保护对方的权利与利益的必要且重要的程序性要件，那么，该行为至少在刑法上属于值得以本罪来加以保护的合法职务行为（藤木23页、中森297页、平川519页）。尽管判例对此并未作出一般性判断，但可以说倾向于这种观点。例如，有关税务官在未携带检查章的情形下而进行所得税调查的案件，最高裁判所认为，有关应携带检查章的规定并不仅仅是训示规定，如果对方要求出示检查章，而税务官却并未携带、出示检查章，则该职务执行行为属于违法行为；如果对方并未要求出示，则并不能因其偶尔未携带检查章而马上认定其行为属于权限外行为（最判昭和27·3·28刑集6卷3号546页）。有关县议会议长违反规则进行议事的案件，最高裁判所认为，即便该行为因违反会议规则而并不完全具备法令上的合法要件，但为了使其免受暴行等的妨害，至少在刑法上属于值得保护的职务行为（最大判昭和42·5·24刑集21卷4号505页）。另外，有关在执行逮捕之时，尽管携带了逮捕令却并未向嫌疑犯出示该逮捕令的案件，判例认为，“诸如逮捕嫌疑犯这种行为，是为了强制实现国家的权力意思，这种行为直接干涉了国民的基本人权，在这种情况下，就必须严格理解其合法性要件”，从而判定该逮捕行为属于违法行为，并不值得通过本条来保护（大阪高判昭和32·7·22高刑10卷6号521页）；正是出于同样的观点，对于在并未告知对方大致涉嫌事实的情况下便实施紧急逮捕的行为，判例以并未履行重要手续为理由，而判定该行为违法（东京高判昭和34·4·30高刑12卷5号486页。大阪地判平成3·3·7判夕771号278页）。

3. 合法性的判断标准

关于由谁来判断是否具备执行职务的合法性要件这一点，主要有以下学说：主观说，即如果公务员自身真实地相信自己在执行公务则为合法行为（柏木77页、大判昭和7·3·24刑集11卷296页）；折中说，即以行为之时一般人的判断作为标准（木村301页、川端363页）；客观说，即应由裁判所作客观判断（团藤53页、平野278页等），现在客观说属于通说。在客观说中还存在纯客观说，即应以裁判之时作为合法性的判断时点（大塚567页、福田15页、中山504页、曾根285页）。按照这种观点，即便具备了合法的逮捕要件，如果在裁判之时判明并不属实，则逮捕行为属于违法行为，并不构成妨害执行公务罪。期待并无犯罪事实者不予反抗确实很难，从这一点上看，该观点也有一定道理（内田618页根据紧急避难而认定存在无罪的余地，可能也是基于这种考虑），但对于在执行职务之时属于合法的行为，应该给以充分的保护，因此，笔者认为行为时基准说更为妥当（团藤53页、平野278页、大谷562页、中森297页、平川520页，最决昭和41·4·14判时449号64页也可以说是持该立场）。

4. 合法性的错误

尽管执行职务的行为属于合法行为，但如果对方误认为该行为属于违法行为而予以妨害，对此应如何处理，存在以下学说：属于法律错误，并不阻却故意（藤木26页、大判昭和7·3·24刑集11卷296页）；由于违法性属于构成要件要素，因而属于事实错误，阻却故意（植松25页、吉川357页、村井敏邦·《妨害执行公务罪的研究》287页〔1984〕、前田442页、平川521页）；二分说，即应该区分区别对待给合法性奠定基础的事实以及违法性评价，只有对前者存在错误认识才构成事实错误（中273页、大塚572页、福田15页、曾根286页，大阪地判昭和47·9·6判夕306号298页可以说也是持该立场）。从对于轻率的错误应该保护公务执行行为这一观点出发，法律错误说也存在一定合理性。它并不认为职务的合法性属于构成要件要素，而是将其理解为违法要素或客观性处罚条件的观点，可能也正是考虑到了这一点。但是，既然将合法性理解为构成要件要素，那么，将有关合法性的错误一律作为法律错误，则并不合适。由于合法性也可以区分为奠定其基础的事实与对其的评价，例如，明明出示了逮捕令，但对方并未认识到这一点，则属于对于奠定合法性基础的事实存在错误认识，应作为事实错误阻却故意；相反，如果对前提事实并不缺乏认识，而仅仅是对其如何评价存在错误认识，则属于法律错误，并不阻却故意，因此，在笔者看来，二分说更为合适。

（六）暴行、胁迫

本罪行为为暴行或胁迫。本罪所谓暴行，较暴行罪（第208条）中的暴行含义更广，不限于针对公务员身体所实施的行为，而是不问直接还是间接，凡针对公务员所实施的非法有形力（间接暴行）均属于本罪的暴行（最判昭和37·1·23刑集16卷1号16页）。判例正是基于这种观点对本罪的暴行概念进行了扩张，认定下述行为均构成本罪：公务员扣押了卡车，可行为人却将装载在卡车上的香烟扔到地上（最判昭和26·3·20刑集5卷5号794页）；将公务员查封的装私酿酒的瓶子打碎（最判昭和33·10·14刑集12卷14号3264页）；损坏公务员所查封的装有兴奋剂的小玻璃试管瓶（最判昭和34·8·27刑集13卷10号2769页）；在公务员实施强制执行之时，对公务员的辅助人员施以暴行（最判昭和41·3·24刑集20卷3号129页），等等。

由于本罪并不仅仅是处罚“作为结果的妨害公务”，所以，尽管暴行属于间接行为，但也应该加上“针对”公务员这一限制。因此，即便属于针对某物体或第三者的暴行，但如果该暴行并未间接地给公务员造成物理性影响力，则不能将这种行为也认定为本罪的暴行（平野279页、大塚570页、曾根287页、中森300页）。为此，间接暴行的认定应当限于该行为在公务员面前实施的场合（仙台高判昭和30·1·18高刑8卷1号1页）。

另外，本罪所谓胁迫，较胁迫罪（第222条）中的胁迫的含义也更广，告知将加以侵害的行为只要达到足以让人畏惧的程度即可。针对公务员本身的侵害告知行为当然属于本罪的胁迫行为，如果只是针对第三者的侵害告知行为，即便该行为并不构成人质强要罪，但如果站在公务员的立场上，只能踌躇不前的话，也属于本罪的胁迫行为。

本罪的暴行、胁迫只要达到足以妨害公务员执行公务的程度即可，并不以因此而发生妨害执行公务的结果为必要（最判昭和33·9·30刑集12卷13号3151页：凑川公园事件）。在此意义上，本罪属于抽象性危险犯（植松27页、平野279页、藤木21页、大谷564页）。有这样一个判例：在警官试图强行解散未经许可的抗议游行之时，行为人向警官投掷了一次石块，但并未命中，对此，原判判定“还不应认定构成妨害执行公务”，但最高裁判所却撤销原判，并认为，本案中的投掷石块的行为尽管并未命中，但由于具有妨害对方行动自由的性质，因此，即便只是瞬间行为也仍然构成本罪的暴行（前揭最判昭和33·9·30：凑川公园事件，名古屋高判昭和27·9·24高刑5卷11号1856页也是同样的意见）。另外，在针对县议会议员的抗议行为的过程中，行为人将宣传册卷圆之后两、三次指向职员面孔，其中有一次碰到了职员的下巴，对此，最高裁判所判定构成本罪的暴行（最判平成1·3·9刑集43卷3号95页）。但是，作为本罪保护法益的公务包括各种情形，既有具有自我排除力的权力性公务，也有非权力性公务，因此，对于是否达到“足以妨害执行公务的程度”，也应该作相对性判断，那么，针对警官的强制行为如果仅仅是实施了轻微的暴行、胁迫，则存在可以认定还不足以构成本罪的余地。

（七）罪数、与他罪之间的关系

由于本罪的保护法益为公务，因此本罪的罪数也应该根据所妨害的公务的个数来决定（通说）。作为手段的暴行、胁迫并不构成他罪而为本罪所吸收，如果构成伤害罪、强要罪、抢劫罪、杀人罪，则属于观念竞合（大塚572页、中森301页。但木村304页则持反对意见）。另外，对于尚未达到构成本罪以及妨害业务罪程度的妨害公务行为，特别法规定了很多妨害质问检查罪（例如，《国税征收法》第188条、《所得税法》第242条第8项、《食品卫生法》第32条第1项、《禁止垄断法》第94条等）。

二、职务强要罪

为了使公务员作出或不作出某项决定，或者为了使其辞职，而实施暴行或胁迫的，与前款（第95条第1款）同（第95条第2款）。

本罪属于强要罪（第223条）的特别罪，在保护公务员将来的职务这一意义上，具有补充妨害执行公务罪的机能。一旦实施了暴行、胁迫行为，即构成本罪的既遂，并不要求公务员实际作出了某项决定（大判昭和4·2·9刑集8卷59页），与强要罪不同的是，本罪并不处罚未遂。本罪属于目的犯，要求是出于使公务员实施一定的作为或不作为，或者使公务员辞职的目的而实施暴行、胁迫行为。暴行、胁迫的含义与妨害执行公务罪相同。

本条所谓公务员"作出决定"，泛指公务员依职务所实施的行为（大判明治43·1·31刑录16辑88页）。例如，出于使村议会议员放弃出席村议会的念头而实施暴行、胁迫的行为（大判大正8·7·22刑录25辑880页）、出于阻止市议会议员在委员会上发表某种言论的目的而实施暴行的行为（大判大正12·4·2刑集2卷291页）等就属于这种例子。为此，有观点认为，就不属于该公务员职务权限的决定而实施的暴行、胁迫，并不构成本罪，该观点很有影响（大判昭和2·7·21刑集6卷357页、平野280页、大塚573页、大谷567页、前田445页、曾根288页）。对此，最高裁判所以本罪并不仅仅是为了保护公务员执行正当职务的行为，而是试图以广泛保护其职务地位的安全为理由，认为应包括职务权限之外的决定行为，并就强要税务署长制作有关承认更正决定要求的文书的行为，判定构成本罪（最判昭和28·1·22刑集7卷1号8页）。但对于其判决理由则尚存疑问，应该说，强要公务员作出违法决定的行为妨害了公务的正当运行，因而可以认定构成本罪（中森301页）。

另外，即便是合法的决定行为，由于应认可公务员就是否作出某种决定存在裁量的余地，因此，只要非经正当手续，就可以认定构成本罪（最判昭和25·3·28刑集4卷3号425页。平野280页、曾根288页对此持反对意见）。相反，由于本罪与妨害执行公务罪一样，要求决定行为合法，因此，使公务员不作出某种违法决定的行为便不应构成本罪（团藤60页、平野280页、大塚574页、大谷567页、中森302页）。

三、破弃封印等罪

损坏公务员所张贴的封印或查封标记，或者以其他方法使封印或标记无效的，处2年以下惩役或者20万日元以下罚金（第96条）。

（一）客体

本罪的客体为公务员所张贴的封印或查封标记。本罪的保护法益为基于这些封印或查封标记所实现的公务员的执行职务的效力（例如，强制执行的效力），本罪在妨害执行职务、损坏或使得这些客体无效的行为限度之内进行处罚。

所谓“封印”，主要是就动产而言，作为禁止其开启、使用或其他改变现状行为的决定，由具有职权的公务员在其外部所张贴的封条等物质性设备。通常是盖了章的封条，但为了查封谷物，执行官在装谷物的麻袋上套上绳索，并将记载了相关必要事项的纸片绕在绳索上的场合，也相当于封印（大判大正6·2·6刑录23辑35页）。在强制执行的情况下，由执行官予以实施（《民事执行法》第123条第3款等）、或由国税征收官实施（《国税征收法》第60条第2款）等就是其典型事例，另外，通信事务人员依据法令在邮政包裹上张贴的封印（大判明治44·12·15刑录17辑2190页）、为了禁止贩卖含有有毒物的清酒，警官依据法令在酒桶上张贴的封印（大判大正5·7·31刑录22辑1297页）等也属于本罪的封印。所谓“查封”，是指公务员基于其职务而将应予保全之物移转至自己的占有之下的强制处分行为（大判大正11·5·6刑集1卷261页）。因此，动产的查封当然属于本罪的查封行为，另外，即便是基于民事保全法所实施的暂时查封或暂时处分，只要具有占有移转的特性，就属于本罪的查封行为之一。不动产或债权的查封由于并不含有占有移转，因而并不属于这里所谓的查封行为，但执行官为达到暂时保管不动产尔后将其销售的目的，而基于民事执行法所实施的保全处分行为（同法第55条第2款）；为了保护买受人的利益，执行官所实施的暂时予以保管的保全处分行为（同法第77条第1款）；为了保护已提出买受请求的查封债权人的利益，执行官所实施的暂时予以保管的保全处分行为（同法第68条之2）；在担保权实行过程中，执行官所实施的暂时予以保管的保全处分行为（同法第187条之2第2款）等包含其中。其他诸如基于《国税征收法》（第47条以下）的查封、基于《刑事诉讼法》（第107条以下）的查封也属于这里的查封行为。相反，命令他人作出一定的作为或不作为的决定行为，由于并不具有物之占有移转的特性，因而不属于查封行为（仙台高判昭和

43·2·29 下刑 10 卷 2 号 6 页)。所谓查封“标记”,属于封印以外的其他形式,是指为了明确表示已基于查封而由公务员取得了占有这一意思而张贴或竖立的标签、布告牌等。表明已处于执行官保管之下的公示书就是其例子。该表示并不一定要求张贴在查封物本身之上(高松高判昭和 27·8·30 高刑 5 卷 10 号 1612 页)。

(二)合法、有效表示的存在

由于本罪也属于妨害执行公务罪的一种,因此要求封印、查封标记也必须合法(大塚 576 页、福田 18 页、中森 303 页、曾根 288 页)。由于代理执行官的误解而对并非债务人的第三者的房屋实施了占有保管的暂时处分,对此,判例认为,由于并不能认定因执行行为存在重大且清楚的瑕疵而使得执行行为本身并不存在,因此,只要作为第三者的被告人并未基于执行方法异议或第三者异议而提请取消,则不得入住该房屋(最决昭和 42·12·19 刑集 21 卷 10 号 1407 页。藤木 29 页、河上和雄·大解说 4 卷 158 页对此持支持态度),应该说这一判决并不妥当。

其次,判例认为,要成立本罪,在行为时点必须存在合法、有效的封印、查封标记。因此,在第三者已经剥离损坏基于暂时处分的查封标记之后,即便债务人搬出或移转查封物也并不构成本罪(最判昭和 29·11·9 刑集 8 卷 11 号 1742 页,该最高裁判决撤销了认定成立本罪的名古屋高判昭和 29·3·29 判特 33 号 73 页);债务人在已经发出暂时处分命令的自己的宅基地内建造房屋的行为,如果在建造房屋之时是否存在查封标记并不明确,则并不构成本罪(最判昭和 33·3·28 刑集 12 卷 4 号 708 页)。可能会有人认为,即便对于明知存在暂时处分的债务人而言,也并不构成本罪,未免并不合理,但是,既然本罪仅在损坏封印、查封标记的范围之内才保护公务员所实施的处分行为的效力,应该说该解释是合适的(但是,这些情形可根据第 242 条、第 252 条第 2 款、第 262 条而认定构成财产犯)。在已处于执行官的占有之下而禁止继续施工的土地上,债务人让并不知情的第三者继续施工,此时,有关查封的公示标记已被包装纸覆盖并记上了塑料绳,对于这一案件,判例以一旦拆开包装纸就可以很清楚地看见公示标记所记载的内容为理由,认定构成本罪(最决昭和 62·9·30 刑集 41 卷 6 号 297 页)。对此判例批判意见很多(中森 303 页、曾根 288 页),但考虑到恢复原状的容易程度以及债务人本身的行为,应该说也可以构成本罪。

有关封印、查封标记的合法性、有效性的错误,在妨害执行公务罪中所谈到的二分说更为合适。如果误认为查封行为的主体并非公务员,或者误认为封印属于伪造之物,则作为事实错误而阻却故意,如果仅仅是误认为在法律上无效，则只是法律错误而已（最判昭和32·10·3刑集11卷10号2413页）。相反，对于因已偿还债务而误认为查封已丧失效力的案件，有判例认为属于事实错误（大决大正15·2·22刑集5卷97页），但是，只要不能认定查封标记已经当然无效或不存在，则在取消之前仍然具有效力（大判昭和7·2·18刑集11卷42页），因此，应该说该判例并不合适。

（三）行为

本罪行为为损坏封印、查封标记，以及以其他方式而使得其归于无效。并不仅仅是物理性损坏行为，搬出、销售查封物件本身的行为（大判昭和12·5·28刑集16卷811页）；使得浊酒从已贴有封印的酒桶中泄漏的行为（大判明治44·7·10刑录17辑1409页）；尽管已经移转至执行官的占有之下，且立有禁止进入的表示牌，仍然进入该土地之内进行耕作的行为（前揭大判昭和7·2·18）；尽管已经移转至执行官的占有之下，且贴有仅允许债务人个人使用的公示书，却仍然将该弹子店改装为吧台式酒吧的行为（最判昭和36·10·6刑集15卷9号1567页）；因受到暂时处分而归于执行官的占有之下，却仍然入住该房屋的行为（前揭最决昭和42·12·19）等就属于所谓其他方式。这种行为多属于出于妨害实行担保权或强制执行一般债权的目的。在所谓泡沫经济崩溃之后，在债权回收程序中，作为排除执行妨害的手段，更多地利用了本罪。

四、妨害强制执行罪

以逃避强制执行为目的，隐匿、损坏或虚假转让财产，或者承担虚假债务的，处2年以下惩役或者50万日元以下罚金（第96条之2）。

（一）保护法益

本罪是在1941年与妨害拍卖等罪一起新设的规定。关于其保护法益，学说间存在对立：（1）在保护作为国家功能之一的强制执行机能的同时，也保护债权人的利益，即债权的实现（团藤64页、大塚578页、福田20页）；（2）完全是为了保护债权人债权的实现这一利益（平野281页、藤木30页、大谷571页、前田447页、中森308页）。最高裁判所认为，“强制执行主要是实现债权的手段，该条最终是以债权人的债权保护作为其着重点”，从而采取了（2）说的观点（最判昭和35·6·24刑集14卷8号1103页）。采取强制执行制度的理由主要在于，为了谋求社会的安定，国家禁止由个人实施私力救济、私力执行，取而代之的是由国家代为保障实现个人权利，因此，强制执行制度的切实且平稳的实现，应该说也含有事关公共福利的国家法益的一面。正因为如此，刑法将本罪规定在“妨害执行公务的犯罪”这一章之中。因此，笔者认为（1）说的观点更为妥当。即便作此理解，本罪中的所谓强制执行，由于是以个人权利的实现为目的，应该说还是应限于基于《民事执行法》或者准用《民事执行法》而实施的强制执行（最判昭和29·4·28刑集8卷4号596页。因此，根据刑诉法490条而实施的罚金、科料等的强制执行也包含其中）。按照这种观点，根据《国税征收法》所实施的滞纳处分并不属于本罪的强制执行（团藤64页、大塚578页持反对意见。但是，该法第187条存在与本罪相同宗旨的处罚规定），而基于担保权的实现所实施的强制执行、暂时查封、暂时处分等民事保全执行当然包含在本罪的强制执行之中（大判昭和18·5·8刑集22卷130页）。既然本罪属于妨害执行公务罪的一种，当然要求强制执行必须合法。

与本罪相类似的犯罪还有，破产程序中的欺诈破产罪（《破产法》第374、376条）、公司更生程序中的欺诈更生罪（《公司更生法》第290条）（关于其详细情况，可参照小川新二：“破产法中的刑事处罚罚则的概要〔上〕〔下〕”，NBL594号6页以下；597号30页以下）。

（二）主体

判例、通说认为，本罪的主体并不一定限于债务人，也可以是第三者（前揭大判昭和18·5·8）。对此，也有一种学说颇有影响，该说认为，由于本条规定的是“以逃避强制执行为目的”，而并不包含“以使其得以逃避为目的”，因此，不应认为由与债务人并不处于共犯关系的第三者所实施的隐匿、损坏行为也构成本罪（藤木30页、大谷571页、中森305页）。考虑到《破产法》第378条对由非债务人之第三者所实施的犯罪已经作了规定，这种观点也有一定道理，但是，在个别执行的情形下，当债务人为法人之时，不可能存在与债务人之间的共谋，因此，对于并不存在《破产法》第378条以及第376条（准债务人的破产犯罪）这种规定的刑法而言，就会出现处罚上的漏洞。考虑到这一点，笔者认为，通说、判例的观点更为合适。

（三）目的

本罪属于目的犯，以存在“以逃避强制执行为目的”为必要。并不需要已经实际逃避了强制执行，也不需要已经实际执行了全部或部分强制执行（最决昭和35·4·28刑集14卷6号836页）。

判例认为，仅有犯罪人的主观性意图还不够，必须是“在有受到强制执行的现实可能性的客观状态之下……实施了本条所规定的行为”，因此，在并不存在执行名义而仅仅是提起了诉讼的情况下，“在刑事诉讼的审理过程之中，必须对作为其基本的债权的存在已经予以了肯定”（前揭最判昭和35·6·24），支持判例的这种观点的学说很有影响（平野281页、内田630页、大谷572页、曾根290页）。但是，考虑到以就权利关系存在争议作为其基本状态的保全执行也属于本条的强制执行，以及有必要对作为国家制度的强制执行机能予以保护，因而债务名义与债权的存在并不需要已经得到确定，只要在行为之时有存在债权的可能性即可（团藤64页、大塚579页、前田447页、中森304页）。如果债权证书属于债权人（名义上称为债权人者）的伪造，或者印章的盗用而作成，这种情况当然应排除在外，因此，所谓存在债权的可能性必须是指合理的可能性。

（四）行为

本罪行为为隐匿、损坏、虚假转让财产以及承担虚假的债务。财产除了动产、不动产之外，还包括债权。所谓隐匿，是指使得作为强制执行对象的财产的发现处于不可能或困难的状态。除了物理性藏匿之外，例如，在执行官的眼前搬走动产使之去向不明的行为（高松高判昭和31·1·19裁特3卷3号51页）；基于记载了虚构的金钱债权的公正证书，通过拍卖程序而使得债务人所有的物件归于虚假竞拍中标人手中的伪装行为（最决昭和39·3·31刑集18卷3号115页）；将钱款以他人名义进行存款（东京高判昭和33·12·22高检速报776号）；将未经登记的预制件结构的房屋予以解体，然后隐匿解体下来的材料（青森地判平成5·3·2未刊登在公开刊物上）；为了使抵押物件的租赁款免受查封，而将租借人改为皮包公司等行为就相当于隐匿行为。所谓损坏，是指除了物理性损坏之外，其他一切使得财产性价值减少的行为。为了使地皮成为空地皮后转卖，而损坏属于抵押物件的饭店的行为，除了本罪之外，还构成损坏建造物罪（东京地判平成5·10·4金融法务事情1381号38页）。所谓虚假转让，是指明明没有真实转让的意思，却与第三者通谋，使财产在形式上属于第三者所有。这属于广义上的隐匿行为的一种，不问有偿还是无偿。也包括未经对方同意而擅自将名义改为第三者名义的行为（东京高判昭和49·5·28高检速报2022号）。判例认为，如果具有真实转让的意思，即便是出于规避强制执行的目的，也并不属于虚假转让与隐匿行为（大阪高判昭和32·12·18裁特4卷23号637页。但多属于《民法》第424条所规定的诈害行为）。所谓承担虚假的债务，是指明明实际上并不存在债务，却假装存在债务。承担虚假债务的行为，是一种让虚假的债权人提出财产分配请求，然后将所分配到的财产又返回至债务人，从而规避强制执行的行为。与第三者通谋后设定虚假的抵押权（福冈高判昭和47·1·24刑月4卷1号4页）、基于虚构的公正证书而承担债务（福冈地大牟田支判平成5·7·15判夕828号278页）等行为就属于此。与虚假转让的场合一样，也包括擅自使用第三者名义的行为。因此，应该说这些行为的相对人作为必要性共犯并不具有不可罚性（大塚560页、中森305页。藤木31页、前田448页、大谷573页则持反对意见）。

五、妨害拍卖等罪

使用诡计或威力，实施足以妨害公开①拍卖或者招标公正的行为的，处2年以下惩役或者250万日元以下罚金（第96条之3第1款）。

（一）概说

本罪也是在1941年根据刑法部分改正而新设的规定。其保护法益为“公开拍卖或者招标公正”，具体而言，由于公开拍卖或者招标是基于参与人员的公正且自由的竞争而进行，因而应该理解为是确保债权人、拍卖、招标实施人的利益这一公开拍卖、招标制度的机能（有关这一点的详细论述，可参照京藤哲久：“竞争与刑法”，明治学院大学法学部20周年论文集〔1987〕353页以下）。

民事执行法中的不动产强制拍卖以及为实现担保权而进行的拍卖作为实现债权的最终手段具有相当的重要性，但是，迄今为止的拍卖由于与暴力集团串通在一起的所谓“拍卖家”集团的参与，而出现了妨害一般人参与拍卖，图谋降低最低拍卖价格的现象，从而使得拍卖制度并未得到正常运行。为了对此予以改进，1979年设立了《民事执行法》第134条、《民事执行规则》第34、47条，除了规定定期招标之外，还引入了限期招标制度，并规定可以进行投递投标，应该说这些措施使得“拍卖家”的投标妨害大为减少。但自1990年以来，为了处理随着所谓泡沫经济的崩溃而出现的庞大的不良债权，更多地实施了债权回收程序，其中，由暴力集团相关人员所引发

---

① 就本条的“公开”的含义，张明楷教授将其译为“公务机关或者公共团体”，严格来说，这种译法是正确的，因为日本的判例与学者均一致将其定义为“由国家或地方公共团体所实施的”拍卖、招标。但既然刑法条文并未作此明文规定，而仅仅使用了“公”这一用语（日语中的“公”，当然也有中文的“公家”的含义），且仍需由判例来确定（最决昭和28·12·10刑集7卷12号2418页），故译者以为，直译为“公开”更为简洁且合乎原条文——译者注。

的妨害拍卖的事件① 又呈多发趋势，因而普遍再度认识到了本罪的重要性（参照高木新二郎监修·《妨害执行对策的实务》〔新版〕〔1997〕）。

（二）公开拍卖、投标

有关"公开"拍卖、招标的含义，判例认为，"是指由公务机关，即国家或准照国家的团体所实施的拍卖或者招标"，即便是公用法人，"由其事务并不属于公务的团体所实施的拍卖或招标不属于这里所谓的'公开'拍卖、招标"（因此，东京高判昭和36·3·31高刑14卷2号77页认为，由健康保健组合所实施的投标并不属于本罪的招标），公务员的含义与前面所谈到的一致，也为了明确其范围，应该将本条的"公开"拍卖、招标理解为，限于由公务机关基于法令根据而实施的拍卖、招标。具体而言，是指民事执行法上的拍卖（出售）（同法第64、134、188条等）、会计法上的竞标（同法第29条之3）、预算决算以及会计令上的竞卖（第93条，以下简称为"预决令"）、地方自治法上的竞标（同法第234条）、地方自治法上的竞卖（第167条之14，以下简称为"自治令"）、国税征收法上的公卖（同法第94条）等。

所谓"拍卖"，是指公务机关为了出售某物件，敦促多数人以口头或书面的形式提出购买申请，继而向提出最高价额者作出承诺，并进行买卖交易的一种手续。现在很少使用口头形式，原则上采取书面投标（除了前面已经谈到的限期招标之外，还可参照《预决令》第93条、《地方自治法》第234条等的相关规定）。所谓"招标"，是指公务机关为了缔结物件的购买、工程

① 妨害执行的对策：作为妨害执行的代表性手段，主要有所谓"占有家"，即不法、或者主张短期租赁与使用租借而占据作为抵押物件的土地与建造物者。由于这种存在占有者的情况会记载在该物件的现实情况调查报告上，而一旦一般的购买意向人看到这种记录，大多会因怕引起麻烦而不参与投标，那么，在实际拍卖之时就很难出现所期待的竞相购买的场景，从而使得拍卖价格无限地接近最低销售价格。占有人要么据此要求不法搬迁款，要么让第三者廉价中标。其他妨害执行的手段还有：在抵押物件上刻上暴力集团某某组的标记；将汽车停在拍卖物件所在地，然后在车上挂上暴力集团某某组的纸条；在供一般阅览用的物件明细表中夹上暴力集团的名片等。这无疑也属于妨害一般人参与拍卖的行为。针对这种妨害执行的行为，1993年在《暴力团对策法》第9条有关禁止暴力性要求行为之中，增加了第12项规定，从而将显示对土地或建造物拥有支配的行为纳入警察的命令中止的对象之一。另外，1996年6月还改正了民事执行法，将为转卖而采取的保全处分的对象从债务人扩大到"不动产的占有人"（第55条），还新设了不动产拍卖开始决定之前的保全处分（第187条之2）等措施。这毫无疑问是针对上述"占有家"而采取的措施。在1998年的民事执行法改正中，还引入了针对以拖延执行程序为目的的执行抗告的简易驳回制度（第10条第5款第4项）。

的承包等有关竞争性合同，而让参与竞争者以书面形式表示合同内容，并与提出最有利条件者缔结合同的一种手续。拍卖、招标必须由有权机关合法实施（最判昭和41·9·16刑集20卷7号790页），如果公务机关显然实际上是与特定对象任意缔结合同，却假装履行招标程序，则这种情况并不属于本条所谓的招标（东京高判昭和36·5·4东时12卷5号59页）。

（三）行为

本罪行为为使用诡计或者威力，妨害公开拍卖或招标的公正。作为手段的诡计或威力的含义与妨害业务罪中的诡计或威力相同。下列行为就相当于诡计：将竞标的预定价格事先透露给某计划投标人的行为（最决昭和37·2·9刑集16卷2号54页）；将投标价格处于低价位的投标人的投标价格予以增额修正，从而使其中标的行为（甲府地判昭和43·12·18下刑10卷12号1239页）；拍卖物件的占有人向赶往当地进行实地调查（参照《民事执行法》第57条）的执行官主张虚假的租赁权，并使得执行官将这一宗旨写入实地调查报告的行为（鸟取地米自支判平成4·7·3金融法务事情1330号34页）；在决定开始拍卖不动产之后，就该不动产，向裁判所提交决定之前所缔结的内容虚假的短期租赁合同的行为（最决平成10·7·14刑集52卷5号343页）等。另外，由于一旦中标人交纳价款就取得不动产所有权（《民事执行法》第79条），因而即便是在出售许可决定之后，如果以在价款交纳之前虚构的租赁合同的存在为理由而实施执行抗告行为，则可以认定该行为属于诡计（高松地判平成10·4·27未登载在公开刊物上）。以下行为属于威力：在指名竞拍之时，胁迫其他受指名人接受私下串通的行为（最决昭和58·5·9刑集37卷4号401页）；在投标结束之后，缠住中标人及其律师，不断要求其放弃投标的行为（京都地判昭和58·8·1刑月15卷7、8号387页）；在招牌上用很大的字写上暴力集团的名称，并将该招牌竖立在已决定开始招标的建筑物的大门前的行为（冈山地判平成2·4·25判时1399号143页）；在裁判所所预备的物件明细表的复印件（参照《民事执行法》第62条）插入暴力集团的名片的行为（松山地判平成3·10·23金融法务事情1329号35页）；在中标之后交纳价款之前，针对提出最高购买价格的申请人，以威力方式要求其打消取得该不动产的念头的行为（最决平成10·11·4刑集52卷8号542页）等。应当说上述判例均是妥当的。所谓“妨害公正的行为”，是指有妨害依参加人员的公正且自由的竞争而实施公开拍卖或招标之虞的行为。因此，本罪属于抽象性危险犯，并不要求已实际妨害了公正。

六、串通罪

以损害公正价格或者获取不正当利益为目的，进行串通的，与前款（第 96 条之 3 第 1 款）同（第 96 条之 3 第 2 款）。

（一）本罪的沿革

串通是指就拍卖、招标的中标人以及中标价格的协定，在根据 1941 年的刑法改正新增本罪之前，串通行为是否构成诈骗罪引起了争议，但大审院持否定立场（大判大正 8·2·27 刑录 25 辑 252 页。但朝鲜高等法院大正 6·5·10 新闻 1286 号 23 页对此则持肯定态度）。其结果就导致在公务机关所主持的招标中，几乎是半公开地进行私下串通，从而促进了刑法改正。政府的提案将上述妨害拍卖等罪与串通罪并在一起，其内容为“使用诡计或威力，或者基于串通，而实施足以妨害公开拍卖或者招标的公正的行为的，处 2 年以下惩役或者 5 000 日元以下的罚金”。然而，对此，反对意见则指出，将所有的串通行为一律认定为违法行为是错误的，因为也有可能存在正当的串通行为。为此，修正案删除了原提案中的“或者基于串通”，而作为第 2 款重新规定了“出于损害公正的价格或者获取不正当的利益的目的而实施串通者亦同”，并获得通过，然后，1995 年根据刑法的平易化，而最终演变为现在的第 96 条之 3 第 2 款。

在该修正过程中，何为“公正价格”、“不正当利益”，以及应该将何种情况之下的串通排除在本罪之外，对此的确几乎没有进行任何探讨（有关本罪的立法沿革，参照高桥胜好·有关串通招标的研究〔1952〕、牧野良三·竞拍与串通〔1953〕、山本雅昭：“有关串通罪之目的的一点考察”，法学 61 卷 1 号 129 页以下）。正因为立法宗旨的不明确，就本款的解释与适用出现了后述的各种问题。

（二）串通的含义与类型

本罪所谓的“串通”，是指在由国家或地方公共团体所实施的拍卖或竞标中，出于本款所规定的目的，拍卖或招标的参与者相互通谋，为了让某一特定人中标，其他人就在一定的价格以下或以上进行投标达成协议（最决昭和 28·12·10 刑集 7 卷 12 号 2418 页）。其结果在于，妨害了拍卖、招标过程中的公正且自由的竞争，并导致了由公正的自由竞争所可能形成的中标价格更低的价格（在拍卖的情形下）或者更高的价格（在招投标的情形下）成立合同，因而使得拍卖物件的权利人或者公共工程的发标人蒙受经济上的损失。应该说这才是本罪的处罚根据之所在。

由于本罪当然预想到复数参与人的存在，因而本罪属于必要性共犯之一的集团犯，那么，除了招标等的参与人之外，其他诸如串通行为的中间人（俗称为“串通家”）等也可能成为本罪的主体。只要是存在有碍自由竞争之危险的串通行为，由部分参与投标人所实施的串通行为也构成本罪（最判昭和32·12·13刑集11卷13号3207页）。只要出于所规定的目的实施了串通行为，本罪即告既遂，无须已依照串通内容实际付诸了行动（前揭最决昭和28·12·10）。

串通可以分为以下两种类型：伴有收受串通金或者已作此约定的类型（称其为“获取不法利益型”）以及不伴有这种情况的类型（称为“妨害公正价格型”）（乡原信郎：“串通招标、卡特尔”，藤永幸治编·公司犯罪〔系列搜查实务全书4〕222页〔1994〕）。通过串通而商定预定中标人以及中标价格，作为补偿而向其他参与者支付串通金，或者约定支付串通金，这种情况就属于典型的获取不法利益型。另外，中标人作为原承包金而收取一定的金额，尔后将所中得的工程转包，再由工程承包商向其他参与者支付串通金，这种情况就属于另一种形式的获取不法利益型。还有下面这种情况：伪造成企业共同体（joint venture），表面上由数家施工单位一起中标，而实际上仅由一家单位实施工程，其他施工单位名义上向该单位派遣技术人员，实则参与串通金的分配。相反，所谓妨害公正价格型主要是指下面这种情况：并不采取分配串通金的方式，一定地域之内的建筑单位针对一定地域的一定的发标人所发出的公共工程的标书，按照特定的规则（例如，按顺序决定，或者按照以往的中标成绩决定等），调整中标人，并通过串通而使得工程利益趋于平稳。现在的串通的实际情况为由获取不法利益型而转向妨害公正价格型，这使得本罪的适用越来越难。

（三）目的

本罪属于目的犯，必须存在“损害公共价格的目的”或者“获取不法利益的目的”，但就其含义，学说间尚存在对立。

有关“公正价格”的含义，判例已经确立了“竞争价格说”，即“并不是指离开招标这一观念而客观测定的公正价格，而只能是指在该招标过程中，基于公正自由的竞争所可能形成的中标价格”（前揭最决昭和28·12·10，最判昭和32·1·22刑集11卷1号50页等也持相同观点），通说对此也持支持态度。相反，下级审则主要持“适当利益价格说”。该观点的要旨在于，从本罪的立法经过可以看到也存在正当的串通投标行为，另外，如果将招标完全置于自由竞争之下，可能会因相互斗气而出现“出血竞标”，最终导致企业倒闭以及工程不能完成的恶果，基于上述理由，应该将“公正价格”理解为“就该工程而言，具有最有利条件的单位，在其实际成本之上再加上适当利润而得出的价格”。按照这种观点，在上述价格范围之内的串通行为则并不具有损害公正价格的目的，因而也不构成本罪（东京高判昭和28·7·20判特39号37页、大阪高判昭和29·5·29判特28号133页、大阪高判昭和29·10·30判特1卷追录759页、东京高判昭和32·5·24高刑10卷4号361页）。支持该观点的学说在学界也有一定影响（大塚583页、中山518页、大谷576页、中森307页）。在持该观点的下级审判例中，对司法实务具有很大影响力的判决莫过于大津判决（大津地判昭和43·8·27下刑10卷8号866页）。该判决认为，在伴有串通金的情形之下，由于在投标价格之上还要另外加上这笔费用，因而会导致最低投标价格的上扬，或者，由于还可能会通过偷工减料而削减实际成本，因而该情形属于违法行为；但如果仅仅是试图通过串通而调整中标人，则该串通行为并不构成本罪。这一判决已就此确定下来，其后，对于不伴有串通金的串通行为，就是在司法实务中也越发难以被起诉（参照太田茂：“判批”，警论49卷11号179页以下）。

但是，笔者以为，适当利润价格说并无合理性。理由在于，首先，适当利润价格这一概念的内容并不明确。这是因为，通过企业削减成本的努力，工程的实际费用以及利润本身具有可变性。其次，如果具有最有利条件者并非中标者的场合，则只能说该观点并不合适。前揭东京高判昭和28年7月20日认为，在这种情况下，只要中标者是通过削减自己的利润而在适当利润价格范围之内订立合同，则并不构成本罪，只能说这种解释与该说的前提自相矛盾①。如此，按照竞争价格说来理解公正价格可能更为恰当（详细论述可参照西田典之：“串通罪之备忘录”，松尾浩也先生古稀祝贺论文集·上卷429页以下〔1998〕）。因此，所谓“损害公正价格的目的”，在竞标的情形下，是指尽管认识到如果不进行串通而展开公正自由的竞争，则有可能会

① 自动中标制度的例外：现在，由国家或地方公共团体所实施的竞拍采取预定价格制度，也就是在事先设定的预定价格的限度之内，提出了最有利价格（即最低价格者）者原则上自动成为中标人（自动中标制度）。但在这种制度之下，有导致竞标单位之间的低价竞争愈演愈烈之虞。另外，如果以过低价格中标，还有导致偷工减料的危险。正是考虑到这一点，国家实施了“低中标价格调查制度”，如果存在以中标者所提出的价格难以切实履行该合同内容的情况，则按顺序认定下一位的最低价格投标者为合同另一方（参照《会计法》第29条之6第1款的但书、《预决令》第84条以下）。就地方公共团体而言，在签订工程或制造的承包合同之时，除预定价格之外，还事先同时设定了最低限制价格（参照《地方自治法》第234条第3款但书、《自治令》第167条之10第2款、第167条之13）。

以相对低价中标，却仍然以抬高中标价格为目的；在拍卖的情形下，是指尽管认识到有可能以相对高价中标，却仍然以压低中标价格为目的。在近期的检察实务中，站在竞争价格说的立场上，以串通罪进行起诉的做法再次活跃，即便是在下级审判例中，出于同样观点而作出的有罪判决也呈增加趋势。例如，就以社会保险厅为发标人的“蒙眼带串通事件”所作出的判决就属于此类情况（东京地判平成6·3·7判タ874号291页。另外还有，神户地姬路支判平成1·3·22、高松地判平成6·1·17、高知地判平成7·5·1等，这三个判例均未在公开刊物登载。详细论述可参照太田前揭“判批”）。

所谓“不正当利益”，判例认为，是指因串通而获取的利益，“超过了社会一般意义上的‘礼金’的程度，而达到不恰当的高额”（最判昭和32·1·22刑集11卷1号50页），但是，如果该利益是作为让对方让出中标者这一地位的对价而提供，则应该说并不存在是否属于不恰当高额的问题。所谓“礼金的程度”，应该理解为并不具有这种对价性的车费、日津贴、盒饭费等。其典型事例为串通金，另外，也包括以分包的形式从中标者处接受利益分配的情形（前揭东京地判平成6·3·7）。然而，通过调整中标者，而得到将来的中标机会的，应该说并不属于这里所谓的利益。很多情况下，既有损害公正价格的目的也有获取不法利益的目的，由于两者在理论上属于不同的构成要件，因此，只要认定其中任何一项，便无须再对其他目的进行证实（福冈高判昭和29·11·30高刑7卷10号1610页）。尽管支付串通金者并非获取不正当利益者，但作为本罪的必要性共犯，仍应受到处罚（河上和雄·大解说4卷211页）。

（四）与他罪之间的关系

合乎本罪的行为同时也有可能同时符合禁止垄断法所规定的不当限制交易罪（同法第3、89、95条），在前述以社会保险厅为发标人的“蒙眼带串通事件”中，法人业务主以该罪名被告发、起诉，并被判定有罪，从中就可很清楚地看到这一点（参照东京高判平成5·12·14判タ840号81页）。但是，两罪之间存在以下差别：串通罪并不处罚法人；以及就禁止垄断法中的不当限制交易罪而言，以公平交易委员会的告发为诉讼条件（专属告发）、且东京高判为第一审裁判所（专属管辖）。另外，不当限制交易罪必须是对“一定交易领域”内的竞争进行了实质性限制（同法第2条第6款），那么，作为其对象的投标串通必须已延伸到一定规模的地域之内，且必须具有时间上的连续性，还应该是大规模的交易，因此，如果就小规模招标仅实施了一次串通，则只构成本罪（最判昭和32·12·13刑集11卷13号3207页。参照小木曾国隆：“有关禁止私人垄断以及确保公平交易的法律〔禁止垄断法〕”，平野龙一等编·注解特别刑法补充卷〔3〕IV65页〔1996〕，详细论述还可参照西田典之：“禁止垄断法与刑事处罚”，岩波讲座现代之法6卷〔1998〕）。而就自然人行为者（从业人员）而言，两罪处于观念竞合的关系。因此，在以这两种罪名起诉从业人员之时，就应该向东京高裁一并起诉（刑诉法第3条第2款。参照小木曾·前揭书第67页）。

第二节 脱逃犯罪

一、概说

刑法典第六章所规定的“脱逃犯罪”，是以国家的羁押权作为法益的犯罪。这里的羁押要求是合法羁押。主要是基于刑事司法程序的羁押权，但根据犯罪类型的不同，也并不一定只限于此。

本章之罪分为自己脱逃之罪（第97、98条）与使他人脱逃之罪（第99、100、101条），作为保护对象的羁押权也因犯罪类型的不同而不同。由于单纯脱逃罪缺乏期待可能性，因而也有认定其不可罚的立法例（如德国刑法），但我国刑法典并未采取这种做法。

二、单纯脱逃罪

因执行裁判而被羁押的已决犯或者未决犯脱逃的，处1年以下惩役（第97条）。

处罚其未遂（第102条）。

（一）主体

本罪主体，在1995年刑法改正之前，规定为“已决或未决之囚犯”，由于“囚犯”这一用语负面印象过强，因而修正为现在的用语。之所以使用“因执行裁判而被羁押的”这一用语，其目的就在于要使得排除被逮捕者这一宗旨更为明确（参照松尾·刑法的平易化第45页）。

所谓已决犯，是指经过确定裁判而羁押在监狱法所规定的监狱内的犯人。包括为执行自由刑（惩役、禁锢、拘留）而被关押的犯人、已宣判为死刑但在执行死刑之前而被关押的犯人，除此之外，还包括因不能完全缴纳罚金或科料而作为换刑处分被关押在劳役场的犯人。通说认为，不包括已经执行收监令但尚未收监者（青柳101页、植松38页持反对意见）。但是，只要一旦收监，因为改换监狱或者因要出庭而被押送者，以及在监狱之外从事相关劳务者也是本罪的主体。另外，由于少年院并非监狱，因而不包括因受保护处分而收容在少年院之内的少年。所谓未决犯，通说认为，是指依据羁押证而被羁押在拘留所或代用监狱（《监狱法》第1条第3款）的被告人（刑诉法第60条以下）、嫌疑犯（同第207条）（判例有宇都宫地判昭和25·12·20判例体系322卷137页、札幌高判昭和28·7·9高刑6卷7号874页）。相反，从立法沿革来看，认为还应包括因执行逮捕令而被留置的嫌疑犯的观点也很有影响（平野283页、平野："脱逃罪的处罚范围"，判时1556号3页），但正如前面所谈到的那样，这一问题因1995年的刑法改正已在立法上予以解决（但如果将逮捕令理解为裁判官的许可令，则仍然存在可理解为"因执行裁判"的余地，即便如此，也并不包括因现行犯逮捕、紧急逮捕而实施的留置）。还包括在羁押之后因需进行鉴定而继续被留置者（刑诉法第167、224条）。但判例多认为，被留置者的处遇必须与被羁押者处于同一程度的羁押状态（仙台高判昭和33·9·24高刑11卷追录1页、福井地判昭和46·2·16刑月3卷2号105页等）。但这里也不包含因执行羁押证而被拘捕者。

（二）行为

本罪行为为脱逃。脱逃是指脱离被羁押状态。由于本罪也处罚未遂行为，因而有必要探讨其着手时点。如果正在监狱之内从事劳务或者正处于移动状态之中，则只要开始脱逃即可，而被羁押在牢房之中者，则必须是逃到牢房之外（仙台高判昭和24·9·24判特5号31页）。逃至监狱（代用监狱）之外或者脱离看守人员的实力控制范围之外，则告既遂。因此，尽管逃出了牢房但仍在监狱之内的场合（广岛高判昭和25·10·27裁特14号128页）；从裁判所的卫生间逃走后，马上被发现，并被追捕且不一会便被逮捕的场合，则仅属于未遂（福冈高判昭和29·1·12高刑7卷1号1页）。相反，被羁押在警察的留置所内的被告人从该处脱逃，且一旦在街头消失，然后因受紧急通缉，而在30分钟之后被逮捕，则构成既遂（东京高判昭和29·7·26东时5卷7号295页）。

三、加重脱逃罪

前条规定的人或者已受到拘传证执行的人，损坏羁押场所或拘束用器具、实施暴行或胁迫，或者2人以上通谋脱逃的，处3个月以上5年以下惩役（第98条）。

处罚其未遂（第102条）。

（一）主体

除了前条所规定的主体之外，本罪的主体还包括"已受到拘传证执行的人”。所谓拘传，是指就被告人（刑诉法第58条）、证人（同第125条、民诉法第194条）、接受身体检查的对象人（刑诉法第135条）等，裁判所作出将其带至一定场所的裁判；所谓拘传证，① 是指为了执行该拘传而由裁判所下达的裁判书（令状）。“受到执行的人”包括处于拘捕之中者，并不要求已经被拘捕或者已经被留置（团藤75页、大塚587页）。另外，还包括依据逮捕令而被逮捕的嫌疑犯、因执行收监证或羁押证而处于收监之前者，但通说认为并不包括作为现行犯而被逮捕或被紧急逮捕的嫌疑犯（福冈地小仓支判昭和29·7·26裁时166号132页认为不包括依据逮捕令而被留置者，但东京高判昭和33·7·19高刑11卷6号347页则持反对意见，认为应包括在内）。

（二）行为

本罪包括以下三种行为：（1）损坏羁押场所或者拘束用器具；（2）暴行、胁迫；（3）2人以上以相互通谋为手段而脱逃。（1）所谓拘束用器具，是指手铐、逮捕用绳索等。损坏限于物理性损坏。如果被押送者并未损坏手铐以及绳索，而仅仅是将其解开后脱逃，判例认为这种情况仅仅构成单纯脱逃罪（广岛高判昭和31·12·15高刑9卷12号1336页）。由于本罪的着眼点在于手段的性质恶劣与重大，应该说这种判决是妥当的。（2）的暴行、胁迫限于针对看守人员及其辅助人员所实施，但如果针对第三者的暴行、胁迫达到了相当于针对看守人员等的胁迫的程度，则在此限度之内应该认定为本罪的手段。（3）的通谋，是指就脱逃本身及其时间、方法等进行意思联络。之所以将其认定为本罪的手段，是因为如果多数人同时脱逃，则成功脱逃的危险性更高（平川535页）。

就类型（1）的着手时点，一般认为是在出于脱逃的目的而开始损坏羁押场所或拘束用器具之时（最判昭和54·12·25刑集33卷7号1105页），但如果仅仅是损坏了羁押场所的一部分，便马上认定构成未遂，则值得商榷，在并未产生从羁押场所脱逃的具体可能性之时，应该仅限于构成损坏建筑物罪（佐贺地判昭和35·6·27下刑2卷5·6号938页）。类型（2）的着手时点为出于脱逃的目的，开始实施作为其手段的暴行、胁迫之时（东京高判昭和54·4·24刑月11卷4号303页）。就类型（3）的着手时点而言，考虑到其加重理由，必须是2人以上实际着手脱逃（前揭佐贺地判昭和35·6·27），

① 在相关刑法译著中，就日本刑诉法上的“勾引状”与“勾留状”的翻译并不一致，这里统一采用宋英辉教授在《日本刑事诉讼法典》（中国政法大学出版社2000年版）中的译法，分别译为“拘传证”、“羁押证”——译者注。

如果通谋之后只有一人脱逃，则也有可能脱逃者仅构成单纯脱逃罪，而通谋者仅构成帮助脱逃罪。有关既遂时点，参照前条的解释。但是，就类型（3）而言，对于2人以上的脱逃者，应该分别认定其既遂、未遂。

四、夺取被羁押者罪

夺取依法被羁押的人的，处3个月以上5年以下惩役（第99条）。

处罚其未遂（第102条）。

（一）客体

本罪客体为依据法令而被羁押的人，较第98条的主体而言，其范围更广。所谓“依法被羁押的人”，如果对其作形式上的解释，那么，凡依据法令身体被羁押者均包括在内，但考虑到本罪主要是为了保护刑事司法的羁押机能，因此，这种羁押应当限定于以羁押为主要目的，且具有类似刑事司法机能的情形。

如此看来，除第97、98条所规定的因执行裁判而被羁押的已决犯、未决犯，拘传证或者准照拘传证的令状的被执行者之外，其他诸如因实施现行犯逮捕及紧急逮捕而被逮捕、留置者、根据《逃亡犯人引渡法》而被羁押者(同法第5条)、根据《有关维持法庭等秩序的法律》而被监置者（同法第2条)、依据《出入境管理以及难民认定法》而被收容在入境收容所者（同法第39条）可以成为本罪的客体；相反，依据《精神保健以及精神障碍福利的法律》而被采取措施人院者（同法第29条）或者暂时入院者(同法第34条)、作为《少年法》的保安处分而被带至儿童自立援助设施者(同法第24条、《儿童福利法》第44条)、依据《警官职务执行法》而受到保护者(同法第3条)等则并不包含其中。问题在于,依据《少年法》而被收容在少年院以及少年鉴别所者(同法第24、17条)是否属于本罪的客体。在学界,认为属于本罪客体的学说处于支配地位(团藤76页、大塚589页、大谷581页),也有下级审判例持该立场(福冈高官崎支判昭和30·6·24裁特2卷12号628页),但是,如果对该拘束的宗旨在于保护处分这一点予以重视,则应该持否定态度(平野284页、植松40页、中山523页、中森311页)。

（二）行为

关于作为本罪行为的“夺取”,通说认为,是指将被羁押者移转至自己或第三者的实力控制范围之内,如果仅仅是予以释放,则构成帮助脱逃罪(第100条)而并非本罪。由于帮助脱逃与本罪行为之间行为类型并不相同,因此,即便仅仅是予以了释放,笔者认为也构成本罪。因而所谓“夺取”,是指使得被羁押者脱离羁押者之支配的一切行为(平野 284 页、中森 311 页)。

五、帮助脱逃罪

出于使依法被羁押者脱逃的目的，提供器具或者实施其他使其容易脱逃的行为的，处 3 年以下惩役（第 100 条第 1 款）。

出于前款的目的，实施暴行或者胁迫的，处 3 个月以上 5 年以下惩役（同条第 2 款）。

处罚其未遂（第 102 条）。

本罪是为了处罚脱逃的教唆、帮助行为。由于客体为“依法被羁押者”，那么，在脱逃者本身并不构成脱逃罪的情况下，也有可能成立本罪。前面已经谈到，由于期待可能性较低，脱逃罪的主体有所限制且其法定刑也得到一定减轻，但就脱逃行为的帮助者而言，由于其本身并不存在这种减轻因素，因此，将此类行为认定为脱逃罪的教唆、帮助行为并不合适，故另外设定了本条。在此意义上，本罪是处罚脱逃罪等的独立教唆、帮助行为，因而即便被羁押者构成脱逃罪，其帮助行为也仅构成本罪。

有关“依法被羁押者”的含义，参照夺取被羁押者中的相关论述。要成立本罪，必须存在“使其脱逃的目的”（目的犯）。本罪行为为提供脱逃用器具等使得脱逃更为容易的行为。例如，提供脱逃用器具、告知脱逃路线或警卫状况。对于出于使被羁押者脱逃的目的而实施了暴行、胁迫者，加重其刑。这种暴行、胁迫并不一定限于针对看守人员等实施，但必须是使得脱逃更为容易。也不要求已经实际脱逃。在实施足以使脱逃更为容易的行为的时点，或者出于使被羁押者脱逃的目的而实施暴行、胁迫的时点，即达到既遂，基本上难以想见本罪的未遂。尤其是在本条第 2 款的暴行、胁迫的场合，由于前条规定，出于夺取被羁押者的目的而实施了暴行、胁迫，但并未成功之时则限于未遂，因两者之间法定刑相同，则难以否定两者之间存在不均衡（团藤 76 页、大塚 590 页①、大谷 583 页、中森 313 页），因此，只能是按照究竟是出于夺取的目的还是出于帮助的目的而加以区别。

---

① 对此，大塚仁教授认为，“如果出于夺取被羁押者的目的而实施了暴行、胁迫，在夺取止于未遂之时，构成夺取被羁押者罪的未遂，得以减轻刑罚；然而，如果出于使被羁押者脱逃的目的而实施了暴行、胁迫，则构成本罪，其刑与夺取罪的既遂相同。仅仅依据究竟是出于夺取的故意，还是出于使被羁押者脱逃的目的，而产生如此差异，并不妥当。但就现在而言，则只能是在量刑阶段寻求具体的妥当性”——译者注。

六、看守人员等帮助脱逃罪

依法看守或押送被羁押者的人使被羁押者脱逃的，处1年以上10年以下惩役（第101条）。

处罚其未遂（第102条）。

本罪是为了处罚看守人员或押送人员使得被羁押者脱逃的行为。主体限于看守人员或押送人员，属于身份犯。关于看守人员、押送人员的含义，通说认为，只要是依据法令而执行看守、押送任务者即可，不必要一定是公务员，但是，从法定刑很重这一点来看，还是应该限于公务员（藤木38页）。之所以在所有有关脱逃的犯罪之中，以本罪刑罚为最重，其理由就在于，本罪不仅妨害了国家的羁押权；而且由于本罪是由本应执掌羁押权者所实施，因而其侵害法益的可能性更大；再者，作为一种职务犯罪，还伴有损害了一般国民对于公务的切实执行之信赖这种法益。

有关“依法被羁押者”的含义，参照夺取被羁押者罪中的论述。本罪行为为使得被羁押者脱逃。有关其含义，通说认为，是指凡引起被羁押者脱逃，或者使得被羁押者脱逃更为容易的一切行为，但从其表述来看，还是应该限定于积极释放被羁押者的行为，或者默认被羁押者脱逃的行为（平野284页、中森313页）。因此，本罪并非前条（帮助脱逃罪）的加重类型，而属于构成性身份犯，因而凡对本罪实施了加功行为的非身份者应按照第65条第1款的规定构成本罪的共犯（即便认为本罪为前条的加重类型、属于不真正身份犯，由于其加重理由在于行为的违法性，因此，仍然应适用第65条第1款〔内田644页、曾根295页对此持反对意见〕）。

第三节 藏匿犯人与隐灭证据的犯罪

一、概说

刑法典第七章“藏匿犯人与隐灭证据的犯罪”是以包括犯罪搜查、刑事裁判、刑罚执行在内的国家刑事司法机能为保护法益的规定（最判昭和24·8·9刑集3卷9号1440页、最判平成1·5·1刑集43卷5号405页）。刑法典规定了隐匿犯人罪（第103条）、隐灭证据罪（第104条）、威迫证人罪（第105条之2），《爆炸物管制罚则》第9条规定前两者的加重类型。藏匿犯人罪是指妨碍发现犯人、拘束犯人的犯罪，隐灭证据罪是指妨碍在刑事裁判过程中利用适当证据的犯罪，两者多出于包庇犯人而实施。就犯人亲属为了犯人等的利益而实施上述犯罪的情况，刑法典还规定特例（第105条）。但是，这些犯罪也可适用于为了使得并未犯罪的人受到嫌疑而实施的场合。为了保护证人，1958年的刑法改正（法律第107号）增设了威迫证人罪，由于本罪类似于隐灭证据罪，而规定在本章之中。

二、藏匿犯人罪

藏匿已犯应处罚金以上刑罚之罪的人或者在羁押过程中脱逃的人，或者使其隐避的，处2年以下惩役或者20万日元以下罚金（第103条）。

（一）客体

本罪客体为已犯应处罚金以上刑罚之罪的人或者在羁押过程中脱逃的人。所谓"应处罚金以上刑罚之罪"，是指该罪的法定刑中包含了罚金以上刑罚。因此，应该排除仅应判处拘留或科料的犯罪（参照第10条），这些犯罪数量不多，例如侮辱罪（第231条）、轻犯罪法违反之罪等。

有关"已犯……之罪的人"的含义，存在三种学说之间的对立：(1) 认为必须是真正的犯罪人的学说；(2) 认为只要是作为犯罪嫌疑人而成为搜查对象即可的学说；(3) 认为必须是客观上具有浓厚的犯罪嫌疑的学说（大塚593页、前田459页、佐久间270页）。在学界，学说 (1) 处于支配地位；而判例则一贯采取学说 (2) 的观点，认为"如果不将因犯罪嫌疑而处于搜查之中者也包括在内，则难以达到立法目的"（前揭最判昭和24·8·9、大判大正12·5·9刑集2卷401页等），支持判例这一观点的学说也有一定影响（藤木212页、冈野294页、中森314页）。首先，学说 (3) 因基准并不明确，在实际使用之时难以采用。学说 (1) 的理由在于，"已犯……罪的人"这一表述的文理，如果并非真正的犯人则侵害刑事司法机能的程度降低（违法性的减少），隐匿非真正犯人这一行为的期待可能性较低（有责性的减少）。但是，如果成功地藏匿、隐避了嫌疑犯、被告人，则要证明其为真正的犯人会更为困难（中森315页）；其次，即便在本罪的审理过程中认定被藏匿者等的真犯人性，但其正确性也存在一定限度，而如果被藏匿者被判决无罪，则只能认定为再审事由；再者，如果确信对方并非真正的犯人，则总会阻却本罪的故意。因此，如果将嫌疑人、被告人排除在本罪对象之外，则只能说会大大有损于立法宗旨。如此看来，应该是学说 (2) 更为合适（但判例似乎认为，在搜查开始之前的阶段，以真犯人性为必要。参照最判昭和28·10·2刑集7卷10号1879页。藤木40页对此持支持态度，但在理论上是否一以贯之，尚存疑问）。

相反，因已达公诉时效、刑被废止、恩赦、亲告罪中的告诉权的消灭等原因，而不再具有追诉、处罚的可能性时，那么，藏匿、隐避此类人员的行为便不再具有损害刑事司法机能的危险，因而也不构成本罪。但是，在亲告罪中只是尚未被告诉者以及只是受到不起诉处分者，还有可能成为本罪的客体。“已犯……罪的人”当然包括共犯、未遂犯、具有可罚性的预备、阴谋犯在内。如果共犯人藏匿、隐避自己的犯罪的其他共犯人，这种情况是否构成本罪在学说上存在争议，关于这一点，可参照隐灭证据罪的相关说明。

所谓“在羁押过程中脱逃的人”，是指依据法令而被羁押者（参照第99条）。从羁押状态脱逃的行为不一定需要构成脱逃罪，包括被夺取的羁押犯人。以本罪为根据，有观点认为，应该将夺取被羁押者罪（第99条）的客体限定于基于刑事程序而被羁押者（平川539页）。该观点确实有值得关注的一面，但是，笔者认为应该理解为：本罪的“在羁押过程中脱逃的人”这一部分已经将对于刑事司法机能的保护不再限于刑事程序，而是已扩展到了其他程序。

（二）行为

本罪行为为藏匿犯人、使犯人隐避。所谓藏匿，是指提供场所供其躲避；所谓使其隐避，是指除藏匿行为之外的其他一切使其免予被官方（警方）发现、拘捕的行为（大判昭和5·9·18刑集9卷668页）。本罪属于抽象性危险犯，只要达到难以被警方发现、拘捕的程度即可。为此，只要存在藏匿行为，即便搜查人员知道被藏匿者的所在，也仍然构成本罪（东京地判昭和52·7·18判时880号110页）。但是，如果劝其逃亡，而犯人并未听从，在这种情况下，由于完全没有发生危险，因而应排除在本罪之外（便携注释256页）。

以下行为便属于隐避行为：劝说犯人逃亡且明确指明了逃亡地（大判明治44·4·25刑录17辑659页）、资助逃亡资金（大判大正12·2·15刑集2卷65页）、告知家里的情况以及搜查情况（大判昭和5·9·18刑集9卷668页）、让第三者作其替身（大判大正4·8·24刑录21辑1244页、高松高判昭和27·9·30高刑5卷12号2094页）。另外，警官已认识到为现行犯，却故意装作未看见，这种不作为也相当于本罪行为（大判大正6·9·27刑录23辑1027页）。只要没有特别规定（例如，《爆炸物管制罚则》第8条），一般人的不告发犯罪的行为并不构成本罪。问题在于如何处理犯人已经被逮捕、羁押，却让第三者作为替身犯人去自首的行为。有观点认为，只有当被羁押的犯人被释放之时，才构成本罪（福冈地小仓支判昭和61·8·5判时1253号

143页。日高义博："判批"，法教108号88页、井田良·重判平成元年度162页对此持支持态度)。最高裁认为，"具有使其免遭羁押之性质的行为"也相当于本罪的隐避行为，因而判定构成本罪（最决平成1·5·1刑集43卷5号405页)。既然将本罪理解为抽象性危险犯，应该说最高裁判所的判决是妥当的（大谷588页、中森315页)。

(三) 故意

多数说认为，作为本罪的故意，行为人必须正确地认识到其行为应被判处罚金以上刑罚，但是，如果客观上属于应处罚金以上刑罚的犯罪，那么，行为人只要对罪名有认识或者隐约认识到属于重大犯罪即可（大塚596页、大谷588页、中森316页)。然而，如果明确认识到属于仅被处以拘留或者科料的犯罪，则可以否定存在故意。在行为人确信其并未实施犯罪行为的情况下，如果按照前述要求必须是真正的犯人的观点，则可以否定行为人存在故意；如果按照只要具有犯罪嫌疑即可的观点，则并不能否定其存在本罪的故意。

(四) 共犯关系

犯人本身并不属于本罪的构成要件主体，因而自己隐匿、自己隐避行为不可罚，其理由就在于缺少期待可能性。那么，犯人教唆第三者隐匿、隐避自己的行为是否构成本罪的教唆犯呢？

判例以"防御权的滥用"为根据，一贯持肯定态度（大判昭和8·10·11刑集12卷1820页、最决昭和35·7·18刑集14卷9号1189页、最决昭和40·9·16刑集19卷6号679页)。在学界，认为犯人"甚至不惜让他人犯藏匿犯人、隐灭证据罪以达到其目的的行为，与犯人自己实施的行为相比，二者情节并不相同，已经不能说没有定型性期待可能性"的观点（团藤90页）很有影响（大塚601页、藤木40页、内田652页、前田462页也是该观点)。但是，这无疑属于责任共犯论的观点，即认为共犯的处罚根据在于使得他人陷入罪责（西田："必要性共犯"，刑法的争点〔新版〕121页)。对于犯人而言，既然连作为正犯都没有期待可能性，那么，作为较正犯更轻的犯罪形式的共犯，更应该认为没有期待可能性而不可罚（泷川281页、平野285页、植松51页、大谷598页)。

三、隐灭证据罪

隐灭、伪造或变造有关他人刑事案件的证据，或者使用伪造或变造的证据的，处2年以下惩役或者20万日元以下罚金（第104条)。

（一）客体

本罪客体限于“他人的”刑事案件证据，不问该证据对他人有利还是不利。之所以将有关自己的刑事案件的证据排除在外，是因为考虑到缺少期待可能性。

问题在于共犯的证据。如果仅仅是有关共犯的证据，当然可以视为有关他人的刑事案件的证据，但如何处理自己与共犯之间的共同的证据，则往往引起争议。对此，有以下三种观点相互对立：（1）肯定成立本罪（青柳26页）；（2）否定成立本罪（平野286页、中山528页、内田657页、中森317页）；(3)在完全是为了共犯者的利益而隐灭之时，则构成本罪（团藤86页、大塚597页、大谷590页、前田464页、平川543页）。判例以前采取（1）说（大判大正7·5·7刑录24辑555页、大判昭和7·12·10刑集11卷1817页），而现在的下级审判例则多采取（3）说（广岛高判昭和30·6·4高刑8卷4号585页、东京地判昭和36·4·4判时274号34页）。由于共同的证据也属于自己的证据，因而（1）说首先并不妥当。从缺少期待可能性这一点来看，(3)说有一定的道理，但作为标准来说，重视主观面则不得不说其并不明确。既然共同的证据也是自己的证据，那么，由于在类型上缺少期待可能性，因此，笔者认为，(2)说更为妥当。

其次，如何处理藏匿、隐避共犯者的行为也是一个问题。由于共犯者也是重要的人证，因而也属于自己的证据，这没有争议。但是，如果该隐灭行为同时触犯了隐匿、隐避罪，即便不构成本罪，是否还另外构成藏匿、隐避罪呢？在下级审判例中，有判例认为，藏匿、隐避行为对刑事司法作用的侵害程度更严重，即使作为隐灭证据罪不具有期待可能性，但作为藏匿、隐避罪则可以认定具有期待可能性（旭川地判昭和57·9·29判时1070号157页，森本益之：“判批”，判时1070号〔判评295号〕157页、前田461页对此持支持态度）。如果隐灭证据行为同时还构成其他罪（例如，放火罪、损坏器物罪)，确实应认定构成他罪。但是，就藏匿犯人罪与隐灭证据罪而言，两者法定刑相同，保护法益也一致；另外，隐灭重要证据行为的侵害法益的程度与藏匿犯人罪并无不同，因此，藏匿、隐避共犯者的行为作为隐灭自己的证据的行为应该是不可罚的（柏木千秋：“藏匿犯人罪”，法セミ96号54页、吉田敏雄：“判批”，法セミ351号63页也是同样意见）。

本条的证据限于“有关刑事案件”的证据，而不包括民事案件等的证据。并不仅仅是有关犯罪是否成立的证据，还包括与情节有关的证据（前揭大判昭和7·12·10）；不仅仅是物证还包括人证（证人、参考人等）。所谓“刑事案件”，通说、判例认为，不仅是指被告事件、嫌疑事件，也包括开始搜查之前的事件（大判昭和 10·9·28 刑集 14 卷 997 页）。旧刑法由于规定为“刑事被告事件”，因而引起了争议，但 1995 年的刑法改正在立法上解决了这一问题。

（二）行为

本罪行为有（1）隐灭证据；（2）伪造、变造证据；（3）使用伪造、变造的证据三种行为。

1. 所谓隐灭证据，是指妨害证据的显现，以及其他一切使得证据效力丧失、减少的行为（大判明治 43·3·25 刑录 16 辑 479 页）。物理上损坏证据的行为当然包括隐匿（前揭大判明治 43·3·25），另外，隐匿证人（大判明治 44·3·21 刑录 17 辑 445 页）、隐匿参考人（最决昭和 36·8·17 刑集 15 卷 7 号 1293 页）等行为也属于隐灭。

2. 所谓伪造证据，是指实际上某种证据并不存在，却将其制作出来，而让人以为似乎真的存在；所谓变造，是指对现有的证据施以篡改，而改变其作为证据的效力，两者之间的区别并不重要。与伪造文书不同，由于不问是否具有制作权限，因此，制作名义人制作内容虚假的文书的行为也属于伪造证据（仙台地气仙沼支判平成 3·7·25 判夕 789 号 275 页）。让证人作伪证的行为，由于构成更重的伪证（教唆）罪，当然不构成本罪。问题在于，让并未宣誓的证人作伪证的行为是否构成本罪。判例持否定态度（大判昭和 9·8·4 刑集 13 卷 1059 页），但一律予以否定则值得商榷（大塚 598 页、大谷 591 页）。

与此相关联的问题在于，参考人的虚假供述是否构成本罪。应该说，迄今为止，否定说占据了支配地位（小野 34 页、团藤 87 页、平野 287 页、藤木 42 页），判例也基于以下两点理由否定成立本罪：（1）仅限于伪证罪才处罚虚假供述行为，这是刑法典的基点之一（大阪地判昭和 43·3·18 判夕 223 号 224 页、宫崎地日南支判昭和 44·5·22 刑月 1 卷 5 号 535 页、千叶地判平成 8·1·29 判时 1583 号 156 页）；（2）本罪所谓证据限于物理性存在的证据方法（物证、人证），而不包括从证据方法所认识的无形证据资料（最决昭和 28·10·19 刑集 7 卷 10 号 1945 页、前揭大阪地判昭和 43·3·18）。

但是，就论据（1）而言，考虑到伪证罪的法定刑很重，而对其他虚假供述不闻不问，应该说这并不是刑法典的基点（中森 318 页）；即便认可论据（2），但如果虚假供述以申诉书、供述书、供述笔录的形式而书面化，则属于物理性存在，也产生作为证据的重要性，因而可认定构成本罪。事实上，对于诸如为了使其成为刑事裁判证据而在民事诉讼中，借不知情的书记官之手将虚假供述制作成口头辩论笔录的案件（大判昭和 12·4·7 刑集 16 卷

517 页），以及参考人将内容虚假的申诉书提交给搜查机关的案件（千叶地判昭和 34·9·12 判时 207 号 34 页、东京高判昭和 40·3·29 高刑 18 卷 2 号 216 页、福冈地判平成 5·6·29 未在公开刊物上登载），一直以来的判例均认定构成伪造证据罪。对此，有观点认为应区别对待，既有积极提交内容虚假的申述书的行为，也有消极地进行虚假供述，尔后在笔录上签名、盖章的行为，两者对法益的侵害程度并不相同（前田雅英："参考人的虚假供述与伪造证据罪"，研修 574 号 8 页以下、前田 465 页），但这并不属于合理区分；还有观点认为，与伪造文书罪一样，本罪所谓伪造应限于有形伪造，因而并不包括名义人制作虚假文书的行为（松宫孝明："参考人对搜查机关所作的虚假供述与隐灭证据罪"，立命馆法学 246 号 498 页以下），由于本罪的伪造并不仅以文书为对象，因而应该说这种观点过于牵强。如此看来，至少在已书面化的情况下，参考人所作的虚假供述属于伪造证据罪（参照中森喜彦："判批"，判时 1597 号 238 页、十河太郎："内容虚假的供述笔录与伪造证据罪"，同志社法学 49 卷 2 号 28 页以下）。

3. 所谓使用伪造、变造的证据，是指将伪造、变造的证据作为真正的证据而使用。不仅仅包括针对裁判所使用，还包括针对搜查机关而使用（大判大正 7·4·20 刑录 24 辑 359 页）。但应该排除在民事裁判中使用的情形。

（三）共犯关系

本罪也存在同样的问题，即由于客体限定于有关他人的刑事案件的证据，犯人与第三者之间的共犯关系问题便容易引起争议。首先，在犯人教唆第三者隐灭有关自己的刑事案件的证据的场合，与藏匿犯人罪一样，通说、判例认为构成教唆隐灭证据罪（大判明治 45·1·15 刑录 18 辑 1 页、最决昭和 40·9·16 刑集 19 卷 6 号 679 页。札幌地判平成 10·11·6 判时 1659 号 154 页属于最近的判例）。对这种观点的疑问，与在隐匿犯人罪中所论述的一样。其次，如何处理第三者教唆犯人隐灭证据的行为？站在因果性共犯论——该观点认为共犯的处罚根据在于与法益侵害这一结果之间的因果性——与限制从属性说的立场上，有可能认定构成本罪的教唆犯，这是因为，犯人自身的不可罚性是基于不存在责任，但侵害法益的事实则依然存在。但是，在（事实上的）正犯行为都不存在构成要件该当性的场合，笔者认为，还是应该否定成立共犯，这是因为，若非如此，则只要与结果之间存在因果关系，就可以处罚共犯，如此，就会欠缺以就共犯而言也属于合适的构成要件为媒介的对处罚所作的形式性限定这一制约。判例对于刑法改正之前（亲属不可罚）的第 105 条，也认定教唆犯人妻子隐灭证据的行为不可罚（大判昭和 9·11·26 刑集 13 卷 1598 页）。

四、有关亲属犯罪的特例

犯人或者脱逃人的亲属为了犯人或者脱逃人的利益而实施前两条（第 103、104 条）之罪的，可以免除其刑罚（第 105 条）。

在犯人等的亲属实施藏匿犯人罪、隐灭证据罪的情况下，考虑到期待可能性较小，其责任也相对减轻，本条规定对此可以任意性地免除其刑罚。在 1947 年的刑法改正之前，规定为"不处罚"，但如果一律不予处罚，则较作为市民的义务而言，未免过于优先考虑了亲属之间的情爱，因而作了改正。

就"犯人或者脱逃人"的含义，参照藏匿犯人罪的说明。就"亲属"的范围，民法已作了规定（参照《民法》第 725 条）。必须是为了犯人或者脱逃人的利益而实施。在该行为同时涉及其他人的刑事案件，也是出于为了其他人的利益的目的而实施的情况下，判例否定适用本罪，应该说并不妥当。

本条也存在亲属、犯人以及第三者之间的共犯关系问题，可以想见有以下两种情形：（1）亲属教唆第三者实施藏匿犯人、隐灭证据的行为；（2）相反，第三者教唆亲属实施上述行为。

在（1）的情形下，与藏匿犯人罪的共犯关系一样，判例（属于 1947 年刑法改正之前的判例）作为"庇护权的滥用"而认定犯罪成立（大判昭和 8·10·18 刑集 12 卷 1820 页）。即便作为现行《刑法》第 105 条的解释，也仍然有学说对判例表示支持，认为在这种情况之下，对于亲属不应该适用刑罚的任意性免除（团藤 89 页、大塚 601 页、内田 652 页、中森 319 页），且该学说在学界有一定影响。但是，正如前面已经谈到的，既然对于正犯尚且认定期待可能性减少，那么，在作为共犯而参与的情况下更是如此，应该根据第 65 条第 2 款的规定，对于作为共犯的亲属也适用第 105 条（平野 285 页、植松 51 页、大谷 594 页、曾根 299 页）。

在（2）的情形下，由于第 105 条限于刑罚的任意性免除，因而该亲属成立犯罪并无疑问。为此，第三者当然也构成该罪的教唆犯。问题在于，第 105 条的特例对于第三者是否也合适。通说对此持否定态度。前面已经提到，第 105 条的特例的根据在于，由于亲属之间的情爱的原因而使得期待可能性、责任得以减轻。如此一来，站在限制从属性说的立场——该学说认为，在犯罪参与者之间，违法性连带而责任则分别承担——理所当然地会认为第 105 条的特例并不涉及第三者。在该解释中，尽管没有诸如第 257 条第 2 款这样的明文规定，但仍然可以将第 65 条第 2 款作为条文根据而加以引用。

其次，在犯人与亲属之间的关系上，有以下两点问题：（3）犯人教唆其亲属实施藏匿犯人、隐灭证据的行为；(4) 亲属教唆犯人隐灭证据。

即便就 (3) 的情形而言，肯定观点也很有影响，该观点认为，既然亲属已成立犯罪，则不能说没有期待可能性，因而犯人也构成教唆犯（团藤 89 页、大塚 602 页、内田 653 页、中森 319 页)。只是在这种情况下，鉴于作为正犯的亲属根据第 105 条的特例而有可能被免除刑罚，那么，对于作为教唆犯的犯人的处罚，也应该准照亲属行为而存在免除刑罚的可能性。但是，既然连犯人的亲属也能以期待可能性减少为由而根据第 105 条的规定存在免除刑罚的可能性，而对较亲属的期待可能性更低的犯人而言，却要“准照”亲属才得以存在刑罚的任意性免除，不能不说这种做法极不合理。在这种情况下，应该说犯人自身也具有不可罚性。相反，如果将可罚说的理论一以贯之，在犯人教唆第三者的情况下，也应该否定存在刑罚免除可能性。

在 (4) 的情形下，正如在隐灭证据罪中已经谈到的，既然作为正犯的犯人并无构成要件该当性，则作为教唆犯的亲属也具有不可罚性。

五、威迫证人罪

对于被认为就自己或他人的刑事案件的搜查或审判具有必要知识的人或者其亲属，就该案件，无正当理由却强求会面，或者实施强谈、威迫行为的，处 1 年以下惩役或者 20 万日元以下罚金（第 105 条之 2)。

由于频繁发生由暴力团成员所实施的所谓“礼拜”① 行为，出于抑制这种行为以及保护证人② 的目的，1958 年的刑法改正增设了本罪。因此，本

---

① 礼拜：本词是一种俗语，意思在于，刑事案件的被告人、嫌疑人或者相关人员，对于被害人、证人、参考人或者这些人员的相关人员，要求其不作不利于自己的供述或证词、要求其私下和解或取消告诉，或者作为其作了不利于自己的供述或证词的报复而实施恐吓言行以及进行骚扰。

② 保护证人：本罪以保护证人为目的。1958 年的刑法改正同时还对刑诉法的一部分进行了改正（法第 108 条），规定在有威迫证人之虞时不得保释（刑诉法第 89 条第 4 项)、实施了威迫证人的行为时则取消保释（刑诉法第 96 条第 1 款第 4 项)。其他保护证人的措施还有，如果证人在被告人面前感到压迫而无法充分供述，则让被告人退庭（刑诉法第 304 条之 2)；在同样的情况下，可以在公判日之前在裁判官面前，对参考人进行证人询问（刑诉法第 227 条)，可以在让被告人退席之后，在公判日外进行证人询问（刑诉法第 281 条之 2)。另外，根据 1999 年的有关证人保护的刑事诉讼法部分改正（法第 138 条)，作为有组织犯罪的对策之一，为了证人的安全，增设了刑诉法第 295 条第 2 款、第 299 条之 2，限制就证人的住所、工作单位、通常所在地进行询问，这是出于不让被告人等知道的考虑而进行的改正。

罪的保护法益除刑事司法机能之外，同时还有证人以及其他相关人员的安全及其私生活的平稳（大塚592页、中森320页）。为此，本罪规定，就自己的刑事案件也同样成立。

所谓“刑事案件”，不仅仅是被告案件、嫌疑案件，还包括将来有可能成为嫌疑的案件（东京高判昭和35·11·29高刑13卷9号639页）。所谓“被认为就搜查或审判具有必要知识的人”，是指刑事案件的被害人、证人、参考人等。“亲属”的含义根据民法的相关规定（参照《民法》第725条）。不问是在搜查、审判之前还是在其后（大阪高判昭和35·2·18下刑2卷2号141页），这是因为，在搜查、审判之前施加不当压力的行为当然相当于本罪，即便在搜查、审判之后，如果存在因本罪行为而推翻证词或供述的可能性，或者即便没有这种可能性，但出于保护证人的目的也有必要抑制报复性行为。

所谓“强求会面”，是指强行要求会面；所谓“强谈”，是指通过语言形式而逼迫对方答应自己的要求；所谓“威迫”，是指通过语言、动作来显示气势，而让对方产生不安、困惑的念头（参照《有关旧警察犯处罚令》第1条第4项的大判大正11·10·3刑集1卷513页）。有关强求会面，有观点认为，应不包括书信、电话方式，以及在面对面的场合（柏木377页、大塚604页。福冈高判昭和38·7·15下刑5卷7、8号653页）。但是，书信、电话方式也足以让被害人产生不安的念头，即便是面对面，只要被害人并无此意便不能称之为会面，因此，笔者认为，上述场合均可以认定成立本罪。就强谈、威迫而言，也包括以书信、电话方式为手段的场合（鹿儿岛地判昭和38·7·18下刑5卷7、8号748页）。在成立胁迫罪、强要罪（包括其未遂）的情况下，则与本罪构成观念性竞合。

第四节 伪证犯罪

一、概说

刑法典第二十章“伪证犯罪”规定的是由依法宣誓的证人、鉴定人、口译人、笔译人所实施的虚假的陈述、鉴定、口译、笔译的犯罪。有关伪证犯罪的罪质，历经变迁（详细情况参照小松进：“伪证以及证据隐灭”，现代讲座〔4〕39页以下），现行刑法将其定位为一种有害于公共信用的伪造罪，现在的通说则认为，虚假陈述等有侵害裁判以及惩戒处分这种国家审判机能的公正的危险，从而将其定位为针对国家法益的犯罪。

特别法中有关伪证犯罪的规定主要有：《有关在议院中进行的证人宣誓以及证言等的法律》第6条、《公职选举法》第253条、《专利法》第199条、《实用新型法》第59条、《新颖设计法》第72条、《商标法》第81条、《垄断禁止法》第92条之2第1款等。

二、伪证罪

依法宣誓的证人作虚假陈述的，处3个月以上10年以下惩役（第169条）。

（一）主体

本罪主体限于"依法宣誓的证人"（身份犯）。所谓"依法"，是指该宣誓由法律或者基于法律的委任而由下位命令所规定。例如，除了《民事诉讼法》第201条、《刑事诉讼法》第154条、《非讼事件程序法》第10条、《裁判官弹劾法》第29条等法律上的根据之外，还包括基于《国家公务员法》第16、91条的《人事院规则》第13～152条这种命令上的根据。

宣誓以事先宣誓为原则，但通说、判例认为，作为证人进行陈述之后所进行的事后宣誓（民诉规则第112条第1款）也属于本罪（大判明治45·7·23刑录18辑1100页）。相反，否定观点也很有影响，该观点认为，在事前没有进行宣誓的情况下，从文理上看，在对虚假陈述予以非难的程度上明显存在差异，因而不属于本罪（大塚608页、内田662页、曾根301页、前田472页、冈野302页）。但是，宣誓只是为了担保自己的陈述的真实性，因此，事后宣誓也足以有可能包含在"宣誓的证人"之中。对此，有观点以事后宣誓的内容同时也属于虚假陈述为理由而认定构成本罪（平野·法セミ228号41页、中森322页），但宣誓本身属于证人的属性，将宣誓纳入虚假陈述的内容之中，值得商榷（按照这种观点，进行了虚假陈述则可能成为本罪的构成要件之一）。

由于宣誓必须合法，那么，误使不得让其宣誓者进行宣誓之时（刑诉法第155条、民诉法第201条第2款等）不成立本罪。相反，拥有拒绝宣誓权、拒绝提供证言权者（例如，民诉法第196、197、201条第4款、刑诉法第146、147、149条）并未行使该权利，在宣誓之后进行虚假陈述的，构成本罪（最决昭和28·10·19刑集7卷10号1945页）。为了保障《宪法》第38条所规定的沉默权，现行法并不认可刑事案件的被告人的证人资格（刑诉法第311条）。但在程序分离的基础上，共犯或共同被告人可以成为其他共犯的证人。在这种情况下，如果并未行使作为证人的拒绝提供证言权，在宣誓之后作伪证，那么，即便该内容有关自己的犯罪事实，也仍然构成本罪（大判明治44·2·21刑录17辑157页)。

(二) 行为

本罪行为是作虚假陈述。如果仅仅是不提供证言的不作为，即使有可能构成拒绝提供证言罪（刑诉法第161条、民诉法第200条)，也并不构成本罪。有关“虚假”的含义，存在主观说与客观说之间的尖锐对立。

主观说认为，所谓虚假陈述，以证人的主观记忆为标准，是指作不同于自己的体验、经历的陈述。因此，只要证人依据自己的记忆进行陈述，即便该陈述有违客观事实也并不构成伪证罪，相反，即便符合客观事实，如果该陈述有违自己的记忆，也依然构成伪证罪（团藤101页、大塚608页、福田37页、香川101页、藤木46页、大谷601页、平川552页、冈野303页)。判例一直采取主观说（大判大正3·4·29刑录20辑654页、东京高判昭和34·6·29下刑1卷6号1366页)。主观说的根据在于，“证言作为证据的意义就在于，通过该证人正确再现自己的五官所实际感知的事项，而从中判别证人的错觉部分，进而作为发现真实的材料，因而只要如实陈述了自己的体验，就属于真实；即便有违自己确信的供述偶然与客观事实相符，由于存在误导裁判官的危险，因而将其理解为虚假陈述也并无不可”（藤木46页)。也就是说，如果证人作有违其记忆的陈述，仅此便“常常具有误导裁判（或惩戒处分）的抽象性危险”（团藤101页)。如此，主观说认为，伪证罪属于抽象性危险犯，由于表现于外部的陈述与主观的记忆内容不一致决定着行为的抽象性危险、即违法性，因而属于包含主观性违法要素的表现犯（Ausdrucksdelikt)（大塚609页)。判例彻底贯彻了伪证罪的抽象性危险犯性，认为无论虚假陈述是否对裁判结果产生影响，均显然并不影响本罪成立（大判明治43·10·21刑录16辑1714页)，也不管询问事项如何均可成立本罪（大判大正2·9·5刑录19辑844页)；值得注意的是，在主观说中也有观点认为对此须加以限定，“连妨害司法机能与惩戒功能的抽象性危险都并不存在的行为并不构成伪证罪”（团藤102页)。

客观说认为，如果陈述内容有违客观事实则属于虚假陈述，即便证言与证人的记忆相反，如果最终符合客观事实，则不构成伪证。既然伪证罪的保护法益为国家的公正裁判机能，那么，与客观事实相符合的证言便并不妨害公正审判机能的危险，倒不如说，主观说是以违反宣誓义务作为伪证罪的处罚根据（泷川284页、小野41页、植松57页、平野289页、平野：“伪造罪中的客观说与主观说”，判时1557号5页、内田663页、中山537页、前田474页、中森323页)。

裁判是一个明确客观事实的过程，为此，需要证人分别陈述自己的体验内容，但由于人的记忆并不一定确切，即便有违自己的体验或记忆，如果认为那只不过是自己的错觉，则应该允许证人就自己确信为真实的内容提供证言。例如，本来认为自己在现场所看到的犯人为女性，但经过仔细考虑而确信为男性，那么，即便作出犯人为男性的证言，也不应该认为是伪证。因此，客观说基本上更为妥当。对此，主观说提出了如下批判意见：按照客观说的观点，在将有违自己记忆的事实认定为真实而作陈述的场合，即便那并不属于真实，也最终会判定为缺乏故意，因而并不妥当（团藤 100 页）。然而，只要自己相信属于客观真实并据此提供证言，当然应该否定存在伪证故意。只是在判断是否虚假之时，不应仅仅限于与作为审判对象的案件整体之间的关系，还应考虑与各个陈述本身之间的关系。例如，自己并未看见却作证说自己亲眼看见了、将传闻事实作为自己亲身体验的事实提供证言等情形就应该属于虚假陈述（植松 57 页、中森 323 页、平野·前揭论文 9 页）。

即便站在客观说的立场上，本罪也属于抽象性危险犯，并不要求具体妨害了公正裁判或惩戒机能。有观点认为本罪属于自手犯（大塚 609 页），并不妥当。只要有妨害国家的公正审判机能的危险，就可以成立（共谋）共同正犯与间接正犯。通说认为，在事前宣誓的情形下，在一次询问程序中的全部陈述终了之时，达到既遂；在事后宣誓的情形下，宣誓终了之时达到既遂。因此，在一次询问程序中途或者事后宣誓之前，如就以前的证言进行订正，则不构成本罪；在终了之后进行订正，则限于基于坦白的刑的减免（第 170 条）。

（三）共犯关系

本罪也同样存在被告人就自己的刑事被告案件教唆他人作伪证时的可罚性问题。通说、判例持肯定说（大判昭和 11·11·21 刑集 15 卷 1501 页、最决昭和 28·10·19 刑集 7 卷 10 号 1945 页）。对犯人教唆他人藏匿犯人、隐灭证据的场合是否成立教唆罪持否定观点者，针对上述情形，也有观点肯定成立教唆犯（平野 290 页、中山 538 页、曾根 305 页）。这种观点的理解在于，被告人之所以不具有证人资格，这只是在与沉默权的关系问题上出于政策性考虑的结果，而并非明文规定将其排除本罪主体之外，既然如此，原本还可以构成正犯，因而当然也可以构成共犯。但是，教唆伪证也属于一种隐灭证据行为、被告人在类型上也缺乏期待可能性，因此，笔者认为，这里也应持否定说（植松 55 页、大谷 604 页、冈野 304 页、川端 390 页）。

三、坦白的刑罚减免

犯前条之罪的人，在就其提供证言的案件的裁判确定之前或者实行惩戒处分之前坦白的，可以减轻或者免除其刑罚（第170条）。

本条属于政策性规定，是为了防止因伪证而作出错误裁判或惩戒处分。第171、173条也属于同样的规定。所谓“坦白”，是指承认就某事实作了伪证。坦白的对象限于裁判所、搜查机关、惩戒权人。与自首（第42条第1款）不同，即便伪证事实已为裁判所等判明亦可（植松59页）。除正犯之外，本条还可以适用于教唆犯（大判昭和5·2·4刑集9卷32页）。坦白的法律效果为刑罚的任意性减轻、免除。

四、虚假鉴定罪

依法宣誓的鉴定人、口译人或笔译人作虚假的鉴定、口译或笔译的，依照前两条（第169、170条）的规定处断（第171条）。

本罪主体限于已依法宣誓的鉴定人、口译人以及笔译人（身份犯）。所谓“依法宣誓”，与伪证罪一样，限于具有法令上的根据的场合（民诉法第216、217、154条、刑诉法第166、178条等）。

与伪证罪一样，“虚假”的含义应理解为与客观性事实相反。就虚假鉴定等而言，恐难采取主观说。

如果鉴定、口译或笔译以书面形式进行，则在提交书面之时，如果以口头形式进行，则在就鉴定、口译或笔译所作的陈述终了之时，本罪达到既遂（大塚611页）。本罪也适用坦白的刑罚任意性减免规定（第170条）。

第五节　虚假告诉犯罪

一、概说

刑法典第二十一章“虚假告诉犯罪”①（旧规定为“诬告犯罪”）规定的是，出于让人错误地受到刑事或惩戒处分的目的，而进行虚假的告诉、告发以及其他申告② 的犯罪。关于其保护法益，有三种学说相互对立：(1)国家的切实公平的刑事司法机能与惩戒机能（团藤109页、香川106页）；(2)

① 中国学者一般将本章译为“诬告犯罪”，但译者认为，既然日本刑法典已经将条文由“诬告犯罪”改为“虚假告诉犯罪”，则不如按照原文进行直译——译者注。

② 申告一词的含义为：作为法律义务，国民向相关行政机关就一定的事实进行申报（汇报）——译者注。

个人的利益或自由（平野 290 页、平川 189 页）、或者认为个人利益与国家机能也属于同等程度的保护法益（内田 667 页、中森 325 页）；（3）首先为国家机能，其次为个人利益（通说）。观点不同，是否成立犯罪结论也不同。首先，就针对自己的虚假申告（自我申告）而言，由于本条所谓“人”是指“他人”，因而无论站在何种学说的立场上，该行为均不可罚（但如果作为替身犯人进行自我申告，则有可能构成隐避犯人罪），而仅限于构成《轻犯罪法》第 1 条第 16 项所规定之罪（申告虚构犯罪）。另外，在针对并不存在的人进行虚假申告的情况下，由于不可能造成错误处分，因而其结论与“自我申告”一样。相反，在得到对方同意之后，针对该人进行虚假申告（同意申告）的情况下，按照（2）说的观点，则为不可罚，而如果站在（1）说或（3）说的立场上，则应肯定该行为具有可罚性。毫无疑问，本罪侵犯了个人的自由与利益，但对于国家的公平审判机能，应当与个人的自由与利益相区别而另外独立保护，这并不涉及个人的处分权，因此，笔者认为，（3）说更为妥当。判例也采取（3）说，判定“同意申告”具有可罚性（大判大正 1·12·20 刑录 18 辑 1566 页）。

二、虚假告诉罪

以使他人受刑事或惩戒处分为目的，作虚假的告诉、告发或者其他申告的，处 3 个月以上 10 年以下惩役（第 172 条）。

（一）行为

本罪行为为虚假的告诉、告发以及其他申告。所谓告诉、告发，是指犯罪的被害人、其他人申告犯罪事实，并要求处罚犯人的意思表示（参照刑诉法第 230 条以下、第 239 条以下）。所谓“其他申告”，除了要求施以刑事处分的请求（例如，《刑法》第 92 条第 2 款）以及要求施以惩戒处分的请求之外，还包括就可能与刑事处分或惩戒处分相关联的事实所进行的申告。刑事处分除了刑罚之外，还包括针对少年的保护处分（《少年法》第 24 条）、针对卖淫女的辅导处分（团藤 111 页、大塚 617 页、中森 326 页）。虚假申告必须是向搜查机关、拥有惩戒权者或者有可能发动惩戒权的机关（称为相关政府机关）进行。通说认为，“申告”属于自发行为，并不包括就搜查机关的调查取证所作的虚假陈述（但有可能构成伪造证据罪）。通说、判例认为，与伪证罪不同，本条所谓“虚假”的含义为有违客观真实（最决昭和 33·7·31 刑集 12 卷 12 号 2805 页）。但所申告的事实必须能对犯罪或惩戒的成立与否产生影响（大判大正 13·7·29 刑集 3 卷 721 页），还必须是达到能促使搜查机关或惩戒权拥有者发动职权的程度的具体事实（大判大正4·3·9刑录21辑273页，该判例是有关行为人邮寄记载了警官因收受贿赂而不拘捕犯罪人这一虚假事实的匿名信件的案件）。

本罪在虚假申告到达相关政府机关之时，即达到既遂。在邮寄的情形下，仅仅是“发送”还不够，必须是“达到”，但不必已经实际拆阅（大判大正5·11·30刑录22辑1837页）或者已经提起公诉（大判大正3·11·3刑录20辑2001页）。

（二）主观要件

有关本罪的主观要件，也就是作为故意而言，是否对所申告事实的虚假性的认识以及让对方受到刑事或惩戒处分的目的只要是未必的认识即可，在判例、学说上尚存争议。刑事案件的告诉、告发、惩戒事由的申告，由于还属于嫌疑阶段，极有可能有违客观真实，因而这些行为也总伴有成立本罪的可能性。学说之所以就本罪的主观要件展开探讨，就是试图通过这种探讨，将合法告诉、告发等行为与成立本罪的行为区别开来。

1. 故意

要成立本罪，首先必须对申告内容属于虚假内容这一点存在认识。正如前文所述，通说、判例认为，这里的虚假性是指有违客观真实。这是因为，只要申告内容符合客观真实，就不会不法妨害国家的审判职能、个人的自由与利益。因此，即便本人认为属于虚假事实而仍然进行申告，只要在客观上属于真实事实，则欠缺构成要件该当性。相反，即使客观上属于虚假事实，但本人在主观上认为属于真实事实，则欠缺本罪故意。问题在于，就虚假性是否只要存在未必的认识即可？对此学说上存在争议，有观点认为必须是确定的认识（团藤112页、大塚616页、大谷609页、曾根307页、中森327页），也有观点认为只要有未必的认识即可（植松61页、平野291页、藤木49页、内田669页、前田480页、平川191页）。判例认为只要有未必的认识即可：被告人听到某地方检察厅的检事收受了嫌疑人的贿赂这种传言之后，并未就事实的真伪进行充分调查，对是否存在该事实也并无确信，但出于整肃该检察厅的目的而告发了该检事，对这一案件，最高裁判所认为，“要构成诬告罪，作为主观要件，并不要求申告人确切认识到所申告的事实属于虚假事实，而只要存在未必的认识即可，作如此理解是合适的……尽管被告人的该告发行为责任极轻，但既然终究不能认定其具有合法性，那么，被告人便不能免除诬告罪的罪责”（最判昭和28·1·23刑集7卷1号46页）。

认为只要存在未必的认识即可的观点的根据在于：（1）在故意的一般理论上，并没有排除未必的故意的必然性；（2）根据《刑法》第35条的规定可以将正当的告诉、告发予以正当化，因而没有必要限于确定的认识；(3)只要集中在使某人受到错误的处分这一点上即可。但是，首先，就根据(2)而言，与毁损名誉罪中的真实性误信的情况一样，要求嫌疑是基于相当的根据。然而，既然不处罚过失虚假告诉罪，那么，即便是轻信为真实，也应否定成立本罪。其次，根据(3)在文理上存在牵强之处。本条仅仅要求"以使他人受刑事或惩戒处分为目的"，所谓"错误"处分无疑完全是由"虚假"的申告而引起。如此看来，为了明确与正当的告诉、告发之间的界限，尽管存在根据(1)，还是应该将本罪的故意理解为对虚假性存在确定的认识。在此意义上，前述昭和28年的最高裁判所的判决实质上是在处罚过失虚假告诉，应该说并不妥当。

2. 目的

要成立本罪，除了故意之外，还必须存在"使他人受刑事或惩戒处分"这一目的。关于这一目的，有一种观点很有影响，该观点出于限制本罪成立范围的意图，认为必须是"希望"结果发生（团藤111页、福田40页、曾根308页）。对此，通说、判例认为，只要是未必的认识即可（大判大正6·2·8刑录23辑41页；但平野291页认为，必须在客观上存在受刑事或惩戒处分的可能性）。前面已经谈到，本罪的保护法益应包括个人的自由与利益，因此，并未达到企图使他人受到有罪判决的程度，而仅仅是企图开始搜查，这种情况（大判昭和8·2·14刑集12卷114页）也同样应构成本罪；但如果站在"必须是希望结果发生"这一立场，则无法应对这种情况，因而并不妥当。笔者认为，只要就本罪的目的存在未必的认识即可。

（三）坦白的刑罚减免

按照第173条的规定，犯前条之罪的人，只要就申告事实，在裁判决定之前或者惩戒处分实施之前进行坦白，就可以减轻或免除其刑罚。

与第170条一样，本条是出于防止发生错误裁判与惩戒处分的目的，基于政策性考虑而设置，有关其解释，参照第170条"坦白的刑罚减免"。

第六节　滥用职权犯罪

一、概说

刑法典第二十五章"渎职罪"规定了由公务员所实施的滥用职权犯罪（第193～196条）与行贿受贿犯罪（第197～198条）。上述各罪在一点上是相同的，即都是由承担国家职能的公务员从内部侵害公平执行公务以及对此的国民信赖；不同的是，滥用职权的犯罪具体侵害了国民的自由与权利，而行贿受贿的犯罪却并不存在这种被害人。为此，本节单独论述滥用职权犯罪。

作为滥用职权的犯罪，刑法典规定了公务员滥用职权罪（第193条）、特别公务员滥用职权罪（第194条）、特别公务员暴行凌辱虐待罪（第195条）、特别公务员滥用职权等致死伤罪（第196条）。1947年的刑法改正大幅加重了其法定刑：就第193条，从6个月以下的惩役或禁锢加重到2年以下的惩役或禁锢；就第194条，从6个月以上7年以下惩役或禁锢加重到6个月以上10年以下惩役或禁锢；就第195条，从3年以下惩役或禁锢加重到7年以下惩役或禁锢。这种变化主要是基于以下两点：第二次世界大战后的新宪法将公务员从天皇的官吏转而定位为全体国民的公仆（《宪法》第15条）；绝对禁止公务员实施拷问行为（《宪法》第36条）。

考虑到上述改正，笔者认为，滥用职权罪的保护法益不仅仅是公务的公平切实执行以及国民对此的信赖，还包括与此同等重要的法益，即作为被害人的国民的自由与权利这种个人法益（平野294页），因此，不应该将对个人法益的保护理解为仅仅是对国家法益的保护的反射性利益。

二、公务员滥用职权罪

公务员滥用职权，使他人履行了没有义务履行的事项，或者妨害了他人行使权利的，处2年以下惩役或禁锢（第193条）。

（一）主体

本罪主体限于公务员，为身份犯。尽管本罪的行为结果与强要罪（第223条）在用语上相同，但由于本罪的法定刑要低，因而不能将本罪理解为该罪的特别类型或补充类型，不能适用《刑法》第65条第2款。

（二）行为

本罪行为为滥用职权。

1. 职权的含义

职权，是指该公务员所拥有的一般职务权限。因此，仅具有似乎有该职务权限的外观还不够，必须客观上存在该一般职务权限。有关宫本身份台账事件① 的最高裁判所的判例认为，一般职务权限并不需要有明文的根据规定，只要通过综合性实质性地考察法律制度能够认定即可（最决昭和 57·1·28 刑集 36 卷 1 号 1 页）。

2. 职权的性质

有关职权的性质，判例认为“一般职务权限并不一定需要带有法律上的强制力，只要在滥用该职权的情况下，该职权足以让职权行使相对方实施事实上并无实施义务的事项或者足以妨害相对方行使权利，就应包括在内”（前揭最决昭和 57·1·28）。对此，学界有一种学说很有影响，该学说认为，由于与强要罪在用语上相同，因此，本罪属于“以压制对方的意思为要素的犯罪”，为此，本罪所谓职权也应该属于强制性职权（古田佑纪·大解说 7 卷 409 页。小野 50 页、泷川 260 页、大塚 620 页、内田 675 页、植松正：“警官的电话盗听与滥用职权罪”，时代法令 1337 号 56 页、原田保·刑法中超个人法益的保护 211 页〔1991〕等也是同样意思）。有关“共产党干部住宅盗

① 宫本身份台账事件：裁判官 A 在 1974 年走访了网走监狱，谎称为了进行司法研究以及作其他职务上的参考，有必要进行调查、研究，从而在获得监狱长的许可之后，调阅并拍摄了当时的日本共产党委员长宫本显治的身份台账。其后，A 以本罪被告发，但东京地方检查厅作出了不起诉处分，为此，告发方提请交付审判程序（参照《刑诉法》第 262 条以下）。东京地裁驳回了该请求，但作为抗告审的东京高裁则撤销原地裁决定，另外作出了交付审判的决定。对此，A 申请了特别抗告，但最高裁认为不合法而予以了驳回（最决昭和 52·8·25 刑集 31 卷 4 号 803 页）。作为交付审判的决定的第一审的东京地裁判定无罪，但受理了指定律师控诉的东京高裁则撤销该原判并交回重审。为此，A 提出了上告。最高裁以裁判官拥有监狱巡视权（《监狱法》第 4 条第 2 款）、接受司法研究委托的裁判官根据研究题目的需要可以调阅身份台账等为理由，认为“裁判官向监狱长等提出调阅、提供资料的要求……只要是有利于量刑以及用作其他职务上的参考，应该说该要求是基于裁判官特有的职责，也是基于监狱法上与巡视权相关的正当理由，尽管并不带有法律上的强制力，但对监狱长等而言，只要对行刑等并无特别障碍，就产生应答应此要求的事实上的负担的效果，因此，如果滥用这种权利，就足以构成让对方实施并无实施义务的事项，因而认定属于滥用职权罪中的裁判官的一般职务权限也是合适的”，从而驳回了上告。

听事件”,① 作为“请求交付审判程序”的第一审决定以由警官所实施的盗听“不能说是具有职权行使外观的滥用职权行为”为理由，判定并不成立本罪（东京地决昭和63·3·7判タ662号262页）；第二审决定以“并不具有作用于作为行为相对方的请求人的意思并对其施加影响的职权行使的性质”为理由，而否定成立本罪（东京高决昭和63·8·3高刑41卷2号327页），以上两个决定可能也是基于与上述学说同样的理解。但是，强要罪之所以以压制对方的意思自由为要件，是因为其手段为暴行、胁迫，而就本罪而言，并不具有应作相同理解的必然性。即便不具有职权行使的外观，对方对此也并不存在认识，但如果国民事后知道该行为属于公务员滥用职权所实施的违法、不当行为，那么，国民对于公务的公正切实执行的信赖也同样有可能受到侵害。还有，如果将本罪结果理解为，只要侵害了职权行使相对方的自由与权利即可，而并不一定要求侵害了相对方的具体的行动自由（侵害隐私就属于其典型例子），那么，就应该说上述要件是对本罪成立范围的不当限制。事实上，即便对方对于滥用职权的事实并无认识，但如果能够认定权利受到了侵害，判例对此一直肯定成立本罪。例如，街道议会议员通过不恰当的“门户捐”② 决议而让持反对意见者承担过当的纳税义务（大判大正11·10·20刑集1卷568页）；执行官吏制作了写有由执行官吏保管这一在和解笔录上并无记载的内容的公告牌，并因失误而将该公告牌竖在毫无关系的第三者的土地上（最决昭和38·5·13刑集17卷4号279页）；篡改竞标价格而阻止了以最高价格参与竞标者的中标（甲府地判昭和43·12·18下刑10卷12号1239页）等。有关前述“共产党干部住宅盗听事件”的最高裁判所决定也对“须具有职权行使外观且足以压制对方意志”这一点明确否定了其必要性（最决平成1·3·14刑集43卷3号283页）。

然而，该最高裁判所决定对于职权的含义又特别施加了限制，认为“所谓‘职权’，并不是指公务员一般职务权限的全部，而是指足以给职权行使

① 共产党干部住宅盗听事件：该案件概要为神奈川县警的警官A、B为了得到有关日本共产党的警备情报，而盗听了共产党国际部长C家的电话。C以本罪进行了告诉，但东京地检作出了不起诉处分；为此，C向东京地裁提出了交付审判程序的请求，但该请求被驳回；尔后，由于作为抗告审的东京高裁也驳回了抗告，因而向最高裁提出了特别抗告。对此，最高裁作出了如下否定判断，“如果原决定与原决定有关职权所作的判示部分的宗旨在于，表明那些部分是属于成立公务员滥用职权罪所必不可少的要件，那么，就有可能成立该罪的部分场合而言，则不难招致否定犯罪成立的结果”，进而以本文所提到的理由为理由而作出了驳回请求维持原决定的结论。

② 门户捐：第二次世界大战前日本按户摊派的款项——译者注。

相对方造成法律上、事实上的负担或不利益的特别职务权限”。按照该案件的调查官的解说，其含义在于“即便没有强制力，但能要求国民事实上服从或忍受的职务权限”（出田孝一·最判解刑平成元年度第111页）。在学界，以有利于构成要件明确化为理由而支持该“特别权限说”的观点也很有影响（青木纪博：“判批”，同志社法学41卷6号145页、掘内捷三：“判批”，警研63卷4号53页、齐藤丰治：“滥用职权罪的问题点”，基本讲座6卷342页）。但正如前面已经谈到的那样，如果否定强要罪与本罪之间的共同性，则没有必要作如此限制。而且，该观点只是将权利侵害型的权限纳入本罪的“职权”之内，而排除了属于权利赋予型的职权（例如，对于申请的许可、认可权限），其结果就是，诸如将申请捂臭也不予审议，从而不恰当地延缓认可的行为则并不构成本罪，因此，应该说这种观点并不妥当。如此，本罪所谓“职权”就应该理解为一般职务权限（中森喜彦：“滥用职权罪之备忘录”，载森下古稀〔上〕·变动期的刑事法学334页〔1995〕、町野410页、曾根310页、前田雅英：“滥用职权罪”，刑法杂志31卷1号87页、平良木登规男：“判批”，判时1337号〔判评374号〕219页）。

3. 滥用的含义

判例认为，所谓职权的“滥用”，是指“公务员就属于其一般职务权限的事项，假借行使职权之名，而实质性地、具体地实施违法、不恰当的行为”（前揭最判昭和57·1·28）。例如，除了前述宫本台账事件之外，还有诸如简易裁判所的裁判官出于与由自己负责的盗窃案中的被告人某女性进行个人交往的意图，某夜，谎称要讨论损害赔偿事宜，而将该女性叫至茶座，该行为就属于本罪（最决昭和60·7·16刑集39卷5号245页：小仓简易裁判所事件）。某保护观察官将保护观察期已满的某女子叫出来，并实施了猥亵行为，对此，下级审判例否定构成本罪（东京高判昭和43·3·15判时521号87页）。但是，按照最高裁判所的上述观点，至少就“叫出行为”而言，只要属于保护观察官的一般职务权限之内，就可以说最高裁判所已对该下级审予以了否定。

上述判例均属于假借行使职权类型（假借职权型）的案例，除此之外，本条所谓“滥用”还应该包括公务员就属于其一般职务权限的事项，在行使职权的过程中实质性地、具体地实施违法、不恰当行为的类型（实行职权型）（中森330页、曾根310页）。就前述“共产党干部住宅盗听事件”，最高裁判所的决定（前揭最决平成1·3·14）以“嫌疑人等在整个盗听过程中，在任何人面前均始终伪装成非警察所实施的行为，这里不能看出有由警官所实施的职权滥用”为理由而否定成立本罪，该决定是否妥当存在争议。关于该决定的宗旨，本案的调查官作了如下解说：要肯定警官就盗听存在滥用职权的行为，一般属于两种情况：（1）警官滥用了盗听的职权；（2）在盗听过程中滥用了警官的职权；就（1）而言，“现在尚未认可警官具有以本案形式进行盗听的职务权限”，就（2）而言，由于行动时已注意不让任何人知道是警官所为，因而这里便不存在作为警官的职权行使行为，因此，对于本案不能肯定成立滥用职权罪（出田·前揭最判解刑113页）。但是，众所周知，下级审已判定作为基于验证令状的强制搜查行为，在一定场合之下也允许盗听（甲府地判平成3·9·3判时1401号127页，东京高判平成4·10·15高刑45卷3号85页、札幌高判平成9·5·15判时1636号153页〔尚处于上告之中〕为其控诉审）；而且，也可以说警官拥有收集警备情报的一般职务权限（青木·前揭“判批”157页）。因此，本案盗听行为也属于一般职务权限，只不过是违法行使了职权，当然应构成本罪。本决定可能认为，由于本案中的盗听行为属于违反电气通讯事业法的违法行为，因而属于超越职权而非滥用职权。但是，考虑到本罪的处罚根据，如果将超越的情形排除在外，则不能体现其宗旨，因而并不合适。也就是说，只要就公务员的一般职务权限实施了违法、不当的职务行为，就有可能成立本罪，可以将超越职权包含在滥用之中。

（三）结果

本罪属于结果犯，并不处罚未遂，因此，只有在“使他人履行了没有义务履行的事项，或者妨害了他人行使权利的”时候才构成本罪（团藤125页认为，设立未遂处罚规定也是合适的）。那么，滥用职权叫对方出来，但对方并未答应；或者滥用职权设置了盗听设备，但未能盗听，则并不构成本罪（中森：“判批”，法教95号72页。相反，出田·前揭最判解刑103页则认为，对于创造出了可能盗听的状态这种行为本身，就可以认定侵害了权利）。

前面已经谈到，与强要罪不同，要成立本罪，并不需要达到压制对方意思自由的程度，正如盗听侵害了对方隐私一样，即便对方尚未认识到这一点，但只要侵害了权利，就可以认定发生了本罪之结果。前述有关“共产党干部住宅盗听事件”的最高裁判所的决定使用了“针对对方，产生了法律上、事实上的负担或不利益”这一不同于条文的表述，就表明了这一宗旨。

三、特别公务员滥用职权罪

执行或者辅助执行裁判、检察或警察职务的人员滥用职权，逮捕或者监禁他人的，处6个月以上10年以下惩役或者禁锢（第194条）。

本罪是以特定公务员为主体的身份犯，属于逮捕、监禁罪的加重类型。

加重刑罚的根据在于，本条所规定的公务员在其职务上被赋予了得以侵害他人的人身自由与权利的职权，为此，滥用该职权就很容易造成权利侵害，再者，与此同时，也还会侵害国民对于其执行公务的公正性的信赖。因此，本条的身份在形式上属于加重身份，在实质上则是加重行为的违法性，因而可以理解为第 65 条第 1 款的身份（参照西田："共犯与身份"，现代讲座 3 卷 257 页以下）。

"执行裁判、检察或警察职务的人员"是指裁判官、检察官、司法警察（参照刑诉法第 39 条以及根据刑诉法第 189 条第 1 款与第 199 条第 2 款的规定而制定的《有关指定司法警察的规则》）；"辅助执行裁判、检察或警察职务的人员"是指裁判所的书记官、庭吏（参照《裁判所法》第 63 条，以及《有关维持法庭等秩序的规则》第 2 条第 2 款）、检察事务官、司法巡查等在其职务上属于辅助地位者。由于并不包括事实上的辅助人员，因而受警察所长的委托的少年辅导员便并不属于辅助警察职务的人员（最决平成6·3·29 刑集 48 卷 3 号 1 页）。

本罪行为为逮捕、监禁。有关其含义，参照"逮捕、监禁罪"。

四、特别公务员暴行凌辱虐待罪

执行或者辅助执行裁判、检察或警察职务的人员在执行职务之时，对被告人、犯罪嫌疑人或其他人实施暴行、凌辱或者虐待行为的，处 7 年以下惩役或者禁锢（第 195 条第 1 款）。

负责看守或者押送被依法羁押者的人员，对被羁押者实施暴行、凌辱或者虐待行为的，与前款同（同条第 2 款）。

本罪对由第 194 条以及第 101 条的主体在执行职务之时所实施的违法行为，作出了处罚规定。就暴行罪而言，属于加重身份犯，与第 194 条一样，可以适用第 65 条第 1 款。如果同时构成强制猥亵罪、强奸罪，则与本罪构成观念性竞合。

本条第 1 款的客体为"被告人、犯罪嫌疑人以及其他人员"，其他人员包括证人、参考人等；第 2 款的客体为"被依法羁押者"，有关其含义参照"夺取被羁押者罪"。"暴行"是指暴行罪中所谓的暴行；"凌辱或者虐待行为"是指通过诸如使用侮辱性言行、不让吃饭、不让去卫生间、实施猥亵等手段，而对被羁押者施加肉体上、精神上的痛苦。

五、特别公务员滥用职权等致死伤罪

犯前两条（第 194 条、第 195 条）之罪，因而致人死伤的，与伤害罪比较，依照较重的刑罚处断（第 196 条）。

本条规定的是特别公务员滥用职权罪（第 194 条）以及特别公务员暴行凌辱虐待罪（第 195 条）的结果加重犯。“与伤害罪比较，依照较重的刑罚处断”的含义参照“不同意堕胎致死伤罪”。

第七节　贿赂犯罪

一、概说

(一) 贿赂罪的沿革

刑法典规定了以下贿赂犯罪：单纯受贿罪（第 197 条第 1 款前段）、受托受贿罪（第 197 条第 1 款后段）、事前受贿罪（第 197 条第 2 款）、向第三者提供贿赂罪（第 197 条之 2）、加重受贿罪（第 197 条之 3 第 1 款）、事后加重受贿罪（第 197 条之 3 第 2 款前段）、事后加重向第三者提供贿赂罪（第 197 条之 3 第 2 款后段）、事后受贿罪（第 197 条之 3 第 3 款）、斡旋受贿罪（第 197 条之 4）、对贿赂的必要性没收、追缴（第 197 条之 5）、行贿罪（第 198 条）①。其构成相当复杂，其沿革如下所述：

(1) 明治 13 年（1881 年）的旧刑法在第 284 条以下仅仅针对官吏的受托受贿罪作了规定，而行贿行为作为其共犯是否具有可罚性，则引起了争议。对此，大审院认为，按照必要性共犯中的立法者意思，只要对当然可以想见的参与行为并没有作出处罚规定，那么就应该是不可罚的（大判明治 37·5·5 刑录 10 辑 955 页。有关必要性共犯，参照“散发猥亵物等罪”）。

(2) 明治 40 年（1908 年）的现行刑法在将受贿罪整理为单纯受贿罪、加重受贿罪的同时，还新增了行贿罪及其自首减免规定、对于贿赂的必要性没收、追缴规定。其内容如下：

---

① 特别法：受贿罪的规定也适用于其他法律中的“准公务员”（有关其含义，参照“妨害执行公务罪”），除此之外，依据特别法而处罚受贿罪、行贿罪的例子也很多。例如，《赛马法》第 32 条之 2、《土地改良法》第 140 条、《日本电信电话株式会社法》第 18 条、《都市规划法》第 89 条等（详细介绍参照河上·大解说 7 卷 395 页以下）。另外，《战时特别刑事法》第 18 条之 3 还规定了战时斡旋受贿罪，但在 1946 年 1 月被废止。根据 1998 年对《防止不公平竞争法》的改正（法律第 111 号），增设第 10 条之 2，引入了有关禁止向外国公务员提供不正当利益的规定。

第197条第1款：公务员或者仲裁人就其职务收受、要求或者约定贿赂的，处3年以下惩役。因而实施不正当行为，或者不实施适当行为的，处1年以上10年以下惩役。

第197条第2款：在前款情况下，没收其所收受的贿赂。如果其全部或者一部分无法没收时，追征其价款。

第198条第1款：向公务员或者仲裁人交付、提供或者约定贿赂的，处3年以下惩役或者300日元以下罚金。

第198条第2款：犯前款之罪者自首的，得减轻或者免除其刑。

(3) 1941年，在战时统制经济体制之下为了整肃公务员纲纪，大幅度地扩充了贿赂罪，在新增受托受贿罪、事前受贿罪、向第三者提供贿赂罪、事后加重受贿罪、事后加重向第三者提供贿赂罪、事后受贿罪的同时，还独立设置了必要性没收、追缴规定，并删除了行贿人的自首减免规定。

(4) 1958年，以"昭和电工疑狱事件"① 为契机，新增了斡旋受贿罪，与此相对应，作为第198条第2款规定了斡旋行贿罪（2年以下惩役或者3 000日元以下罚金）。

(5) 1980年，以"洛克希德事件"② 为契机，提高了除加重受贿罪、

① 昭和电工疑狱事件：昭和电工株式会社从复兴金融公库融资23亿日元，与此事相关联，1948年6月以行贿嫌疑而逮捕了该公司社长，并且作为受贿人逮捕了经济安定本部长、大藏省主计局长、前副首相、前农林水产省事务次官、兴业银行副总裁以及其他几名政治家。最终仅有作为行贿人的社长与前农林水产省事务次官、经济安定本部长被宣判有罪，而其他人基于对贿赂性缺乏认识，或者实施的是斡旋行为而并不属于职务行为等理由被宣判无罪。

② 洛克希德事件：该案件涉及两条途径：一是在1976年2月，美国的洛克希德公司为了向日本全日空航空公司兜售自己公司开发的飞机，而通过日本商社丸红的干部的介绍，希望当时的内阁总理大臣T向全日空做工作，并提供了贿赂（丸红途径）；二是在1970年至1982年期间，全日空社长从洛克希德公司收受了礼金，为了让相关部门作出"日本航空延期购买国内航线用大型飞机"这种行政指导，而向运输大臣H、运输政务次官S提供了贿赂（全日空途径）。丸红公司的干部以行贿罪被宣判有罪（最大判平成7·2·22刑集49卷2号1页）；T以委托受贿罪被一审、二审宣判有罪（东京高判昭和62·11·18高刑40卷2号77页），但由于在上告过程中被告人T死亡而撤销了公诉；另外，H也以委托受贿罪被一审、二审宣判有罪，同样由于被告人在上告过程中死亡而最终撤销公诉（东京高判昭和61·5·16判时1205号5页）；S也以委托受贿罪被一审、二审宣判有罪（东京高判昭和61·5·14判时1205号61页），被告人提出了上告，但被驳回而最终确定成立犯罪（详细说明参照西田："内阁总理大臣的职务权限"，ジュリ1069号4页）。

事后加重受贿罪、事后加重向第三者提供贿赂罪、行贿罪之外的其他受贿犯罪的法定刑（3年到5年、5年到7年），也提高了斡旋行贿罪的法定刑，而与其他行贿罪看齐。其后，1992年的刑法改正将行贿罪的罚金金额提高到250万日元。

（二）保护法益

有关贿赂罪的保护法益，一直以来存在认为是公务的不可收买性，即公务不得为贿赂所左右的观点（不可收买性说）与认为是职务行为的公正性的观点（纯粹性说）之间的对立（详细情况参照北野通世："对受贿罪的一点考察"，刑法杂志27卷2号以及28卷3号、齐藤信治："贿赂罪的保护法益"，法学新报96卷1、2号；3、4号；5号）。但是，现行刑法是以有关职务而收受贿赂的单纯受贿罪为基本，并未要求公务为贿赂所左右。该行为会使国民产生"公务难道不是已经被贿赂所左右吗"？这种不信任，反过来说，由于侵害了社会一般人对于公务公正性的信赖，而最终损害到公务的顺利实施这种国家职能，这也正是处罚根据之所在。另外，纯粹性说认为加重受贿罪是基本类型，那么，单纯受贿罪则成为危险犯，但由于正当职务也有可能构成单纯受贿罪，因此，这种定位未免牵强。如此看来，贿赂罪的保护法益最终只能是职务行为的公正性以及对此的社会一般信赖（信赖保护说），并且，单纯受贿罪是其基本类型，加重受贿罪为其加重类型（通说）。判例也采取了同样的立场，认为"贿赂罪以公务员职务的公正性以及对此的社会一般信赖为其保护法益"（前揭最大判平成7·2·22：洛克希德事件。大判昭和6·8·6刑集10卷412页、最大判昭和34·12·9刑集13卷12号3186页等也是同一宗旨）。按照这种观点，如果该公务属于一般并不存在为贿赂所左右的余地的职务（例如，给邮递员的"红包"），则存在排除在贿赂罪所谓的职务之外的可能（但是，大判昭和11·5·14刑集15卷626页则认为，即便是并无赠送红包的余地的职务，也构成贿赂罪）。

（三）贿赂的含义

1.贿赂的目的物

所谓贿赂，是指作为公务员、仲裁人的职务行为对价的不正当的报酬。只要是就一定职务的对价即可，不必要与个别职务行为之间存在对价关系（最判昭和33·9·30刑集12卷13号3180页）。判例认为，"贿赂并不限于财物，包含能满足人之需要或者欲望的一切利益"（大判明治44·5·19刑录17辑879页），因此，除金钱、物品、不动产等有形物之外，诸如代为偿还债务（大判大正14·5·7刑集4卷266页。委琐的餐费的追讨等）、金融利益（大判大正14·4·9刑集4卷219页）、给艺妓的"花钱"等招待（大判明治

43·12·1刑录16辑2239页)、高尔夫俱乐部会员权（最决昭和55·12·22刑集34卷7号747页)、以公开价格获得确实会涨价的尚未公开的股票而获取的利益（最决昭和63·7·18刑集42卷6号861页：殖产住宅事件、东京高判平成9·3·24判时1606号3页：利库路特事件）等财产性利益，以及诸如就斡旋就职的约定（大判大正14·6·5刑集4卷372页)、异性之间的肉体关系（最判昭和36·1·13刑集15卷1号113页）等也属于贿赂。

2.社交礼仪

诸如我国这样礼仪往来已成为一种文化的社会，如何区别作为社交礼仪的在中元、岁暮、贺年、饯别、祝贺、土产等场合所实施的赠与与贿赂之间的区别尤其重要。① 这些赠与，即便关系到职务，但如果主要是基于私人交际、同乡关系、先辈、后辈关系等个人关系，则不存在贿赂的问题。问题在于，可以认为是职务行为的对价，但赠与的程度却在社会一般习惯礼仪范围之内时如何处理。

判例一直认为，作为社交礼仪的赠与只要可以认定为是职务行为的对价，则不问金额多少，均构成贿赂罪（大判昭和4·12·4刑集8卷609页、大判昭和10·8·1刑集14卷885页。小野56页、木村293页、植松71页对此表示支持)。但是，在学界占据支配地位的两种观点则持相反意见：即便可以认定是对价关系，但如果赠与的程度尚属于习惯社交礼仪可以接受的范围之内，对此，一种观点认为这并没有侵害公务的公正性，因而可否定其贿赂性（内藤·注释刑法〔4〕415页、团藤139页、平野299页、藤木58页、中山554页、大谷626页)；另一种观点认为可以否定其可罚的违法性（谷口正孝："关于贿赂罪"，判夕18号20页、内田680页)。就学生家长向公立中学的新任教师赠送了金额为5 000日元的送礼用支票的案件，最高裁判所认为，该家长以前便有在节庆与开学时拜访老师的习惯，本案中的赠与也属于习惯上的社交礼仪，"断定该赠与是与作为年级专任教导所应实施的教育指导职务行为相关的对价性给付……仍存在合理疑问"，从而否定成立贿赂罪（最判昭和50·4·24判时774号119页)。尽管其理论也只是沿袭了一直以来的判例理论，但其结论则实质上与近来占支配地位的学说的结论相同。

① 政治献金与贿赂：有关政治献金与贿赂的区别上，也存在同样的问题，判例认为，如果只是一般性地期待实施合乎献金者利益的政治活动，则否定其贿赂性；如果其意图在于通过政治家的职务权限的行使而得到具体的利益，则属于贿赂（最决昭和63·4·11刑集42卷4号419页：大阪出租车事件)。

只要在社会一般观念上，赠与限于社交礼仪的范围之内，则应该否定成立贿赂罪，其理由并不是可罚的违法性的阻却，而在于因其对价性性质稀薄而失去了贿赂性。因此，重要的是该赠与是否在社交礼仪的范围之内，在判断之时，应当以公务员与赠与人之间的人际关系、公务员以及赠与者的社会地位、赠与的金额、赠与的时间与形态等作为标准。

（四）职务关联性

1. 概说

凡公务员没有正当理由而收受了金钱，就可以说该行为有损对于公务公正性的社会一般信赖这一贿赂罪保护法益。如果彻底贯彻该观点，便会产生认为贿赂罪的保护法益是公务员的廉洁义务的观点（小野48页）。但如此一来，其结果就是造成贿赂罪的处罚范围过于不受限制。正因为如此，刑法才规定必须是“就其职务事项”，要求贿赂应具有职务关联性。这正是因为，只要在收受了与职务具有对价关系的金钱之时，担心公务是否被贿赂所左右这种不信任感才会更强烈。为此，其前提在于该公务员所拥有的职权必须能左右与贿赂处于对价关系的职务。因此，该公务员拥有何种程度的职务权限、职务行为，这才是认定是否构成贿赂罪之时所必须考虑的中心问题。对此，有一种观点较有影响，该观点认为，在存在可以怀疑公务公正性的事项之时，就可以认定具有职务权限（团藤132页）。但是，这种观点似乎颠倒了顺序。不是因为职务公正性受到怀疑才具有职务关联性，而是因为具有职务关联性，职务公正性才值得怀疑。

2. 现在的职务

(1) 具体职务权限

公务员就现在担任的基于具体职务权限的职务构成贿赂罪，这没有什么问题。其范围原则上应由法令来决定，但由于法令规定不可能穷尽所有权限，那么，只要根据合理的解释，能认定是属于该公务员权限的职务即可（参照古田佑纪·刑法的基本判例192页）。判例认为，所谓职务，“是指公务员与其地位相随而应作为公务看待的一切工作”（最判昭和28·10·27刑集7卷10号1971页），也体现了这种宗旨。例如，校长同意将学校所用的教科书全部委托给某书商（大判大正12·12·12刑集4卷755页）、通商产业省政务次官作为政务而就设置赛车场的申请予以决定（最判昭和31·7·17刑集10卷7号1075页）就相当于职务。另外，职务只要有法令上的权限即可，因此，既然众议院议员有就法律草案进行动议、审议、表决的职务权限，那么，有关并不属于自己所在的委员会的大藏委员会正审议的法案，劝说、说服包括大藏委员会委员在内的其他议员，而试图使该法案成为废案的行为就相当于职务（前揭最决昭和 63·4·11：大阪出租车事件）；运输大臣有向民间航空公司就机种的选定进行行政指导的权限，且既然认定内阁总理大臣对运输大臣有指挥权（《宪法》第 68、72 条、《内阁法》第 8 条），那么，总理大臣对运输大臣施加影响就相当于职务（前揭最大判平成 7·2·22：洛克希德事件）。由于内阁官房长官负责掌管有关各行政部门的综合调整事务（《内阁法》第 13 条第 3 款、第 12 条第 2 款），因而应该认定其对于防止政府机关与尚未毕业的大学生签订录用合同的问题具有职务权限（最决平成 11·10·20 刑集 53 卷 7 号 641 页：利库路特政界途径事件）。

其次，不问职务正当还是不正当，即使是正当职务，也可能构成贿赂罪（最判昭和 27·4·17 刑集 6 卷 4 号 665 页）。同样，即使是不正当的职务也可以，在保守秘密义务为其职务内容的一部分的场合，泄露信息的行为也相当于职务（最决昭和 32·11·21 刑集 11 卷 12 号 3101 页、最决昭和 59·5·30 刑集 38 卷 7 号 2682 页：大学设置审议会事件）。还有，不正当的职务也可以由不作为来实施，因此，巡查不扣押相关证据物（最决昭和 29·9·24 刑集 8 卷 9 号 1519 页）、文部省事务次官不采取行政措施以对相关工商业者设置一定障碍（东京高判平成 10·1·19 判时 1651 号 16 页：利库路特事件控诉审判决）也可以认为属于职务。

(2) 一般职务权限

判例认为，尽管公务员并无执行该职务的具体权限（事务分担），但如果该职务属于该公务员的一般职务权限，则成立贿赂罪。例如，税务署职员受到自己分管区域之外的纳税人的请求，希望在所得税调查之时能够适当减免，并收受了贿赂，对此案件，判例认为，“只要是同一税务署管辖范围之内的纳税义务人，不管是谁，职员就有关对义务人的所得税进行课税、减免的事务均具有法令上的职务权限”，而且，“如果主管人员认为有必要，随时可以改变职员的分担事务内容”，因此，该职员具有职务权限（最判昭和27·4·17 刑集 6 卷 4 号 665 页）；县的农地课的分管开发事项的事务担当者就有关农地分配事项的合同收受了贿赂，对此，判例认为“《刑法》第 197 条所谓‘其职务’，只要属于该公务员的一般职务权限即可，并不要求是本人现在具体分管的事务”，“即便是平常并不分管的事务，只要属于该课所负责的事项……就全体事务，具有受上司之命令而得以处理的一般职务权限，作如此理解是合适的”（最判昭和 37·5·29 刑集 16 卷 5 号 528 页）。

在学界有相当影响的观点认为，只要是属于一般职务权限范围之内的事项，就会损害对于职务公正性的信赖，从而支持判例的观点（团藤 134 页、大塚 629 页、大谷 623 页、曾根 314 页、平川 501 页）。但是，如果仅仅要是一般职务权限相同即可，那么，东京的某税务署职员就札幌的某税务署的职务而收受了金钱物质，也会构成受贿罪；该观点并未主张到如此范围，"如果所就职的官署不同，或者作为职务权限的事务的性质不同（存在所属课不同这种差异之时），则不能适用一般职务权限理论"（藤木60页）。如此说来，前述判例之所以认定具有职务关联性，并不仅仅是因为一般职务权限相同，而是因为根据公务员的地位、改变分管事项的可能性、事务处理的具体情况等可以认定，该公务员实际上存在能左右公务的可能性（平野297页、古田·基本判例193页、町野朔："受贿罪"，现代的展开364页）。

(3) 职务密切关联行为

尽管并不属于自己本来的职务权限，但如果是与其职务权限具有密切关系的行为，对此，判例一直认定构成贿赂罪（详细情况参照掘内捷三："贿赂罪中职务行为的含义"，平野龙一先生古稀纪念论文集上卷〔1990〕、中森喜彦："职务关联行为概念的机能"，法学论丛128卷4·5·6号、曾根威彦："受贿罪"，刑法杂志31卷1号）。有两种类型：其一，并非自己本来的职务，但属于习惯上负责的职务，或者属于由自己的职务所派生出来的职务；其二，利用自己职务的事实上的影响力。例如，①县议会某议员劝说其他议员赞成某议案（大判大正2·12·9刑录19辑1393页）；②村公所的书记员辅助村长担当外国人登录事务（最决昭和31·7·12刑集10卷7号1058页）；③在市议会议员的派系之内选定议长候选人（最决昭和60·6·12刑集39卷5号219页：大馆市议会事件）等就属于第一种类型；④负责发放平板玻璃供应证明书的某人建议证明书拥有人从某特定商店购买平板玻璃（最判昭和25·2·28刑集4卷2号268页）；⑤某国立艺术大学教授劝说、斡旋学生购买特定的小提琴（东京地判昭和60·4·8判时1171号16页）；⑥内阁总理大臣向民间公司做工作要求其购买某种特定飞机（东京高判昭和62·7·29判时1257号3页）等就属于第二种类型。相反，判例对于以下案件则否定存在密切关联性：农林水产大臣向意欲从复兴金融公库融资的某人交付写给县食料事务所长的介绍信的行为（最判昭和32·3·28刑集11卷3号1136页）；电话局职员斡旋电话买卖的行为（最决昭和34·5·26刑集13卷5号817页）；负责进行工厂招商的某人向并未找到理想地皮的人斡旋其他私有土地的行为（最决昭和51·2·19刑集30卷1号47页）。

在学界占支配地位的学说以所谓"有关其职务"只要与本来的职务相关联即可为理由，而支持判例的观点。但是，"有关其职务"的含义为"针对职务"，如果就并非职务的事项也认定成立贿赂罪，应该说并不合适（平野298页、中森337页、平川503页、町野·前揭现代的展开367页），但只要密切关联行为可以被认定为包含在“职务行为”之内，则可以肯定成立贿赂罪。在这种观点看来，第一种类型的行为也可以称为准职务行为，认定其包含在职务行为之内，这不大会有问题；而就第二种行为而言，虽然并不要求其本身属于职务权限之内的行为，但至少要求该事实上的影响力是以职务权限为根据。

3. 过去的职务

通说、判例认为，就过去的职务也就是已经结束的职务而实施受贿行为的，也可以成立受贿罪（大判明治44·2·24刑录17辑165页、大判昭和10·5·29刑集14卷584页）。对此，有观点持否定意见，认为贿赂罪属于决定犯罪，其处罚根据只能是以金钱等为动机而左右公务，因而就过去职务的受贿行为并不具有可罚性（泷川：“判批”，刑事法判决批评2卷187页、町野·前揭现代的展开353页）。但笔者认为这种观点并不可取，还是通说、判例的立场更为合适：（1）刑法典就过去的不正当职务行为以及过去的斡旋行为也规定了加重受贿罪（第197条之3第2款）、斡旋受贿罪（第197条之4）；（2）由于与过去的职务处于对价关系，则会产生是否已损害了过去的职务的公正性这种疑问，同时，也有害于对于现在所担任的职务的公正性的社会一般信赖（参照美浓部达吉·公务员贿赂罪之研究87页〔1939〕）。

上述问题与公务员转职到一般职务权限并不相同的其他地位之后再收受贿赂的行为是否构成贿赂罪（转职后的受贿）这一点相互关联。关于这一问题，第二次世界大战前的判例要求转职前后的职务具有相同的一般职务权限。在担任皇家林业管理局主事之时约定贿赂，转职为宫内省① 会计审计官之后收受了以前所约定的贿赂，对此，判例判定仅构成约定受贿罪而并不成立收受罪（大判大正4·7·10刑录21辑1011页）；而对于被告人从冈山车站站长助理转职为仓敷车站站长之后，就前任职务收受了贿赂一案，判例以“由于其职务并未产生不同”为理由而认定成立受贿罪（大判昭和11·3·16刑集15卷282页）。但是，第二次世界大战后最高裁判所的态度则发生了变化。被告人从岸和田税务所转职到浪速税务所之后，就前任职务收受了贿赂，对此，判例认为“只要在收受贿赂的当时为公务员即构成贿赂罪，并不以现在仍担任与贿赂有关的职务为要件”（最决昭和28·4·25刑集7卷4号881页。最判昭和28·5·1刑集7卷5号917页也是同样宗旨）；就从兵库县职员转职到该县住宅供给公社的案件，判例更为明确地指出，即便是“公务

① 宫内省属于日本皇室的事务机构之一，大致相当于我国以前皇室的内务府——译者注。

员转职到一般职务权限并不相同的其他职务之后，就前任职务提供了贿赂”，也成立贿赂罪（最决昭和58·3·25刑集37卷2号。其后的判例还有，有关受托受贿罪的东京高判昭和61·5·16判时1205号5页）。

对于判例的这种变化，学说多持批判意见，其中较有影响的学说认为，除转职之后的职务与前任职务具有相同的一般职务权限的场合之外，均只应成立事后受贿罪（团藤135页、大塚611页、大谷625页、曾根315页、町野·前揭现代的展开359页）。认为事后受贿罪中所谓“曾任公务员的人”也包括转职了的公务员，也确实可以作这种解释（平野296页、中森336页持反对意见）。但这种观点对于为什么只有在一般职务权限相同的场合才构成单纯受贿罪、委托受贿罪，并不明确。其理由可能在于，由于贿赂罪仅就现在担任的职务才成立，因而只有在一般职务权限相同的场合，有关前任职务的贿赂才会损害对于现在职务的公正性的社会一般信赖。然而，并不能说因为一般职务权限相同，过去的职务就可以转换为现在的职务。正如前面已经谈到的一样，如果就过去的职务否定成立受贿罪，则另当别论，但既然肯定成立受贿罪，却又将其范围限定在一般职务权限相同的场合，应该说这并不存在合理理由（西田：“判批”，警研60卷11号42页）。如此看来，判例的观点更为合适（平野296页、前田491页、中森336页、平川501页）。

4. 将来的职务

即便是公务员将来也许会担任的职务，也相当于贿赂罪的职务。但必须存在将来担任该职务的盖然性。因此，应该对此加以限定，也就是说，将来的职务与现在的职务的一般职务权限相同，其具体实施只须满足时间的到来、上司的命令等一定的条件。从这一意义上看，下述认定构成贿赂罪的判例是合适的：拥有县的土木工程合同缔结权限的某人从土木工程企业受到希望就将来的订货予以关照这种请托并收受了金钱（大判昭和11·2·21刑集15卷136页）；某人受烟草专卖公司地方局长的任命而拥有就某个具体地域的烟草进行等级鉴定的职务权限，该人接受了对方的宴请，而对方的意图在于希望就将来有可能进行的鉴定得到关照（最判昭和36·2·9刑集15卷2号308页）。相反，面临改选的某现任市长就再次当选之后的职务接受请托并收受了贿赂，对于此案件，判例仅仅以一般职务权限相同为理由便认定成立受托受贿罪（最决昭和61·6·27刑集40卷4号369页），似乎值得商榷。这是因为，任期一旦届满便不再是市长，是否能再次当选尚不确定。笔者认为，这种情况要么成立事前受贿罪（今井猛嘉：“判批”，警研61卷4号62页），要么就现在的职务成立单纯受贿罪（北野通世·百选Ⅱ202页）。

二、单纯受贿罪

公务员或者仲裁人有关其职务收受、要求或者约定贿赂的，处 5 年以下惩役（第 197 条第 1 款前段）。

（一）主体

本罪主体为公务员或仲裁人（身份犯）。有关公务员的含义，参照“妨害执行公务罪”。所谓仲裁人，是指公务员以外的依法拥有纷争仲裁权限的人（例如，《有关公示催告程序以及仲裁程序的法律》第 786 条以下）。但由于现在基本上不存在对仲裁人适用受贿罪的案例，因而下述说明仅限于公务员。无身份者（个人以及不具有职务权限的公务员）根据第 65 条第 1 款的规定也可以成为本罪的共犯。

（二）行为

本罪行为为公务员有关其职务而收受、要求、约定贿赂的行为（以下简称受贿行为）。通常是按照要求、约定、收受的顺序实施，其时，作为概括一罪而成立单纯受贿罪（大判昭和 10·10·23 刑集 14 卷 1052 页）。本罪之所以不处罚未遂，是因为要求罪、约定罪本身就具有处罚未遂的机能。所谓要求，是指谋求提供贿赂的意思表示。只要达到对方得以认识该要求的程度即可，并不要求对方已经实际认识到（大判昭和 11·10·9 刑集 15 卷 1281 页）。即便对方并未答应该要求，也成立要求罪（大判昭和 9·11·26 刑集 13 卷 1608 页）。所谓约定，是指在将来提供贿赂、收受贿赂这一点上受贿者与行贿者之间所达成的合意。所谓收受，是指出于将对方所提供的贿赂作为自己所有之物的意思而取得。约定罪、收受罪分别与行贿方的约定罪、提供罪处于必要性共犯的关系。前面已经谈到，这些受贿行为即便是在职务行为之后实施，也构成本罪。

（三）故意

本罪的故意以对贿赂性存在认识为必要，也就是说，必须认识到所要求、约定、收受的金钱或物质属于针对公务员职务行为的不正当的对价。因此，如果对对价性并无认识，或者认为属于前述社交礼仪的范围之内的赠与，则得以否定存在本罪故意。在这种情况下，行贿方也不构成提供贿赂罪而仅构成申请行贿罪。判例对于以下情况否定存在贿赂性认识：认为是中元、岁暮礼仪（东京地判昭和 33·12·11 一审刑集 1 卷 12 号 1960 页）、认为是得奖的贺礼（大阪地判昭和 45·3·30 判タ 249 号 280 页）、认为是对盂兰盆会舞的捐款（大阪地判昭和 63·11·8 判タ 703 号 281 页）。而且，还要求公务员必须具有执行职务的意思（中森 339 页。大谷 628 页持反对意见）。原因在于，只有存在执行职务的意思才会产生公务被贿赂所左右的危险。

（四）与他罪的关系

在以恐吓为手段而收受贿赂的场合，判例认为，如果公务员并无执行职务的意思，则仅成立恐吓罪（最决昭和 25·4·6 刑集 4 卷 4 号 481 页）；如果公务员有执行职务的意思，则构成本罪与恐吓罪的观念竞合，也成立行贿罪（最决昭和 39·12·8 刑集 18 卷 10 号 952 页、福冈高判昭和 44·12·18 刑月 1 卷 12 号 1110 页）。但是，尽管行贿人还具有意思决定的自由，但是，被恐吓、禁止行贿这并不合理，因而应该否定成立行贿罪，并且与此相对应，也应该否定成立受贿罪。在以欺诈手段而收受贿赂的场合，通说、判例认为构成本罪与诈骗罪的观念竞合（大判昭和 15·4·22 刑集 19 卷 227 页），但由于并无执行职务的意思，还是应否定成立本罪。

三、受托受贿罪

在这种（公务员或者仲裁人有关其职务收受、要求或者约定贿赂）情况下，接受请托的，处 7 年以下惩役（第 197 条第 1 款后段）。

本罪属于单纯受贿罪的加重类型，是针对因受托而实施与贿赂处于对价关系的职务行为的情况所作的处罚规定。其理由在于，在接受请托的场合，贿赂与职务行为的对价关系更为明确，公务是否被贿赂所左右这种疑虑更深，因而对公务公正性的社会一般信赖的侵害程度也更严重。

请托是指“期望公务员就其职务实施一定的行为”，而不问是正当的职务行为还是不正当的职务行为（最判昭和 27·7·22 刑集 6 卷 7 号 927 页）。但作为期望对象的职务行为必须具体且特定，如果只是出于“受到了某种关照的谢礼以及期望将来受到优待的意图”而提供贿赂，则不能说存在请托（最判昭和 30·3·17 刑集 9 卷 3 号 477 页）。请托可以是默示（东京高判昭和 37·1·23 高刑 15 卷 2 号 100 页），但公务员必须以明示或默示的方式表示了承诺（最判昭和 29·8·20 刑集 8 卷 8 号 1256 页）。有下级审判例认为，此时，即便公务员并无执行职务的意思亦可（山形地判昭和 61·6·11 判时 1240 号 144 页），但这并不妥当（中森 340 页）。

与单纯受贿罪一样，即便是在实施接受请托的职务行为之后，或者在转职到一般职务权限并不相同的其他职务之后，再要求、约定、收受贿赂，也构成本罪（东京高判昭和 61·5·14 判时 1205 号 1 页：洛克希德事件〔全日空途径〕控诉审判决）。

本罪在接受请托并要求、约定、收受贿赂之时，或者在实施受托职务行为之后要求、约定、收受贿赂之时，达到既遂。有关职务行为的内容为不正当职务的场合，参照“加重受贿罪”。

四、事前受贿罪

将要成为公务员或者仲裁人的人，有关其将要担任的职务，接受请托，收受、要求或约定贿赂的，在其成为公务员之时，处5年以下惩役（第197条第2款）。

本罪处罚的是，“将要成为公务员的人”就其成为公务员之后所要的职务，而实施接受请托、收受贿赂等行为。本罪处罚的多为须通过公选才可以确定的地方公共团体长官或者议员的候选人，在这种情况下，即便尚未提交候选申请也可以成为本罪主体（宇都宫地判平成5·10·6判タ843号258页）。有关请托的含义，参照“受托受贿罪”。只要在已“成为公务员”之时才具有可罚性。因此，以前的通说认为成为公务员是客观处罚条件（泷川256页、小野54页、藤木65页、大塚637页），但现在占支配地位的学说则认为属于构成要件要素（团藤143页、福田70页、中山556页、大谷630页、曾根320页、中森345页）。只有成为公务员之后才会侵害对于公务员的信赖，因而后一种学说更为合适。

在成为公务员之前要求、约定贿赂，在成为公务员之后再收受贿赂的，构成委托受贿罪，本罪被该罪所吸收。

五、向第三者提供贿赂罪

公务员或者仲裁人，有关其职务，接受请托，使请托人得以向第三者提供贿赂，或者要求、约定向第三者提供贿赂的，处5年以下惩役（第197条之2）。

本罪是出于禁止规避受托受贿罪的行为的目的而制定的，其针对的是公务员让某人向自己之外的第三者提供贿赂的行为。尽管形式上是第三者，例如，公务员让人向自己的妻子行贿，但实质上可以说是公务员本身收受贿赂的场合，则成立受托受贿罪而并非本罪。

所谓第三者，是指行贿人、作为受贿人的公务员及其共同正犯以外的其他人。狭义的共犯也相当于第三者（最判昭和29·8·20刑集8卷8号1256页）。不仅仅是自然人、法人，并不具备法人人格的社团也包含在第三者之内。例如，国会议员的后援会。法人不仅包括民间法人，还包括地方共同团体组织。例如，警察所长让町村的隔离病患者组合捐赠一定款项，而相应地将违反食品管理法的人不予送检（前揭最判昭和29·8·20）；为了抹消案件，而主动向警察所长提出负担警察的汽车的改造费用（最判昭和31·7·3刑集10卷7号965页）；县公路运输事务所长在业者申请许可证之际，出于抵消交际费的目的而让业者向该事务所提供金钱（福冈高判昭和36·6·29高刑14卷5号273页）。并不要求第三者知道所提供的物质金钱是贿赂（但是，有关没收、追缴参照本章之十“没收、追缴”）。只要向第三者提供贿赂是基于该公务员的意思，即便该公务员与第三者毫无关系亦可（中森343页持反对意见）。

六、加重受贿罪

公务员或者仲裁人犯前两条之罪，因而实施不正当行为，或者不实施适当行为的，处1年以上有期惩役（第197条之3第1款）。

公务员或者仲裁人，就其职务上实施不正当行为或者不实施适当行为，而收受、要求或约定贿赂，或者使他人向第三者提供贿赂，或要求、约定向第三者提供贿赂的，与前款同（第197条之3第2款）。

本罪规定就作为贿赂的对价而实施不正当的职务行为的予以加重处罚。由于不正当职务行为是指枉法行为，因而本罪亦称为枉法受贿罪。本条第1款针对第197条、第197条之2的犯罪（单纯受贿罪、受托受贿罪、事前受贿罪、向第三者提供贿赂罪）之中，在实施不正当行为之前便要求、约定、收受贿赂，而作为其结果实施了不正当行为的情况（受贿后枉法罪），规定予以处罚。实施不正当职务行为之时达到既遂。本条第2款针对在实施不正当职务行为之后再要求、约定、收受贿赂的情况（枉法后受贿罪，包括事后加重受贿与事后加重向第三者提供贿赂两种行为），规定予以处罚。这是就第197条、第197条之2的犯罪之中，过去的职务、转职之前的职务的内容为不正当职务行为的情况所作的加重规定。要求、约定、收受贿赂之时达到既遂。在枉法后受贿的场合，如果在受贿时已不再是公务员，则仅可能构成事后受贿罪（第197条之3第3款）。

判例认为，所谓“实施不正当行为，或者不实施适当行为”，是指“因积极地或者消极地实施某种行为而违反其职务的一切行为”（大判大正6·10·23刑录23辑1120页），如果属于公务员的裁量行为，则要求必须滥用了裁量权（中森342页）。判例还认为，只要不正当行为属于与本来职务具有密切关系的行为即可（最决昭和31·7·12刑集10卷7号1058页）。判例对于以下行为认定为成立本罪：村议会议员缺席相关议事（大判大正5·11·

10刑录22辑1718页）、警察所长不将嫌疑案件送检（最决昭和29·8·20刑集8卷8号1256页）、在招标之时通报最低预定价格（高松高判昭和33·5·31裁特5卷6号257页）、国税调查官为了防止偷税事件被发现而隐匿、销毁相关课税资料（东京地判平成10·3·17判时1647号160页）等。

通说、判例认为，如果本条第1款（受贿后枉法罪）的不正当职务行为还构成了其他罪，则与本罪处于观念竞合关系（就伪造公文罪与本罪，参照前揭最决昭和31·7·12）。另外，判例认为，在本条第2款（枉法后受贿罪）的情况下，则构成并合罪（有关业务侵占罪与本罪，参照最决昭和32·12·5刑集11卷13号3157页）。

七、事后受贿罪

> 曾任公务员或者仲裁人的人，就其在职期间接受请托而在职务上曾实施不正当行为，或者未曾实施适当行为，而收受、要求或约定贿赂的，处5年以下惩役（第197条之3第3款）。

本罪所要处罚的行为为公务员在职期间接受请托而实施了不正当职务行为，退职而不再是公务员之后实施收受贿赂等行为。公务员在职期间要求、约定贿赂的，则成立通常的受贿罪；退职之后再收受贿赂的，则为该罪所吸收。在转职到一般职务权限并不相同的其他职务之后，再实施收受贿赂等行为的，有观点认为也构成本罪，但正如前面所已经谈到的那样，这种观点并不恰当。

八、斡旋受贿罪

> 公务员接受请托，为使其他公务员在其职务上实施不正当行为或不实施适当行为，作为其进行或已经进行斡旋的报酬而收受、要求或约定贿赂的，处5年以下惩役（第197条之4）。

本罪规定就公务员所实施的针对其他公务员的斡旋行为予以处罚。所谓斡旋，是指针对其他公务员所实施的介绍、中介、活动、期望等行为。由于以作为请托与斡旋的对象的公务员实施不正当的职务行为为要件，因而其处罚范围受到了极大限制。按照立法论的观点，似乎至少应删除以实施不正当职务行为为要件这一点。

斡旋行为实际上多为利用公务员这一地位而实施。判例认为，“尽管并不以公务员积极地利用其地位进行斡旋为必要，但至少必须是以公务员这一身份进行斡旋，如果仅仅是以个人身份实施行为”，则并不构成本罪（最决昭和43·10·15刑集22卷10号901页)。因此，尽管公务员利用亲属关系、前辈、后辈关系而斡旋的场合不包含在内，但也并不局限于利用职务地位的影响力而进行斡旋的场合。由于是对“进行斡旋或已经进行斡旋”的报酬，因此，并不仅仅是指事前约定、收受贿赂，也包括在实施斡旋行为之后才要求、收受贿赂的场合。

判例认定以下行为构成本罪：某税务署公务员斡旋其他公务员，让其直接受理存在不正当记录的让与所得计算明细表（前揭最决昭和43·10·15）；某国会议员对其他议员进行斡旋，让其不在委员会上提出质问，并收受针对该斡旋行为的报酬（东京地判昭和46·9·20判时648号28页）；某众议院议员接受某斡旋人的请托，为了使公平交易委员会委员长不就某大型建筑公司违反反垄断法的行为进行刑事告发而做工作，并收受了报酬（东京高判平成13·4·25判夕1068号248页〔正处于上告之中〕）。

九、行贿罪

提供第197条至第197条之4所规定的贿赂，或者就此进行申请或约定的，处3年以下惩役或者250万日元以下罚金（第198条）。

与受贿罪相对应，本罪规定就提供、申请、约定贿赂的行贿行为予以处罚。尽管行贿罪是受贿罪的共犯行为，但对其一律以相对较轻的刑罚予以处罚，其中的理由，有观点认为，是因为本罪具有由非公务员所实施的妨害执行公务罪的性质（团藤151页），但是，由于无法否认本罪为受贿罪的共犯行为，因而其减轻根据在于，在我国这种官僚控制力很强的国家，一般来说，相对于受贿者，行贿者处于相对弱势地位，那么，其责任便类型性地得以减轻。而作为立法论而言，笔者认为，与受贿罪的法定刑相对应，行贿罪的法定刑也应该个别化。

行贿行为通常按照申请、约定、提供的顺序而实施。申请，是指催促公务员收受贿赂，因此，即便公务员拒绝了该申请，也仍然成立本罪（大判昭和3·10·29刑集7卷709页）。提供了贿赂，但遭到拒绝，也是如此。在公务员对贿赂性并无认识或者有所认识但存在返还的意思的情况下，如果实施了提供与收受物质、金钱的行为，也成立本罪（最判昭和37·4·13判时315号11页）。约定，是指行贿者与公务员之间就提供与收受所达成的合意，因而处于必要性共犯的关系。在向公务员的妻子提供贿赂的场合，仅限于构成申请罪；如果公务员认识到贿赂性而仍然予以认可，则在认可的时点始构成提供罪。在实施了申请、约定以及提供贿赂的行为的场合，构成行贿罪这一概括性一罪（仙台高秋田支判昭和29·7·6裁特1卷1号7页）。

在行贿罪以请托为要件的场合，就行贿者而言，也以实施请托为要件。在以请托内容必须是不正当的职务行为为要件的事后受贿罪、斡旋受贿罪的场合，就行贿者而言，也以对此存在认识为必要。在其他加重受贿罪的场合，即便行贿者对会实施不正当行为或者已经实施了不正当行为并不存在认识，也仍然可构成本罪。在请托的内容为不正当职务行为而使得对方成立他罪的场合（例如，无形伪造公文罪、诡计妨害招标罪），如果行贿者对此存在认识，则成立他罪的教唆犯，与本罪处于观念竞合的关系。

十、没收、追缴

犯罪人或者知情的第三者所收受的贿赂，予以没收。全部或者部分已无法没收时，追缴其价款（第197条之5）。

（一）含义

为了不让受贿者继续拥有不正当利益，就总则中有关规定任意性没收、追缴的第19条、第19条之2，本条规定了此特则。其特征在于：（1）是必要性没收、追缴；（2）总则的追缴针对的是本来有可能予以没收之物，而本条的追缴就原本无法没收的权利与财产性利益也有实施的可能。在不能依据本条予以没收、追缴的场合，也仍然有适用第19条、第19条之2的可能。

（二）对象

没收、追缴的对象为“犯罪人或者知情的第三者所收受的贿赂”。通说认为，“犯人”是指除作为收受者的公务员之外，还包括其共同正犯与狭义的共犯。考虑到由于要与1941年刑法改正之时所新增的向第三者提供贿赂罪（第197条之2）相对应，而相应地扩大了本条的对象范围，因此，所谓“知情的第三者”，应该限于本罪中知情的第三者（团藤153页、飞田清弘、佐藤道夫·贿赂239页〔1979〕。中森345页持反对意见）。在第三者为法人或者不具有法人人格的社团的场合，只要其代表人或者责任人知情，就可以适用本罪（最决昭和29·8·20刑集8卷8号1256页、最判昭和40·4·28刑集19卷3号300页）。在对第三者进行没收、追缴之时，必须给该第三者以辩解、防御的机会（最大判昭和37·11·28刑集16卷11号1593页。以此判例为契机，制定了《有关刑事案件中针对第三者所有物的没收程序的应急措施法》〔1963年法第138号〕）。所谓“所收受的贿赂”，不限于成立收受罪的场合，在担任公务员期间要求、约定贿赂，退职之后再收受的场合也包括在内（内藤·注释刑法〔4〕432页、广岛高判昭和34·6·12高刑12卷7号

681页）。作为贿赂而提供、但并未被接受的贿赂并不包含在本条之内，只要满足第19条的要件就可以成为任意性没收、追缴的对象（最判昭和24·12·6刑集3卷12号1884页）。

（三）没收

没收的对象为金钱以及其他动产、不动产、股票与支票等有价证券等有体物。如果金钱与受贿者的金钱混在一起而丧失了特定性或者被存入银行，则无法再予以没收，而只能追缴。

问题在于，一旦收受了贿赂的受贿者又将贿赂返还给行贿者，对此如何处理。判例认为，从公平的角度来看，本条所谓“犯罪人或者知情的第三者所收受的贿赂”，规定的是没收的对象物，而并没有限定对象人，并以此为理由而认定应该从行贿者处予以没收、追缴（大连判大正11·4·22刑集1卷296页、最决昭和29·7·5刑集8卷7号1035页）。但是，本条的宗旨在于，不让受贿人继续拥有不正当的利益，以及受贿人将贿赂消费掉之后又将相应价款还给行贿人之时应从受贿人处予以追缴（最决昭和31·2·3刑集10卷2号153页），考虑到这一点，在此场合之下，应认定可从受贿者处追缴（团藤154页）。那么，在上述场合之下，对行贿人应认定适用第19条的任意性没收、追缴。

在贿赂已被分送给复数的受贿人之时，应按照分配额分别没收、追缴（大判昭和9·7·16刑集13卷972页）。如果分配金额不明，则按平均额分别没收、追缴（前揭大判昭和9·7·16）。

（四）追缴

当贿赂“全部或者部分已无法没收时，追缴其价款”。与第19条之2不同，所谓“无法没收之时”，不仅包括（1）使本来可以没收之物变得无法没收，还包括（2）从贿赂的性质上看，本身便属于无法没收之物。

例如，因消费、让与、灭失等原因而使得作为贿赂的金钱、物品等不再留存在受贿者手上就属于（1）的例子；接受宴请、得以免除债务、接受高尔夫会员权等就属于（2）的例子。有关追缴额的计算时间，存在接受之时（收受时说）、变得不能没收之时（没收不能时说）、裁判之时（裁判时说）这三种观点的对立，判例采取的是收受时说（最判昭和43·9·25刑集22卷9号871页）。考虑到本条是以剥夺作为贿赂而收受的利益为目的，应该说判例的观点是妥当的。考虑到与此保持均衡，有观点认为，在没收有体物的场合，如果在没收之时价值已经减少（例如，收受的是新车，但在没收之时已仅仅具有中古车的价值），则应该与没收相适应追缴相当于所减少的价值的价款（山口厚：“贿赂的没收、追缴”，内藤古稀·刑事法学的现代状况

216页〔1994〕)。该观点确实有一定可取之处，但作为本条的解释论来说，却难免牵强。

在诸如性交这种无法换算成金钱的场合，还有诸如难以计算应追缴价额的场合，则不能追缴。例如，在金融利益的场合，只要贷款金额不能实质性认定为赠与，便不能没收，由于金融利益也难以算定其价额，因而也不能追缴。但是，判例将受贷金钱作为第19条第1款第3项的取得物件（因犯罪行为而获得之物），而判定可以没收、追缴（最决昭和33·2·27刑集12卷2号342页、最决昭和36·6·22刑集15卷6号1004页)。像前面所谈到的取得尚未公开发行的股票的场合，一种做法是追缴所支付的购入价格与公开上市之后的价格（起价）之间的差额，如果无法算定利益额，则与金融利益的场合一样，按照第19条的规定，没收、追缴受贿者所取得的股票（芝原邦尔："判批"，商市法务1159号6页)。

十一、《斡旋获利处罚法》

（一）意义

《斡旋获利处罚法》，正式名称为《有关处罚公职人员因斡旋行为而获利的法律》（2000年法第130号)，以议员立法形式在2000年11月成立，自2001年3月1日开始施行。为了处罚政治家向公务员进行斡旋，作为其回报而获利的行为，本法创设了所谓《斡旋获利法》。本法的立法宗旨为，保持公职人员的政治活动的廉洁性，进而获得国民的信赖（参照胜丸充启编著·简明斡旋获利处罚法Q&A 3页以下〔大成出版2001〕)。

（二）内容

本法第1条规定，"众议院议员、参议院议员或者地方公共团体的议会议员或其议长（下称"公职人员")，就国家或地方公共团体所要缔结的买卖、借贷、承包以及其他合同，或者就有关某特定人的行政处分，接受请托，行使基于其权限的影响力，为使得公务员实施或不实施某种职务行为而进行斡旋，就此而收受作为报酬的财产性利益的，处3年以下惩役"，从而规定了"公职人员斡旋获利罪"。另外，本法第2条规定，国会议员的公设秘书（参照《国会法》第132条）行使基于议员权限的影响力而实施同样行为的，处2年以下惩役，而规定了"议员秘书斡旋获利罪"。除公务员之外，凡国家或者地方公共团体的出资占资本金的1/2以上的法人（公团、公社、特殊法人、第三事业体①）的董事、职员也属于斡旋行为的对象（第 1 条第 2 款、第 2 条第 2 款）。所有犯罪均处罚国外犯（第 5 条）。并且还规定了针对所收受的财产性利益的必要性没收、追缴（第 3 条）。与受贿罪中的行贿罪相对应，对于提供财产性利益的行为（利益提供罪），规定处以 1 年以下惩役或者 250 万日元的罚金（第 4 条）。

① 第三事业体：是指由国家与地方公共团体、民间企业共同出资而成立的事业体。本应由国家与地方公共团体所实施的事业（公共事业体），为了引入民间部门（民间事业体）的资金与能力，而采取官民共办的形式——译者注。

译者后记

本书是日本目前最新最权威的刑法各论教科书之一。其新表现在它于1999年才出第1版，所引用的资料等自然是新的。特别值得一提的是，本书出版3年之后，作者针对日本近来刑事立法活动频繁的新情况，又作了较多的修改，将《有关禁止不正当操作的法律》(1999年)、《有关处罚公职人员等斡旋行为而获利的法律》(2000年)、《刑法部分修改的法律》(2001年)的内容及时增补到本书之中，形成了我们现在所翻译的第2版（2002年版)。其权威性则表现在作者西田典之先生是日本有很高学术地位的刑法学家，现为东京大学法学部教授，同时兼任日本刑法学会理事长等重要学术职务。他治学严谨，有很深的学术造诣，本书是他多年来教学研究工作的结晶。日本著名刑法学家、早稻田大学教授曾根威彦评价说："本书大概可以说是今日所能期望的最高水平的刑法各论教科书之一。"①

我于2002年8月受国家公派赴东京大学法学部研修，在西田典之先生指导下学习日本刑法学，有幸及时读到新修订后的本书，深为其学术品位所折服，同时，由于受西田先生人格魅力的影响，使我产生了将本书翻译成中文的念头。后来，经与我的学生王昭武（目前在日本同志社大学留学）协商，我们决定合作完成翻译任务。王昭武承担了本书第三编、第四编和第二编第六章的翻译工作，其余各编章由我翻译，全书由我审校定稿。但由于我本人的日文水平有限，翻译错误和审校漏洞实在难免，期望读者批评指正。

在本书翻译的过程中，我所指导的博士生程红、杨彩霞、张阳，硕士生杨勤峰、邬永忠、张晶做了大量的文字校对工作，付出了辛勤劳动，特表谢忱。

刘明祥

2004年3月10日于珞珈山

---

① 参见［日］曾根威彦：《评西田典之著〈刑法各论〉》，载（日本）《现代刑事法》2000年第3期，第75页。